500만 독자 여러분께
감사드립니다!

세상이 아무리 바쁘게 돌아가더라도
책까지 아무렇게나 빨리 만들 수는 없습니다.
길벗은 독자 여러분이
가장 쉽게, 가장 빨리 배울 수 있는 책을
한 권 한 권 정성을 다해 만들겠습니다.

독자의 1초를 아껴주는
정성을 만나보세요.

미리 책을 읽고 따라해 본 2만 베타테스터 여러분과
무따기 체험단, 길벗스쿨 엄마 2% 기획단,
시나공 평가단, 토익 배틀, 대학생 기자단까지!
믿을 수 있는 책을 함께 만들어주신 독자 여러분께 감사드립니다.

추천사

이 글은 AI가 쓰지 않았습니다. 물론, 앞으로 우리는 이런 간단한 선언조차 늘 의심하게 되겠지요. 그럼에도 제가 굳이 펜을 드는 이유는, 자동화된 지능 앞에서 인간의 고유한 가치와 역할은 무엇인지 진지하게 묻고 싶었기 때문입니다.

이 책은 당신을 경이로운 창작의 세계로 안내합니다. 당신은 신처럼, 시인처럼, 혹은 비평가처럼 당신의 경험 너머에 존재하던 예술과 사람, 장소를 마음껏 뒤섞어 스스로도 믿기 힘든 세상을 창조하게 될 겁니다. 그 과정에서 우리는 '프롬프트 시문학(prompt-poetry)'이라는 새로운 감각에 매료되겠지요. 하지만 그 모든 것을 홀로, 저 멀리 자리한 서버의 막대한 전력을 빌려 이뤄내면서, 점차 공동체의 온기 대신 깊은 고독을 느끼게 될지도 모릅니다.

그래서 이 책은 묻습니다. "우리는 성공적인 팀을 위해 '나'를 버리고 '우리'가 되어야 한다고 말합니다. 그렇다면 오직 거대한 '나'로만 존재하는 듯한 인공지능의 정체는 무엇일까요? 그 자아는 우리가 아는 자아와 같은 것일까요, 아니면 텅 빈 가짜일까요?"

피할 수 없는 미래이기에, 우리는 더더욱 제대로 배우고 준비해야 합니다. 자, 이제 이 책과 함께 여러분의 운명을 직접 펼치시겠습니까? 아니면… AI에게 이 책을 대신 읽고 순식간에 요약해달라고 하시겠습니까?

Simone Carena
VCUArts Qatar(버지니아커먼웰스 대학교) 교수 지금 우리는 모든 것이 무너지는 동시에 모든 것이 새로 시작되는 시대를 살아가고 있다.
이 새로운 흐름이 우리를 어디로 데려갈지는 아무도 모른다.
작가는 바로 그 미지의 미래를 향해 조심스럽게 첫 발을 내딛고 있다.

다가오는 시대가 천국일지 지옥일지, 그 답은 오직 시간이 흘러야 알 수 있을 것이다.
다만 분명한 건, 안재홍 작가가 우리보다 먼저 그 답을 마주하게 되리라는 것이다.

David Hall 교수
RCA MDes(영국 왕립예술학교 졸업)

이 책은 교과서다. 수학으로 치면 『수학의 정석』이고, 영어라면 『성문기본영어』이며, 음악으로는 체르니 30번에 해당한다고 할 수 있다. 그만큼 개념과 실전 예제가 탄탄하게 짜여 있다. 작가의 지난 책 『AI 원더랜드』가 색, 구도, 비례 등 전통적 미학 원리를 바탕으로 이미지 생성 프롬프트를 작성하는 법을 다뤘다면, 이 책은 영상의 각 샷과 장면 연출에 필요한 지식을 프롬프트로 활용하는 법을 다룬다. 어떤 샷이 어떤 장면에 어울리는지, 구도와 조명을 어떻게 설정해야 하는지, 색상이 어떤 분위기를 만들어 내는지를 친절히 설명해 준다.

그러므로 이 책은 믿을 만하다. AI가 이미 인간의 지능을 넘어섰다고 하지만, 생성된 결과물의 퀄리티를 평가하고, 처음 의도한 연출이 제대로 반영되었는지를 판단하는 것은 여전히 사람의 몫이다. 그런 섬세한 안목을 지닌 작가이기에 믿어봐도 좋다. 이 책을 선택한 당신의 판단 또한 믿어보길 바란다. 교과서는 이제 당신의 손안에 있다. 체르니 30번을 완주한 당신의 작품을 기대한다.

최소영
'데일리 프롬프트' 발행인, 호서대 디지털프로덕트디자인학과 겸임교수

 QR코드 스캔 또는 gilbut.co/c/25065651Dc에 접속하여 '프롬프트 간편 활용 시트'를 확인해 보세요! 본문에 나온 프롬프트를 직접 입력하지 않고 복사+붙여넣기로 간편하게 활용할 수 있습니다.

- 이 책은 인공지능으로 생성한 이미지가 사용되었습니다.
- 이 책에 나오는 프로그램들은 2025년 7월 버전을 기준으로 하고 있습니다. 프로그램의 업데이트로 일부 메뉴와 화면 구성이 변경될 수 있습니다.
- 책 본문에 기재된 URL 주소 등은 추후 변경될 수 있습니다.

귀찮고 복잡한 일은 AI에게 맡기고 나는 상상에 집중한다

AI 영상
×
미드저니·런웨이· 소라·클링·하이루오

귀찮고 복잡한 일은 AI에게 맡기고 나는 상상에 집중한다
AI 영상 × 미드저니 · 런웨이 · 소라 · 클링 · 하이루오
AI Video × Midjourney·Runway·Sora·Kling·Hailuo

초판 발행 · 2025년 8월 13일
초판 2쇄 발행 · 2025년 11월 17일

지은이 · 안재홍
발행인 · 이종원
발행처 · (주) 도서출판 길벗
출판사 등록일 · 1990년 12월 24일
주소 · 서울시 마포구 월드컵로 10길 56(서교동)
대표 전화 · 02) 332-0931 | **팩스** · 02) 323-0586
홈페이지 · www.gilbut.co.kr | **이메일** · gilbut@gilbut.co.kr

기획 및 책임 편집 · 최근혜(kookoo1223@gilbut.co.kr), 안수빈(puffer@gilbut.co.kr)
표지·본문 디자인 · 황애라 | **제작** · 이준호, 손일순, 이진혁
영업마케팅 · 전선하, 박민영, 서현정 | **유통혁신** · 한준희 | **영업관리** · 김명자 | **독자지원** · 윤정아

전산 편집 · 권경희 | **CTP 출력 및 인쇄** · 교보피앤비 | **제본** · 경문제책

- 잘못된 책은 구입한 서점에서 바꿔 드립니다.
- 이 책은 저작권법에 따라 보호받는 저작물이므로 무단전재와 무단복제를 금합니다.
- 이 책의 전부 또는 일부를 이용하려면 반드시 사전에 저작권자와 (주)도서출판 길벗의 서면 동의를 받아야 합니다.
- 인공지능(AI) 기술 또는 시스템을 훈련하기 위해 이 책의 전체 내용은 물론 일부 문장도 사용하는 것을 금지합니다.

ⓒ 안재홍, 2025

ISBN 979-11-407-1531-2 13000
(길벗 도서번호 007209)

정가 26,000원

독자의 1초를 아껴주는 정성 길벗출판사

(주)도서출판 길벗 · IT교육서, IT단행본, 경제경영, 교양, 성인어학, 자녀교육, 취미실용 ▶ www.gilbut.co.kr
길벗스쿨 · 국어학습, 수학학습, 어린이교양, 주니어 어학학습, 학습단행본 ▶ www.gilbutschool.co.kr
페이스북 ▶ facebook.com/gilbutzigy
네이버 블로그 ▶ blog.naver.com/gilbutzigy

귀찮고 복잡한 일은 AI에게 맡기고
나는 상상에 집중한다 ✦✦✦

미디어 아티스트 안재홍 지음

AI 영상
미드저니✦런웨이✦소라 ✦클링✦하이루오

길벗

매치 컷을 활용한 영상 • 135쪽

소라로 특정 디테일을 수정한 영상 • 208쪽

런웨이로 만든 모션 기반 캐릭터 애니메이션 • 176쪽

하이루오 카메라 움직임을 제어한 영상 • 242쪽

저자의 말

생성형 AI 기술은 이제 더 이상 어렵거나 낯선 것이 아닙니다. 노트북과 스마트폰만 있으면 누구나 간단히 AI 이미지와 짧은 AI 영상을 만들 수 있게 되었습니다. 하지만 쉽고 빠르게 영상을 만들 수 있다고 해서 모든 문제가 해결된 것은 아닙니다.

누구나 영상 콘텐츠를 쉽게 만들 수 있는 시대가 열린 지금, 우리는 더욱 근본적인 질문을 던져야 합니다. 다양한 AI 툴을 능숙하게 다루는 것만으로 충분할까요? 진정한 창작자가 되기 위해서는 기술 사용 능력 그 이상이 필요합니다. 바로 아이디어를 창의적으로 연결하고, 깊은 통찰력으로 작품의 의미를 찾으며, 다양한 문화적 배경에서 얻은 영감으로 콘텐츠를 풍성하게 하는 능력입니다. 무엇보다 자신의 목표를 분명히 하고, 그것을 끝까지 이루는 결단력은 그 어떤 기술로도 대체할 수 없는 창작자의 고유한 힘입니다.

이 책은 AI 툴과 기존 영상 제작 기법을 효과적으로 결합하여 완성도 높은 영상 콘텐츠를 만드는 구체적인 과정을 안내합니다. 간단한 아이디어 초안을 원하는 결과물로 발전시키고, 전통적인 기법으로 촬영한 영상과 AI가 만든 영상을 자연스럽게 연결하는 방법을 차근차근 설명합니다. AI가 가진 장점을 살려 여러분만의 창의적인 콘텐츠를 기획하고 제작하는 방법도 함께 제시합니다. AI 영상 제작이 낯선 초보자라도 다양한 예시와 단계별 가이드를 쉽게 따라 하며 나만의 독특한 영상 콘텐츠를 완성할 수 있습니다.

이 책을 통해 여러분의 상상력과 창작 의욕이 더욱 성장할 수 있기를 진심으로 바랍니다. 단순한 아이디어를 넘어 여러분이 생각하는 콘텐츠를 실제로 구현하고, 새로운 가능성을 발견할 수 있는 계기가 되었으면 합니다. 또한 AI와 인간의 협력을 통해 창의적인 작품이 탄생하는 과정을 직접 체험하며, 앞으로 영상 콘텐츠 제작자로서 어떤 방향으로 나아가야 할지 구체적인 방향성을 찾을 수 있기를 바랍니다.

책을 완성하기까지 세심한 도움과 조언을 주신 최근혜 에디터님과 안수빈 에디터님, 늘 든든한 지원과 응원을 보내준 가족과 친구들, 그리고 지금 이 책을 펼친 독자 여러분 모두에게 깊은 감사의 인사를 전합니다. 여러분 각자가 앞으로 만들어갈 창의적이고 멋진 이야기를 기대합니다. 함께하는 이 여정이 여러분의 창작 활동에 의미 있는 변화와 영감을 줄 수 있기를 바랍니다. 감사합니다.

미디어 아티스트 안재홍 드림

AI 툴 활용 가이드

이 책에서는 다섯 가지 이미지 및 영상 생성 AI 툴을 다룹니다. 각 툴마다 지원하는 기능과 강점이 모두 다르므로, 아래의 가이드를 참고하여 나의 작업 환경과 목표, 사용 목적에 알맞은 툴을 선택하여 나만의 콘텐츠를 만들어 보세요.

대표적인 이미지 생성 툴, 미드저니 Midjourney

- www.midjourney.com　• Part 2, Part 6

이럴 때 사용하세요
- 다양한 용도의 완성도 높은 이미지를 쉽고 빠르게 생성하고 싶을 때
- AI 영상을 제작하기에 앞서, AI 이미지를 만들며 프롬프트에 대한 감을 익히고 싶을 때
- 하나의 툴 안에서 이미지 생성과 영상 생성을 동시에 하고 싶을 때

이런 것을 만들 수 있어요
- 쉽고 빠르게 AI 이미지 생성하기 ▶ 41쪽
- 파라미터로 원하는 이미지 만들기 ▶ 65쪽
- 일관성 있는 이미지 만들기 ▶ 73쪽
- 빠르고 경제적으로 초안 이미지 만들기 ▶ 277쪽
- Editor의 레이어 기능으로 이미지 수정하기 ▶ 283쪽
- 이미지를 기반으로 AI 영상 생성하기 ▶ 291쪽

실용적이고 풍부한 기능을 갖춘 영상 생성 툴, 런웨이 Runway

- www.runwayml.com　• Part 5

이럴 때 사용하세요
- 텍스트, 이미지, 동영상 등 다양한 입력을 통해 영상을 만들고 싶을 때
- 실제로 녹화한 연기 영상을 기반으로 캐릭터 애니메이션을 만들고 싶을 때
- 기존 영상의 가로세로 비율을 자연스럽게 변경하고자 할 때
- 기존 영상의 시각적 스타일이나 분위기를 바꾸고 싶을 때
- 준비한 음성을 기반으로 영상에 입 모양을 합성하고자 할 때

이런 것을 만들 수 있어요
- 텍스트 프롬프트로 영상 생성하기 ▶ 171쪽
- 이미지를 기반으로 영상 생성하기 ▶ 172쪽
- 영상을 기반으로 또 다른 영상 생성하기 ▶ 174쪽
- 모션 기반 캐릭터 애니메이션 생성하기 ▶ 176쪽
- 영상 프레임 확장하기 ▶ 181쪽
- 영상 스타일 변경하기 ▶ 185쪽
- 말하는 캐릭터 영상 만들기 ▶ 191쪽

강력한 후편집 기능을 제공하는 영상 생성 툴, 소라 Sora

- sora.chatgpt.com   • Part 5

이럴 때 사용하세요

- 챗GPT 유료 플랜을 이미 구독하고 있을 때
- 짧은 클립 위주의 영상을 제작하고 싶을 때
- 현실 세계의 물리적 특성을 자연스럽게 반영한 영상이 필요할 때
- 다양한 후편집 기능을 활용하여 영상을 가공하고 싶을 때
- 일관된 스타일의 영상을 생성하고 싶을 때
- 무한 반복되는 영상을 생성하고 싶을 때

이런 것을 만들 수 있어요

- 텍스트 프롬프트로 영상 생성하기 ▶ 204쪽
- 이미지를 기반으로 영상 생성하기 ▶ 205쪽
- 생성된 영상의 일부 요소 수정하기 ▶ 208쪽
- 부분 재생성으로 영상 다듬기 ▶ 210쪽
- 부드러운 루프 영상 만들기 ▶ 212쪽
- 두 영상 자연스럽게 결합하기 ▶ 214쪽

역동적인 움직임이 담긴 영상을 생성하는 툴, 클링 Kling

- app.klingai.com   • Part 5

이럴 때 사용하세요

- 짧고 밀도 높은 클립을 만들고 싶을 때
- 마케팅, SNS 콘텐츠, 광고 시안에 바로 사용할 수 있는 작업물을 생성하고자 할 때
- 영상의 시작과 종료 장면을 직접 지정하고 싶을 때
- 이미지의 움직임을 브러시 툴로 직접 설정하고 싶을 때
- 기존 영상 속 인물의 의상을 자연스럽게 변경하고 싶을 때

이런 것을 만들 수 있어요

- 텍스트 프롬프트로 영상 생성하기 ▶ 222쪽
- 이미지를 기반으로 영상 생성하기 ▶ 221쪽
- 여러 요소를 반영한 영상 생성하기 ▶ 225쪽
- 자연스럽게 영상 길이 연장하기 ▶ 228쪽
- 말하는 캐릭터 영상 만들기 ▶ 228쪽
- 캐릭터의 옷을 갈아입히는 영상 만들기 ▶ 230쪽

숏폼 영상을 빠르게 생성하는 영상 생성 툴, 하이루오 Hailuo

- hailuoai.video   • Part 5

이럴 때 사용하세요

- 빠르게 아이디어를 시각화하고 싶을 때
- SNS용 숏폼 콘텐츠 연출을 연습하고 싶을 때
- 간단한 태그로 카메라의 움직임을 정교하게 연출하고 싶을 때
- 여러 영상에 특정 캐릭터를 일관적으로 등장시키고 싶을 때
- 선명한 색감에 노이즈가 적은 영상을 만들고 싶을 때

이런 것을 만들 수 있어요

- 텍스트 프롬프트로 영상 생성하기 ▶ 235쪽
- 이미지를 기반으로 영상 생성하기 ▶ 237쪽
- 카메라의 움직임을 제어하여 영상 생성하기 ▶ 239쪽
- 특정 주인공이 등장하는 영상 생성하기 ▶ 243쪽

목차

PART 1 영상 제작과 생성형 AI 기술

Chapter 1 ✦ 생성형 AI를 활용한 영상 제작 기술의 발전 ... 16
   01 | AI 기술의 역사와 발전 과정 ... 17
   02 | AI 이미지에서 영상으로의 진화 ... 20
   03 | 전통적 방식의 영상 제작과 AI 영상 제작 ... 22

Chapter 2 ✦ 변화하는 미디어 환경과 창작자의 역할 ... 25
   01 | 콘텐츠 생산과 소비 패턴의 변화 ... 26
   02 | AI 영상 제작의 명과 암 ... 27
   03 | AI 영상 제작자의 새로운 역할 ... 29

PART 2 영상 제작의 기초, AI 이미지 생성하기

Chapter 1 ✦ 이미지 생성 AI 툴, 미드저니 살펴보기 ... 32
   01 | AI 이미지 생성이란? ... 33
   02 | 미드저니란? ... 38
   03 | 미드저니 웹 버전의 워크플로우 ... 41

Chapter 2 ✦ 미드저니로 원하는 이미지 생성하기 ... 46
   01 | 미드저니 웹 UI 자세히 살펴보기 ... 47
   02 | 효과적인 프롬프트 작성법 익히기 ... 61
   03 | 주요 파라미터로 완성도 높은 결과물 만들기 ... 65
   04 | 레퍼런스 파라미터로 일관성 있는 결과물 만들기 ... 73
   05 | 실전 프롬프트 예제 생성하기 ... 79

PART 3 — 영상 문법의 기초와 AI

Chapter 1 ♦ 샷과 카메라의 움직임   94
    01 | 대표적인 샷 살펴보기   95
    02 | 대표적인 카메라의 움직임 살펴보기   100

Chapter 2 ♦ 구도와 조명   104
    01 | 영상 속 구도의 역할과 중요성   105
    02 | 대표적인 구도 살펴보기   106
    03 | 영상 속 조명의 역할과 중요성   111
    04 | 대표적인 조명 살펴보기   112

Chapter 3 ♦ 색채 이론과 감정 전달   116
    01 | 괴테의 색채론   117
    02 | 요하네스 이텐의 색채 이론   121

PART 4 — 영상 편집의 기본 원리와 AI

Chapter 1 ♦ 컷 편집   132
    01 | 컷 편집이란?   133
    02 | 대표적인 컷 편집 살펴보기   134
    03 | AI 툴로 컷 편집 구현하기   139

Chapter 2 ♦ 트랜지션 효과   142
    01 | 트랜지션 효과란?   143
    02 | 트랜지션 효과 제대로 활용하기   147
    03 | AI 툴로 트랜지션 효과 구현하기   148

Chapter 3 ♦ 몽타주   150
    01 | 몽타주란?   151
    02 | AI 툴로 몽타주 구현하기   152

Chapter 4 ◆ 리듬과 페이스, 스토리텔링　　　155

01 | 영상 편집에서의 리듬과 페이스 조절이란?　　156
02 | AI 툴로 리듬과 페이스 조절하기　　157
03 | 영상 편집에서의 스토리텔링이란?　　159
04 | AI 툴로 장면 구성하기　　160

PART 5 — AI 영상 생성 툴 살펴보기

Chapter 1 ◆ 가장 실용적이고 안정적인 툴, 런웨이　　　164

01 | 런웨이의 특징 살펴보기　　165
02 | 런웨이 웹 UI 살펴보기　　166
03 | 런웨이의 입력 방식 살펴보기　　171
04 | 런웨이의 주요 기능 활용하기　　176

Chapter 2 ◆ 강력한 후편집 기능을 제공하는 툴, 소라　　　202

01 | 소라의 특징 살펴보기　　203
02 | 소라 웹 UI 살펴보기　　204
03 | 소라의 후편집 기능 활용하기　　208

Chapter 3 ◆ 사실적인 세로형 영상에 강한 툴, 클링　　　218

01 | 클링의 특징 살펴보기　　219
02 | 클링 웹 UI 살펴보기　　220
03 | 클링의 영상 생성 모드 활용하기　　225
04 | 클링의 후편집 기능 살펴보기　　228

Chapter 4 ◆ 빠르게 숏폼 영상을 생성하는 툴, 하이루오　　　232

01 | 하이루오의 특징 살펴보기　　233
02 | 하이루오 웹 UI 살펴보기　　234
03 | 하이루오의 디렉터 모드 활용하기　　239
04 | 하이루오의 캐릭터 레퍼런스 기능 활용하기　　243

PART 6 · AI를 활용한 영상 제작 프로세스

Chapter 1 ◆ 콘셉트 설정: 챗GPT와 함께 아이디어 구상하기 — 250
- 01 | 챗GPT란? — 251
- 02 | 챗GPT의 웹 UI와 기본 사용법 — 252
- 03 | 챗GPT의 다양한 활용 예시 — 255

Chapter 2 ◆ 장면 시각화: 미드저니로 이미지 만들기 — 262
- 01 | 미드저니로 이미지 생성하기 — 263
- 02 | 미드저니 V7 최신 기능 활용하기 — 276

Chapter 3 ◆ 이미지를 기반으로 영상 생성하고 다듬기 — 290
- 01 | 미드저니의 영상 생성 신기능, Video V1 — 291
- 02 | 런웨이로 이미지를 영상으로 변환하기 — 295
- 03 | 음악 생성 AI 툴로 배경 음악 만들기 — 298
- 04 | 업스케일 AI 툴로 영상 화질 개선하기 — 301

PART 7 · AI 영상으로 콘텐츠 만들기

Chapter 1 ◆ 숏폼 콘텐츠 제작하기 — 306
- 01 | 숏폼 콘텐츠의 개념과 특징 — 307
- 02 | 숏폼 콘텐츠 기획하고 흐름 설계하기 — 309
- 03 | AI 툴로 숏폼 콘텐츠 만들기 — 312

Chapter 2 ◆ 뮤직비디오 제작하기 — 314
- 01 | 뮤직비디오의 개념과 특징 — 315
- 02 | 뮤직비디오 기획하고 흐름 설계하기 — 316
- 03 | AI 툴로 뮤직비디오 만들기 — 319

Chapter 3 ◆ 유튜브 콘텐츠 제작하기 — 321
- 01 | 유튜브 콘텐츠의 개념과 특징 — 322
- 02 | 유튜브 콘텐츠 기획하고 흐름 설계하기 — 324
- 03 | AI 툴로 유튜브 콘텐츠 만들기 — 325

PART 8 · AI와 전통적 제작 방식의 결합

Chapter 1 ◆ AI 영상과 실사 영상 합성하기 330
01 | AI 영상과 실사 영상 합성의 워크플로우 331
02 | 크로마키용 AI 배경 영상 생성하기 340

Chapter 2 ◆ 고급 영상 제작 분야에서 AI 활용하기 342
01 | 모션 그래픽 분야의 AI 활용 사례 343
02 | 3D 모델링 분야의 AI 활용 사례 344

PART 9 · AI 영상과 윤리적 문제

Chapter 1 ◆ AI 시대의 빛과 그림자 348
01 | 딥페이크와 AI 영상 349
02 | 개인 정보와 AI 영상 352

Chapter 2 ◆ AI 영상 시대의 사회적 책임과 미래 354
01 | AI 영상 제작의 사회적 책임 355
02 | 생성형 AI의 미래 356

무엇이든 물어보세요!

책을 읽다 궁금한 점이 생기면 길벗 홈페이지(gilbut.co.kr)에 회원으로 가입하고 고객센터의 1:1 문의 게시판에 질문을 남겨보세요. 지은이와 길벗 독자지원센터에서 신속하고 친절하게 답변해 드립니다.

길벗 홈페이지(gilbut.co.kr)
회원 가입 후 로그인하기 ▶ [고객센터] - [1:1 문의] 게시판에서 '도서 이용'을 클릭하고 책 제목 검색하기 ▶ '문의하기'를 클릭해 새로운 질문 등록하기

AI 영상 × 미드저니·런웨이·소라·클링·하이루오

PART 1

영상 제작과 생성형 AI 기술

생성형 AI는 우리 일상 곳곳에 스며들어 다양한 분야에서 혁신을 일으키고 있습니다. 특히 영상 제작 분야에서는 AI의 도움으로 누구나 쉽게 멋진 영상을 만들 수 있게 되었죠. 과거 20세기에는 미디어 산업이 몇몇 대기업과 유명한 배우, 감독 등에 의해 주도되었습니다. 대부분의 사람들이 국민 드라마나 인기 배우의 출연 작품 같은 제한된 콘텐츠를 시청했기 때문에 새로운 아이디어나 창의성이 발휘되기 어려운 환경이었죠. 하지만 AI의 등장과 함께 상황이 크게 변했습니다. 이제는 누구나 자신의 아이디어를 쉽게 영상으로 만들고, 공유할 수 있게 되었습니다.

이 책은 AI가 영상 제작 방식을 어떻게 바꾸고 있는지, 그리고 앞으로 우리가 기대할 수 있는 미래에 대해 함께 탐구합니다. AI의 도움으로 창작 과정이 어떻게 변하고 창작자의 역할이 어떻게 재정의되는지 알아보며, AI가 미디어 산업에 미치는 긍정적이고도 도전적인 영향들을 살펴보겠습니다.

CHAPTER 1

생성형 AI를 활용한 영상 제작 기술의 발전

생성형 AI는 영상 제작의 판도를 완전히 바꾸어 놓았습니다. 초기의 간단한 이미지 생성에서부터 현재의 고도화된 영상과 사운드 생성에 이르기까지, AI 기술은 끊임없이 진화하고 있습니다. 이번 챕터에서는 AI 기술의 발전 과정과 이러한 발전이 가져온 영상 제작 과정의 혁신을 살펴보겠습니다. 이를 통해 생성형 AI가 어떻게 영상 제작의 새로운 가능성을 열어 가고 있는지 이해할 수 있을 것입니다.

01 AI 기술의 역사와 발전 과정

AI(인공지능, Artificial Intelligence)는 1950년대부터 지금까지 단계적으로 발전하며 우리 생활에 점점 더 가까워지고 있습니다. 각 발전 단계마다 새로운 능력을 보여주며, 최근에는 특히 창작 분야에서 주목할 만한 혁신을 이끌고 있습니다. 연대별로 AI가 어떻게 발전해 왔는지 차근차근 살펴볼까요?

↗ 1950년대: AI의 탄생

1950년대는 앨런 튜링에 의해 AI의 개념이 처음 등장하고, 그 기초 개념이 형성된 시기입니다. 앨런 튜링은 '튜링 테스트'를 제안하며 기계가 인간과 구별되지 않을 정도로 지능적인 행동을 할 수 있는지에 대해 논의했습니다. 이 시기의 초기 AI 연구는 주로 논리적 문제 해결과 기계 학습의 기초를 다지는 데 집중되었습니다.

▲ 앨런 튜링에 의해 개발된 암호 해독기 튜링 봄브(Turing Bombe)

📌 1960년대~1970년대: 기초 연구와 초기 응용

이 시기에는 AI 연구가 활발하게 이루어지며, 주로 간단한 문제 해결과 논리적 추론에 주력했습니다. MIT에서 정신 질환 치료 목적으로 개발된 챗봇 일라이자(ELIZA)는 초기 대화형 프로그램으로, 간단한 문장을 이해하고 응답할 수 있었습니다. 또, 전문가 시스템이 개발되어 의료 진단을 돕는 시스템과 같이 특정 분야의 문제를 해결하는 데에도 AI가 활용되었습니다.

```
Welcome to
            EEEEEE  LL      IIII  ZZZZZZ  AAAAA
            EE      LL       II       ZZ  AA  AA
            EEEEE   LL       II      ZZZ  AAAAAA
            EE      LL       II     ZZ    AA  AA
            EEEEEE  LLLLLL  IIII  ZZZZZZ  AA  AA

Eliza is a mock Rogerian psychotherapist.
The original program was described by Joseph Weizenbaum in 1966.
This implementation by Norbert Landsteiner 2005.

ELIZA: Is something troubling you ?
YOU:   Men are all alike.
ELIZA: What is the connection, do you suppose ?
YOU:   They're always bugging us about something or other.
ELIZA: Can you think of a specific example ?
YOU:   Well, my boyfriend made me come here.
ELIZA: Is it important to you that your boyfriend made you come here ?
YOU:   He says I'm depressed much of the time.
ELIZA: I am sorry to hear that you are depressed.
YOU:   It's true. I am unhappy.
ELIZA: Can you explain what made you unhappy ?
YOU:
```

▲ 1960년대에 개발된 대화형 챗봇, 일라이자(ELIZA)

📌 1980년대~1990년대: 머신러닝의 도입

이 시기에는 머신러닝이 본격적으로 발전하기 시작했습니다. 1980년대에는 신경망(Neural Networks)이 재조명되었고, 1990년대에는 서포트 벡터 머신(Support Vector Machines) 등 다양한 머신러닝 알고리즘이 개발되었습니다. 머신러닝의 발전으로 AI는 더 복잡한 문제를 해결할 수 있게 되었고, 음성 및 이미지 인식 등의 분야에서 초기 성과를 거두게 되었습니다.

📌 2000년대: 딥러닝의 시작

2000년대에는 딥러닝(Deep Learning)의 기초가 마련되었습니다. 딥러닝은 인공 신경망을 기반으로 한 머신러닝의 한 분야로, 다층 신경망을 사용하여 더 복잡한 패턴을 학습합니다. 또, 이 시기는 딥러닝이 실용적인 애플리케이션에서 사용되기 시작한 시기로, 음성 인식, 이미지 분류, 자연어 처리 등 다양한 분야에서 초기 성과를 보였습니다.

📈 2010년대: 생성형 AI의 발전

2010년대에는 생성형 AI가 급속히 발전했습니다. 생성형 AI는 새로운 콘텐츠를 창조해 내는 AI로, 텍스트, 이미지, 음악 등을 생성할 수 있습니다. 예를 들어, 2014년에 개발된 GAN(Generative Adversarial Networks)은 사실적인 이미지를 생성할 수 있는 기술로 큰 주목을 받고, 오픈AI의 GPT 시리즈는 자연스러운 텍스트 생성 능력으로 다양한 응용 분야에서 활용되고 있습니다.

📈 2020년대: AI 영상 및 사운드 생성의 확장

오늘날의 AI는 단순히 텍스트나 이미지를 생성하는 수준을 넘어, 연속적인 영상을 생성하고 사운드를 추가할 수 있는 단계에 이르렀습니다. 또, 실시간 렌더링 기술의 발전으로 라이브 스트리밍이나 실시간 게임 제작에서도 AI의 활용도가 빠르게 증가하고 있습니다. 이제 AI는 실시간으로 그래픽을 생성하고 사용자 반응을 분석하여 보다 정교한 맞춤형 콘텐츠를 제공할 수 있게 되었습니다.

 **GPT 시리즈의 발전 과정**

오픈AI의 GPT 시리즈는 2018년에 출시되어 지금까지 꾸준히 발전해 왔습니다. 초기 모델인 GPT-1은 간단한 문장 완성 정도에 머물렀지만, 이듬해 출시된 GPT-2부터는 짧은 뉴스 기사나 간단한 이야기를 생성할 만큼 성능이 향상되었습니다. 특히 2020년에 등장한 GPT-3는 규모와 성능 모두 큰 폭으로 발전하며 글쓰기, 번역, 코드 작성 같은 다양한 작업을 능숙하게 수행해 큰 관심을 모았습니다.

대중적으로 주목받게 된 결정적인 계기는 2022년 말 출시된 챗GPT(GPT-3.5)였습니다. 사람과의 자연스러운 대화가 가능하다는 점이 일반 사용자들의 폭발적인 관심을 끌었기 때문입니다. 이후 GPT-4에서는 텍스트뿐만 아니라 이미지도 처리할 수 있는 멀티모달 기능을 추가하여 AI 활용 범위를 확장했고, 최근 출시된 o1(2024년), o3-mini(2025년) 모델은 모델 크기를 키우는 대신 복잡한 추론을 효율적으로 처리하는 능력을 강화했습니다. 2025년 8월 기준 가장 최신 버전인 GPT-5는 개발이나 전문 지식 등의 영역에서 더욱 정확하고 신뢰할 수 있는 응답을 제공하도록 개선되며 지속적인 발전을 이어가고 있습니다.

02 AI 이미지에서 영상으로의 진화

AI 기술은 단순히 텍스트나 정지 이미지를 생성하는 것을 넘어, 이제는 시간적 연속성을 가진 영상과 사운드를 생성할 수 있게 되었습니다. AI가 정확히 영상 제작의 어떤 부분에서 어떤 도움을 주는지, 주제별로 하나씩 살펴볼까요?

📌 정지된 이미지에서 영상으로의 전환

초기 AI는 정지된 단일 이미지를 생성하는 데 주로 사용되었지만, 이제는 연속된 이미지를 생성하여 영상으로 변환할 수 있게 되었습니다. 예를 들어, 애니메이션을 만들 때 각 프레임을 일일이 생성하는 대신, AI를 활용하여 자연스럽게 이어지는 연속적인 이미지를 생성하여 부드럽게 움직이는 영상을 구현할 수 있습니다.

📌 사운드 생성

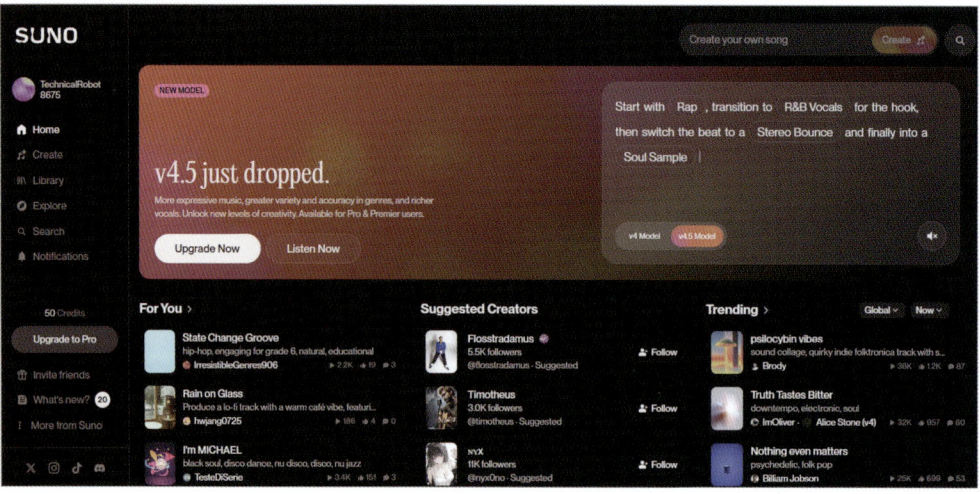

▲ AI로 배경 음악을 생성할 수 있는 서비스, 수노(Suno)

AI 기술의 발전으로 영상에 사운드를 추가하는 작업도 한층 더 정교해졌습니다. AI는 배경 음악, 효과음, 내레이션 등을 자동으로 생성하거나 편집하여 영상의 몰입도를 높이는 데 도움을 줍니다. 예를 들어, AI를 활용하여 영상의 분위기에 어울리는 음악을 자동으로 작곡하거나, 특정 장면에 맞는 효과음을 추가할 수 있습니다.

🔸 실시간 렌더링

AI 기술은 향후 실시간 영상 생성 및 수정 분야에서도 활발히 활용될 것으로 기대됩니다. 특히 라이브 스트리밍이나 실시간 게임 제작 등의 영역에 적극적으로 활용될 것으로 예상되는데요. 예를 들어, 라이브 스트리밍 중 AI가 실시간으로 영상을 생성하거나, 게임 내에서 새로운 그래픽을 즉시 만들어 플레이어에게 제공하는 방식이 가능해지겠죠? 아직 상용화 단계에 이르지는 않았지만, 사용자에게 더욱 몰입감 있고 인터랙티브한 경험을 제공하기 위한 기술이 계속해서 개발되고 있습니다.

🔸 사용자 맞춤형 영상 제작

AI를 활용하면 사용자의 취향과 요구에 맞춘 영상을 생성할 수 있습니다. 특정한 스타일이나 테마를 지정해 그에 맞는 영상을 자동으로 생성하는 것이죠. 이는 개인화된 콘텐츠 제작에 큰 도움이 되며, 다양한 취향을 가진 사람들이 자신만의 독특한 영상을 쉽게 만들 수 있도록 합니다. 또, AI의 도움을 받아 다양한 버전의 영상을 빠르게 실험해 볼 수 있기 때문에 최적의 결과물을 효율적으로 도출할 수 있습니다.

🔸 다양한 응용 분야

AI로 생성한 영상은 엔터테인먼트뿐만 아니라 교육, 마케팅, 의료, 예술 등 다양한 분야에서 활용되고 있습니다. 각 분야에서 어떻게 활용되고 있는지 구체적인 예시를 살펴볼까요?

- **교육 분야**: 복잡한 개념을 시각적으로 쉽게 설명하는 교육 영상을 제작할 수 있습니다. 예를 들어, 과학 실험 과정을 애니메이션으로 표현하거나, 역사적 사건을 시뮬레이션으로 재현할 수 있습니다.

- **마케팅 분야**: 타깃 고객의 취향에 맞춘 맞춤형 콘텐츠를 제작하는 데 활용할 수 있습니다. 예를 들어, 소비자의 관심사나 구매 이력을 기반으로 각 개인에게 최적화된 광고 영상을 자동으로 생성하거나, 유명인의 디지털 아바타를 만들어 특정 소비자에게 맞춤형 메시지를 전달하는 광고 캠페인도 제작할 수 있습니다.

- **의료 분야**: 의료 교육과 환자 소통에 활용할 수 있습니다. 예를 들어, 복잡한 의료 과정을 환자들이 쉽게 이해할 수 있도록 설명하는 애니메이션이나 시뮬레이션 영상을 AI로 제작할 수 있습니다. 또, 의료진의 훈련을 위해 희귀하거나 복잡한 의료 시나리오를 가상 환경에서 구현해 실습하도록 돕기도 합니다.

- **예술 분야**: 단편 영화나 실험적인 비디오 아트를 창작하거나, 새로운 표현 방식과 시각적 스타일을 실험할 수 있습니다. 애니메이션 제작 과정에서 AI를 사용해 실사 영상을 특정 예술적 스타일로 자동 변환하거나, 기존의 예술 작품을 재구성해 혁신적인 영상 작품을 만들기도 합니다.

03 전통적 방식의 영상 제작과 AI 영상 제작

영상 제작은 오랜 시간 동안 창의성과 기술의 조화를 통해 발전해 왔습니다. 전통적인 제작 방식은 기획, 촬영, 편집 등 여러 단계를 거치며 많은 시간과 비용을 요구했습니다. 반면, AI를 활용한 제작 방식은 이러한 과정을 자동화하고 효율화하여 새로운 접근 방식을 제시합니다. 전통적 영상 제작 방식과 AI 영상 제작 방식의 주요 차이점을 비교 분석하며, 각각의 장단점을 살펴볼까요?

제작 프로세스 측면에서의 차이점

우선 제작 프로세스 측면에서의 차이점을 살펴봅시다.

전통적 영상 제작 프로세스

- **기획**: 영상의 주제와 내용, 전체적인 방향, 목적, 타깃 시청자, 메시지 등을 결정합니다.
- **스크립트 작성**: 대본을 작성하여 이야기의 흐름을 구체화합니다. 대본은 대화, 장면 전환, 배경 설명 등을 포함하며, 영상 제작의 기초가 됩니다.
- **스토리보드 작성**: 각 장면을 그림으로 표현하여 시각적인 계획을 세웁니다. 스토리보드는 영상의 흐름을 미리 시각화하여 촬영 시 참고 자료로 사용됩니다.
- **캐스팅 및 장소 섭외**: 배우를 선정하고 촬영 장소를 섭외합니다. 영상의 완성도와 직결되는 중요한 과정입니다.
- **촬영**: 카메라와 장비를 사용하여 실제로 영상을 촬영합니다. 배우, 촬영팀, 장비, 장소 등이 필요합니다.
- **편집**: 촬영된 영상을 편집 소프트웨어를 통해 자르고 연결하여 최종 영상을 만듭니다. 불필요한 장면을 제거하고 장면의 순서를 조정합니다.
- **후반 작업**: 색 보정, 음향 편집, 특수 효과 등을 추가하여 영상을 완성합니다. 영상의 품질과 완성도를 높이는 중요한 과정입니다.

AI 영상 제작 프로세스

- **아이디어 구상**: 머릿속에 떠오른 이미지를 글로 정리하고 영상의 주제와 내용을 간단하게 정리합니다. AI 툴을 활용하여 이 내용을 기획안으로 구체화합니다.

- **프롬프트 작성**: AI에게 전달할 지시 사항(프롬프트)을 작성합니다. AI가 생성할 이미지나 영상을 정확하게 이해하고, 원하는 결과물을 생성할 수 있도록 명확한 프롬프트를 작성하는 것이 중요합니다.

- **이미지 및 영상 생성**: 작성한 프롬프트를 바탕으로 AI가 이미지나 영상을 생성합니다.

- **사운드 추가**: AI 툴을 활용하여 영상의 분위기에 맞는 배경 음악이나 적절한 효과음을 생성하고 영상에 추가합니다.

- **편집 및 최적화**: AI 툴을 활용하여 영상을 편집하고 최적화합니다. 예를 들어, 영상의 흐름을 자연스럽게 조정하거나 색 보정에 대한 소프트웨어 사용법을 쉽게 얻어 작업을 진행할 수 있습니다.

- **검수 및 수정**: 생성된 영상과 사운드를 검수하는 과정에서 필요한 조언을 얻을 수 있습니다. 영상의 각 장면을 캡처하여 AI에게 제공하면 최종 결과물의 품질을 높일 수 있는 정보를 알려줍니다.

이처럼 AI를 활용하면 제작 과정을 단순화하고 효율성을 높일 수 있지만, 전통적인 방식이 제공하는 깊이 있는 창의성과 감정 전달을 놓칠 수 있습니다. 두 방식을 잘 이해하고 적절히 접목한다면 더욱 풍부하고 다채로운 영상을 제작할 수 있을 것입니다.

🔗 비용과 시간 측면에서의 차이점

이번에는 비용과 시간의 효율성 측면에서 두 방식을 비교해 봅시다. 이해를 돕기 위한 서술로, 실제 발생하는 비용은 총 예산 및 인력의 경력에 따라 편차가 클 수도 있습니다.

전통적 영상 제작의 비용 구조

- **인력 비용**: 감독, 촬영팀, 편집자 등 다양한 인력이 필요합니다. 1분 분량의 영상을 제작할 경우, 비용은 수백만 원에서 인원, 경력에 따라 많게는 수천만 원 이상이 발생합니다. 기획부터 촬영, 편집까지 약 3~4주 정도 소요됩니다.

- **장비 비용**: 카메라, 조명, 음향 장비 등 필수적인 영상 제작 장비를 임대하거나 구입해야 합니다. 장비의 성능과 사용 기간에 따라 비용이 달라지며, 고급 장비를 사용할 경우 비용이 크게 상승합니다. 장비 준비 및 촬영 과정에 최소 2~3일 정도 소요됩니다.

- **장소 비용**: 촬영 장소 섭외 비용은 장소의 인기나 접근성에 따라 다르며, 인기 있는 스튜디오의 경우 하루 수십만 원에서 많게는 수백만 원까지 비용이 듭니다. 장소 섭외 및 촬영 준비 과정은 최대 1주 정도 소요됩니다.

- **후반 작업 비용**: 촬영 후 색 보정, 음향 편집, 특수 효과 등 영상 품질을 높이기 위한 작업에 드는 비용으로, 적어도 수백만 원 이상의 예산이 책정됩니다. 이 과정은 약 1주~수개월까지 소요되며, 수정 요청이 있다면 더 길어질 수 있습니다.

AI 영상 제작의 비용 구조

- **AI 도구 도입 비용**: AI 영상을 제작하기 위해서는 AI 툴을 구입하거나 구독해야 합니다. 보통 월 10만 원 이하이기 때문에 장기적으로는 전통적 제작 방식에 비해 경제적입니다.

- **하드웨어 비용**: 구독형 AI 툴을 사용하지 않을 경우, 영상 제작 AI를 원활하게 실행하기 위해 고성능 컴퓨터나 그래픽 카드를 개인이 구매해야 합니다. 초기 비용이 들지만 장기적으로는 효율적이며, 고사양 게이밍 PC 수준의 하드웨어 사양이면 충분합니다.

- **사운드 및 그래픽 도구 비용**: 완성도 높은 결과를 얻기 위해 AI가 생성한 영상에 사운드나 특수 그래픽 효과를 더할 때 필요한 추가 툴 및 소프트웨어 구독 비용입니다. 특히 특수 효과(VFX)를 더하기 위해 애프터 이펙트(After Effects)와 같은 프로그램을 사용하는 경우, 전문 인력이나 구독료가 필요하기 때문에 비용이 추가로 발생할 수 있습니다.

이처럼 전통적인 방식은 촬영, 편집, 후반 작업에 많은 시간과 비용이 들지만, AI를 활용하면 빠르고 경제적으로 영상을 제작할 수 있습니다. 전통적인 방식으로 1분 길이의 영상을 제작하는 데 평균 2주가 소요된다면, AI를 활용한 방식은 3일 내에 동일한 영상을 제작할 수 있죠. 또, AI를 활용하면 배경 이미지 제작, 모션 캡처(캐릭터의 움직임)와 같은 반복적인 작업을 간소화하여 시간을 더욱 절약할 수 있습니다. 제작자는 이렇게 확보한 시간과 자원을 보다 창의적인 작업에 투자할 수 있습니다. 다만, AI 도구를 제대로 활용하려면 시간과 비용을 투자하고 이에 대한 교육이 여전히 필요하므로, 자신의 필요와 상황에 맞게 두 방식을 균형 있게 활용하는 것이 중요합니다.

창의성과 품질 측면에서의 차이점

마지막으로 창의성과 품질 측면에서 두 방법을 비교해 봅시다.

- **전통적 영상 제작**: 제작자의 직접적인 개입이 많아 독특하고 깊이 있는 콘텐츠를 만들어낼 수 있습니다. 촬영 현장에서의 즉흥적인 아이디어나 배우의 개성 있는 연기 등은 전통적인 방식의 강점입니다.

- **AI 영상 제작**: 다양한 아이디어를 빠르게 시도할 수 있어 창의성을 크게 향상시킬 수 있습니다. 다만, 감정 표현이나 복잡한 스토리텔링과 같은 영역에서는 AI의 한계로 인해 전통적인 방식에 비해 다소 부족할 수 있습니다.

AI로 생성한 영상은 기술의 발전으로 품질이 점차 향상되고 있지만, 일부 영역에서는 여전히 전통적인 방식에 비해 부족한 점이 있습니다. 특히 고해상도 영상 제작이나 복잡한 시각 효과 구현에서는 전문적인 기술과 세심한 작업이 필요합니다.

CHAPTER 2

변화하는 미디어 환경과 창작자의 역할

AI 기술은 영상 제작의 방식뿐만 아니라 콘텐츠 소비 패턴과 창작자의 역할까지 변화시키고 있습니다. 누구나 AI를 활용해 영상을 만들 수 있는 시대가 열렸고, 개인화된 콘텐츠 생산과 소비가 빠르게 확산되고 있죠. 이번 챕터에서는 AI가 미디어 환경을 어떻게 혁신하고 있는지 살펴보고, AI 영상 제작의 장점과 한계, 그리고 새로운 기술을 활용하는 창작자의 역할을 알아봅니다. 그 과정에서 앞으로 다가올 AI 영상 시대에서 필요한 역량과 도전 과제를 함께 고민해 봅시다.

콘텐츠 생산과 소비 패턴의 변화

AI의 도입은 단순히 영상 제작 방식을 변화시키는 것을 넘어, 미디어 산업 전반에 영향을 미치고 있습니다. AI로 인해 콘텐츠 생산과 소비 패턴이 급격히 변화하면서 미디어의 다양성과 개인화가 더욱 확대되는 추세입니다. 이러한 변화가 미디어 산업의 미래에 어떤 방향성을 제시할지 주제별로 하나씩 살펴봅시다.

📈 개인화되고 즉각적인 콘텐츠 생산

2000년대 초반부터 유튜브와 넷플릭스 같은 플랫폼이 등장하면서 누구나 쉽게 영상을 만들고 소비할 수 있게 되었습니다. 이러한 플랫폼은 개인 창작자들이 자신의 콘텐츠를 전 세계에 공개할 수 있는 기회를 제공했으며, 콘텐츠의 다양성과 접근성을 크게 향상시켰습니다. 여기에 AI 기술이 결합되어 이제는 전문적인 지식이나 고가의 장비 없이도 누구나 쉽게 나만의 콘텐츠를 제작하고 업로드할 수 있게 되었습니다. AI가 복잡한 과정을 자동화해 주기 때문에 단편 영화 제작이나 작곡 등 전문적인 작업에 도전하는 소규모 제작자나 초보 창작자들이 증가하는 추세입니다.

📈 알고리즘 기반 개인화

AI는 사용자 데이터를 분석하여 개인 맞춤형 콘텐츠를 추천하는 데 활용됩니다. 예를 들어, 유튜브는 사용자의 시청 기록과 선호도를 바탕으로 관련 영상을 자동으로 추천해 주며, 넷플릭스는 사용자의 취향에 맞는 영화나 드라마를 제안합니다. 이는 한층 더 개인화된 콘텐츠 소비 경험을 제공하며, 사용자의 참여도와 만족도를 높이는 데 기여합니다.

📈 보편적 기술로 자리잡은 AI

20세기 인터넷과 미디어의 발전이 사회에 큰 영향을 미친 것처럼, AI도 일상 생활에서부터 전문적인 영상 제작에 이르기까지 다양한 분야에서 보편적인 기술로 자리잡을 가능성이 큽니다. 특히 AI의 특성상 의료 교육 영상, 마케팅 광고, 교육 콘텐츠 등 일상적인 분야에서도 높은 활용도를 보일 것으로 기대됩니다. 또한 단순한 영역의 확장을 넘어, 콘텐츠 생산 속도가 빨라짐에 따라 각 사업 영역의 다양한 목적에 맞는 정보를 소비자에게 더욱 자주, 그리고 적절하게 전달할 수 있게 될 것입니다.

AI 영상 제작의 명과 암

AI 영상 제작은 창의성과 효율성을 동시에 증대시키는 강력한 도구로 자리매김하고 있습니다. 그러나 모든 기술이 그렇듯 AI 영상 제작에도 몇 가지 한계와 도전 과제가 존재합니다. 우선 AI 영상 제작의 장점을 살펴볼까요?

↗ 창의성 증대

AI의 도움을 받으면 다양한 아이디어를 쉽게 떠올릴 수 있습니다. AI는 새로운 시각적 효과부터 스토리 아이디어까지 영상 제작의 각 단계마다 무한한 가능성을 제공합니다. 또, 제작자가 상상한 아이디어를 빠르게 구현할 수 있도록 도와줍니다. 이는 특히 다양한 실험과 아이디어 검증이 필요한 제작 초기 단계에서 유용합니다.

↗ 접근성 향상

AI를 활용하면 전문적인 지식이나 고가의 장비가 없어도 누구나 쉽게 영상 제작을 시도해 볼 수 있고, 복잡한 과정을 자동화해 주기 때문에 초보자도 쉽게 영상 제작을 시작할 수 있습니다. 예를 들어, AI를 사용하면 드론 촬영 없이도 고품질의 도시 풍경을 제작할 수 있으며, 이는 소규모 제작자나 개인 창작자의 작업에 큰 도움을 줍니다.

↗ 효율성 및 생산성 향상

반복적인 작업을 AI가 대신해 주기 때문에 제작자는 창의적인 작업에 더욱 집중할 수 있습니다. 예를 들어, 자동 편집이나 색 보정에 AI를 활용하여 제작 시간을 단축할 수 있습니다. 또, AI는 대량의 데이터를 빠르게 처리할 수 있어 대규모 프로젝트에서도 효율성을 높여 프로젝트의 총 비용을 절감하고 더 많은 콘텐츠를 생산할 수 있게 합니다.

↗ 전문 지식을 가진 제작자의 우위

전문 지식을 가진 제작자는 AI를 활용해 더 뛰어난 콘텐츠를 만들 수 있습니다. 그들이 가진 지식의 가치가 떨어지는 것이 아니라, 오히려 지식을 바탕으로 AI를 더 효과적으로 활용할 수 있는 것이죠. 특히 인문학, 철학, 문학처럼 깊이 있는 분야를 진정성 있게 공부하고 체화하는 것은 그 지식이 곧 프롬프트가 된다는 측면에서 앞으로 더욱 중요한 경쟁력이 될 것입니다.

그렇다면, AI 영상 제작이 직면한 한계점은 무엇이 있을까요?

↗ 기술적 제한

AI 기술은 아직 완벽하지 않기 때문에 고해상도 영상이나 복잡한 영상을 생성하는 데는 한계가 있습니다. 또, 특정한 스타일이나 감정을 정확하게 반영하는 능력도 부족한 편입니다. 그 때문에 AI가 생성한 영상은 부자연스럽거나 제작자의 의도를 정확히 반영하지 못하는 경우가 종종 있죠.

↗ 윤리적 문제

AI 영상 제작에는 다양한 윤리적 딜레마가 수반됩니다. 딥페이크 기술의 악용 가능성, 저작권 문제, 개인 정보 침해 등은 대표적인 문제로 지적되고 있죠. 특히 개인의 얼굴이나 목소리를 무단으로 사용하여 가짜 영상을 만드는 것은 심각한 법적 및 윤리적 문제를 야기할 수 있습니다.

TIP ● AI가 불러온 윤리적 문제는 348쪽에서 더 자세히 살펴봅니다.

↗ 사회적 영향

AI 영상 제작이 노동 시장과 창작자 생태계에 미치는 영향도 고려해야 합니다. AI가 반복적이고 단순한 작업을 대체하게 되면 영상 편집자나 디자이너와 같은 일부 직업은 역할이 축소되거나 사라질 수 있습니다. 또, AI가 창작 과정에 깊숙이 개입하게 되면서 인간 창작자의 역할과 가치가 재정의될 수도 있습니다.

↗ AI 의존성 증가와 창의성 감소

AI 도구에 지나치게 의존하게 되면 창작자의 고유한 창의성이 감소할 수 있습니다. 영상 제작의 모든 과정을 AI에게 맡기면 인간의 독창적인 아이디어나 의도가 반영되지 않을 가능성이 있고, 이는 곧 콘텐츠의 획일화와 질적 저하로 이어질 수 있습니다.

이처럼, 아직까지 AI 영상 제작 기술에는 여러 한계와 도전 과제가 존재합니다. 하지만 기술적 제한, 윤리적 문제, 사회적 영향 등을 고려하여 AI를 책임감 있게 활용한다면 AI의 이점을 극대화하면서도 부정적인 영향을 최소화할 수 있을 것입니다.

AI 영상 제작자의 새로운 역할

AI의 도입으로 영상 제작자의 역할도 크게 변화하고 있습니다. 전통적인 제작자의 역할이 주로 아이디어의 제시와 팀 관리에 머물렀다면, AI 시대의 제작자는 기술을 활용하여 창의성을 극대화하는 새로운 역할을 맡게 되었습니다. AI와의 협업을 통해 제작자의 역할이 어떻게 재정의되고 있는지, AI를 효과적으로 활용하기 위해 필요한 새로운 역량과 리더십은 무엇인지 살펴보겠습니다.

↗ 창작 과정에서의 리더십

AI 툴을 효과적으로 활용하려면 명확한 비전과 목표를 설정해야 합니다. 또, 팀원들과 원활하게 소통하는 능력은 AI를 활용할 때도 큰 도움이 됩니다. AI와의 협업은 영화 감독이 스태프들과 협력하여 영화를 완성하는 과정과 매우 유사하기 때문입니다. 제작자는 AI와의 협업을 통해 작품의 품질을 높이고, 창의성을 극대화할 수 있습니다.

↗ 전문성의 확대

AI 영상 제작자는 AI 기술에 대한 이해와 활용 능력을 갖춰야 합니다. 단순히 창의적인 아이디어를 내는 것뿐만 아니라, AI 툴을 통해 그 아이디어를 실현하는 능력이 필요한 것이죠. 예를 들어, AI를 활용하여 복잡한 시각 효과를 생성하거나, 데이터 분석을 통해 관객의 반응을 예측하는 등의 전문 지식이 요구됩니다.

↗ 소통 능력의 중요성

AI를 사용할 때는 ==원하는 장면과 스타일을 명확하게 상상하고 이를 구체적인 프롬프트 언어로 설명하는 능력==이 매우 중요합니다. 결과물을 처음부터 명확하게 상상하는 것이 어렵다면, AI와 지속적으로 대화를 주고받으며 세부적 디테일을 개선하고 발전시켜 나갈 수도 있습니다. 어떤 방법을 사용하든, 결과적으로 ==원하는 바를 명확히 정의하고 전달해야 양질의 결과물을 얻을 수 있죠.== 이는 영화 감독이 스태프들과 원활하게 소통하여 원하는 결과물을 얻는 것과 유사합니다.

TIP ● AI의 발전에 따라 앞으로 인간과 AI의 협업은 더욱 긴밀해질 것입니다. 예를 들어, AI는 제작자가 표현하고자 하는 아이디어나 감정을 즉각적으로 시각화해 보여주고, 제작자는 이를 확인한 후 AI와 대화를 통해 스타일과 분위기를 더 구체적으로 다듬을 수 있게 될 것입니다. 또한, 더욱 정교해진 AI는 단순히 지시를 따르는 수준을 넘어, 제작자의 기존 작품이나 선호하는 스타일을 학습해 맞춤형 아이디어를 제공할 수 있습니다. 이러한 협업 과정을 통해 인간과 AI가 서로의 강점을 보완하면서, 지금까지 없었던 완전히 새로운 표현 방식과 독창적인 예술 장르가 탄생하게 될 것입니다.

AI 영상 × 미드저니 · 런웨이 · 소라 · 클링 · 하이루오

PART 2

영상 제작의 기초, AI 이미지 생성하기

이번 파트에서는 이미지 생성 AI 툴 '미드저니'를 활용해 창의적이고 효과적인 이미지를 제작해 봅시다. AI 영상을 만들기에 앞서 AI 이미지 생성을 다루는 이유는 무엇일까요? 영상은 개별 이미지들이 연속적으로 이어진 형태이기 때문에, 영상 제작은 이미지에 대한 이해에서 시작됩니다. 원하는 방향과 느낌을 정확히 담은 이미지를 만들어 두면, 이후 영상 전체의 품질과 방향성을 명확하게 설정할 수 있습니다. 따라서 AI 영상을 제작하기에 앞서 AI 이미지 생성을 통해 기초를 다져두면 효과적입니다. 이 과정에서 중요한 것이 바로 AI에게 보내는 지시 사항, '프롬프트(prompt)'입니다. 미드저니의 기본 사용법과 효과적인 프롬프트 작성법을 익히며 AI 영상 제작을 위한 기본기를 다져봅시다.

CHAPTER 1

이미지 생성 AI 툴, 미드저니 살펴보기

생성형 AI를 활용하여 원하는 이미지를 자유롭게 생성하기 위해서는 먼저 AI 이미지 생성의 기본 원리를 이해해야 합니다. 이번 챕터에서는 AI 이미지 생성의 핵심 개념인 텍스트 프롬프트부터 대표적인 이미지 생성 툴인 미드저니 웹 버전의 인터페이스와 핵심 기능을 살펴봅니다. 이를 통해 AI 이미지 생성 과정 전반에 대해 명확하게 이해할 수 있을 것입니다.

또한, 이미지는 영상 생성을 위한 중요한 초석이기도 합니다. 텍스트 프롬프트만으로도 영상을 만들 수 있지만, 직관적이고 풍부한 시각 정보가 내포된 이미지는 완성도 있는 영상을 만들기 위한 가장 중요한 요소가 됩니다.

AI 이미지 생성이란?

AI 이미지 생성이란 AI 모델이 텍스트 프롬프트(Prompt), 즉 그림이나 장면에 대한 설명을 이해하여 그에 맞는 이미지를 생성하는 기술을 의미합니다. 쉽게 말해, 사용자가 상상하는 이미지를 텍스트로 설명하면 AI가 이를 해석해 그림을 그려주는 것이죠. 미드저니와 같은 이미지 생성 AI 모델은 인터넷상의 방대한 이미지와 그 설명 데이터를 학습하여 텍스트 프롬프트에 어울리는 이미지를 생성하도록 훈련되어 있습니다.

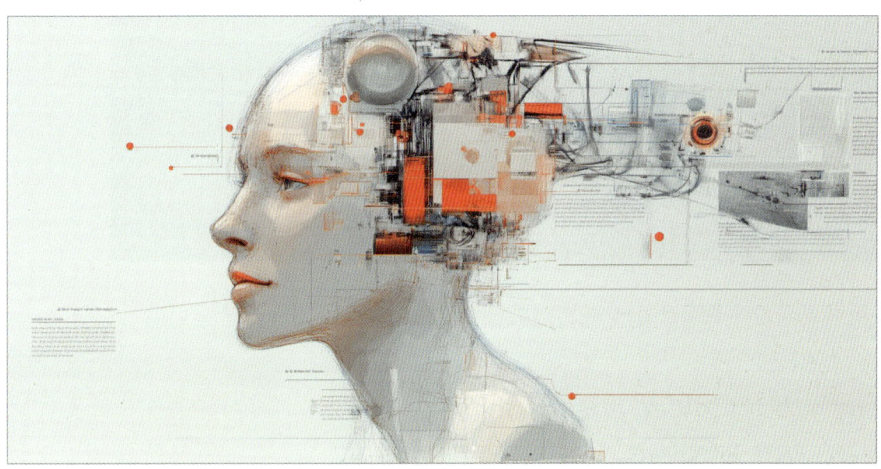

▲ 텍스트 프롬프트를 바탕으로 이미지를 생성하는 AI

텍스트 프롬프트와 이미지의 관계

텍스트 프롬프트는 AI에게 제공하는 명령어로, 원하는 이미지를 문장이나 키워드로 표현한 형태입니다. 텍스트 프롬프트에 어떤 단어를 사용하느냐에 따라 결과 이미지가 크게 달라지기 때문에, 텍스트 프롬프트를 잘 구성하면 내가 원하는 양질의 이미지를 얻을 수 있습니다.

중요한 것은 프롬프트가 명확할수록 더 좋은 결과를 얻을 수 있다는 점입니다. 프롬프트에 불분명한 표현이 많으면 AI가 어떤 요소를 중점적으로 반영해야 할지 혼란스러워할 수 있습니다. 그로 인해 의도와 다른 결과물이 생성될 수도 있죠. 따라서 핵심 키워드를 중심으로 프롬프트를 작성하되, 필요한 경우 구체적인 묘사를 추가하여 결과물을 원하는 방향으로 유도하는 것이 좋습니다.

TIP ● 프롬프트는 일종의 레시피와 같아서, 같은 AI 모델을 사용하더라도 어떤 재료(단어)를 어떻게 조합하여 넣느냐에 따라 완전히 다른 결과물이 생성됩니다.

TIP ● 새로운 아이디어가 필요할 때는 텍스트 프롬프트에 추상적인 표현을 사용해 다소 무작위한 결과를 유도해 보는 것도 좋습니다.

텍스트 프롬프트에 따라 결과 이미지가 어떻게 바뀌는지 예시와 함께 살펴볼까요? 우선, 프롬프트에 구체적인 명사를 포함하면 해당 요소들이 이미지에 등장합니다.

cat, moonlight, beach
고양이, 달빛, 해변

이미지에 특정한 분위기나 속성을 반영하고 싶다면 형용사와 부사를 활용하면 됩니다.

cat, moonlight, beach, **quiet, brightly shining**
고양이, 달빛, 해변, **고요한, 환하게 빛나는**

TIP ● 반복적으로 이미지를 생성하다 보면 프롬프트와 결과 이미지의 관계를 익힐 수 있습니다. 그렇기 때문에 처음에는 다양한 표현을 실험하며 감을 잡아가는 것이 좋습니다.

유화 스타일, 3D 렌더링, 애니메이션 풍과 같이 스타일 관련 단어나 특정 아티스트 이름을 포함하면 이미지의 미술적 스타일이나 질감도 설정할 수 있습니다.

> cat, moonlight, beach, quiet, brightly shining, **oil painting, Van Gogh style**
> 고양이, 달빛, 해변, 고요한, 환하게 빛나는, **유화, 반 고흐 스타일**

프롬프트를 작성할 때 쉼표를 사용하여 여러 요소를 나열하면 AI가 각 요소를 모두 고려하여 종합적인 이미지를 생성합니다. 예를 들어, 아래와 같이 프롬프트를 입력하면 '고양이'가 '우주복'을 입고 '우주선 안'에 있는 장면을 만들어 냅니다.

> cat, astronaut costume, spaceship interior
> 고양이, 우주비행사 복장, 우주선 내부

📌 대표적인 이미지 생성 AI 툴

대중적으로 널리 알려진 이미지 생성 AI 툴로는 미드저니(Midjourney), 챗GPT(ChatGPT), 스테이블 디퓨전(Stable Diffusion)이 있습니다. 각 툴의 고유한 특징과 장단점을 살펴볼까요?

미드저니(Midjourney)

이 책에서 주로 다루는 툴로, 사실적인 표현부터 예술적인 스타일까지 다양한 영역에서 고품질의 결과물을 생성합니다. 독창적이고 분위기 있는 결과물을 쉽게 생성할 수 있고 풍부한 디테일과 창의적인 표현력을 갖춰 아티스트나 디자이너들이 아이디어 스케치나 콘셉트 작업에 많이 활용합니다. 간단한 프롬프트만으로도 멋진 이미지를 얻을 수 있고, 세부 파라미터를 조정하면 더욱 정밀하게 결과물을 조작할 수 있어 초보자부터 숙련자까지 사용자 스펙트럼이 넓습니다. 다만, 반드시 유료로 구독해야만 사용할 수 있으며, 요금제에 따라 생성된 이미지가 다른 사용자에게 공개될 수 있다는 점을 유의해야 합니다.

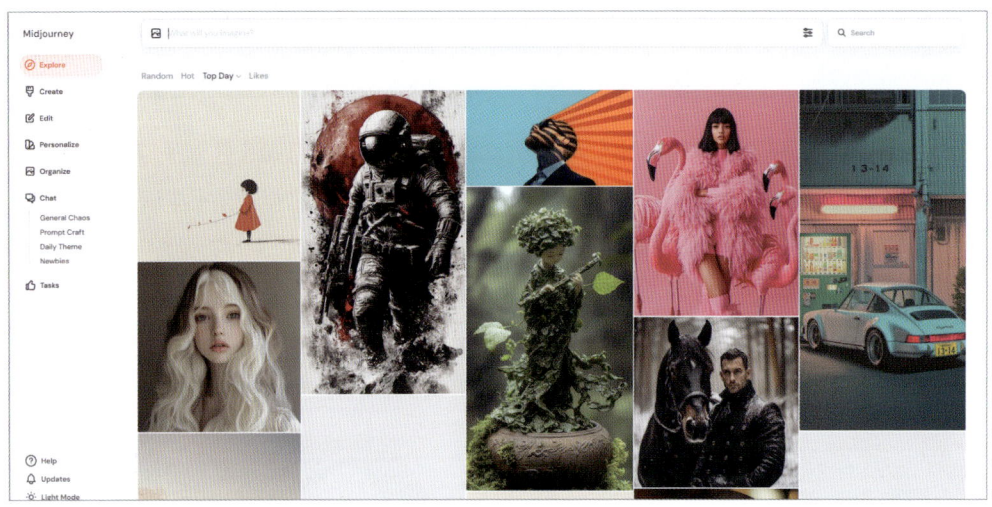

▲ 디스코드에서 벗어나 자체 웹 서비스를 시작한 미드저니

챗GPT(ChatGPT)

오픈 AI에서 선보인 챗GPT는 과거 Text to Image 모델인 달리(DALL·E)를 시작으로 현재 생성형 이미지 기술의 광범위한 대중화를 이끈 주역 중 하나입니다. 달리(DALL·E)는 2023년 10월부터 2025년 2월까지 유료로 제공되었으며, 현재는 챗GPT의 기본 모델이 그 역할을 대신하고 있습니다. 프롬프트만 입력하면 바로 이미지를 생성할 수 있고, 대화를 통해 일부 수정도 가능하며, 무엇보다 사용하기가 매우 쉽다는 특징이 있습니다. 두 모델 모두 폭력적이거나 성적인 콘텐츠, 그리고 저작권 침해 가능성이 있는 프롬프트에 대해서는 정책에 따라 생성을 거부했습니다.

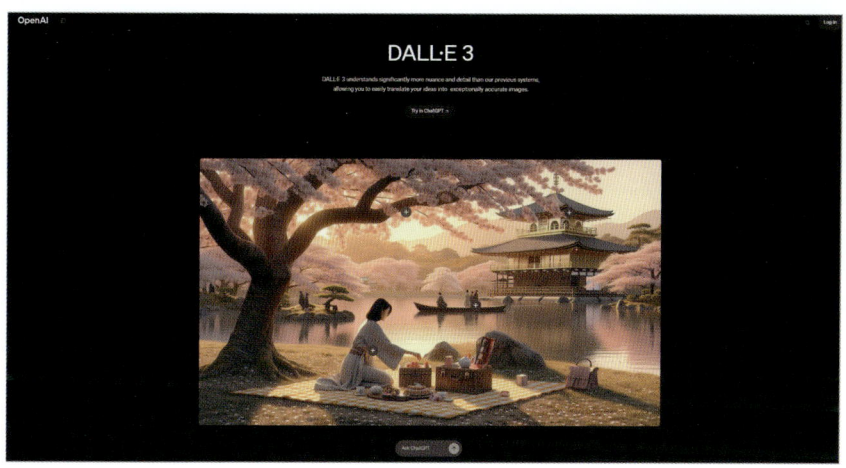

▲ 과거 AI 이미지 생성의 초석을 다졌던 달리

스테이블 디퓨전(Stable Diffusion)

대표적인 오픈 소스 툴로, 개인 PC에 무료로 다운로드하거나 웹 사이트를 통한 구독 형태로 사용할 수 있습니다. 사용자가 직접 모델 가중치와 파라미터를 세부 조정하거나 개인화된 모델을 만들 수 있어 유연성과 확장성이 뛰어납니다. 다만, 초기 설정이나 사용법이 복잡하며, 원활한 사용을 위해 고성능 PC가 필요합니다. 또, 결과를 생성하는 데 시간이 오래 걸리는 편입니다.

TIP ● 오픈 소스 모델 특성상 규제가 비교적 느슨하지만, 사용자 스스로 저작권 및 윤리적 이슈에 주의할 필요가 있습니다.

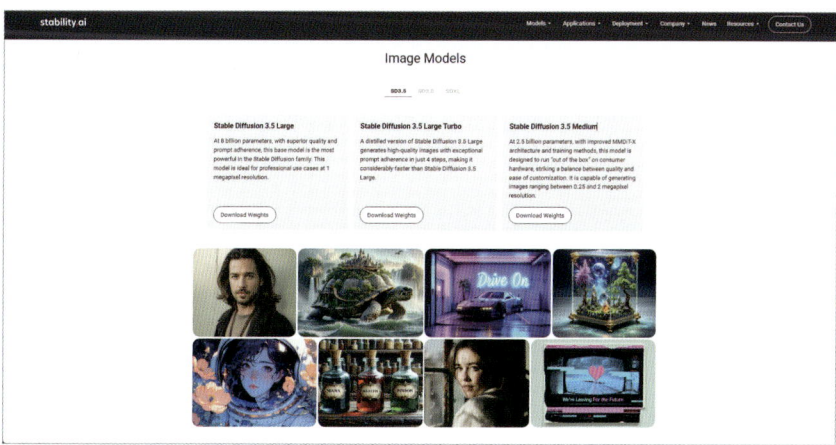

▲ 오픈 소스 이미지 생성 AI, 스테이블 디퓨전

세 서비스 모두 텍스트를 이미지로 변환한다는 점은 같지만, 접근성(웹, 앱, 설치 여부), 세부 조절 기능, 오픈 소스 여부, 결과물의 스타일 등에서 상당한 차이가 있습니다. 따라서, 처음에는 자신의 필요에 가장 적합한 툴을 선택하여 시작하고, 이후 다른 툴도 시도해 보며 활용 범위를 넓혀가는 것을 추천합니다. 이 책에서는 미드저니를 중심으로 다루며, 특히 새롭게 도입된 웹 버전의 활용법을 살펴봅니다.

02 미드저니란?

이제 본격적으로 이미지 생성 AI 툴 '미드저니'를 자세히 살펴봅시다. 앞서 언급했듯이, 미드저니는 사진처럼 현실적인 이미지부터 초현실적인 예술 작품까지 폭넓게 만들 수 있어 콘셉트 아트, 일러스트, 디자인 시안, 배경 이미지 등 다양한 용도의 이미지를 제작하는 데 활용되고 있습니다. 미드저니의 특징을 조금 더 자세히 살펴볼까요?

- **높은 이미지 품질**: 색감, 조명, 디테일 면에서 가장 미학적 완성도가 높은 이미지를 생성합니다.
- **창의적인 스타일**: 기본 설정만으로도 구도, 색채 대비, 균형감, 원근감과 같은 예술적 원리들이 적절히 반영된 결과물을 생성합니다. 예를 들어, 별다른 추가 지시 없이 [숲 속의 오두막]이라는 간단한 프롬프트만 입력해도 자연스러운 원근법으로 시선을 이끌고 따뜻한 색채 대비로 포근한 느낌을 주는 이미지가 생성됩니다. 이처럼 미드저니 모델이 자체적으로 미술의 기본 원리를 활용하여 창의적이고 감각적인 스타일을 연출해 주기 때문에 아이디어를 도출하는 데 큰 도움이 됩니다.
- **커뮤니티 및 레퍼런스**: 미드저니로 생성한 이미지는 스텔스 모드를 사용하지 않을 경우 웹 버전의 커뮤니티 피드에 공유되며, 다른 사용자들이 만든 이미지와 프롬프트를 구경할 수도 있습니다. AI 이미지 생성이 익숙하지 않은 경우, 이를 참고하여 어떤 프롬프트가 어떤 결과물을 만들어 내는지 파악할 수 있습니다.
- **진화하는 모델**: 지속적으로 모델을 개선하며 현재 V7 버전(2025년 9월)까지 출시된 상태입니다. 버전이 업그레이드될수록 화질과 표현력이 크게 향상되며, 세부 작동 원리도 변화하고 있습니다.
- **유료 서비스**: 미드저니는 현재 유료 구독을 해야만 사용할 수 있으며, 보통은 월 구독 형식으로 요금을 지불합니다. 어떤 플랜을 선택하느냐에 따라 생성할 수 있는 이미지 수와 사용할 수 있는 기능이 달라집니다.

↗ 미드저니 디스코드 버전 vs 웹 버전

미드저니는 원래 '디스코드(Discord)'라는 채팅 플랫폼을 통해 사용할 수 있었습니다. 미드저니 공식 디스코드 서버나 내 디스코드 서버의 채팅창에 텍스트 프롬프트를 입력하면 미드저니 봇이 이미지를 생성해 채팅창에 띄워주는 방식이었죠. 이 방식은 실시간으로 여러 사람이 함께 채팅하며 이미지를 공유하고, 공동 작업을 하거나 피드백을 주고받기 좋다는 장점이 있었습니다. 하지만, 디스코드가 낯선 초보자에게는 기본 사용법부터 다소 어렵게 느껴져 진입 장벽이 있었고, 채팅창에 작업물이 수직으로 쌓이기 때문에 과거의 작업물을 다시 찾기가 불편하다는 단점도 있었습니다.

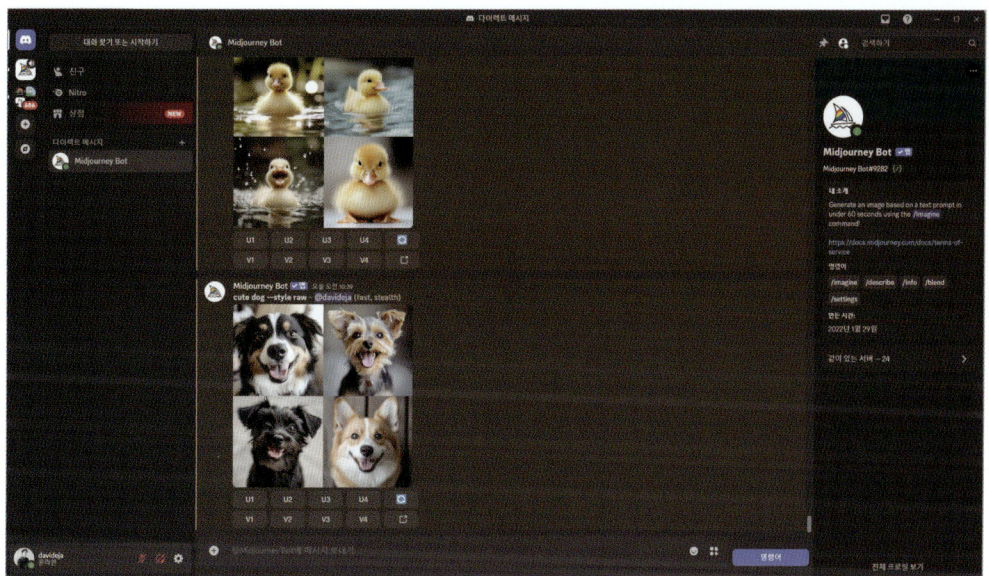

▲ 미드저니 디스코드 버전의 채팅창

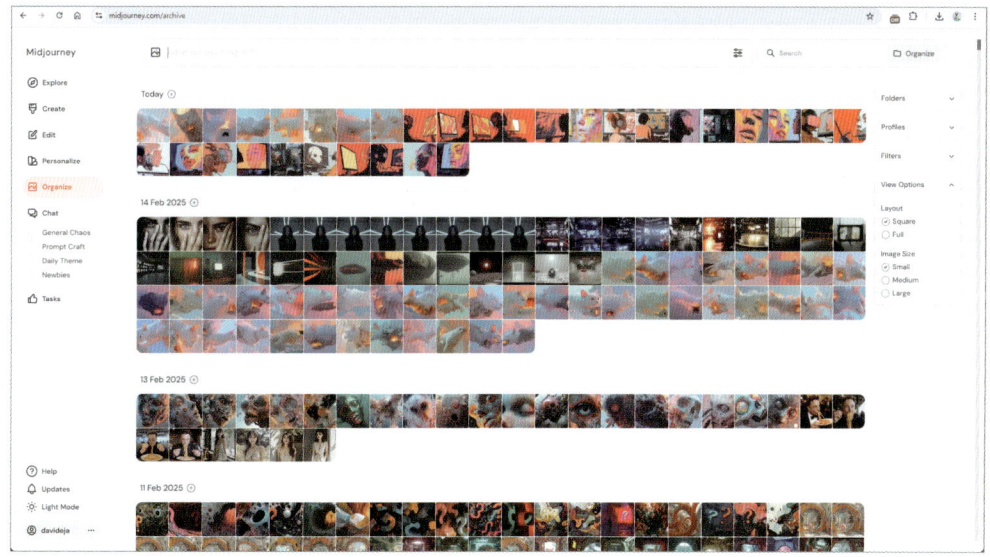

▲ 미드저니 웹 버전의 Organize 탭

미드저니 웹 버전은 디스코드의 채팅 기반 인터페이스를 웹 환경에 맞게 개선한 것으로, 사용 편의성과 작업 관리 기능이 대폭 개선되었습니다. 미드저니 공식 웹 사이트(www.midjourney.com)에 접속하여 사용할 수 있으며, 주요 차이점과 강점은 다음과 같습니다.

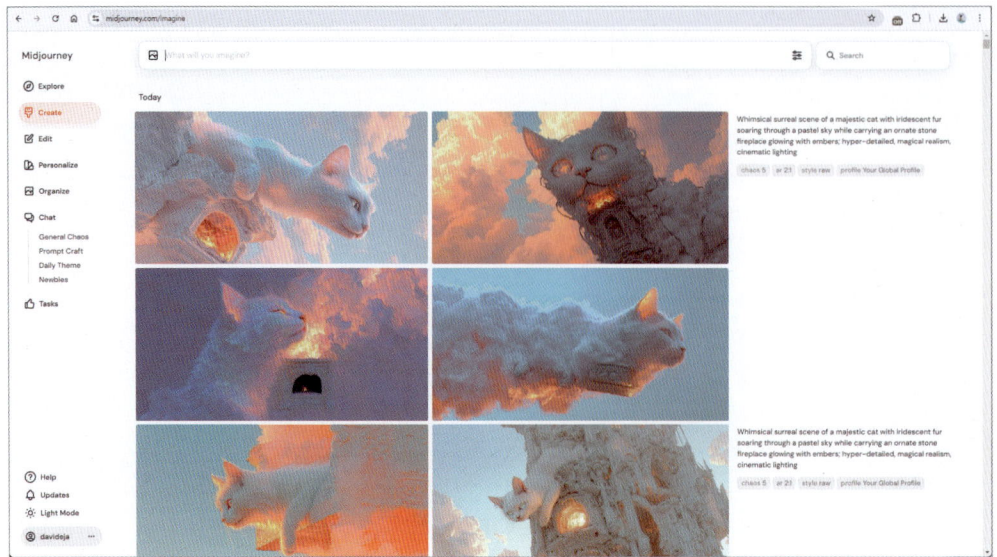

▲ 미드저니 웹 버전의 Create 탭

* **직관적인 UI**: 웹 페이지에서 버튼과 메뉴를 클릭하여 간편하게 조작할 수 있어, 복잡한 명령어를 외울 필요 없이 그래픽 인터페이스(GUI)만으로 이미지 생성 작업이 가능합니다. 이미지 생성이 처음인 초보자도 쉽게 사용할 수 있도록 개선된 부분이죠.

* **개인 작업 공간**: 나만의 작업 공간에서 이미지를 생성하고 분류할 수 있기 때문에 작업물을 편리하게 관리할 수 있습니다. 또, 디스코드보다 탐색 속도가 빨라 이전 작업물을 더 빠르고 쉽게 검색하거나 찾아볼 수 있습니다.

* **검색 및 아카이빙**: Organize 페이지를 통해 내가 생성한 모든 이미지를 한곳에 모아 체계적으로 관리할 수 있습니다. 지난 작업을 날짜별로 훑어보거나, 프롬프트의 키워드를 검색하여 원하는 이미지를 쉽게 찾을 수 있죠. 또, 작업물을 폴더로 분류하거나 한꺼번에 다운받는 등 편의 기능을 제공합니다.

* **커뮤니티 기능**: 다른 사용자가 생성한 이미지를 감상하거나 공동 작업방(Chat)을 만들어 협업할 수 있습니다. 다만 디스코드처럼 강력한 커뮤니티 기능을 제공하는 것은 아니며, 업데이트 공지와 고객 센터 채널 등은 여전히 디스코드 버전에서만 제공합니다.

* **스텔스(Stealth) 모드**: 미드저니에서는 별도의 설정이 없다면 기본적으로 내가 생성한 모든 이미지가 공개됩니다. 하지만 스텔스 모드를 활성화하면 다른 사람들이 내 작업물을 볼 수 없게 숨길 수 있습니다. 스텔스 모드는 Pro 이상의 구독 플랜에서만 제공되며, 이를 활성화하면 Explore 페이지의 공개 피드에 내 작업물이 나타나지 않습니다. 스텔스 모드를 활성화하더라도 생성된 이미지는 자체는 미드저니 서버에 저장되며, 추후 AI 모델 학습에 사용될 수 있습니다.

TIP ● 이제 막 미드저니를 시작하는 초보자라면, 별도의 프로그램을 설치하지 않고 브라우저로 이용할 수 있는 웹 버전을 통해 입문하는 것을 권장합니다.

03 미드저니 웹 버전의 워크플로우

미드저니 웹 버전에서 이미지 생성 작업은 프롬프트 작성 → 이미지 선택 → 변형과 업스케일 → 다운로드와 관리 순으로 진행됩니다. 각 기능의 자세한 활용법은 47쪽에서 한번 더 안내할 예정이니, 우선은 가벼운 마음으로 워크플로우를 한번 훑어볼까요?

↗ 공식 웹 사이트에 접속하여 로그인하기

1 미드저니 공식 웹 사이트(www.midjourney.com)에 접속하여 [Sign Up] 버튼을 클릭합니다.

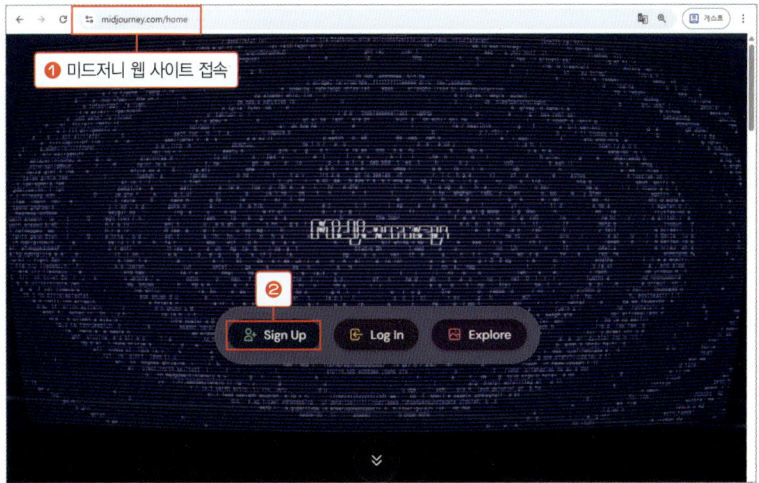

2 디스코드 또는 구글 계정을 미드저니 아이디로 사용할 수 있습니다. 둘 중 원하는 옵션을 선택하여 회원가입하고 로그인합니다.

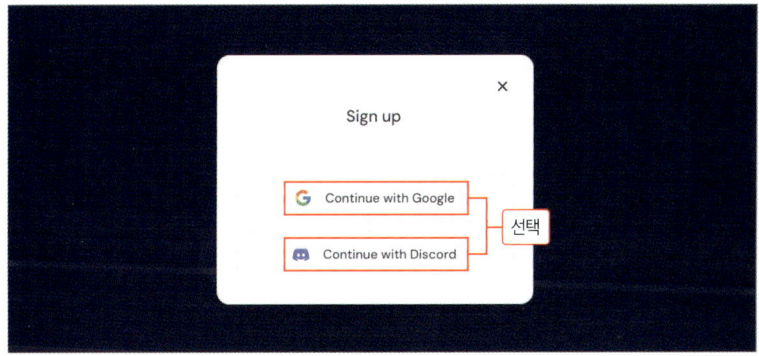

TIP ● 구글 계정으로 회원가입하면 디스코드 버전 미드저니를 사용하기 어려울 수 있습니다. 따라서 웹 버전 미드저니를 사용하더라도 디스코드 계정으로 가입하는 것을 추천합니다.

🖐 유료 플랜 구독하기

1 로그인 후 [프로필]-[Manage Subscription]를 클릭하면 구독 관리 대시보드가 나타납니다. 대시보드에서는 이미지 생성 잔여량(Remaining Fast Hours)과 구독 상태, 플랜에 포함된 세부 기능, 결제 정보 등을 확인할 수 있습니다.

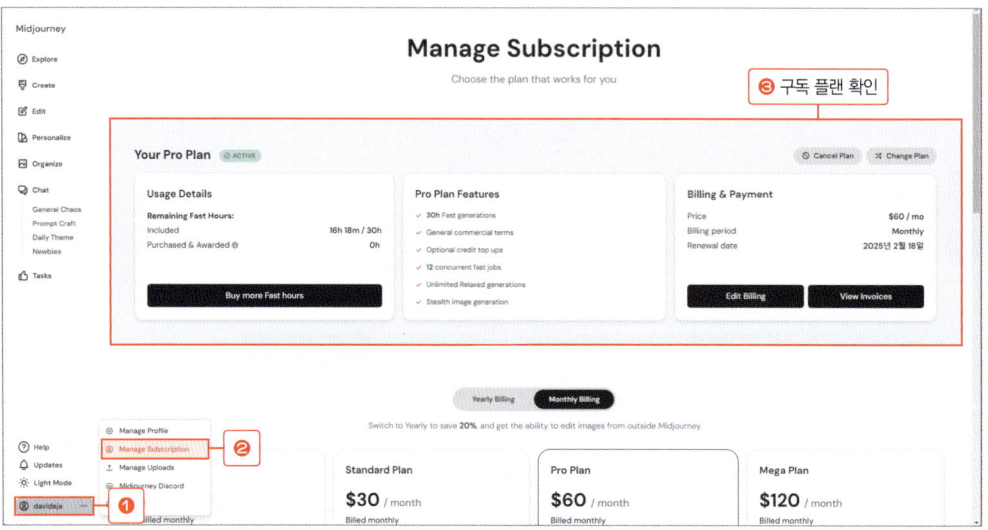

2 구독 플랜은 베이직부터 메가 플랜까지 네 가지 옵션이 있습니다. 플랜에 따라 Fast Hours(빠른 생성 시간)나 Relax 모드 사용 가능 여부 등이 달라집니다. 결제 단위는 연 단위와 월 단위 중 하나를 선택할 수 있습니다. 나의 사용 목적에 맞는 플랜을 구매합니다.

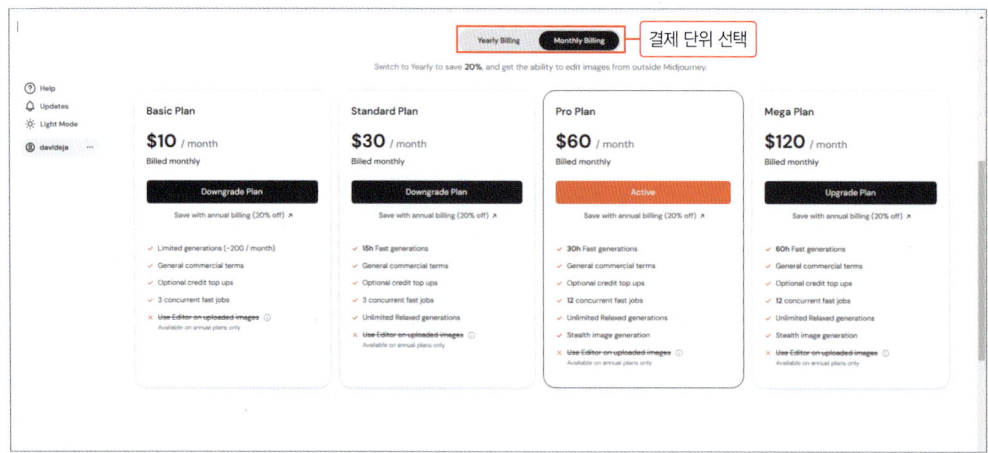

TIP ● 미드저니를 처음 시작하는 초보자라면 월 10달러에 약 200장의 이미지를 생성할 수 있는 베이직(Basic) 플랜을, 이 책을 읽고 본격적으로 작업을 시작하고 싶다면 월 30달러에 느린 무제한 생성 기능(Unlimited Relaxed Generations)이 포함된 스탠다드(Standard) 플랜을 추천합니다.

↗ 프롬프트 입력하고 이미지 생성하기

이미지 생성의 첫 단계는 프롬프트 입력입니다. 화면 상단의 프롬프트 입력 영역(Imagine Bar)에 원하는 이미지에 대한 설명을 입력한 다음 Enter 를 누릅니다. 잠시 기다리면 네 장의 결과물이 생성됩니다. 마음에 드는 것이 있다면 클릭하여 크게 확인할 수 있습니다.

▲ 결과물을 자세히 확인하고 추가 작업을 진행할 수 있는 라이트박스(Lightbox) 모드

TIP ● 프롬프트의 핵심은 구체성과 간결함의 조화입니다. 프롬프트 작성법에 대해서는 61쪽에서 더 자세히 살펴봅니다.

마음에 드는 결과물이 없다면 마우스 커서를 우측의 프롬프트 영역에 올린 다음 [Rerun(재시도)]을 클릭하여 동일한 프롬프트로 다른 결과물을 생성할 수 있습니다.

↗ 결과물 업스케일하고 변형하기

업스케일과 변형 기능을 활용하여 결과물을 더 완벽한 이미지로 다듬어 봅시다. 마음에 드는 결과물을 클릭하여 상세 보기 모드(라이트박스)로 들어갑니다. [Upscale(업스케일) Subtle/Creative]를 클릭하면 더 높은 해상도의 고품질 이미지가 생성됩니다. [Vary(변형) Subtle/Strong]을 클릭하면 비슷한 느낌의 이미지를 새롭게 생성할 수 있습니다.

Ⓐ **Vary Subtle**: 현재 이미지에서 약하게 변형을 준 새로운 이미지 네 장을 추가로 생성합니다.

Ⓑ **Vary Strong**: 현재 이미지에서 강하게 변형을 준 새로운 이미지 네 장을 추가로 생성합니다.

Ⓒ **Upscale Subtle**: 현재 이미지와 거의 유사하면서 더 높은 해상도의 이미지를 생성합니다.

Ⓓ **Upscale Creative**: 현재 이미지를 기반으로 디테일이 약간 변경된 더 높은 해상도의 이미지를 생성합니다.

TIP ● 변형 기능을 반복하다 보면 원하는 결과물에 가까워질 수 있습니다.

🖐️ 이미지 저장하고 관리하기

1 마지막으로 결과물을 저장해 봅시다. 업스케일과 변형을 통해 만족스러운 최종 결과물을 얻었다면, 우측 상단의 [⬇️] 버튼을 클릭하여 해당 이미지를 내 컴퓨터에 저장할 수 있습니다.

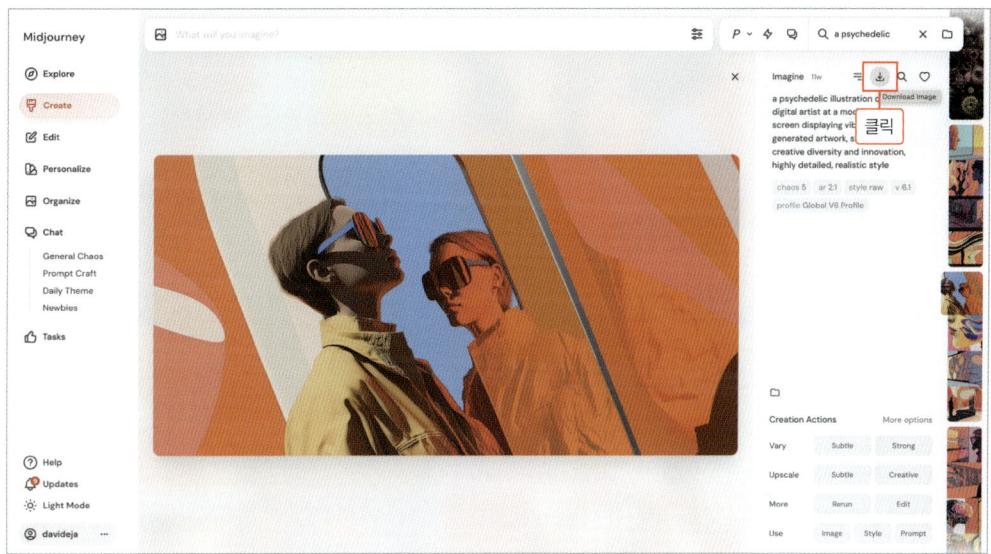

2 [Organize(정리)] 페이지를 클릭하여 생성된 모든 이미지를 폴더별로 정리하고 쉽게 찾아볼 수 있도록 관리할 수도 있습니다.

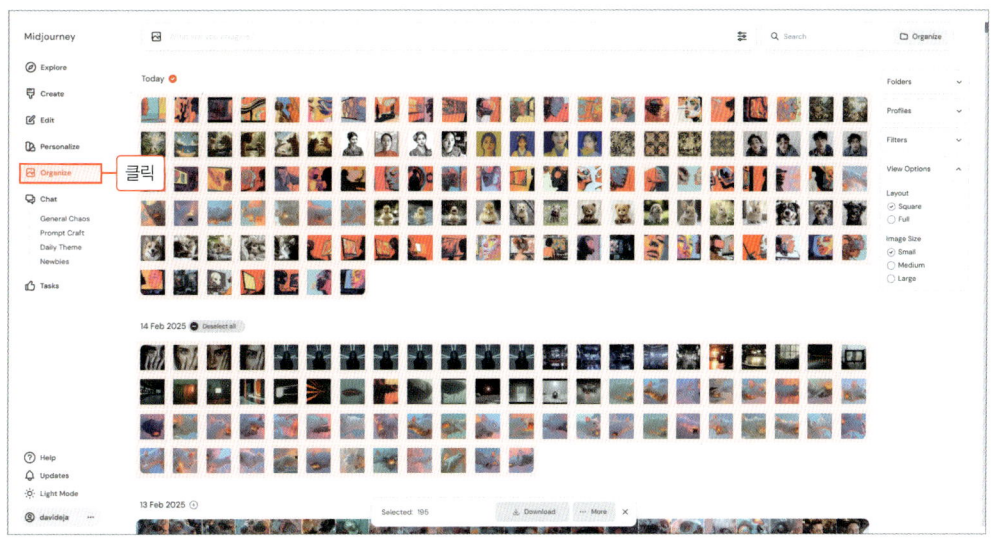

TIP ● 생성한 이미지는 Explore(탐색) 페이지에 자동으로 공유되어 다른 사용자들도 볼 수 있으므로, 이를 원하지 않는다면 미리 스텔스 모드를 활성화해야 합니다.

CHAPTER 2

미드저니로 원하는 이미지 생성하기

이제 미드저니 웹 버전의 주요 메뉴와 기능을 하나씩 구체적으로 살펴보겠습니다. Explore(탐색), Create(생성), Edit(편집), Organize(정리) 등 메인 페이지를 중심으로 UI를 확인하고, 각 페이지에서 활용할 수 있는 기능과 화면을 익혀봅시다. 또, Imagine Bar나 라이트박스와 같은 핵심 요소들의 위치와 사용법도 함께 살펴보겠습니다.

미드저니 웹 UI 자세히 살펴보기

상단 메뉴 바와 메인 페이지 살펴보기

미드저니 웹 버전의 주요 UI를 살펴볼까요? 화면 좌측에 일곱 개의 페이지가, 그 하단에는 사용자 프로필과 알림 등이 있습니다. 화면 상단에는 프롬프트 입력을 위한 Imagine Bar가 고정되어 있어, 언제든 바로 새로운 이미지를 생성할 수 있습니다. Imagine Bar 우측에는 프롬프트를 검색할 수 있는 검색 창이 있습니다. 미드저니의 웹 UI는 업데이트에 따라 변경될 수 있습니다.

Ⓐ **Explore**: 다른 사용자가 생성한 결과물을 탐색하는 페이지입니다.

Ⓑ **Create**: 원하는 이미지를 생성하는 작업 공간 페이지입니다.

Ⓒ **Edit**: 생성된 또는 업로드한 이미지를 수정하는 페이지입니다.

Ⓓ **Personalize**: 개인화된 모델을 구성하는 페이지입니다.

Ⓔ **Organize**: 내가 만든 이미지들을 검색, 정리, 다운로드 등 관리하는 페이지입니다.

Ⓕ **Chat**: 미드저니 사용자들 간의 소통 및 협업을 할 수 있는 페이지입니다.

Ⓖ **Tasks**: 미드저니 팀에서 제공하는 설문에 참여하여 Fast Hours를 획득할 수 있는 페이지입니다.

TIP ● 미드저니 V7 버전을 사용할 경우 Imagine Bar 우측에 신규 기능을 사용할 수 있는 또 다른 버튼들이 나타납니다. 이 버튼들에 대해서는 276쪽에서 자세히 설명합니다.

↗ Explore 페이지에서 결과물 탐색하기

Explore 페이지는 미드저니 사용자들이 생성한 수많은 이미지, 비디오, 스타일을 둘러볼 수 있는 갤러리입니다. Random(무작위), Hot(인기 작품) 등 기준에 따라 정렬하여 살펴볼 수 있으며, 내가 '좋아요'를 누른 이미지들만 따로 모아 볼 수 있는 [Likes] 탭도 마련되어 있습니다.

1 [Explore] 페이지를 클릭하면 실시간으로 업데이트되는 결과물 피드가 나타납니다. 전세계 사용자들이 공개 모드로 생성한 결과물들이 정렬 기준에 따라 나열되며, 마음에 드는 결과물 위에 마우스 커서를 올려 [♥] 버튼을 클릭하면 Likes 탭에 따로 저장할 수 있습니다.

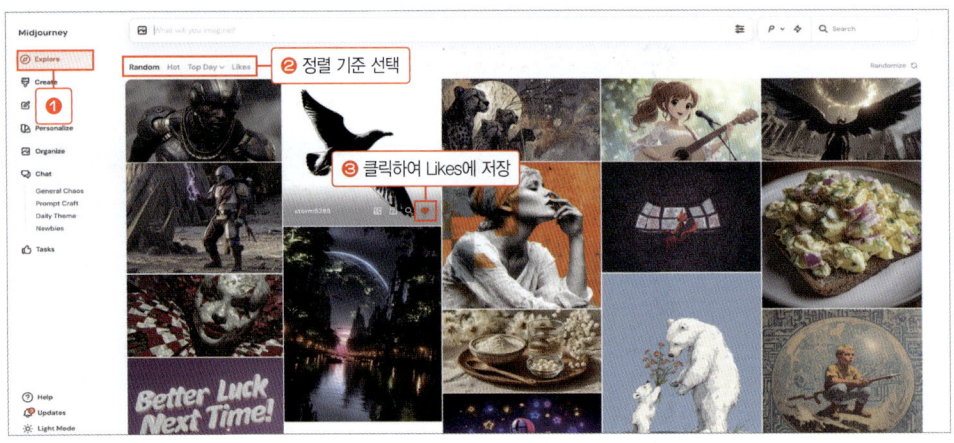

TIP ● Random 정렬을 선택하고 [Randomize] 버튼을 클릭하면 화면이 새로고침되어 새로운 이미지들을 감상할 수 있습니다.

2 결과물을 클릭하면 해당 결과물을 자세히 확인할 수 있는 라이트박스로 전환됩니다. 우측에는 생성에 사용된 텍스트 프롬프트와 상세 정보가 표시됩니다. 이를 참고하여 비슷한 스타일의 결과물을 생성해볼 수 있고, 프롬프트의 감을 익히거나 영감을 얻을 수도 있습니다.

TIP ● 텍스트 프롬프트 없이 참고 이미지만을 활용하여 이미지를 생성할 수도 있는데요, 이 경우에는 라이트박스에 텍스트 프롬프트가 표시되지 않을 수 있습니다.

3 하단의 'Use'에서 [Prompt]를 클릭하면 Imagine Bar에 해당 프롬프트가 그대로 복사됩니다. 그대로 Enter를 눌러 생성해도 좋고, 프롬프트를 원하는 대로 약간 수정하여 응용해도 좋습니다.

4 상단 검색창이나 필터를 활용하면 프롬프트에 포함된 키워드로 결과물을 검색할 수 있습니다. 예를 들어, 검색창에 [Cyberpunk]를 입력하고 Enter를 누르면 해당 키워드가 포함된 프롬프트로 생성한 결과물을 모아볼 수 있습니다.

TIP ● Explore 페이지는 둘러보기만 해도 공부가 됩니다. 나의 취향에 맞는 이미지를 생성할 때 어떤 단어들이 자주 쓰이는지, 어떤 스타일이 활용되는지 감을 익힐 수 있기 때문이죠. 특히, 어떤 이미지를 만들어야 할지 막막할 때 시각적 아이디어를 얻을 수 있는 공간이기도 합니다. AI 이미지 생성이 낯선 초보자라면, 시간을 갖고 이곳에서 다양한 작품을 감상해 보기를 추천합니다.

📈 Create 페이지에서 이미지 생성하기

Create 페이지는 <mark>이미지를 생성하는 메인 작업 공간</mark>입니다. 이곳에서 프롬프트 입력과 결과 확인, 업스케일과 변형 등 후속 작업을 반복하면서 원하는 이미지를 만들어 갈 수 있죠.

1 화면 상단에 위치한 프롬프트 입력 영역은 'Imagine Bar'라고 부르며, 이곳에 원하는 이미지를 설명하는 프롬프트를 작성하고 Enter를 누르면 이미지 생성이 시작됩니다.

TIP ● Imagine Bar는 Chat과 Tasks를 제외한 모든 페이지에서 항상 보이기 때문에, 언제든 쉽게 접근하여 사용할 수 있습니다.

2 또, Create 페이지에서는 지금까지 생성한 모든 이미지를 섬네일 형태로 확인할 수 있습니다. 최근에 생성한 순서대로 정렬되며, 이미지가 생성 중일 경우 빈 화면과 함께 작업 진행률(%)이 표시됩니다.

3 생성이 완료된 이미지 위에 마우스 커서를 올리면 [Vary(변형) Subtle/Strong] 버튼이 활성화됩니다. 버튼을 클릭하면 손쉽게 이미지 변형 작업을 할 수 있습니다.

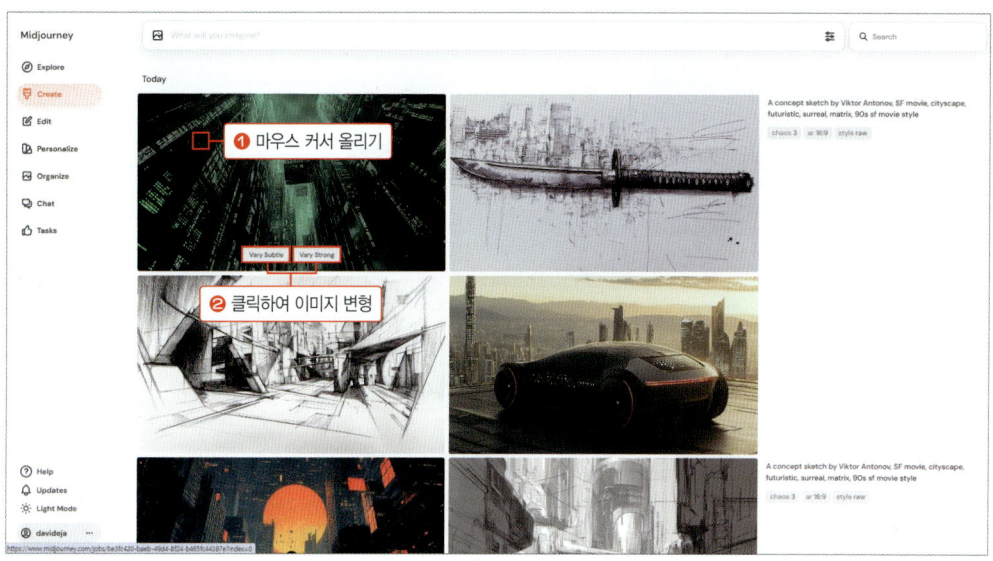

4 프롬프트 근처에 마우스 커서를 올리면 하단에 네 개의 버튼이 나타납니다.

- ⓐ **Rerun(재생성)**: 해당 프롬프트로 새로운 결과물 세트(4장)를 다시 생성합니다.
- ⓑ **Use(프롬프트 활용)**: 해당 프롬프트를 Imagine Bar에 바로 복사하여 재사용합니다.
- ⓒ **Hide(숨기기)**: 해당 결과물을 Create 페이지에서 숨깁니다.
- ⓓ **More(더보기)**: 프롬프트 복사, 결과물 신고, 이미지 URL 복사 등 추가 기능을 제공합니다.

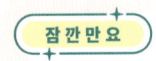 **부적절한 이미지 신고하기**

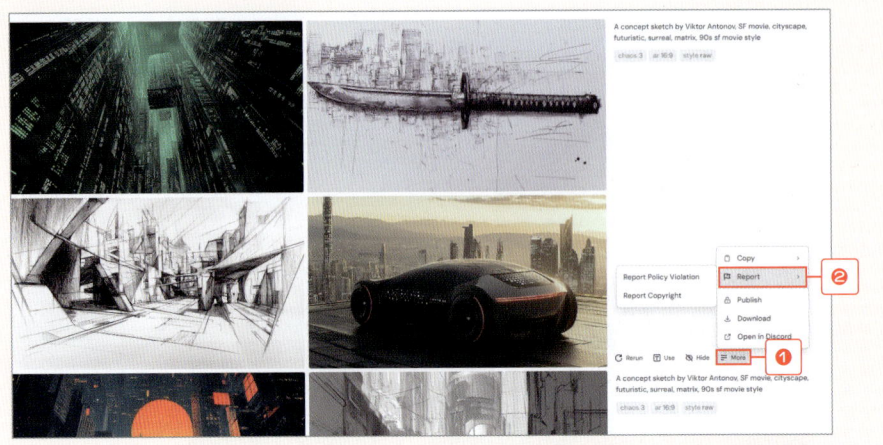

[More]-[Report] 버튼을 클릭하면 해당 결과물을 신고할 수 있습니다. 생성된 이미지가 정책을 위반했거나 저작권을 침해한 것으로 의심되는 경우, 이 기능을 활용하여 직접 신고하면 됩니다.

Edit 페이지에서 이미지 편집하기

Edit 페이지에서는 이미지의 일부 또는 전체를 수정할 수 있습니다. 미드저니에서 생성한 이미지는 물론, 외부 링크를 통해 가져오거나 직접 업로드한 이미지도 편집할 수 있습니다. 미드저니 Editor를 활용한 이미지 편집은 270쪽과 283쪽에서 더 자세히 다룹니다.

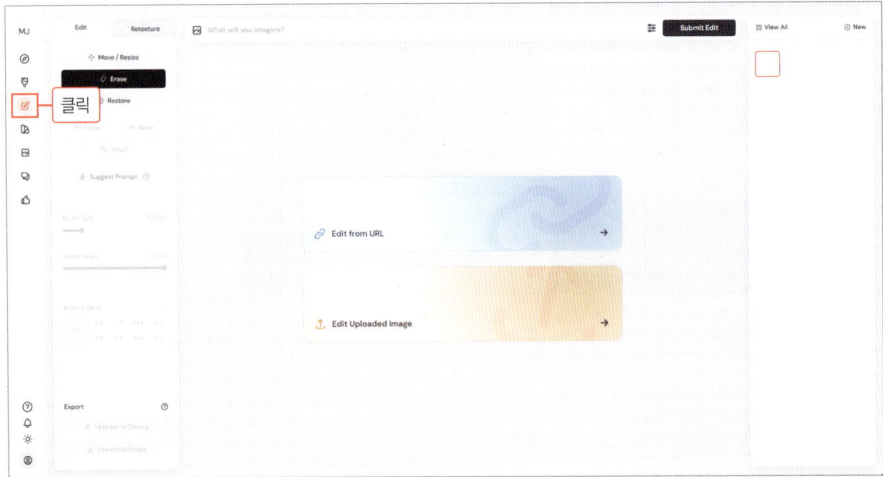

📌 Personalize 페이지에서 개인화 설정하기

Personalize 페이지에서는 미드저니의 기본 AI 모델에서 한 걸음 더 나아가, 사용자 개인의 취향을 반영한 알고리즘을 구성하여 이미지 생성에 적용할 수 있습니다. 이는 미드저니 웹 버전에서 제공하는 강력한 개인화 기능으로, 동일한 프롬프트에서도 전혀 다른 해석을 만들어낼 수 있습니다.

이때 사용되는 것이 바로 프로필 코드(Profile Code)와 무드보드(Moodboard)입니다. Personalize 페이지에서 [Create Profile]를 클릭한 다음, 제시되는 이미지 쌍 중 선호하는 이미지를 계속 선택하면 AI가 사용자 개인의 스타일을 학습합니다. 이미지 평가가 충분히 이루어지면, 개인의 선호 스타일이 반영된 고유한 프로필 코드가 생성됩니다. 이후 프롬프트를 작성할 때, 해당 프로필 코드를 파라미터로 함께 입력하면 됩니다. 파라미터 사용법은 65쪽에서 자세히 설명하겠지만, 간단히 설명하자면 프롬프트 마지막에 [--p 프로필ID] 형식으로 추가하면 됩니다. 이렇게 하면 AI는 프로필에 학습된 스타일을 바탕으로 이미지를 생성하며, 결과물에 일관된 스타일 특성을 반영합니다.

무드보드는 사용자가 직접 이미지를 선별하고 업로드하여 구성함으로써 특정 무드나 스타일을 정의하는 기능입니다. 이를 활성화하면 AI는 무드보드에 담긴 이미지들의 공통된 분위기, 색감, 구도적 특성을 학습하여 생성 결과물에 반영합니다. 예를 들어, '짙은 사이버펑크 분위기'의 무드보드를 제작했다면, 해당 무드보드를 적용한 모든 결과물에 자연스럽게 사이버펑크적인 색채와 디자인 요소가 반영됩니다. 현재 무드보드는 독립된 메뉴로 존재하며, 기능과 사용법은 동일합니다.

프로필 코드와 무드보드를 잘 활용하면 미드저니를 마치 나만의 AI 화가처럼 훈련시킬 수 있습니다. 이는 일종의 경량 커스텀 모델을 구축하는 것과 비슷하며, 별도의 코딩이나 모델 훈련 과정 없이도 손쉽게 창작 작업의 일관성과 개성을 향상시킬 수 있는 강력한 도구입니다.

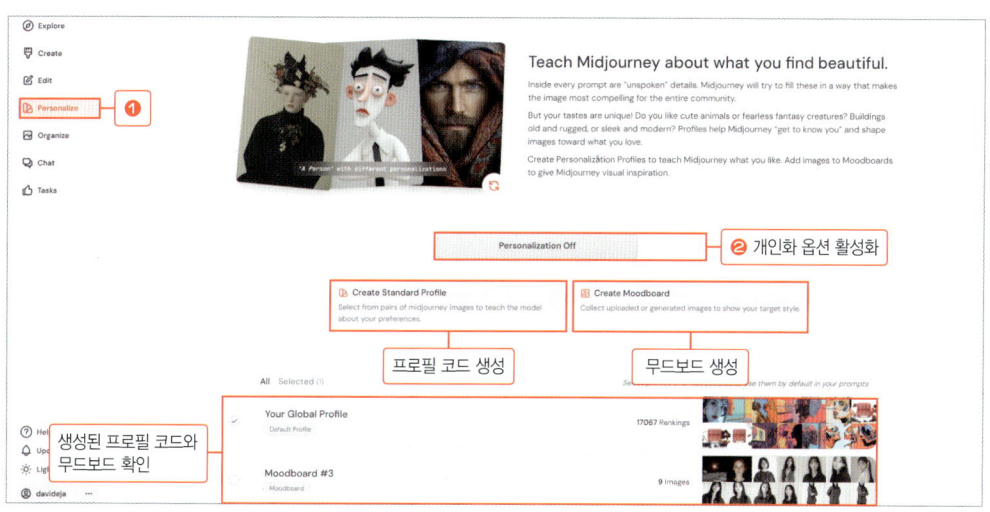

TIP ● 무드보드를 생성할 때는 다양한 사례 이미지를 넣어주는 것이 좋습니다. 예를 들어 '동화적인 판타지 풍' 무드보드를 제작한다면, 여러 작가의 동화풍 그림이나 본인이 제작한 유사 스타일 이미지 등을 10장 이상 골고루 추가합니다. 이렇게 해야 해당 스타일의 공통분모를 더 정확하게 파악할 수 있기 때문입니다.

🔖 Organize 페이지에서 생성 결과물 관리하기

Organize 페이지는 <mark>내가 생성한 모든 결과물을 한눈에 살펴보고 관리(Archive)하는 공간</mark>입니다. 쉽게 말해, 결과물을 효율적으로 관리하기 위한 보관함이죠. 디스코드 버전과 차별화되는 미드저니 웹 버전의 주요 특징으로, 결과물을 일일이 파일로 저장하지 않아도 언제든 웹에서 다시 찾아볼 수 있고, 필요한 경우 쉽게 다운로드할 수도 있습니다. 이미지를 오랜 시간 동안 많이 생성하다 보면, 언제 어떤 작업을 했는지 기억하기 어렵습니다. 이때 Organize 페이지의 검색과 폴더 기능을 잘 활용하면 작업 효율을 크게 높일 수 있습니다.

1 [Organize] 페이지를 클릭하면 지금까지 생성한 이미지들을 격자 형태로 한눈에 확인할 수 있습니다. 가장 최근에 생성한 이미지 순서대로 정렬되며, 스크롤을 내려가면서 이전 작업물을 확인할 수 있습니다. 스크롤 바에 마우스 커서를 올리면 날짜별 타임라인이 나타나며, 원하는 날짜를 클릭하면 해당 시점의 작업물로 바로 이동합니다.

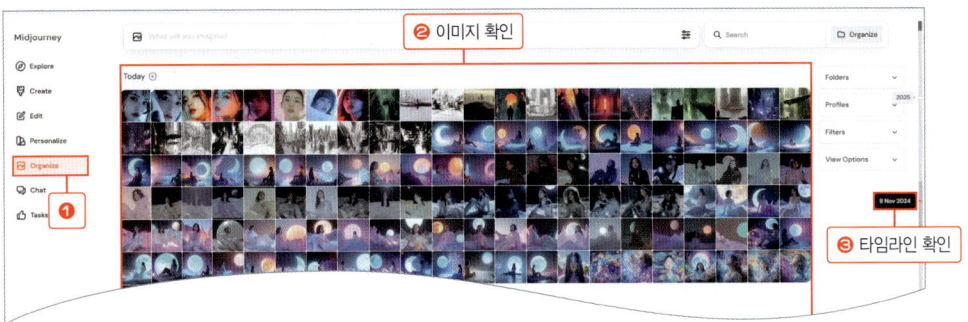

2 Explore 페이지와 마찬가지로 우측 상단의 검색창을 통해 프롬프트의 키워드로 이미지를 검색할 수 있습니다. 예를 들어, [cyberpunk]를 검색하면 해당 단어가 포함된 프롬프트로 생성한 이미지들만 추려볼 수 있죠.

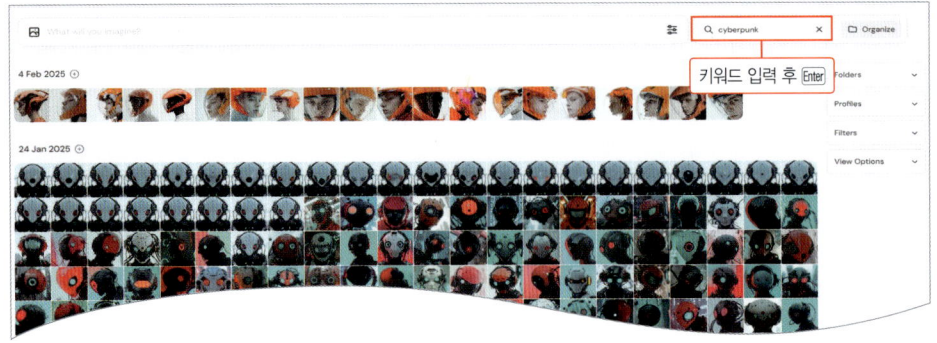

TIP ● 단, Organize 페이지의 검색 기능은 내 작업물에만 적용됩니다. Explore 페이지에 공개된 다른 사용자들의 작업물은 검색 대상에 포함되지 않습니다.

3 폴더(Folders) 기능을 활용하면 작업물을 폴더별로 모아 정리할 수 있습니다. '풍경', '캐릭터' 등의 폴더를 만들어 관련 이미지를 담아둘 수 있죠. 이미지는 드래그 앤 드롭으로 직접 폴더에 넣을 수도 있고, 여러 개를 한꺼번에 선택해 [Add to Folder]를 클릭해도 됩니다.

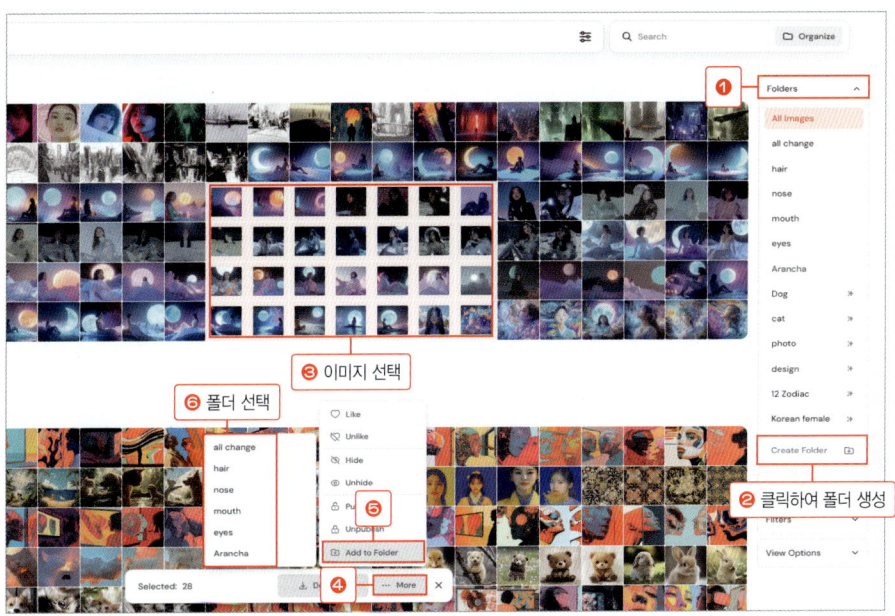

4 스마트 폴더 기능을 활용하면 특정 조건을 설정하여 해당 조건에 부합하는 이미지들을 자동으로 정리할 수 있습니다. 예를 들어, 스마트 폴더의 이름(Title)을 [풍경화]라고 설정하고 검색어(Search Terms)를 [landscape]로 지정하면, 이후 생성하는 이미지들 중 프롬프트에 'landscape' 키워드가 포함된 이미지들이 자동으로 이 폴더에 저장됩니다.

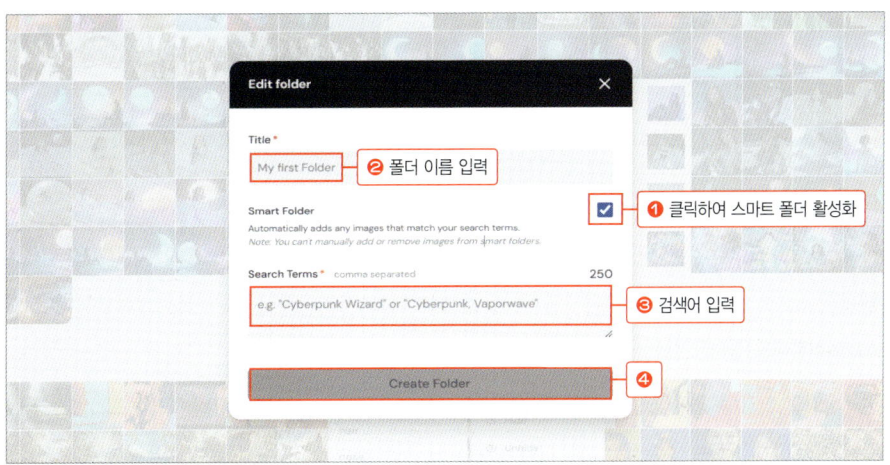

TIP ● 폴더를 생성할 때 스마트 폴더로 지정할지 여부를 선택할 수 있으며, 필터링할 키워드 또한 직접 설정할 수 있습니다.

5 [Filters]를 클릭하면 선호도, 타입, 이미지 비율, 모델 버전, 공개 여부 등 다양한 필터 옵션을 선택할 수 있습니다. 예를 들어, 특정 가로세로 비율이나 모델로 생성한 이미지만 추리거나, 업스케일한 최종 이미지들만 보이도록 필터링할 수 있습니다.

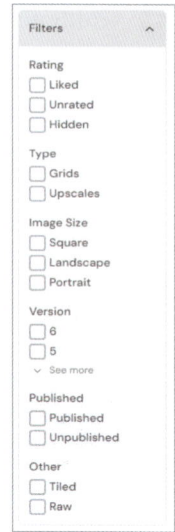

6 Shift + 클릭 또는 마우스 드래그를 통해 이미지를 선택하면 하단에 추가 동작 버튼이 나타납니다.

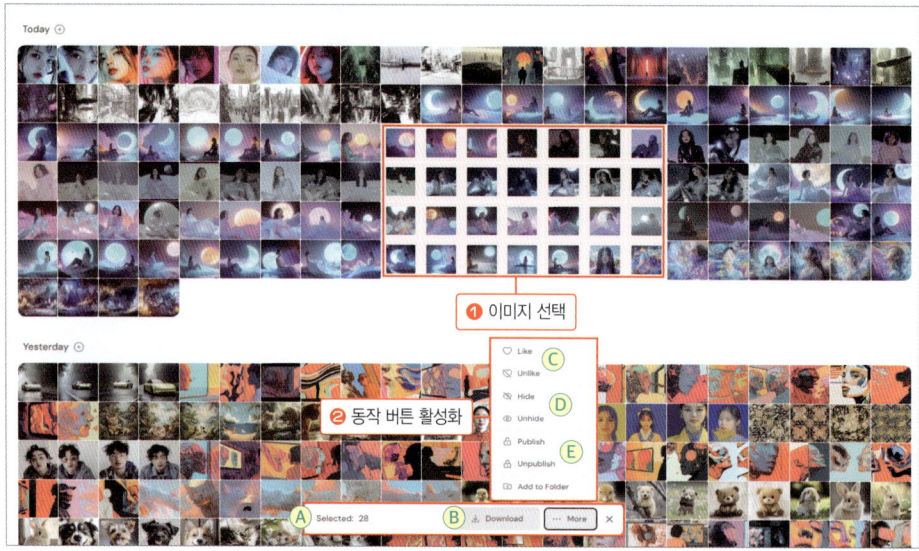

Ⓐ **Selected(선택됨)**: 선택된 이미지의 개수를 표시합니다.

Ⓑ **Download(다운로드)**: 선택한 이미지를 개별 파일로 저장합니다. 여러 이미지를 선택했다면 압축 파일 형태로 저장됩니다.

Ⓒ **Like/Unlike(좋아요/좋아요 취소)**: '좋아요'를 등록하거나 취소합니다.

Ⓓ **Hide/Unhide(숨기기/숨기기 취소)**: 선택한 이미지를 Organize 및 Create 페이지에서 숨기거나 드러냅니다. 이미지를 숨긴다고 해서 완전히 삭제되는 것은 아니며, 보기 싫은 결과물을 가리는 용도로 사용할 수 있습니다.

Ⓔ **Publish/Unpublish(공개/비공개)**: 선택한 이미지를 Explore 페이지에 공개할지 여부를 선택합니다. 공개된 이미지들은 생성에 사용된 프롬프트와 파라미터까지 모두 공개됩니다.

📣 Chat 페이지에서 커뮤니티 및 협업 기능 활용하기

Chat 페이지는 미드저니 사용자들 간의 교류와 협업을 위한 공간입니다. 여러 사람들과 함께 이미지를 만들고 소통할 수 있어서, 협업을 통해 시너지를 얻고 정보를 교류할 수 있습니다. 초보자의 경우, Create 페이지를 통해 이미지 생성을 익힌 다음 커뮤니티에 참여해 보는 순서를 추천합니다.

1 [Chat] 페이지를 클릭하면 다양한 주제의 채팅방이 나타납니다. 그중 [Newbies] 채팅방을 클릭합니다.

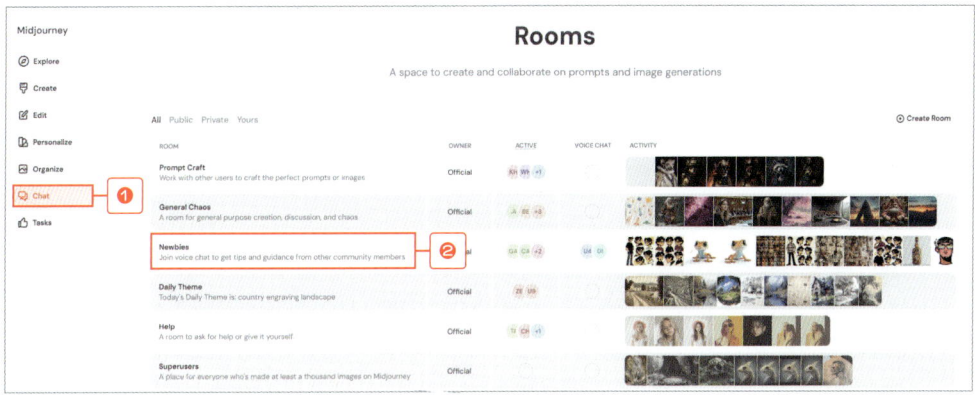

2 Newbies는 초보자를 위한 채팅방으로, 하단의 Imagine Bar를 통해 이미지를 생성할 수 있고, Imagine Bar 우측의 채팅창을 통해 다른 사람들과 이야기를 나눌 수도 있습니다.

채팅방은 디스코드처럼 대화 형태로 운영되며, 다른 사람이 생성하는 결과물도 실시간으로 볼 수 있다는 점이 특징입니다. 채팅방에 따라 언어 제한이나 생성 주제 관련 규칙이 있을 수 있으므로, 입장 시 안내를 확인하는 것이 좋습니다. 또, 다른 사람이 생성한 이미지에 이모지 반응을 달거나, 그 이미지에 대해 채팅으로 칭찬이나 질문을 할 수도 있습니다. 이러한 소셜 피드백을 통해 서로 배우며 창작의 즐거움을 나눌 수 있죠.

채팅방 목록을 살펴보면 공개 채팅방(Public)과 비공개 채팅방(Private)으로 나뉘어 있는 것을 확인할 수 있습니다. 두 채팅방은 특징과 용도가 조금 다른데요, 아래에서 간단히 비교해 보겠습니다.

* **공개 채팅방**: 누구나 들어갈 수 있는 공개 채팅방으로, Imagine Bar에 프롬프트를 입력하면 프롬프트가 채팅방에 공유되면서 이미지가 생성됩니다. 채팅방에 입장한 모두가 나의 생성 결과물을 볼 수 있죠. 예를 들어, 'Daily Theme'은 매일 하나의 주제를 정해 모든 참여자들이 그 주제에 맞게 이미지를 생성해 보는 채팅방입니다. 해당 주제로 다른 사람들이 생성한 프롬프트와 결과물을 보며 대화할 수 있고, 나도 직접 참여해 이미지를 생성할 수 있습니다. 미드저니 이미지 생성을 연습해 보고 싶다면 공개 채팅방에 들어가 다양한 프롬프트를 연습해 보는 것을 추천합니다.

* **개인/그룹 방**: 특정 주제나 소규모 팀을 위한 비공개 채팅방으로, 비밀번호를 설정할 수 있기 때문에 초대받지 않은 사용자는 입장할 수 없습니다. 예를 들어, 친구들과 아이디어를 나누며 이미지를 만들고 싶다면, 비공개 채팅방을 만들고 채팅방의 URL 주소를 공유해 협업할 수 있습니다. 일종의 팀 프로젝트 작업실처럼 활용하는 것이죠. 채팅방에 입장한 참여자 모두가 프롬프트를 입력하고 결과를 볼 수 있으며, 서로 의견을 나누면서 이미지를 개선해 나갈 수도 있습니다. 음성 채팅 기능도 사용할 수 있죠. 보다 철저한 보안이 필요한 작업일 경우, 채팅방에 비밀번호를 설정하면 됩니다.

↗ Tasks 페이지에서 개인화와 설문 참여하기

미드저니는 AI의 발전을 위한 사용자 참여를 적극적으로 유도하고 있으며, 커뮤니티의 피드백을 수렴하기 위해 노력하고 있습니다. Tasks 페이지에서는 ==다양한 평가와 설문, 커뮤니티 기여 활동을 통해 나의 이미지 생성 취향(개인화 데이터)을 구축하고 참여에 따른 보상을 받을 수 있습니다.==

Tasks 페이지는 이미지 랭킹, 설문, 아이디어 평가로 구분되어 있으며, 이곳에서 수집된 전체 커뮤니티의 의견은 인기 작품 선정이나 기능 개선에 반영됩니다. 참여를 독려하기 위해 Tasks를 완료한 사용자에게는 보상으로 추가 Fast GPU 시간이 제공되며, 이를 통해 사용자에게 직접적인 혜택을 제공하고 더 많은 창작 활동을 유도합니다.

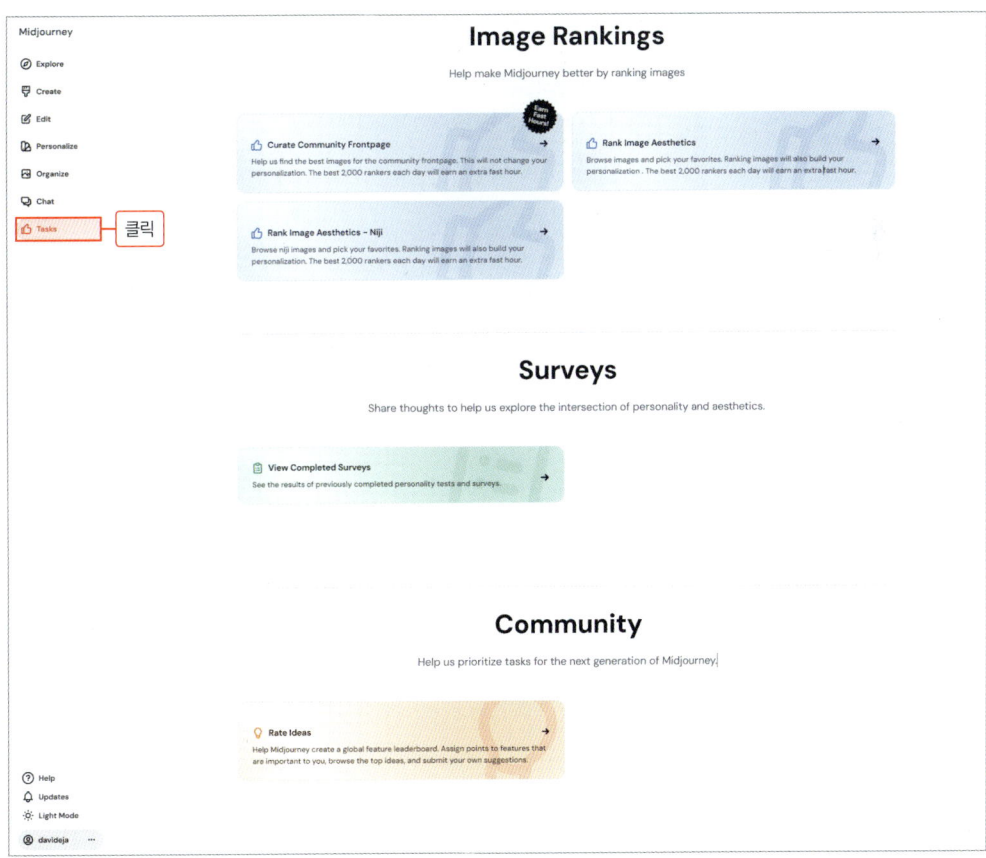

TIP ● Fast GPU 시간은 빠른 이미지 생성에 필요한 크레딧과 같은 개념으로, 월 구독 시 제공되는 Fast Hours와 동일합니다. 다만, 유효 기간 내에 사용하지 못한다면 이월되지 않습니다.

1 [Image Rankings]-[Rank Image Aesthetics]에서는 두 가지 이미지 중에서 더 매력적이라고 생각하는 이미지를 선택하면 됩니다. 일종의 이상형 월드컵 또는 밸런스 게임 같은 것이죠. 이를 통해 미드저니는 사용자 개인의 미적 취향을 학습하고, 이후 생성되는 이미지가 개인화된 스타일로 나타나도록 유도합니다.

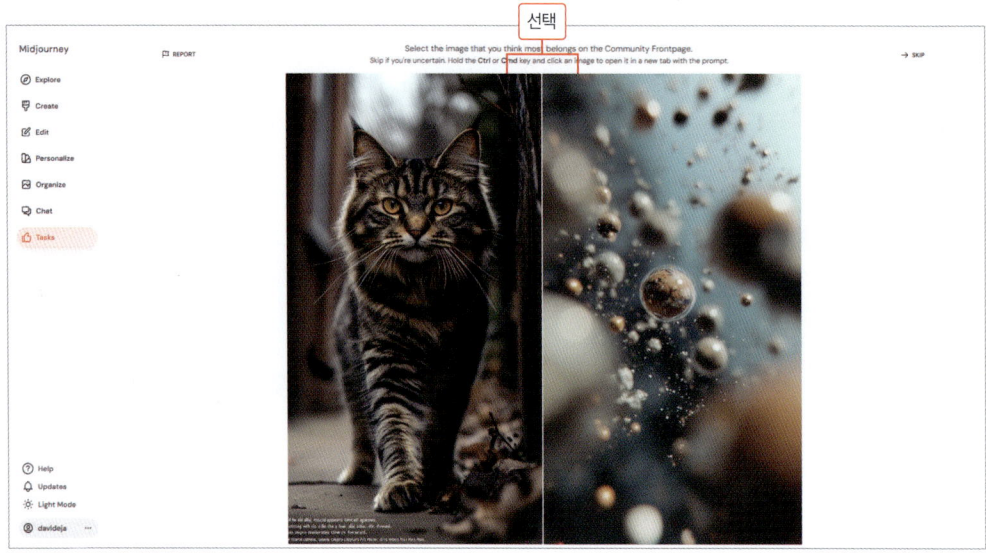

TIP ● 커뮤니티 큐레이션(Curate Community Frontpage)의 투표도 같은 방식으로 진행됩니다. 이 작업은 개인화 데이터에는 영향을 주지 않지만, 미드저니 전체의 이미지 품질 향상에 기여합니다.

2 [Surveys]에서는 다양한 설문에 참여하여 미드저니 모델의 업그레이드 방향, 새로운 기능 아이디어, 사용자 패턴 조사 등 개발 방향에 대한 의견과 피드백을 공유할 수 있습니다. 설문에 참여하면 보상으로 추가 Fast GPU 시간이 지급되기도 합니다.

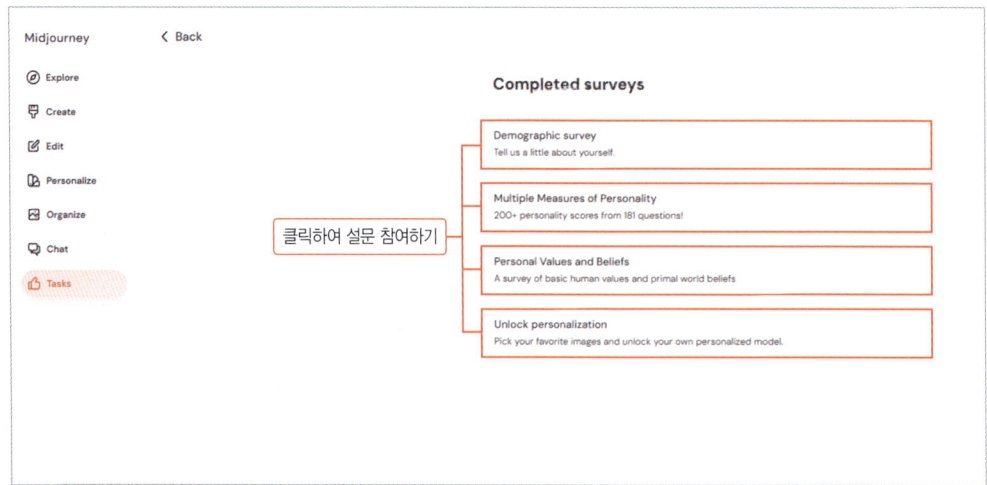

효과적인 프롬프트 작성법 익히기

좋은 프롬프트를 작성하는 것은 AI 이미지 생성의 핵심입니다. 효과적인 프롬프트로 내가 구상한 이미지에 더욱 가까운 결과물을 얻고 싶다면 아래의 팁과 노하우를 참고해 보세요.

↗ 핵심 키워드부터 작성하기

만들고자 하는 장면이나 대상의 핵심 주제어를 프롬프트 가장 앞에 먼저 언급하세요. 예를 들어, 판타지 풍경을 그리고 싶다면 [마법의 성], [드래곤], [고대 숲] 등 핵심 주제어를 먼저 정하고 프롬프트의 앞부분에 입력합니다. 이렇게 하면 AI가 장면의 핵심을 잘 파악하여 상상했던 이미지에 가까운 결과물을 얻을 수 있습니다.

> **magical castle, dragon, ancient forest**
> 마법의 성, 드래곤, 고대 숲

↗ 구체적인 수식어 사용하기

형용사와 부사를 활용하면 이미지의 분위기와 스타일을 구체화할 수 있습니다. 막연히 [풍경]이라고 적기보다는 [고요한(silent) 풍경], [안개 낀(foggy) 아침 풍경]과 같이 구체적으로 묘사하면 결과가 더 뚜렷해집니다. [warm golden light], [gloomy], [vibrant colors] 등 색상, 조명, 감정을 나타내는 단어도 함께 넣어 보세요.

↗ 스타일 지정하기

미드저니는 기본적으로 예술적인 스타일의 이미지를 생성하며, 프롬프트에 원하는 스타일을 명시하면 특정 스타일로 이미지를 생성할 수도 있습니다. 예를 들어, [유화 스타일(oil painting style)], [만화 스타일(cartoon, cel-shading)], [3D 렌더링 스타일], [언리얼 엔진] 등 스타일 관련 키워드를 프롬프트에 추가하면 해당 스타일의 표현 기법으로 결과물을 생성합니다. 또, 아티스트의 이름을 넣어 비슷한 화풍을 연출할 수도 있습니다. 예를 들어, [반 고흐 스타일의 밤하늘]이라는 프롬프트를 입력하면 고흐의 화풍인 소용돌이치는 붓 터치 표현을 반영한 이미지가 생성됩니다.

↗ 구도와 시점 언급하기

카메라 시점이나 구도를 명시하면 원하는 장면 구성에 더 가까운 결과물을 얻을 수 있습니다. 예를 들어, [wide-angle shot], [close-up portrait], [bird's-eye view(조감)], [from behind], [side profile] 등으로 시점을 지정하거나 [upper body portrait]로 인물 반신상을 요청할 수 있습니다. 풍경의 넓은 배경을 강조하고 싶을 때는 [panoramic view] 키워드를 사용하면 되겠죠?

TIP ● 샷과 구도 등 영상 문법에 대한 자세한 내용은 94쪽에서 살펴봅니다.

↗ 참고 이미지 활용하기

텍스트로 표현하기 어려운 스타일이나 구체적인 레퍼런스는 참고 이미지(이미지 프롬프트)로 보완할 수 있습니다. Imagine bar에 참고 이미지를 직접 업로드하면 이를 참고하여 결과물을 생성합니다. 특정 캐릭터의 모습을 유지하거나 색감 레퍼런스를 반영할 때 특히 유용하죠. 예를 들어, 내가 촬영한 인물 사진을 참고 이미지로 추가하면, 그 사진 속 인물을 다른 배경이나 스타일로 변형한 결과물을 얻을 수 있습니다.

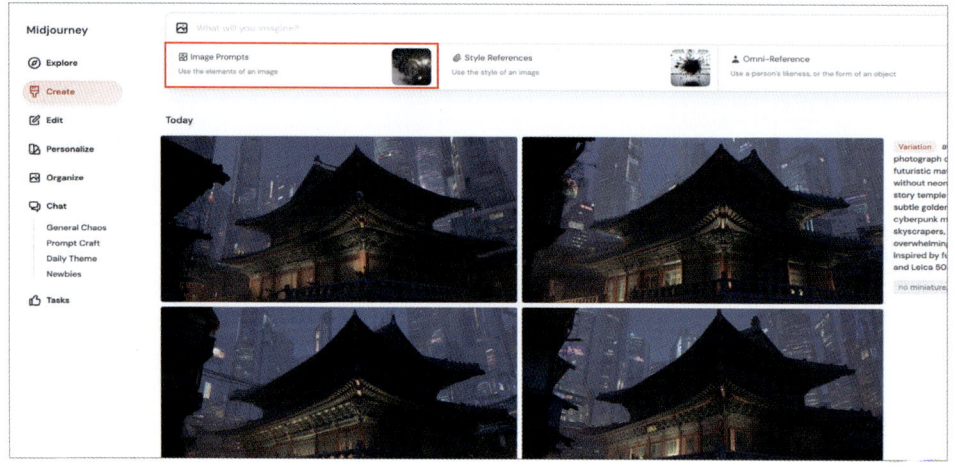

▲ Imagine Bar에 참고 이미지(이미지 프롬프트)를 첨부한 예시

TIP ● Imagine Bar에 참고 이미지 파일을 드래그 앤 드롭하면 업로드됩니다.

↗ 되도록 영어로 입력하기

미드저니는 영어 데이터를 많이 학습했기 때문에 영어로 작성된 프롬프트를 가장 잘 이해합니다. 최신 버전에서는 한국어로 입력해도 어느 정도 그 의미를 파악하지만, 가능하다면 영어로 프롬프트를 작성하고 필요한 경우 한국어 단어를 병기하는 방식을 추천합니다. 예를 들어, [한복을 입은 여성]을 [a woman in Hanbok(traditional Korean dress)]이라고 작성하면 AI가 'Hanbok'이라는 단어를 이해하지 못해도 괄호 안 설명을 참고할 수 있습니다.

📌 명료하고 간결하게 묘사하기

한 프롬프트에 너무 많은 내용을 담으면 오히려 산만한 결과물이 나옵니다. 여러 개의 피사체에 복잡한 배경, 스타일과 조명까지 모두 포함하면 AI가 어떤 요소에 집중해야 할지 혼란을 겪기 때문이 죠. 따라서 프롬프트는 ==핵심 요소 2~3개에 중요한 수식어를 더하는 정도로 간결하게 구성==하는 것이 효과적입니다. 또, 쉼표나 줄바꿈을 적절히 활용하여 키워드 덩어리를 구분해 주면 AI가 프롬프트를 더 명확하게 해석할 수 있습니다.

> An intricate, hyper-detailed digital illustration featuring a medieval knight wearing full ornate armor, riding a majestic, winged dragon soaring through turbulent storm clouds illuminated by dramatic flashes of purple lightning, over a vast, bustling fantasy cityscape filled with towering gothic castles, countless intricate steampunk airships floating above, under the influence of surreal dreamlike filters inspired by Salvador Dalí and M.C. Escher, in ultra-high-definition 8K resolution, hyper-realistic textures, cinematic lighting, neon color accents, volumetric fog effects, highly stylized art deco motifs, dramatic chiaroscuro contrast, soft yet vivid pastel palette, symmetrical composition, subtle lens flares, highly emotional and evocative atmosphere, photorealistic yet painterly
>
> 정교하고 극도로 세부적인 디지털 일러스트레이션, 중세 시대의 완벽한 장식을 갖춘 갑옷을 입고 웅장한 날개를 가진 드래곤을 타고 격렬한 폭풍 구름 사이를 비행하는 기사가 보라색 번개가 극적으로 번쩍이는 하늘 위를 날아가고 있으며, 그 아래로 거대한 판타지 도시 풍경이 펼쳐져 있고… (중략)

↓

> Digital illustration, cinematic lighting, dramatic atmosphere, knight in ornate medieval armor riding a dragon through stormy sky with purple lightning, gothic castles and steampunk airships below, fantasy cityscape
>
> 디지털 일러스트, 영화적 조명과 극적인 분위기, 화려한 중세 갑옷을 입은 기사가 보라색 번개가 치는 폭풍우 속에서 용을 타고 비행하는 모습, 아래로 고딕풍 성과 스팀펑크 비행선이 보이는 판타지 도시 풍경디지털 일러스트, 영화적 조명과 극적인 분위기, 화려한 중세 갑옷을 입은 기사가 폭풍우 속에서 용을 타고 비행하는 모습, 아래로 고딕풍 성과 스팀펑크 비행선이 보이는 판타지 도시 풍경

🚀 실험과 피드백 반복하기

프롬프트 작성에 정답은 없습니다. 동일한 프롬프트에서 생성될 수 있는 결과물의 경우의 수가 수십억 가지에 달하기 때문입니다. 키워드 하나를 바꾸거나 추가해 보면서 결과물이 어떻게 변하는지 반복하여 실험해 보는 과정이 중요합니다. 예를 들어, 같은 장면을 묘사하더라도 [dramatic lighting]을 [soft lighting]으로 바꿔보거나, [autumn forest]를 [winter forest]로 바꿔보며 결과물을 비교하면 최적의 프롬프트를 찾아낼 수 있습니다. 미드저니는 빠르게 여러 결과물을 볼 수 있다는 것이 장점이니, 여러 번 시도하는 것을 두려워하지 마세요.

🚀 네거티브 프롬프트 사용하기

결과물에서 특정 요소를 제외하고 싶다면 프롬프트 끝에 [--no 제외하고 싶은 대상]을 입력해 보세요. 예를 들어, 프롬프트 끝에 [--no people]을 붙이면 사람이 등장하지 않는 결과물이 나올 확률이 높아집니다. 문자가 들어가지 않은 결과물을 얻고 싶다면 [--no text, watermark]를 붙여 더욱 깔끔한 결과물을 생성할 수도 있습니다.

> Digital illustration, cinematic lighting, dramatic atmosphere, knight in ornate medieval armor riding a dragon through stormy sky, gothic castles and steampunk airships below, fantasy cityscape, --ar 2:1 **--no lightning**
>
> 디지털 일러스트, 영화적 조명과 극적인 분위기, 화려한 중세 갑옷을 입은 기사가 폭풍우 속에서 용을 타고 비행하는 모습, 아래로 고딕풍 성과 스팀펑크 비행선이 보이는 판타지 도시 풍경

TIP ● 다만, 네거티브 프롬프트가 100% 반영되는 것은 아니니 참고용으로 활용하세요.

03 주요 파라미터로 완성도 높은 결과물 만들기

결과물을 조금 더 세밀하게 제어하고 싶다면 '파라미터(Parameter)'를 사용해 보세요. 미드저니의 ==파라미터는 사용자가 직접 이미지 생성 방식을 지정할 수 있도록 도와주는 추가 명령어==입니다. 아래 예시와 같이 하이픈 두 개(--)와 영어로 된 명령어, 그리고 숫자 값으로 구성되며, ==명령어와 숫자 값 사이에는 반드시 한 칸을 띄워야 합니다. 띄어쓰기와 관련된 오류가 대부분이니, 유의해서 작성합니다.==

$$\text{--stylize} \overset{\vee}{\ } 500$$

파라미터는 ==텍스트 프롬프트의 가장 끝부분에 입력==하며, 불규칙한 결과를 만들어 내는 프롬프트와 달리 지시 사항을 그대로 수행합니다. 또, 동시에 여러 종류의 파라미터를 붙여 사용할 수도 있습니다. 파라미터 활용에 익숙해지면 나의 의도에 더 가까운 결과물을 얻을 수 있는데요, 우선 활용도 높은 주요 파라미터를 몇 가지를 살펴보겠습니다.

↗ 스타일라이즈 파라미터(--stylize)

결과 이미지에 미드저니 고유의 화풍을 얼마나 개입시킬지를 조절하는 파라미터입니다. 0~1,000 사이의 값을 설정할 수 있으며, 값이 낮을수록 프롬프트에 충실한 사실적인 결과물을, 값이 높을수록 미드저니 자체의 예술적 스타일과 창의적 변형이 많이 반영된 결과물을 생성합니다. 프롬프트에 더 충실한 결과물을 얻고 싶다면 해당 파라미터를 적극 활용해 보세요.

TIP ● Stylize raw 파라미터를 사용하면 미드저니 고유의 스타일을 최소화할 수 있습니다.

Digital illustration, cinematic lighting, dramatic atmosphere, knight in ornate medieval armor riding a dragon through stormy sky, gothic castles and steampunk airships below, fantasy cityscape, --ar 2:1 **--stylize 100**

디지털 일러스트, 영화적 조명과 극적인 분위기, 화려한 중세 갑옷을 입은 기사가 폭풍우 속에서 용을 타고 비행하는 모습, 아래로 고딕풍 성과 스팀펑크 비행선이 보이는 판타지 도시 풍경

▲ --stylize 0의 결과물

▲ --stylize 100의 결과물

▲ --stylize 1000의 결과물

TIP ● 파라미터를 사용하지 않은 기본값은 --stylize 100 입니다.

퀄리티 파라미터(--q)

이미지 생성에 사용되는 자원과 소요 시간을 조절하는 파라미터입니다. 기본값은 1이며, 0.5, 1, 2 중 한 가지 값을 선택할 수 있습니다. 값이 높을수록 더 많은 시간과 자원을 투입하여 세밀한 결과물을 생성하고, 값이 낮을수록 디테일은 떨어지지만 빠르게 시안을 만들 수 있습니다. 예를 들어, --q 2의 결과물은 기본값 대비 2배 수준으로 정교한 결과물을 생성하고, --q 0.5의 결과물은 디테일은 떨어지지만 빠른 시안 생성에 적합합니다. 단, 품질이 높다고 반드시 예술적으로 더 나은 결과물이 나오는 것은 아니기 때문에, 프롬프트에 따라 다양한 값을 적용해 보는 것이 좋습니다.

TIP ● 가장 최신 버전인 V7에서는 2와 4 중 한 가지 값을 선택할 수 있습니다.

> A traditional Korean temple building in Seoul, South Korea, illuminated by the soft glow of dawn, surrounded by modern skyscrapers and bustling city life. Realistic, detailed rendering, cinematic lighting, high-resolution photography. --ar 2:1 **--q 1**
>
> 서울, 대한민국에 있는 전통 한국 사찰 건물. 새벽의 부드러운 빛으로 밝혀지고, 현대적인 고층 건물들과 분주한 도시 생활에 둘러싸여 있다. 사실적이고 세밀한 렌더링, 영화 같은 조명, 고해상도 사진

▲ --quality 0.5의 결과물(V6.1)

▲ --quality 1의 결과물(V6.1)

▲ --quality 2의 결과물(V6.1)

▲ --quality 4의 결과물(V7)

🔼 가로세로 비율 파라미터(--ar)

결과물의 가로세로 비율을 설정하는 파라미터입니다. 미드저니에서 생성되는 이미지는 기본적으로 정사각형(--ar 1:1) 비율입니다. 가로로 넓은 이미지는 --ar 16:9, 세로로 긴 이미지는 --ar 9:16 과 같이 파라미터로 비율을 조정할 수 있습니다.

TIP ● 이미지의 가로세로 비율은 추후 에디터(Editor) 기능을 통해 변경할 수도 있습니다. 이에 대한 설명은 270쪽을 참고하세요.

🔼 카오스 파라미터(--c) 또는 버라이어티(Variety)

한 번에 생성되는 이미지 세트(4장)의 무작위성과 창의적 일탈 정도를 제어하는 파라미터입니다. 0~100 사이의 값을 설정할 수 있으며, 값이 낮을수록 비교적 안정적이고 유사한 결과물이 나오고, 값이 높을수록 다양하고 실험적인 변형을 시도합니다. 프롬프트 해석의 폭을 넓혀 색다른 결과물을 얻고 싶다면 이 파라미터의 값을 높여보세요.

> Photorealistic, in the style of pastel tone, with a pastel teal train in the background, yellow seats on the platform, a subway station, a blue tile floor, and a symmetrical composition, all in high resolution --ar 2:1 --c 10
>
> 사실적인 표현, 파스텔 톤 스타일로 연출됨. 배경에는 파스텔 톤의 청록색 기차가 있고, 승강장에는 노란색 좌석들이 놓여 있다. 지하철역이며 바닥은 파란 타일로 되어 있고 전체적으로 대칭적인 구도를 이루고 있다. 고해상도 표현

▲ --c 0의 결과물(기본값)

▲ ––c 20의 결과물

▲ ––c 50의 결과물

▲ ––c 100의 결과물

📸 이미지 가중치 파라미터(--iw)

이미지 프롬프트의 영향력을 조절하는 파라미터로, 기본값은 1이며 0~3 사이의 값을 설정할 수 있습니다. 값이 높을수록 이미지 프롬프트의 영향력이 강해지고 텍스트 프롬프트는 상대적으로 덜 반영됩니다. 반대로 값을 낮추면 텍스트 프롬프트가 우선적으로 반영됩니다.

> A neutrally colored smartphone with a simple, clean design rests on a soft gray surface. The background is softly blurred, featuring neutral tones of beige and off-white. The phone has no visible branding, with a minimal bezel and a matte finish. Photorealistic, high resolution, with soft natural lighting and a calm, balanced composition. --ar 2:1 **--iw 1**
>
> 단순하고 깔끔한 디자인의 뉴트럴 톤 스마트폰이 부드러운 회색 표면 위에 놓여 있다. 배경은 흐릿하게 처리되어 있으며, 베이지와 오프화이트 같은 중성적인 색조로 구성되어 있다. 스마트폰에는 브랜드 로고가 없고, 베젤이 얇으며 매트한 마감이 특징이다. 사실적이고 고해상도의 표현, 부드러운 자연광과 차분하고 균형 잡힌 구도

▲ 이미지 프롬프트

▲ --iw 0의 결과물(이미지 프롬프트가 반영되지 않은 결과물)

▲ ──iw 1의 결과물

▲ ──iw 2의 결과물

▲ ──iw 3의 결과물

04 레퍼런스 파라미터로 일관성 있는 결과물 만들기

이번에는 참고 이미지의 스타일이나 캐릭터를 기반으로 새로운 이미지를 생성하는 레퍼런스 파라미터들을 살펴보겠습니다. 이 파라미터들을 활용하면 ==색상, 형태, 세부 디테일 등의 시각 요소를 더 정밀하게 제어할 수 있으며, 영상 제작에 적합한 일관된 스타일의 이미지를 생성==하는 데도 유용합니다. 또, 텍스트 프롬프트만 사용할 경우 매번 다른 결과물이 나와 원하는 결과를 얻기까지 반복 작업이 필요하지만, 레퍼런스 파라미터를 사용하면 참고 이미지의 특징을 확정적으로 반영할 수 있어 작업의 효율성과 정확성이 크게 높아집니다.

스타일 레퍼런스와 스타일 가중치 파라미터(--sw)

스타일 레퍼런스 기능을 활용하면 참고 이미지의 화풍이나 분위기를 참고하여 새로운 이미지를 생성할 수 있습니다. Imagine Bar에 스타일을 가져올 참고 이미지를 첨부한 다음, --sw 파라미터 값을 통해 참고 이미지의 스타일을 얼마나 반영할지 조절합니다. 파라미터 값은 1~1000 사이에서 설정할 수 있습니다. 기본값은 100이며, 값이 낮을수록 참고 이미지의 영향력이 약해지고, 값이 높을수록 참고 이미지의 스타일이 더 강하게 반영됩니다. 예를 들어, --sw 50은 참고 이미지의 스타일의 살짝 반영하고, --sw 500은 참고 이미지의 화풍을 거의 그대로 반영합니다.

TIP ● 참고 이미지를 스타일 레퍼런스로 사용할 경우, 앞서 살펴본 일반 이미지 프롬프트와 달리 참고 이미지의 구체적인 대상보다는 색이나 질감, 조명 같은 스타일만을 참고합니다.

> A neutrally colored smartphone with a simple, clean design rests on a soft gray surface. The background is softly blurred, featuring neutral tones of beige and off-white. The phone has no visible branding, with a minimal bezel and a matte finish. Photorealistic, high resolution, with soft natural lighting and a calm, balanced composition. --ar 2:1 **--sw 50**
>
> 단순하고 깔끔한 디자인의 뉴트럴 톤 스마트폰이 부드러운 회색 표면 위에 놓여 있다. 배경은 흐릿하게 처리되어 있으며, 베이지와 오프화이트 같은 중성적인 색조로 구성되어 있다. 스마트폰에는 브랜드 로고가 없고, 베젤이 얇으며 매트한 마감이 특징이다. 사실적이고 고해상도의 표현, 부드러운 자연광과 차분하고 균형 잡힌 구도

▲ 참고 이미지

▲ --sw 0의 결과물

▲ --sw 50의 결과물

▲ --sw 100의 결과물

▲ --sw 500의 결과물

▲ --sw 1000의 결과물

🔖 캐릭터 레퍼런스와 캐릭터 가중치 파라미터(--cw, V6.1)

캐릭터 레퍼런스 기능을 활용하면 참고 이미지 속 인물이나 캐릭터의 특징을 반영하여 새로운 이미지를 생성합니다. 주로 특정 인물과 캐릭터를 여러 장면에서 일관되게 등장시킬 때 사용하죠. Imagine Bar에 캐릭터를 가져올 참고 이미지를 첨부한 다음, --cw 파라미터 값을 통해 캐릭터의 일관성 강도를 조절합니다. 파라미터 값은 1~100 사이에서 설정할 수 있습니다. 값이 낮을수록 참고 이미지 속 인물의 얼굴 위주로만 일관성을 유지하고, 값이 높을수록 얼굴은 물론 헤어스타일과 의상까지도 비슷하게 반영합니다.

> A beautiful korean woman, wearing a gray military jacket and a silver spacesuit with black camouflage pants underneath the coat, is smiling at the camera in front of an icy field on Earth with large futuristic structures behind her. The lighting is beautiful, and the image was captured using a Sony A7S III camera. --ar 3:4 **--cw 50**
>
> 회색 군용 재킷과 은색 우주복, 그 아래에는 검은색 위장 무늬 바지를 입은 아름다운 한국 여성이 얼음으로 뒤덮인 지구의 들판 앞에서 카메라를 향해 미소 짓고 있다. 그녀의 뒤에는 거대한 미래형 구조물들이 서 있다. 조명은 아름답고, 이 이미지는 Sony A7S III 카메라로 촬영

▲ 참고 이미지

▲ --cw 0의 결과물

▲ --cw 20의 결과물

▲ --cw 50의 결과물

▲ --cw 100의 결과물

TIP ● 캐릭터 레퍼런스 기능은 실제 인물 사진에 최적화되어 있지 않아 왜곡이 발생할 수 있습니다. 따라서 미드저니로 생성한 인물이나 캐릭터를 참고 이미지로 활용하는 것을 추천합니다. 또, 캐릭터 레퍼런스 기능은 V6.1 버전까지만 적용되며, 최신 버전인 V7에서는 새로운 기능인 '옴니 레퍼런스'가 유사한, 그리고 더 월등한 역할을 수행합니다.

↗ 옴니 레퍼런스와 옴니 가중치 파라미터(--ow)

옴니 레퍼런스(Omni Reference)는 미드저니 V7에서 새로 도입된 기능으로, 참고 이미지에 포함된 인물뿐만 아니라 사물, 배경, 스타일 등 다양한 시각 요소를 반영하여 새로운 이미지에서도 일관된 모습으로 재현되도록 합니다. 특정 대상이나 시각 요소를 여러 장면에서 반복적으로 활용하고자 할 때 효과적이죠.

일관성의 강도는 --ow 파라미터로 조절하며, 1~1000 사이의 값을 설정할 수 있습니다. 값이 낮을수록 참고 이미지를 약하게 반영하여 대상의 특징만 일부 유지하고, 값이 높을수록 원본 이미지의 컬러, 형태, 세부 디테일까지 더욱 정확히 반영합니다.

TIP ● 추천하는 값은 100 정도이며, 500 이상으로 올라갈 경우 왜곡이 발생할 가능성이 높아집니다.

> **A beautiful korean woman, wearing a gray military jacket and a silver spacesuit with black camouflage pants underneath the coat, is smiling at the camera in front of an icy field on Earth with large futuristic structures behind her. The lighting is beautiful, and the image was captured using a Sony A7S III camera. --ar 3:4 --ow 50**
>
> 회색 군용 재킷과 은색 우주복, 그 아래에는 검은색 위장 무늬 바지를 입은 아름다운 한국 여성이 얼음으로 뒤덮인 지구의 들판 앞에서 카메라를 향해 미소 짓고 있다. 그녀의 뒤에는 거대한 미래형 구조물들이 서 있다. 조명은 아름답고, 이 이미지는 Sony A7S III 카메라로 촬영

▲ 참고 이미지　　　　▲ --ow 1의 결과물　　　　▲ --ow 50의 결과물

▲ --ow 100의 결과물　　▲ --ow 500의 결과물　　▲ --ow 1000의 결과물

05 실전 프롬프트 예제 생성하기

미드저니를 사용하기 위한 기본적인 정보를 모두 살펴보았으니, 이제 다양한 스타일과 테마별 실전 프롬프트 예제를 직접 생성해 보며 각 프롬프트가 어떻게 구성되었는지 분석해 보겠습니다. 처음에는 책에 실린 예제를 그대로 따라 해 보고, 점차 변형해 가며 나만의 프롬프트를 만들어 보는 것도 좋습니다. 핵심은 주제+부가 설명+스타일/품질 태그의 조합이라는 점을 꼭 기억하고 시작해 봅시다.

↗ 풍경/배경 프롬프트 예제

> A dreamy landscape of floating islands in the sky, waterfalls cascading into clouds, soft golden sunset lighting, matte painting style
> 하늘에 떠 있는 섬들의 몽환적 풍경, 폭포수가 구름 아래로 떨어지는 모습, 부드러운 황금빛 노을 조명, 매트 페인팅 스타일

몽환적인 판타지 풍경을 묘사한 프롬프트입니다. 핵심 주제는 하늘에 떠있는 섬(floating islands in the sky)이고, 보조 요소로 구름으로 떨어지는 폭포(waterfalls cascading into clouds)라는 구체적인 이미지를 추가했습니다. 분위기를 더하기 위해 몽환적(dreamy), 부드러운 석양빛 조명(soft golden sunset lighting) 키워드를 추가했고, 스타일은 영화 콘셉트 아트처럼 장엄한 matte painting style로 설정했습니다.

몽환적(dreamy), 마법같은(magical), 장엄한(epic)과 같은 분위기형 형용사를 바꿔가며 다른 느낌을 내볼 수도 있습니다. 또, sunset lighting을 moonlight lighting으로 바꾸면 밤 풍경이 될 것이고, floating islands 대신 ancient ruins를 넣으면 또 다른 판타지 풍경이 표현될 것입니다.

> Futuristic cyberpunk city skyline at night, neon lights and holograms, rainy streets with reflections
>
> 미래지향적인 사이버펑크 도시의 야경 스카이라인, 네온 불빛과 홀로그램, 비 내린 거리의 반사

사이버펑크 분위기의 도시 야경을 묘사한 프롬프트입니다. 주요 요소는 ==미래 사이버펑크 도시 스카이라인이 보이는 밤==(futuristic cyberpunk city skyline at night)으로, 이미지 전체의 배경 컨셉이 됩니다. 보조 요소는 ==네온사인과 홀로그램으로 가득한 도시==(neon lights and holograms), ==비 내리는 거리의 반사광==(rainy streets with reflections)로, 사이버펑크 세계관의 분위기를 강화하고 디테일을 묘사합니다. 전반적으로 블루와 핑크 계열의 강렬한 네온 색감이 지배하는 이미지가 생성되었습니다.

사이버펑크 스타일에서는 neon, rainy, reflection, futuristic, crowded, industrial 같은 키워드가 자주 사용됩니다. 배경을 도시 대신 alley(골목)나 street market (거리 시장) 등 구체적인 장소로 바꿔볼 수도 있고, 시간대를 dawn이나 evening으로 바꾸면 색다른 색감의 결과물이 생성될 것입니다.

🖋️ 인물/캐릭터 프롬프트 예제

> **Portrait photo of a young woman with freckles, wearing a straw hat, sunlight filtering through trees, bokeh background, Canon R5C, 50mm lens**
> 주근깨가 있는 젊은 여성의 초상 사진, 밀짚모자를 쓰고 있음, 나뭇사이로 비치는 햇살, 배경 보케 효과, 캐논 R5C, 50mm 렌즈

실제 인물 사진의 느낌을 내는 프롬프트입니다. **젊은 여성, 주근깨, 밀짚모자** 키워드로 인물의 주요 특징과 전체적인 룩을 설정하고, **나뭇잎 사이로 들어오는 햇빛(sunlight filtering through trees)**이라는 구체적인 조명을 설정하여 밝은 햇살과 따뜻한 자연광 느낌을 연출했습니다. 배경은 **빛망울 보케(bokeh background)** 효과를 적용하여 인물 사진에서 흔히 쓰이는 아웃포커싱된 배경으로 설정했습니다. **50mm lens**라는 카메라 렌즈 정보를 설정하여 해당 화각으로 촬영한 듯한 사실적인 느낌을 살렸습니다.

인물 프롬프트에서는 나이, 성별, 인종, 헤어스타일, 표정, 의상 등을 구체적으로 명시할수록 원하는 이미지에 가까운 결과물이 나옵니다. DSLR, high sharpness 같은 카메라 관련 키워드를 더하는 것도 좋습니다. 다만, 실존 인물의 이름을 언급하면 특정 유명인에 너무 가까운 결과물이 나와 미드저니의 정책에 위반되기 때문에 자동으로 생성이 중단될 수 있습니다.

> Character concept art of a knight in ornate armor, fiery sword in hand, standing in a ruined castle hall, dramatic lighting from a broken window, digital painting
>
> 화려한 갑옷의 기사 캐릭터 컨셉 아트, 손에는 불타는 검을 들고 있음, 무너진 성 안 홀에 서 있는 모습, 부서진 창문으로 드라마틱한 빛이 들어옴, 디지털 페인팅 스타일

게임 속 판타지 기사 캐릭터의 콘셉트 아트를 의도한 프롬프트입니다. ==손에 불길이 이는 검을 쥐고 있다(fiery sword in hand)==는 구체적인 무기 설정으로 캐릭터의 특징을 부각했고, ==폐허가 된 성의 홀 내부에 서 있는 장면(standing in a ruined castle hall)==을 배경을 설정하여 캐릭터의 서사와 분위기를 더했습니다. ==깨진 창문으로 드라마틱한 빛이 들어온다(dramatic lighting from a broken window)==는 연출을 추가했고, ==digital painting==이라는 스타일 태그를 통해 섬세한 디테일과 강한 대비를 가진 수준 높은 디지털 회화 스타일을 설정했습니다.

캐릭터 일러스트를 만들 때는 포즈가 중요합니다. 역동적인 포즈를 원하면 in mid-jump(점프 중)나 charging forward(돌진 자세) 같은 키워드를 활용합니다. 또, 표정이나 하나의 눈에 흉터가 있다 같은 특징을 추가하는 것도 좋습니다. 콘셉트 아트의 느낌을 내려면 rough concept art, sketch, detailed character sheet 등의 키워드를 넣거나 특정 아티스트의 이름을 언급하기도 합니다.

🖌 추상/예술 프롬프트 예제

> Abstract oil painting of emotions, swirling colors and bold brushstrokes, reminiscent of Van Gogh and Matisse, vibrant yet melancholic
>
> 감정을 그린 추상 유화, 소용돌이치는 색채와 굵은 붓놀림, 반 고흐와 마티스가 연상되는, 생생하면서도 애수가 느껴지는

특정 사물이 아닌 '감정'이라는 추상적인 주제를 그림으로 표현한 프롬프트입니다. 반 고흐(Van Gogh)와 마티스(Matisse)라는 두 화가를 언급하여 색채와 붓 터치 스타일의 방향을 제시했고, vibrant yet melancholic처럼 모순되지만 미묘한 분위기를 표현하는 키워드를 넣어 예술적 뉘앙스를 살렸습니다. 그 결과, 고흐의 작품처럼 소용돌이 패턴에 강렬한 색감을 가지면서도, 마티스의 작품처럼 형태는 단순화된 추상 이미지가 생성되었습니다.

추상적인 주제는 결과의 변동성이 크지만 oil painting, watercolor, ink drawing 등 기법이나 재료를 명시하면 결과물을 어느 정도 컨트롤할 수 있습니다.

📌 제품/오브젝트 프롬프트 예제

> Studio photo of a vintage pocket watch on a reflective black surface, dramatic spotlight, high contrast, ultra sharp focus, product photography
>
> 반사되는 검은 표면 위에 놓인 빈티지 회중시계의 스튜디오 사진, 드라마틱한 스포트라이트 조명, 높은 대비, 초고선명 포커스, 제품 사진 스타일

정물(오브젝트)을 촬영한 상업 사진 스타일의 프롬프트는 피사체를 분명히 하고 불필요한 표현 없이 간결하게 기술하는 것이 핵심입니다. 제품 홍보컷의 느낌을 주기 위해 studio photo, product photography 키워드를 추가했고, 피사체는 vintage pocket watch로 설정했습니다. reflective black surface 키워드로 시계 아래에 검은 아크릴이나 유리가 깔려서 반사되도록 연출했습니다. 강한 빛(dramatic spotlight)과 high contrast, ultra sharp focus와 같은 키워드로 사진적인 선명함과 대비를 강조했기 때문에, 전체적으로 광고 사진처럼 깔끔하고 선명한 이미지가 생성되었습니다.

제품 사진 느낌을 내려면 studio lighting, seamless background, softbox lighting 등 조명과 배경 관련 용어를 추가해야 합니다. 또, macro shot for close-up detail 같은 촬영 기법이나 Canon EOS, Sony Alpha와 같은 카메라 및 렌즈 정보를 명시하면 더욱 사실적인 결과물을 얻을 수 있습니다. 다만, 카메라의 세부 모델명까지는 반영하기 어려우므로 일반적인 브랜드명이나 렌즈 타입만 기술하는 것이 효과적입니다.

🔖 애니메이션/만화 스타일 캐릭터 프롬프트 예제

> Cute chibi anime character, big sparkling eyes, standing in a magical forest, Studio Ghibli style, flat colors, outlined
>
> 귀여운 치비(데포르메) 아니메 캐릭터, 크고 반짝이는 눈, 마법의 숲에 서 있는 모습, 지브리 스타일, 평면 색감, 아웃라인된 그림

일본 애니메이션풍의 귀여운 캐릭터 일러스트를 표현한 프롬프트입니다. chibi는 머리가 크고 몸이 작아 귀여운 캐릭터를 뜻하는데, 미드저니가 이해할 정도로 널리 쓰이는 용어입니다. 지브리 풍 배경이나 채색 느낌(Studio Ghibli style)을 요청했고, flat colors, outlined 키워드를 추가하여 만화처럼 외곽선이 있고 평탄한 채색을 연출했습니다.

애니메이션/만화 스타일은 Niji 모델을 사용하거나 프롬프트에 직접 anime style 키워드를 넣어도 좋지만, 미드저니의 기본 모델도 꽤 잘 처리하는 편입니다. 다만 눈이나 얼굴 디테일이 이상하게 생성된다면 --stylize 값을 조절해 볼 필요가 있습니다. 또, 현대 일본 캐릭터의 그림체를 원한다면 [Pixiv trending 같은 키워드를 사용하기도 합니다.

미드저니 관련 Q&A

Q 미드저니의 버전별 차이점이 궁금해요!

A 미드저니는 꾸준한 모델 업데이트를 통해 화질 향상뿐만 아니라 출력 결과물의 성향과 기능 측면에서도 많은 발전을 이루어 왔습니다. 버전별 특징과 차이를 이해하면 원하는 결과물에 맞는 버전을 선택할 수 있습니다. 주요 버전별 특징을 간단히 소개하겠습니다.

V4

예술적이고 창의적인 스타일이 강점인 모델로, 결과물의 예술성이 뛰어납니다. 다만, 때때로 프롬프트에 없던 무작위 요소가 추가되는 경향이 있으며, 인체 비례나 손가락 표현과 같은 세부 표현에서 정확도가 다소 떨어집니다. 그럼에도 불구하고, 초기 미드저니의 특징적인 스타일을 잘 보여주는 버전으로 많은 사용자에게 사랑받았습니다.

V5

보다 사실적이고 정밀한 이미지 생성을 목표로 개발된 모델로, 미드저니 스타일의 개입이 줄어들어 중립적이고 프롬프트에 충실한 결과물을 제공합니다. V4에 비해 해상도와 세부 묘사가 크게 향상되었으며, 특히 얼굴과 손 표현에서 현저한 개선이 이루어졌습니다.

V6 / V6.1

스타일 레퍼런스와 캐릭터 레퍼런스 기능을 본격적으로 도입한 버전으로, 결과물의 일관성을 크게 향상시켰습니다. 원하는 스타일과 인물을 유지하면서 다양한 장면과 설정에서 이미지를 생성할 수 있게 되었으며, 해상도 개선을 통해 전반적인 이미지 품질도 향상되었습니다.

V7

이전 버전들의 장점을 계승하면서 '옴니 레퍼런스' 기능을 새롭게 도입한 최신 모델입니다. 옴니 레퍼런스를 통해 참고 이미지의 스타일과 캐릭터뿐만 아니라 세부적인 디테일까지도 더욱 정밀하게 반영할 수 있어 여러 장면을 일관된 스타일로 제작할 때 유용합니다.

Niji

애니메이션과 일러스트 작업에 특화된 버전으로, 캐릭터의 데포르메, 채색, 배경 표현 등에서 일본 애니메이션 특유의 분위기와 스타일을 명확히 반영합니다. 프롬프트 끝에 --niji 파라미터를 추가하거나 별도의 니지웹(Niji Web)을 통해 사용할 수 있으며, 현재는 Niji 6 버전까지 출시되어 있습니다.

아래 예시 프롬프트를 통해 버전별 차이를 직접 확인해 볼까요?

> a series of three female images side by side
> 나란히 배치된 3개의 여성 이미지 시리즈

▲ V4 모델로 생성한 이미지

▲ V5 모델로 생성한 이미지

▲ V6.1 모델로 생성한 이미지

▲ V7 모델로 생성한 이미지

▲ niji 6 모델로 생성한 이미지

미드저니를 사용하면 완벽한 이미지를 생성할 수 있나요?

A 미드저니는 지속적으로 발전하고 있지만, 그 결과물이 완벽하지는 않습니다. 미드저니의 한계를 잘 이해하고 적절히 보완하면 원하는 결과에 더욱 가까워질 수 있는데요. 미드저니의 대표적인 한계와 대응 방법을 최신 버전에 맞추어 소개하겠습니다.

인체 및 세부 묘사

초기 모델에 비해 많이 개선되었지만, 미드저니는 여전히 인체나 세부 표현에서 부자연스러운 결과물을 종종 생성합니다. 손가락의 개수가 잘못되거나 인물의 자세가 비정상적으로 보이는 것이 대표적인 사례입니다. 이를 보완하려면 [hands hidden]과 같은 프롬프트를 넣어 손을 숨기거나, Editor 기능으로 잘못 생성된 부분을 수정하는 것이 좋습니다. 보다 섬세하게 수정하고 싶다면 포토샵과 같은 별도의 디자인 프로그램을 접목하여 수동 보정하는 것도 방법입니다.

텍스트 및 문자 표현

미드저니는 텍스트나 문자를 정확히 묘사하는 데 여전히 어려움이 있습니다. 영어 알파벳은 어느 정도 표현할 수 있지만, 한글이나 복잡한 문자는 품질과 표현력이 많이 떨어집니다. 따라서 이미지 속에 텍스트를 꼭 넣어야 한다면 미드저니로 이미지를 생성한 다음 포토샵과 같은 별도의 디자인 프로그램으로 글자를 추가하는 방식을 추천합니다.

복잡한 구성과 문맥

하나의 프롬프트에 지나치게 많은 요소를 요구하거나, 명확한 전후 문맥이 필요한 상황을 설정할 경우 미드저니 모델이 혼란을 겪을 수 있습니다. 예를 들어 '서로 다른 동작을 하는 사람들'과 같은 프롬프트는 정확하게 표현하기 어려운 것이죠. 따라서 중심 피사체를 명확히 입력하고 보조 요소를 간략히 더하여 이미지를 생성한 후, 추가적인 세부 요소는 별도로 생성하여 후편집으로 결합하거나, 2~4컷 정도의 시리즈 형식으로 제작하는 방법을 추천합니다.

해상도 및 인쇄 품질

일반적으로 미드저니에서 업스케일한 이미지는 최대 2048px 정도로, 높은 해상도이기는 하지만 대형 인쇄나 매우 세부적인 작업에 사용하기에는 여전히 부족합니다. 이럴 때는 토파즈 기가픽셀(Gigapixel)과 같은 별도의 AI 업스케일링 툴을 사용하여 이미지를 더욱 선명하게 확대할 수 있습니다.

학습 데이터의 편향

미드저니는 학습된 데이터의 특성상 일부 표현이나 스타일에 편향이 나타날 수 있습니다. 예를 들어, 'CEO'라는 프롬프트를 입력하면 주로 중년 남성 이미지가 생성되는 등 성별이나 인종적 편향이 발생하죠. 이러한 편향을 줄이기 위해서는 프롬프트에 다양성을 명시하는 키워드를 넣는 것이 좋습니다. 또한 폭력적이거나 선정적인 콘텐츠, 실존 인물 묘사는 생성이 제한된다는 점을 유의하세요.

결과의 무작위성

미드저니는 같은 프롬프트를 사용하더라도 결과가 일정하지 않을 수 있으며, 때로는 만족스럽지 않은 이미지가 생성되기도 합니다. 이러한 무작위성을 관리하기 위해서는 이미지 생성과 변형, 업스케일을 반복하며 최적의 결과로 다듬어 나가는 방식이 효과적입니다. 인내심을 가지고 시도를 거듭하되, 막막할 땐 커뮤니티 사례를 참고하거나 프롬프트를 분해 및 재구성하여 접근법을 조정해 보세요.

Q 미드저니로 생성한 이미지의 상업적 이용 범위와 저작권이 궁금해요.

A 유료 구독자의 경우, 미드저니에서 생성한 이미지를 개인적·상업적인 용도로 자유롭게 사용할 수 있는 라이선스가 부여됩니다. 따라서 상품 디자인, 광고, 출판 등 다양한 상업 활동에 추가 비용 없이 활용할 수 있습니다. 그러나 미드저니에서 자체적으로 부여하는 사용 권한은 법적 저작권과는 구별되며, AI만으로 생성한 이미지에 대해 저작권을 인정받기 어렵다는 견해가 지배적입니다. 즉, 내가 만든 이미지를 다른 사람이 사용하는 것을 법적으로 제한하기는 현실적으로 어렵다는 것이죠. 특히 미드저니의 공개 갤러리에 공유된 이미지는 누구나 자유롭게 접근하여 사용할 수 있으며, 미드저니 측에서도 이를 데이터 학습 또는 서비스 홍보 목적으로 활용할 수 있습니다. 따라서 이미지를 독점적으로 사용하고 싶다면, Pro 이상의 구독 플랜을 구매한 다음 스텔스 모드를 활성화하여 비공개로 관리하는 것이 바람직합니다.

TIP ● 정확한 정책은 시기에 따라 달라질 수 있으니 미드저니의 공식 안내를 확인하세요.

Q 미드저니로 생성한 이미지를 구체적으로 어떻게 활용하면 좋을까요?

A 미드저니로 생성한 이미지는 다양한 방향으로 활용할 수 있습니다. 몇 가지 아이디어를 제안합니다.

빠르게 그래픽 디자인 시안 만들기

포토샵이나 일러스트레이터 등 디자인 편집 프로그램을 활용하여 텍스트를 추가하거나 다른 이미지와 합성하여 포스터나 책 표지를 만들 수 있습니다. 미드저니는 시각적 표현에는 강하지만 정교한 레이아웃 통제는 어렵기 때문에, 최종 디자인 작업은 별도의 편집 프로그램에서 병행하는 것이 좋습니다.

유튜브 섬네일과 프레젠테이션 자료 제작하기

AI 이미지는 유튜브 영상의 섬네일, 프레젠테이션 슬라이드의 비주얼, 게임이나 영화의 콘셉트 디자인 자료 등 다양한 분야에서 유용하게 활용됩니다. 짧은 시간 내에 매력적이고 주제를 명확히 전달하는 이미지를 생성하기 때문에 콘텐츠의 클릭률과 주목도를 높일 수 있죠.

프로토타이핑과 아이데이션에 활용하기

기획자나 디자이너는 미드저니를 활용해 제품의 콘셉트 이미지를 빠르게 여러 장 생성하고 이를 팀원들과 공유함으로써 아이디어 검토 및 의사 결정 과정에서 큰 도움을 받을 수 있습니다. 특히 초기 아이디어를 시각화하는 과정에서 추상적인 개념을 명확하게 전달할 수 있어 협업의 효율성을 높이는 데 효과적입니다.

참고 자료로 활용하기

AI가 생성한 이미지를 참고 자료로 사용하여 일러스트나 디지털 아트를 편리하게 연습할 수 있습니다. 원하는 스타일의 이미지를 빠르게 얻어내 포즈나 구도, 색감 연구에 활용하면 나만의 그림 스타일을 발전시키는 데 큰 도움이 됩니다.

소상공인 맞춤 홍보물 제작

미드저니는 디자인 경험이 없는 소상공인과 자영업자도 메뉴판, SNS 홍보 이미지, 이벤트 배너 등을 직접 제작할 수 있도록 도와줍니다. 복잡한 작업 없이 간단한 프롬프트 입력만으로 고품질 홍보물을 빠르게 완성할 수 있으며, 적은 예산으로도 훌륭한 결과물을 생성하기 때문에 보다 효율적인 마케팅을 할 수 있습니다.

AI 영상 × 미드저니 · 런웨이 · 소라 · 클링 · 하이루오

PART 3

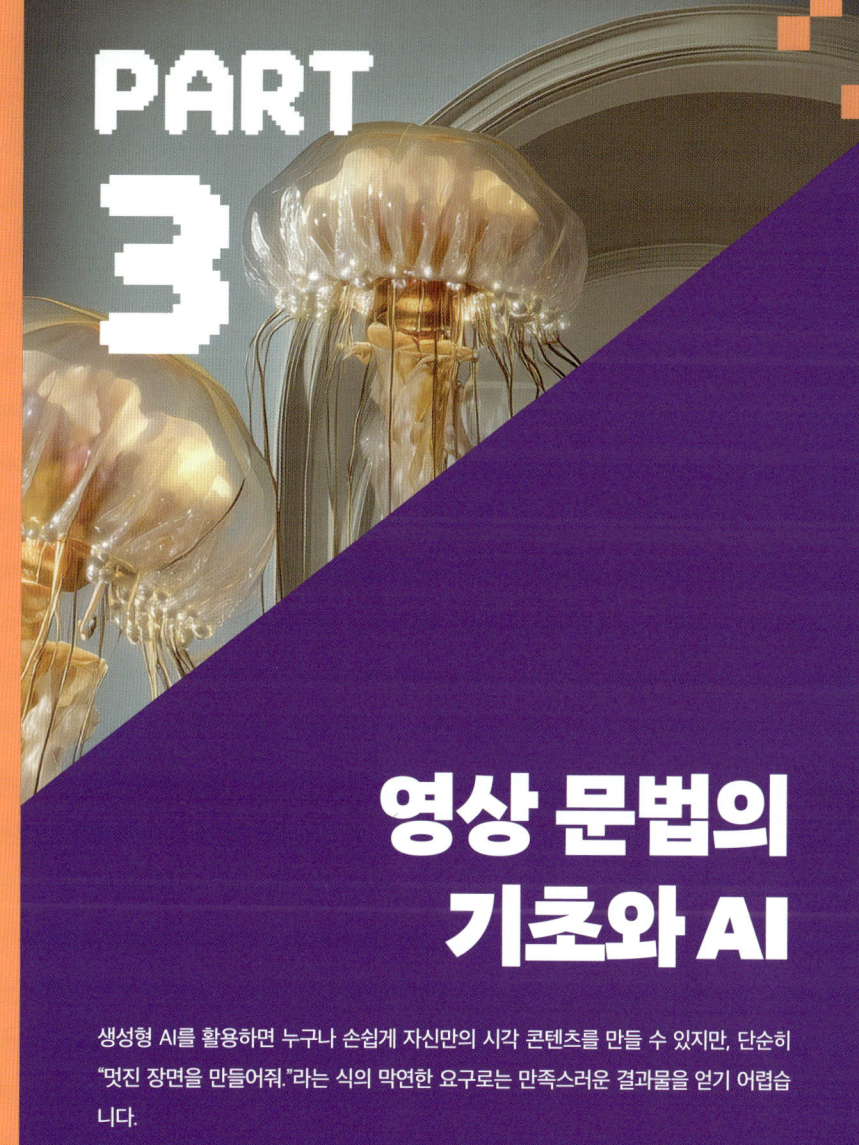

영상 문법의 기초와 AI

생성형 AI를 활용하면 누구나 손쉽게 자신만의 시각 콘텐츠를 만들 수 있지만, 단순히 "멋진 장면을 만들어줘."라는 식의 막연한 요구로는 만족스러운 결과물을 얻기 어렵습니다.

이번 파트에서는 영상 제작의 핵심 요소인 샷의 종류, 카메라 움직임, 구도, 조명, 그리고 색채 이론까지 전반적인 영상 문법을 심도 있게 다룹니다. 또, 영상 문법을 AI 이미지 및 영상 생성 과정에 접목하는 방법을 알아봅니다. 샷 구성을 통해 관객의 시선을 유도하고, 카메라 움직임으로 장면에 활력을 부여하며, 구도와 조명을 통해 인물과 사물의 의미를 강조해 봅시다. 또, 유사색 조화를 활용해 차분하고 통일감 있는 분위기를, 보색 대비를 활용해 장면에 생동감과 긴장감을 더하여 색을 '언어'처럼 사용해 봅시다.

이처럼, 영상 문법을 이해하고 적절히 조합하면 이미지와 영상에 내가 원하는 분위기와 스토리, 감정을 더욱 명확하게 담아내고 관객에게 전달할 수 있습니다. 이를 통해 관객에게 잊지 못할 감동과 인상을 남기는 영상 작품을 선보일 수 있겠죠.

CHAPTER
1
샷과 카메라의 움직임

샷과 카메라의 움직임은 영상의 가장 기초가 되는 요소입니다. '샷(Shot)'은 카메라가 특정 구도, 각도, 거리로 촬영한 영상의 기본 단위입니다. 여러 샷이 연결되어 하나의 이야기를 구성하며, 이는 서사를 전개하고 감정을 전달하는 데 중요한 역할을 합니다. '팬(Pan)', '틸트(Tilt)'와 같은 카메라의 움직임은 카메라를 회전하거나 이동시켜 장면을 동적으로 표현하는 기술입니다. 영상에 생동감을 더하고 시청자가 장면에 몰입하도록 돕는 중요한 연출 요소로, 움직임을 암시하는 키워드를 프롬프트에 포함시키면 카메라로 촬영한 듯한 자연스러운 흐름을 구현할 수 있습니다.

01 대표적인 샷 살펴보기

하나의 영상은 여러 개의 샷(Shot)이 연결되어 한 편의 이야기로 완성됩니다. 각 샷은 카메라가 특정 구도와 거리, 각도로 대상을 포착한 '프레임'이며, 이 기본 단위들이 모여 서사를 전개하고 감정을 전달합니다.

▲ 여러 개의 샷이 모여 완성되는 한 편의 영상

샷의 종류를 이해하면 AI가 특정 상황을 보다 정확하게 구현하도록 지시할 수 있습니다. 이를 통해 단순히 '보기 좋은 그림'을 만드는 것을 넘어, 특정 메시지와 감정을 담은 '장면'을 설계할 수 있죠. 실제 예시를 살펴볼까요? 미드저니에 [남자가 서 있는 장면]이라는 단순한 프롬프트를 입력하는 대신, [넓은 들판 위에 홀로 서 있는 인물을 와이드 샷으로 보여줘]라고 입력하면 AI가 인물을 광활한 배경 속에 작게 배치하여 고독감이 느껴지는 이미지를 생성합니다.

이처럼 샷의 특성을 이해하면 AI 프롬프트에 구체적인 지시 사항을 담아 원하는 느낌의 이미지를 얻을 수 있습니다. 이렇게 생성한 개별 이미지를 영상 생성 AI 툴에 입력하거나 순서에 맞게 배열하고 다듬으면 이미지들이 서로 자연스럽게 연결되어 이야기를 전달하는 하나의 흐름이 됩니다. 즉, 장면들이 의미와 맥락에 따라 이어진 하나의 '시퀀스(Sequence)'가 되는 것이죠.

↗ 와이드 샷

와이드 샷(Wide Shot)은 넓은 공간이나 광범위한 풍경 속의 인물을 보여주는 샷으로, 배경을 강조하며 인물이나 사물을 멀리서 전체적으로 보여줍니다. 장소의 분위기와 맥락을 강조하며 고독감과 스케일을 효과적으로 전달할 때 유용합니다. 아래 예시와 같이 [wide shot] 키워드를 추가하고 장소와 시간대 등 배경에 대한 묘사를 자세히 적으면 인물이 아주 작게 보이며 큰 공간감을 가진 영상이 생성됩니다.

> A **wide shot** of a lone figure standing in a vast desert at dusk
> 해질녘 광활한 사막에 서 있는 고독한 인물의 **와이드 샷**

↗ 미디엄 샷

미디엄 샷(Medium Shot)은 인물의 상반신까지 촬영하여 표정과 몸짓, 주변 상황을 균형 있게 보여줍니다. 두 인물의 대화 장면이나 캐릭터 소개, 간단한 행동을 표현할 때 자주 사용됩니다. 이 샷을 활용하면 관객이 캐릭터의 감정이나 상황을 쉽게 이해할 수 있습니다.

> A **medium shot** of two friends chatting over coffee in a cozy café
> 아늑한 카페에서 커피를 마시며 수다를 떠는 두 친구의 **미디엄 샷**

👆 클로즈업 샷

클로즈업 샷(Close-Up Shot)은 인물의 얼굴이나 손, 중요한 소품과 같이 특정한 부분을 가까이에서 촬영해 감정이나 디테일을 강하게 전달합니다. 인물의 얼굴을 클로즈업한다면 아래와 같이 감정이나 상황을 구체적으로 묘사하여 그 감정이 강조된 강렬한 이미지를 얻을 수 있습니다.

> A cinematic film still, **close-up shot** focusing on the protagonist's tearful eye, reflecting the sunset
> 영화 스틸 컷, 석양을 비추는 주인공, 눈물을 흘리는 눈에 초점을 맞춘 **클로즈업 샷**

TIP ● 앞서 와이드 샷으로 연출한 풍경과 클로즈업 샷을 교차 편집하면 인물의 내면과 외부 환경을 대비시켜 감정적 임팩트를 더욱 강하게 전달할 수 있습니다.

📌 익스트림 클로즈업 샷

익스트림 클로즈업 샷(Extreme Close-Up Shot)은 눈동자, 입술, 반지와 같이 아주 작은 요소를 극단적으로 확대하여 표현합니다. 작은 요소를 크게 보여줌으로써 강한 긴장감을 주거나, 특정한 상징적인 의미를 부각할 수 있습니다. 또, 여러 장의 익스트림 클로즈업 샷 이미지를 이어 붙여 영상화하면 정서적 긴장감을 고조시키는 시퀀스를 구성할 수도 있습니다.

> A cinematic film still, An **extreme close-up shot** of a wedding ring on a trembling hand
>
> 영화 스틸 컷, 떨리는 손에 낀 결혼 반지를 극단적으로 **클로즈업한 샷**

📌 오버 숄더 샷

오버 숄더 샷(Over-the-Shoulder Shot)은 한 인물의 어깨 뒤에서 상대방을 바라보는 형태로 촬영하는 기법입니다. 관객은 마치 인물 A의 위치에서 인물 B를 바라보는 것처럼 느끼며, 대화 장면에서 더욱 생생한 현장감과 몰입감을 느낄 수 있습니다.

> a cinematic film still, **Over-the-shoulder shot** showing person A's shoulder in the foreground and person B speaking softly in a dimly lit room
>
> 영화 스틸 컷, 사람 A의 어깨를 전경으로, 사람 B가 어두운 방에서 부드럽게 말하는 모습을 보여주는 **오버 숄더 샷**

↗ 하이 앵글과 로우 앵글

하이 앵글(High Angle)은 높은 곳에서 대상을 내려다보듯 촬영하여 대상이 작거나 약해 보이게 하는 기법입니다. 반대로 로우 앵글(Low Angle)은 낮은 위치에서 대상을 올려다보듯 촬영하여 대상을 강하고 위엄 있게 표현합니다. 즉, 하이 앵글 샷과 로우 앵글 샷을 적절히 활용하면 캐릭터의 위계나 심리적 상태를 명확하게 전달할 수 있습니다.

> A cinematic film still, **low-angle shot** of a towering superhero looking down at the viewer
>
> 영화 스틸 컷, 우뚝 솟은 슈퍼히어로가 시청자들을 내려다보는 **로우 앵글 샷**

대표적인 카메라의 움직임 살펴보기

카메라의 움직임은 영상에 생동감을 불어넣습니다. 정적인 이미지는 하나의 장면만을 보여주지만, AI 영상을 생성할 때 '팬(Pan)', '틸트(Tilt)' 등 카메라의 움직임을 암시하는 키워드를 포함하여 프롬프트를 입력하면 마치 실제 카메라로 촬영한 듯 자연스럽게 흐르는 영상을 구현할 수 있습니다.

TIP ● 미드저니용 프롬프트와 달리, 영상 생성 AI의 프롬프트는 간략하게 지시해야 하는 경우가 많습니다. 프롬프트가 길고 복잡해질수록 오히려 결과물에 오류가 발생할 확률이 매우 높아지죠.

팬

팬(Pan)은 카메라가 좌우 방향으로 천천히 움직이면서 넓은 풍경을 둘러보는 듯한 느낌을 주는 촬영 기법입니다. 아래 예시 프롬프트처럼 첫 장면과 끝 장면을 묘사하고, 그 사이에 [pan] 키워드를 넣으면 좌우로 부드럽게 움직이는 듯한 영상이 생성됩니다. 실제 카메라로 촬영한 것과 비슷한 생생한 느낌의 장면을 구현할 수 있죠.

> Begin with a wide shot of a forest and **pan** slowly to the right to reveal a hidden cabin
> 숲의 와이드 샷으로 시작하여 오른쪽으로 천천히 **패닝**하여 숨겨진 오두막 드러내기

📌 틸트

틸트(Tilt)는 카메라를 위아래로 움직이는 촬영 기법으로, 물체의 높이나 깊이를 강조하거나 드러낼 때 사용합니다. 카메라가 위로 움직이는 것을 '틸트 업(Tilt-Up)', 아래로 움직이는 것을 '틸트 다운(Tilt-Down)'이라고 부릅니다. 아래 예시처럼 프롬프트에 [tilt-up] 키워드를 넣으면 인물의 발부터 시작해서 점점 위로 올라가 몸통을 거쳐 얼굴까지 순서대로 보여주는 영상이 생성됩니다.

> A **tilt-up** movement from a character's feet to their determined gaze
>
> 캐릭터의 발에서 결연한 시선까지 **틸트 업** 움직임

📌 트래킹 샷

트래킹 샷(Tracking Shot)은 카메라가 한 자리에 머물지 않고 실제로 이동하면서 촬영하는 기법입니다. 카메라가 인물과 같은 방향으로 움직이며 따라가는 느낌을 주기 때문에 보는 사람은 마치 그 인물과 함께 움직이는 듯한 현장감과 몰입감을 경험할 수 있습니다.

> Cinematic **tracking shot**
>
> 영화적 **트래킹 샷**

📌 달리 샷

달리 샷(Dolly Shot)은 트래킹 샷과 마찬가지로 카메라가 실제로 이동하면서 촬영하는 기법으로, <mark>바퀴가 달린 특수 장비 달리(Dolly)를 이용해 카메라가 대상에게 다가가거나 멀어지는 움직임을 구현</mark>합니다. 카메라가 인물에게 가까이 다가가는 '달리 인(Dolly-In)'은 인물의 감정이나 긴장감을 강조하며, 반대로 멀어지는 '달리 아웃(Dolly-Out)'은 주변 환경과 전체적인 상황을 더 객관적으로 보여주는 데 적합합니다.

> **Slow dolly-in**
> 느리게 **달리 인**

> **Slow dolly-out**
> 느리게 **달리 아웃**

↗ 줌

줌(Zoom)은 카메라를 그대로 두고 렌즈만을 조정해서 화면을 확대하거나 축소하는 촬영 기법입니다. 예를 들어, 인물의 눈만 보이는 클로즈업 상태에서 시작해 점점 줌 아웃하면, 인물의 얼굴, 몸, 주변 풍경, 더 나아가 도시 전경까지 드러내는 극적인 효과를 연출할 수 있습니다. 이는 인물의 내면에서 시작해 외부로 시선을 확장하는 드라마틱한 흐름을 연출할 때 유용합니다.

> **Zoom out** from a close-up of an eye to reveal a bustling cityscape
> 눈을 클로즈업한 화면에서 **줌 아웃**하면 드러나는 분주한 도시 풍경

↗ 핸드헬드

핸드헬드(Handheld)는 삼각대나 고정 장치를 쓰지 않고 손으로 카메라를 직접 들고 촬영하는 방식으로, 구도가 약간 비틀리거나 화면에 자연스러운 흔들림이 생기는 특징이 있습니다. 실제 현장의 긴장감이나 즉각적인 생동감을 전달할 때 효과적이죠. 전쟁터, 시위 현장, 스포츠 경기장 등 급박하고 예측 불가능한 상황을 촬영할 때 유용하게 사용할 수 있습니다.

> **Handheld-style** footage of a reporter weaving through a protest crowd
> 시위 군중 사이를 헤집고 다니는 기자의 **핸드헬드 스타일** 영상

TIP ● 이처럼 카메라 움직임의 방향과 속도, 감정과 분위기, 피사체의 행동을 프롬프트에 구체적으로 기술하면 AI가 원하는 이미지를 생성하는 데 도움이 됩니다.

CHAPTER 2

구도와 조명

구도와 조명은 인물과 사물의 의미를 강조할 때 효과적으로 사용됩니다. 구도는 화면 안에 등장하는 인물, 사물, 배경 등을 어떤 위치와 비율로 배치할지 결정하는 방식으로, 관객이 장면을 어떻게 받아들이고 해석할지를 미리 설계하는 '시각적 문법'입니다. 조명은 영상의 톤과 무드(Tone & Mood)를 결정하는 중요한 요소입니다. 같은 인물과 같은 장소라도 조명 상태에 따라 밝고 희망적인 분위기, 음침하고 불안한 분위기, 신비롭고 몽환적인 분위기 등 전혀 다른 톤과 무드를 연출할 수 있습니다.

01 영상 속 구도의 역할과 중요성

구도(Composition)는 화면 안에 등장하는 인물, 사물, 배경 등을 어떤 위치와 비율로 배치할지 결정하는 방식입니다. 구도를 잘 설계하면 관객의 시선을 특정 방향으로 유도하고, 장면에 담긴 의미나 감정을 더 효과적으로 전달할 수 있습니다.

▲ 장면의 의미 전달력을 높여주는 구도

아무리 멋진 풍경이나 인물을 담아도, 화면이 무작위로 배치되어 있으면 전달력과 집중력이 떨어집니다. 구도는 단순히 '예쁜 그림'을 만드는 것을 넘어, 관객의 시선 경로와 감정적 체험을 설계하는 핵심 요소입니다. 구도를 통해 관객이 '무엇을 먼저 보고, 무엇을 나중에 볼지', '어떤 분위기를 느낄지'를 의도적으로 연출할 수 있죠. 앞으로 소개할 다양한 구도를 프롬프트에 반영하면 영상의 전체적인 흐름이 자연스러워지고 의미 전달력이 더욱 강화될 것입니다.

02 대표적인 구도 살펴보기

📌 삼분할법

삼분할법(Rule of Thirds)은 화면의 가로와 세로를 각각 3등분하여 만든 9개의 격자의 교차점에 주요 피사체를 배치하는 구도입니다. ==안정적이면서도 자연스러운 시선의 흐름==을 유도할 수 있죠. 자연 다큐멘터리에서 아름다운 풍경을 촬영할 때, 지평선을 화면의 상단 1/3 또는 하단 1/3 위치에 맞추면 하늘과 땅의 비율이 균형을 이루어 안정감 있는 사진을 얻을 수 있습니다. 또, 인물을 프레임의 왼쪽 삼등분점에 배치하고 시선이 향하는 오른쪽 공간을 남기면, 관객은 인물이 바라보는 방향으로 자연스럽게 시선을 옮기며 장면에 몰입할 수 있습니다.

> Cinematic composition demonstrating the **'rule of thirds'**, with a solitary protagonist standing, gazing towards a distant horizon, and a tall, distinctively shaped tree positioned at the upper-right intersection, balanced and visually appealing framing, atmospheric lighting, realistic details
>
> **삼분할법을 보여주는 시네마틱한 구도**, 왼쪽 아래 교차점에 홀로 서서 먼 지평선을 바라보는 주인공, 오른쪽 위 교차점에는 키가 크고 형태가 뚜렷한 나무 배치, 균형 잡히고 시각적으로 매력적인 프레이밍, 분위기 있는 조명, 사실적인 디테일

📈 중심 구도

중심 구도(Central Composition)는 화면의 한가운데에 피사체를 배치하여 강렬한 집중도를 형성하는 구도로, 피사체를 돋보이게 하면서 미학적 안정감을 표현합니다. 또, 영웅 영화에서 주인공이 등장하는 명장면에도 자주 사용됩니다. 주인공을 화면 중앙에 배치하면 관객은 자연스럽게 그에게 시선을 집중하게 되죠. 영화 "킹스 스피치"나 "그랜드 부다페스트 호텔"과 같은 작품이 대칭적이고 중앙 집중적인 구도를 잘 활용한 대표적인 예시입니다.

> A cinematic, perfectly **symmetrical composition** of a grand corridor with dramatic lighting, a heroic figure **standing centered**, captured with precision and clarity, balanced aesthetic, highly detailed, cinematic style
>
> 완벽하게 **대칭을 이룬 시네마틱한 구도**의 웅장한 복도, 극적인 조명, 복도의 **정중앙에 서 있는** 영웅적 인물, 정교하고 선명한 표현, 균형 잡힌 미학, 높은 디테일, 시네마틱 스타일

TIP ● 중심 구도에 팬과 틸트 같은 카메라의 움직임을 더하면 안정적이고 웅장한 분위기의 시퀀스를 만들 수 있습니다.

↗ 대각선 구도

대각선 구도(Diagonal Composition)는 화면을 사선으로 가로지르는 요소를 활용해 움직임, 긴장감, 에너지를 강조합니다. 액션 영화나 뮤직비디오에서 인물이 대각선으로 뻗은 길을 달리면, 관객은 정적인 수평, 수직 구도보다 더 다이내믹하고 드라마틱한 느낌을 받습니다. 예를 들어, 영화 "매드맥스: 분노의 도로"에서는 사선 구도를 활용해 끝없는 추격전의 긴장감을 극대화하며 속도감을 효과적으로 표현합니다.

> Cinematic shot emphasizing **diagonal composition**, a dramatic suspension bridge sharply cutting the frame from bottom-left to top-right, a solitary traveler moving across it, dynamic tension, bold visual energy, cinematic lighting
>
> **대각선 구도**를 강조한 영화적 장면, 왼쪽 하단에서 오른쪽 상단으로 화면을 가로지르는 드라마틱한 현수교, 홀로 그 위를 건너는 여행자, 역동적인 긴장감, 강렬한 시각적 에너지, 영화적 조명

프레임 속 프레임

프레임 속 프레임(Frame within a Frame)은 창문, 문, 아치 등으로 또 하나의 프레임을 만들어 주요 피사체를 감싸서 강조하거나 깊이를 더하는 구도입니다. 고성(古城)의 아치 너머로 보이는 인물이나 창문 밖 풍경을 바라보는 주인공 같은 장면은 관객에게 몰래 들여다보는 느낌을 주거나 내부와 외부 세계의 대조를 강조하는 등 상징적 의미를 전달할 수 있습니다. 영화 "나비효과"나 "콜 미 바이 유어 네임"에서도 창문 프레임을 활용한 프레임 속 프레임 구도가 사용되죠. 아래 예시처럼 프롬프트를 작성하면 아치 프레임 너머로 등대를 바라보는 시선을 의도적으로 유도할 수 있습니다. 일종의 심리적 초점을 만드는 것이죠.

> Cinematic composition, a serene lighthouse captured perfectly within a circular stone archway at dusk, subtle lighting, deep perspective, emphasizing a clear **frame within a frame**
>
> 영화적 구도, 원형 돌 아치 프레임 속으로 황혼 무렵 고요한 등대가 완벽히 담긴 장면, 부드러운 조명, 깊이 있는 원근감, 명확한 **프레임 속 프레임** 강조

↗ 리딩 라인

리딩 라인(Leading Lines)은 철로, 길, 다리, 울타리처럼 시선을 특정 대상이나 지점으로 유도하는 선형 요소를 의미합니다. 예를 들어, 멜로 영화에서 주인공이 긴 해안가 보도를 따라 걸어가면 관객은 무의식적으로 주인공을 따라 시선을 이동하여 사건의 중심에 쉽게 몰입하게 됩니다. 다큐멘터리에서는 리딩 라인을 활용하여 희미하게 보이는 동물이나 멀리 있는 오두막 등 ==주목해야 할 대상으로 관객의 시선을 자연스럽게 유도==하기도 합니다. 아래 예시에서는 구성된 리딩 라인을 따라 자연스럽게 보트가 있는 곳으로 시선이 이동하는 것을 확인할 수 있습니다.

> Cinematic scene with a gently curving wooden pier **leading the viewer's eye** smoothly across a calm lake toward a small boat, soft morning mist, subtle lighting, elegant visual flow
>
> 부드럽게 곡선으로 이어진 나무 부두가 잔잔한 호수를 가로질러 작은 보트를 향해 **시선을 자연스럽게 유도**하는 영화적 장면, 아침 안개, 부드러운 조명, 우아한 시각적 흐름 강조

03 영상 속 조명의 역할과 중요성

조명이란 영상에서 피사체를 밝히고 강조하며, 관객이 화면 속 상황과 감정을 직관적으로 이해할 수 있도록 돕는 시각적 요소입니다. 예를 들어, 한 인물을 반만 밝게 비추면 그의 이중성이나 내면의 갈등을 암시할 수 있고, 완전히 균일한 조명을 사용하면 명료하고 숨김없는 상황을 표현할 수 있습니다. 이러한 조명 기법을 활용하면 단순한 장면을 넘어서 감정과 의미를 더욱 깊이 있게 전달할 수 있습니다.

▲ 같은 인물과 장소로 전혀 다른 톤과 무드를 연출해 주는 조명

앞으로 살펴볼 다양한 종류의 조명의 특징을 이해하고 프롬프트에 반영하면, 단순한 이미지나 장면이 아닌 '감정이 실린 한 편의 장면'을 구현할 수 있습니다. 이는 영상 전체의 톤을 일관적으로 유지하거나, 특정 장면에서 감정적 전환을 극적으로 보여주는 데 결정적인 역할을 합니다.

그뿐만 아니라, 조명의 색상과 밝기를 어떻게 조절하느냐에 따라 시청자의 감정과 심리에 미치는 영향이 달라집니다. 따뜻한 색의 조명은 편안함이나 행복감을 전달하고, 차가운 색의 조명은 긴장감이나 외로움을 강조합니다. 또, 빛의 방향이나 그림자를 활용할 수도 있습니다. 강렬한 그림자는 미스터리나 갈등을 표현하고, 부드러운 그림자는 로맨틱하거나 친근한 분위기를 연출합니다.

04 대표적인 조명 살펴보기

📌 키 라이트

키 라이트(Key Light)는 이미지나 영상의 주된 광원으로, 인물이나 대상의 형태와 특징을 명확하게 보여주는 역할을 합니다. 일반적으로 가장 밝고 강한 빛으로 사용되어 피사체의 외형과 윤곽을 강조하며, 분위기와 감정을 설정하는 데 결정적인 역할을 합니다. 예를 들어, 영화 "대부(The Godfather)"에서는 측면 키 라이트를 활용해 마피아 보스의 얼굴 절반을 어둡게 표현합니다. 이를 통해 권력 뒤에 숨겨진 어둠과 인물의 내적 갈등, 긴장감을 효과적으로 전달했죠. 키 라이트의 방향과 강도에 따라 인물의 인상과 장면의 분위기가 극적으로 변화할 수 있습니다.

> A strong **key light** from the left, casting a distinct shadow on the right side of the detective's face, suggesting moral ambiguity
>
> 왼쪽에서 오는 강렬한 **키 라이트**가 탐정의 얼굴 오른쪽에 극적인 그림자를 만들어내는 영화적 초상, 강렬한 분위기, 필름 누아르 스타일, 높은 명암 대비

🔦 필 라이트

필 라이트(Fill Light)는 주 광원인 키 라이트에 의해 생긴 그림자를 완화해 명암 대비를 조절하는 보조 광원입니다. 키 라이트만 사용하면 얼굴이나 사물에 그림자가 강하게 생겨 극적인 느낌이 들 수 있는데, 필 라이트를 함께 사용하면 이런 그림자를 부드럽게 희석하여 자연스럽고 편안한 분위기를 연출할 수 있습니다. 명암이 부드러워져 인물을 더욱 친근하고 호감 가는 모습으로 표현할 수 있기 때문에 특히 로맨틱한 장르에서 자주 활용됩니다.

> Add a soft **fill light** to gently soften the harsh shadow under the actress's eyes, creating a warm and inviting atmosphere
>
> 부드러운 **필 라이트**로 한국인 여배우의 얼굴을 은은하게 밝혀 눈 밑의 강한 그림자를 완화한 영화적 초상, 따뜻한 톤, 매력적이고 아늑한 분위기

🎯 백 라이트

백 라이트(Back Light)는 피사체의 뒤쪽에서 비추는 조명으로, 인물이나 대상의 윤곽선을 선명히 드러내 배경과의 시각적 분리를 돕는 보조 조명입니다. 주로 피사체의 뒷부분이나 머리카락 주변을 밝게 비춰 입체감을 강조하며, 전체적인 장면에 깊이와 시각적 흥미를 더합니다. 뮤직비디오나 광고에서 자주 사용되는데, 특히 어두운 배경에서 가수나 연기자의 뒤쪽에 백 라이트를 사용하면 피사체의 실루엣이 강조되며 ==존재감과 화려함을 극대화==할 수 있습니다. 무대 위 스타의 아우라나 특별한 분위기를 효과적으로 전달하는 데 매우 유용하죠.

> Add a gentle blue **back light** behind the dancer to highlight her silhouette against the dim stage
>
> 어두운 무대 위의 한국인 여성 댄서 뒤로 은은한 파란색 **백 라이트**가 실루엣을 강조하고 우아한 윤곽선을 드러내는 장면

컬러 조명

컬러 조명(Colored Lighting)은 빛의 색상으로 감정, 분위기, 시간대, 공간적 특성을 표현합니다. 주황, 빨강 등 따뜻한 색상은 행복한 느낌이나 사랑스러운 분위기를 만들며, 파랑, 초록 등 차가운 색상은 긴장감과 신비감, 불안한 느낌을 전달하는 데 효과적입니다.

예를 들어, 영화 "라라랜드(La La Land)"에서는 파란색과 보라색의 컬러 조명을 활용하여 몽환적이고 감성적인 분위기를 연출하며, 주인공들의 감정과 도시의 밤을 아름답고 로맨틱하게 표현했습니다. 반면 영화 "매트릭스(The Matrix)"에서는 초록색의 차가운 톤을 사용해 현실과 구분되는 디지털 세계의 낯선 분위기와 긴장감을 시각적으로 강조했습니다. 이처럼 컬러 조명은 시청자에게 감정과 이야기의 분위기를 매우 직관적으로 전달합니다.

> Cinematic portrait of a young korean woman illuminated by **vibrant neon pink and cyan colored lights** in an urban night setting, creating striking contrasts and emphasizing a stylish, contemporary, and dreamy mood, detailed textures, bokeh background, shallow depth of field
>
> 도시의 밤 풍경 속에서 **강렬한 네온 핑크와 시안색 조명**으로 비춰진 젊은 한국인 여성의 영화적 초상화, 강한 대비를 형성하며 스타일리시하고 현대적이며 몽환적인 분위기를 강조, 디테일한 질감, 보케 배경, 얕은 피사계 심도

CHAPTER 3

색채 이론과 감정 전달

색상은 영상에서 가장 직관적으로 감정을 불러일으킵니다. 대사가 없어도 특정 색만으로 관객의 정서적 반응을 이끌어 낼 수 있죠. 예를 들어, 붉게 물든 석양은 따뜻하고 로맨틱한 느낌을 주고, 차가운 푸른 달빛 아래에서는 고독과 신비를 느끼게 됩니다. 일상 속 예시도 살펴볼까요? 패스트푸드 브랜드 로고에는 빨강과 노랑이 자주 사용됩니다. 빨강이 식욕과 에너지를, 노랑이 밝은 희망과 친근함을 전달하기 때문입니다. 스릴러 영화에서는 청록빛 조명을 활용해 차갑고 불안정한 분위기를 조성합니다. 이처럼 색상은 말이 필요 없는 '감정 언어'입니다.

01 괴테의 색채론

인간은 진화 과정에서 색상에 대해 특정한 감정 반응을 형성해 왔고, 문화와 경험을 통해 그 반응은 더욱 정교하고 다채로워졌습니다. 붉은 불꽃 앞에서는 본능적으로 에너지를 느끼고, 푸른 바다를 보면 안정감을, 초록 숲속에서는 치유와 평온을 느낍니다. 이러한 색상과 감정의 연관성은 영상 속 이미지를 해석할 때도 자연스럽게 작용합니다.

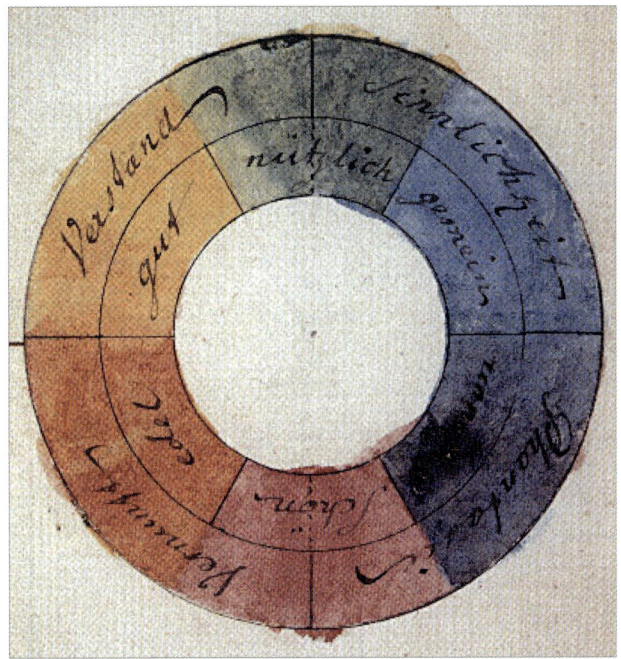

▲ 괴테가 분류한 여섯 가지 기본 색

문학가로 알려진 요한 볼프강 폰 괴테(Goethe)는 색채에 대해 심도 있는 연구를 수행한 학자이기도 했습니다. 그는 색상을 단순한 물리적 현상이 아니라, 인간의 감각과 감정을 움직이는 주관적 경험으로 바라보았습니다. 괴테의 핵심 아이디어를 정리하자면 다음과 같습니다.

* 색상은 빛과 어둠의 상호 작용에서 발생하며, 인간의 감각적, 감정적 반응을 불러일으킨다.
* 각 색상은 고유한 심리적 에너지를 지니고 있어, 특정 색상을 보면 인간은 본능적으로 어떤 감정 상태에 접어든다.

괴테는 저서『색채론(Zur Farbenlehre)』을 통해 여섯 가지 기본 색을 분류하고, 각 색상이 고유한 감정과 분위기를 불러일으킨다고 설명했습니다. 괴테의 이론과 이를 반영한 현대 사회의 사례를 함께 살펴보겠습니다.

🔴 빨간색

열정, 사랑, 분노와 같은 강렬한 감정을 상징합니다. 심박수를 높이고 시선을 끌어들이는 힘이 있어, 긴박한 상황이나 중요한 메시지를 강조할 때 유용합니다. 액션 영화 포스터에서 자주 사용됩니다.

> A dimly lit stage with a single **crimson spotlight** on a lone performer, evoking intense passion and drama
>
> 희미하게 조명이 비친 무대 위에, 홀로 선 공연자에게 단 하나의 **진홍색 스포트라이트**가 비춰져 강렬한 열정과 드라마를 불러일으키는 장면.

🟠 주황색

활기, 창의성, 따뜻함을 상징합니다. 사회적이고 쾌활한 느낌을 주어 파티 장면, 여름 축제, 활기찬 도심 풍경과 잘 어울립니다.

> A bustling market at sunset, bathed in **soft orange hues**, conveying warmth, energy, and a sense of community
>
> 해질녘 분주한 시장, **부드러운 주황빛**으로 물들어 따뜻함과 활기, 공동체의 느낌을 전달하는 장면.

🔸 노란색

희망, 기쁨, 지성을 상징합니다. 밝은 햇살과 연관되어 긍정적이고 낙관적인 분위기를 형성합니다. 교육 프로그램이나 가족 드라마에서 밝고 친근한 느낌을 강조할 때 자주 사용됩니다.

> A sunlit meadow filled with **bright yellow flowers**, suggesting optimism, happiness, and intellectual clarity
>
> 밝은 햇살이 비치는 초원에 **선명한 노란 꽃들**이 가득 피어 있어 낙관주의, 행복, 그리고 지적 명료함을 나타내는 장면.

🔸 녹색

자연, 조화, 안정, 치유를 상징합니다. 숲속, 들판과 같은 자연을 연상시키며, 자연 다큐멘터리나 힐링 프로그램에 자주 사용됩니다. 차분한 녹색 빛은 스트레스를 완화하고 마음을 편안하게 만듭니다.

> A tranquil forest clearing bathed in **gentle green light**, evoking calm, renewal, and harmony with nature
>
> **부드러운 녹색 빛**에 잠긴 고요한 숲 속의 공터, 평온함과 재생, 자연과의 조화를 불러일으킴.

↗ 파란색

평온, 신뢰, 지혜, 고독을 상징합니다. 하늘과 바다처럼 넓은 공간을 연상시켜 안정감을 주며, 심리적인 안정 효과가 있어 서정적이거나 진중한 장면에 어울립니다. 신뢰감을 형성하는 색상으로, 뉴스 스튜디오나 기업 브랜드 컬러에도 자주 사용됩니다.

> A quiet lakeside scene under a **deep blue twilight sky**, reflecting calmness, wisdom, and serene contemplation
>
> **깊고 푸른 황혼의 하늘** 아래 고요한 호숫가 풍경, 평온함과 지혜, 고요한 사색을 반영함.

↗ 보라색

신비로움, 영성, 고귀함, 창의성을 상징합니다. 판타지 영화나 예술 콘텐츠에서 독특한 분위기를 낼 때 자주 사용됩니다. 예를 들어, 미래 도시나 신비한 마법이 펼쳐지는 장면에 보랏빛을 더하면 몽환적인 감정을 더욱 강조할 수 있습니다.

> A mystical garden at dusk lit by **subtle purple lanterns**, suggesting spiritual depth, imagination, and enchantment
>
> **미묘한 보랏빛 등불**로 밝혀진 황혼 무렵의 신비로운 정원, 영적 깊이와 상상력, 마법 같은 매력을 암시함.

02 요하네스 이텐의 색채 이론

요하네스 이텐(Johannes Itten)은 스위스의 화가이자 교육자로, 독일의 예술 학교 바우하우스(Bauhaus)에서 색채 교육을 담당하며 색채 이론을 체계화했습니다. 그는 색이 어떤 감정적 반응을 일으키는지에 그치지 않고, 색들이 서로 어떻게 어울리고 대비되는지, 그리고 어떤 시각적 효과를 만들어 내는지에 대해 연구했습니다.

↗ 색상의 구분

색의 대비와 조화를 알아보기에 앞서, 이텐이 제안한 색상의 구분을 먼저 살펴봅시다. 이텐은 색상을 기본색(빨강, 노랑, 파랑)과 이차색(주황, 녹색, 보라), 삼차색으로 구분하며, 이를 원형으로 배열한 '색상환' 개념을 제시했습니다. 색상환은 색상의 관계를 시각적으로 정리한 구조로, 색상 간의 조합과 대비를 한눈에 파악할 수 있도록 돕는 지도이자 좌표계의 역할을 합니다.

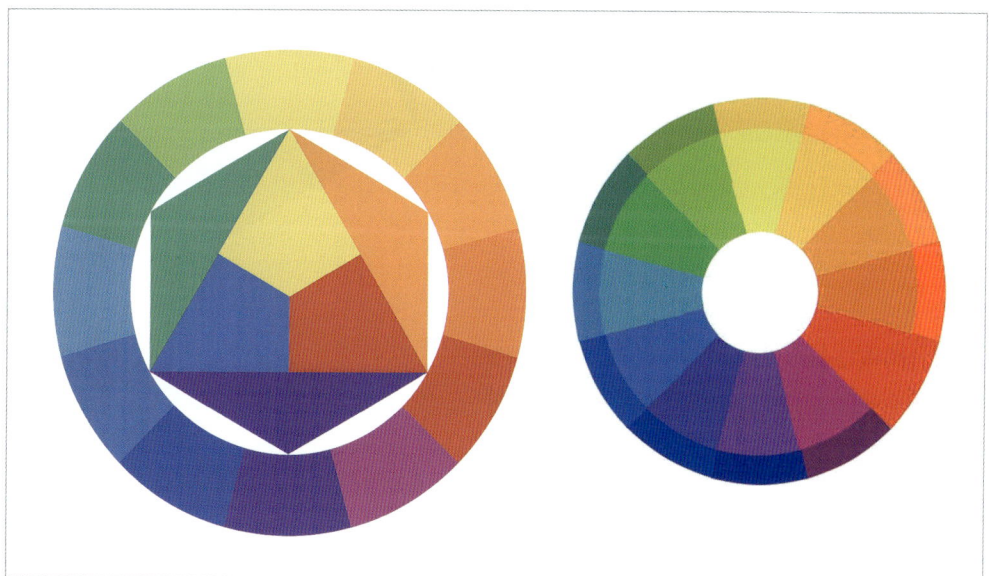

▲ 이텐이 제안한 색상환 개념

* **기본색(Primary Colors)**: 빨강(Red), 노랑(Yellow), 파랑(Blue)으로 구성되며, 다른 색상을 혼합하여 만들 수 없는 색상입니다. 모든 색상의 근원이 됩니다.

* **이차색(Secondary Colors)**: 주황(Orange), 녹색(Green), 보라(Purple)로 구성되며, 기본 색상을 혼합하여 만들어집니다.

* **삼차색(Tertiary Colors)**: 기본 색상과 이차 색상을 혼합하여 만들어집니다. 색상환을 통해 삼차색이 다른 색과 인접, 반대, 유사, 보색 중 어떤 관계에 있는지 쉽게 파악할 수 있습니다.

🎨 일곱 가지 색채 대비 유형

이텐이 제안한 일곱 가지 색채 대비 유형(Seven Contrasts of Color)은 단순한 색의 구분을 넘어, 색상이 서로 어떻게 어울리고 충돌하며, 감정적·시각적 효과를 극대화하는지 알려줍니다. 예를 들어, AI 영상이나 이미지를 생성할 때 '불안한 긴장감', '평온한 치유', '신비한 경외감'과 같은 감정적 목표를 설정한 다음, 해당 감정에 맞는 색상 대비나 조화를 프롬프트에 포함하면 원하는 분위기를 더욱 효과적으로 구현할 수 있는 것이죠.

색상 대비(Hue Contrast)

서로 다른 색상을 사용할 때 나타나는 대비입니다. 예를 들어, 빨강, 노랑, 파랑이 한 장면에 배치되면, 각 색이 뚜렷이 구분되어 강렬한 시각적 효과를 만들어 냅니다. 아이들의 놀이 장면이나 축제 장면처럼 활기찬 상황을 연출할 때 유용하며, 다채로운 색상을 조합해 경쾌함을 강조합니다.

> A cheerful playground scene featuring vivid toys in distinct **primary colors of red, yellow, and blue**, clearly highlighting **vibrant hue contrasts**, children actively playing and interacting, bright daylight creating energetic atmosphere, playful mood, photographic realism, detailed
>
> **빨강, 노랑, 파랑의 뚜렷한 원색** 장난감들이 가득한 활기찬 놀이터 장면, **색상의 강렬한 대비**를 명확하게 강조, 적극적으로 놀며 상호작용하는 아이들, 밝은 낮의 빛이 만들어낸 역동적인 분위기, 즐거운 분위기, 사실적 사진 스타일, 세부 묘사

명도 대비(Light-Dark Contrast)

밝은 색과 어두운 색의 차이를 강조하는 대비입니다. 어두운 배경 위에 밝은 물체를 두면 형태가 또렷해지고 극적인 분위기를 조성할 수 있습니다. 미스터리한 실루엣 장면이나 강렬한 노을을 배경으로 한 인물을 연출할 때 유용하며, 긴장감과 시각적 집중도를 높이는 데 효과적입니다.

> A striking silhouette of a solitary figure standing prominently against a vivid, fiery orange sunset sky, **dramatic contrast between the bright glowing sky and deep shadow of the figure**, cinematic lighting, intense emotional mood, detailed, realistic photography
>
> 강렬한 불타오르는 주황빛 노을 하늘을 배경으로 홀로 선 사람의 두드러진 실루엣, **밝게 빛나는 하늘과 짙은 그림자의 극적인 대비**, 영화적 조명, 강렬한 감정적 분위기, 세부적이고 사실적인 사진

채도 대비(Saturation Contrast)

색상의 맑고 탁함, 즉 순수한 색과 회색기가 섞인 색의 차이를 활용하는 대비입니다. 선명한 색과 흐릿한 색을 한 장면에 배치하면 선명한 색이 관객의 주목을 받습니다. 예를 들어, 회색 도시 속 선명한 빨간 코트 한 벌이나 흐릿한 배경 속 선명한 노란 꽃 한 송이를 배치하면 초점과 메시지를 더욱 극적으로 전달할 수 있습니다.

> A rainy urban street depicted mostly in muted gray tones, featuring one person holding a vividly bright yellow umbrella at the center, **strong saturation contrast** highlighting the umbrella, cinematic style, realistic and detailed photography
>
> 대부분 흐린 회색 톤으로 표현된 비 오는 도시 거리의 장면, 중앙에 선명하게 밝은 노란색 우산을 든 사람 한 명이 있고, **강한 채도 대비**로 우산이 강조됨, 영화적 스타일, 현실적이고 세부적인 사진

보색 대비(Complementary Contrast)

색상환에서 서로 반대편에 위치한 색을 한 장면에 배치하여 강렬한 시각적 에너지를 만드는 대비입니다. 빨강과 녹색, 파랑과 주황, 노랑과 보라가 대표적인 보색 대비입니다. 예를 들어, 청명한 파란 하늘 아래 떠 있는 주황색 열기구나 녹색 들판 위의 붉은 지붕과 같은 장면은 강렬한 대비 효과를 통해 시선을 끄는 생동감을 가집니다.

> A peaceful countryside scene featuring bright orange pumpkins against rich blue skies, emphasizing dynamic visual energy through **complementary color contrast**, detailed realistic photography, warm afternoon lighting
>
> 짙은 파란 하늘을 배경으로 밝은 주황색 호박들이 있는 평화로운 시골 풍경, **보색 대비**를 통한 역동적인 시각적 에너지 강조, 섬세하고 현실적인 사진, 따뜻한 오후의 조명

동시 대비(Simultaneous Contrast)

하나의 색상이 주변 색상에 의해 다르게 보이는 착시 현상입니다. 같은 회색이라도 붉은 배경 옆에서는 차갑게, 푸른 배경 옆에서는 따뜻하게 느껴질 수 있습니다. 이를 활용하면 주인공의 의상은 같은 색으로 유지하고 배경색을 바꿔가며 인물의 감정 상태나 상황 변화를 시각적으로 표현할 수 있습니다.

> A neutral gray sculpture placed against a series of distinctly colored backgrounds—bright red, calming blue, and vibrant yellow—illustrating subtle shifts in perceived warmth and emotional atmosphere, realistic studio lighting, clear visual contrast
>
> 중립 회색 조각상이 밝은 빨강, 차분한 파랑, 생기 있는 노랑 등 뚜렷한 색상의 배경 앞에 놓여, 인지되는 따뜻함과 감정적 분위기의 미묘한 변화를 보여주는 이미지, 현실적인 스튜디오 조명, 선명한 시각적 대비

온·냉 대비(Warm-Cool Contrast)

따뜻한 색(빨강, 주황, 노랑)과 차가운 색(파랑, 녹색, 보라)의 대비입니다. 따뜻한 색은 전진하는 듯한 느낌을, 차가운 색은 후퇴하는 느낌을 주어 공간감과 심리적 거리감을 조성합니다. 예를 들어, 앞쪽에 따뜻한 톤의 요소를 배치하고, 뒤쪽에 차가운 톤의 배경을 두면 인물이 전면에 도드라져 보입니다. 반대로, 차가운 톤의 인물과 따뜻한 배경을 조합하면 인물의 내면적 고립감이나 반전을 강조할 수 있습니다.

> A close-up portrait illuminated by soft, warm orange lighting, set against a gently blurred, cool blue background, vividly showcasing emotional depth and **contrasting temperatures**, cinematic style, expressive details
>
> 부드럽고 따뜻한 주황빛으로 비춘 클로즈업 초상화, 부드럽게 흐려진 차가운 푸른색 배경과 대조를 이루며, 감정의 깊이와 **온도 대비**를 생생히 드러냄, 영화적 스타일, 표현력이 풍부한 디테일

면적 대비(Proportional Contrast)

색상의 면적 차이에 따른 대비로, 특정 색을 많이 쓰느냐 적게 쓰느냐에 따라 균형감과 초점이 달라집니다. 예를 들어, 푸른 배경에 아주 작은 빨간 점 하나가 찍혀 있다고 생각해 봅시다. 그 빨간 점은 시선을 잡아 끌며 강렬한 메시지를 전달합니다. 마찬가지로, 넓은 녹색 들판 위의 작은 붉은 꽃 한 송이나 광활한 하얀 벽면에 걸린 작은 검정 액자처럼 면적 차이를 활용하면 색의 대비를 극대화하여 효과적인 초점을 형성할 수 있습니다.

> A spacious, minimalist gallery with expansive white walls, featuring a single, small, vivid red painting prominently displayed in the center, dramatically highlighting the visual impact through **proportional contrast**, cinematic lighting
>
> 광활하고 미니멀한 갤러리에 넓은 하얀 벽, 가운데에 단 하나의 작고 선명한 빨간색 그림이 두드러지게 전시되어 있어, **면적 대비**를 통해 시각적 효과를 극대화함, 영화적 조명

🎨 색채 조화의 원칙

이텐은 색상의 대비뿐만 아니라 조화(Harmony)에 대해서도 강조했습니다. 여기서 말하는 조화란, 색들이 서로 어울려 안정되고 통일된 인상을 형성하는 것을 의미합니다.

유사색 조화(Analogous Harmony)

색상환에서 서로 인접한 색상을 조합하여 차분하고 자연스러운 느낌을 만듭니다. 예를 들어, 파랑-청록-녹색 계열을 한 장면에 사용하면 부드럽고 안정적인 분위기를 낼 수 있습니다.

> A peaceful lakeside scene featuring calm water, soft skies, and surrounding foliage in **harmonious shades** of blue, teal, and green, conveying tranquility and gentle harmony
>
> 차분한 물, 부드러운 하늘, 주변의 나뭇잎이 어우러진 평화로운 호숫가 장면, 파랑, 청록, 녹색의 **조화로운 색상**으로 고요함과 부드러운

보색 조화(Complementary Harmony)

색상환에서 서로 반대편에 위치한 보색 쌍을 조합하여 강한 대비 속에서 조화를 이룹니다. 예를 들어, 파랑과 주황을 한 장면에 사용하면 활기와 에너지가 극대화됩니다.

> A vivid cinematic scene of a radiant orange sunset casting vibrant reflections onto the deep blue ocean, the **complementary colors** creating dynamic energy and visual harmony, cinematic lighting
>
> 선명한 오렌지색 노을이 짙푸른 바다 위에 강렬한 반사광을 드리우는 생생한 영화적 장면, **보색의 색채**가 역동적인 에너지와 시각적 조화를 만들어냄, 영화적 조명

삼원색 조화(Triadic Harmony)

색상환에서 120도 간격으로 떨어진 세 가지 색상을 조합하여 균형 잡힌 다채로움을 표현합니다. 예를 들어, 빨강-노랑-파랑을 한 장면에 사용하면 생동감과 균형을 표현할 수 있습니다.

> A lively cinematic depiction of a cheerful children's party, vividly decorated with bright red balloons, sunny yellow streamers, and vibrant blue tablecloths, visually balanced **triadic color harmony**, playful atmosphere, cinematic lighting
>
> 밝은 빨간색 풍선, 밝은 노란색 리본, 선명한 파란색 테이블보로 생생하게 꾸며진 유쾌한 어린이 파티의 활기찬 영화적 묘사, 시각적으로 균형 잡힌 **삼원색 색채 조화**, 놀이 같은 분위기, 영화적 조명

TIP ● 이텐의 색채 이론을 이해하면, AI로 영상이나 이미지를 생성할 때 단순히 임의의 색상을 사용하는 것이 아니라 감정적 반응을 유도하는 색상을 의도적으로 활용할 수 있습니다. 프롬프트에서 감정과 분위기를 명시하고, 원하는 색상 대비나 조화를 구체적으로 설정하여 더욱 감동적이고 효과적인 결과물을 만들어 보세요.

■ AI 영상 × 미드저니 · 런웨이 · 소라 · 클링 · 하이루오

PART 4

영상 편집의 기본 원리와 AI

영상 편집은 스토리를 완성하고 감정을 전달하는 과정입니다. 컷을 연결하고 장면을 전환하는 편집 기술은 오래 전부터 확립된 원리가 있으며, 오늘날에는 생성형 AI의 도움으로 그 표현 범위가 한층 더 확장되고 있습니다.

이번 파트에서는 컷 편집, 트랜지션 효과, 몽타주 기법, 리듬과 페이스 조절, 스토리텔링을 위한 장면 구성 등 대표적인 영상 편집 원리를 살펴보고, 이를 런웨이와 같은 영상 생성 AI툴로 어떻게 구현하거나 보완할 수 있는지 함께 알아보겠습니다. 전문 용어보다는 원리와 예시에 집중하여 설명했기 때문에, 영상 제작이 처음인 분들도 편집의 창의성과 흐름을 자연스럽게 익히고 활용할 수 있을 것입니다.

CHAPTER 1

컷 편집

컷 편집은 영상 언어에서 가장 기본적이면서도 강력한 표현 도구입니다. 하나의 장면이 끝나자마자 곧바로 다음 장면으로 이어지는 단순한 편집 방식이지만, 관객의 감정 흐름과 이야기의 리듬을 만드는 데 중요한 역할을 하죠. 어떻게 장면을 연결하고 어떤 순간에 전환을 주는지에 따라 같은 영상이라도 전혀 다른 느낌을 전달할 수 있습니다. 이번 챕터에서는 컷 편집의 기본 개념과 원리, 대표적인 예시를 차근차근 짚어보고, 영상 생성 AI 툴을 활용해 보다 쉽게 컷 편집을 구현하는 방법까지 함께 살펴봅니다.

컷 편집이란?

컷(Cut)은 가장 흔하게 사용되는 기본적이고 직접적인 장면 전환 방식으로, 모든 편집 기법의 기초가 됩니다. 한 장면이 끝나는 즉시 별도의 전환 효과 없이 즉각 다음 장면으로 넘어가는 방식으로, 두 장면을 직접 이어 붙입니다. 눈 깜짝할 사이에 이루어지기 때문에 관객이 특별히 의식하지 않고 자연스럽게 받아들이는 경우가 많습니다. 이러한 특징 때문에 '보이지 않는 편집'이라고도 불리죠. 예를 들어, 두 인물의 일상 대화를 촬영한 영상을 편집한다고 생각해 봅시다. 발화자와 경청자의 모습을 번갈아 보여주는 교차 편집(샷-리버스 샷)에서도 대부분 컷 편집이 활용됩니다. 인물 A의 대사가 끝나는 순간 곧바로 인물 B의 반응 장면으로 컷 전환을 주면, 관객은 편집의 존재를 인식하지 않고 마치 실제 대화 현장에 있는 듯한 몰입감을 느끼게 됩니다.

▲ 교차 편집(샷-리버스 샷)은 대화를 구성하는 가장 기본적인 시각적 리듬이다

컷 편집은 영화가 가진 '마법'을 실현하는 핵심 기술 중 하나입니다. 관객들이 두 시간 남짓한 러닝타임 동안 주인공의 인생을 따라갈 수 있는 이유는, 컷 편집이 꼭 필요한 순간만을 연결하고 불필요한 순간은 과감히 생략하기 때문입니다. 예를 들어, 한 인물이 어린 시절 사진을 바라보는 장면 다음에 바로 그 인물의 어린 시절로 전환되는 컷 편집은 관객이 자연스럽게 시간을 넘나들며 몰입할 수 있도록 도와줍니다. 마찬가지로, 추격 장면에서 서로 다른 여러 공간을 빠르게 교차해 보여주는 컷 편집은 긴장감을 극대화하고 관객의 시선을 화면에 고정시킵니다.

TIP ● 이처럼 컷 편집은 단지 장면과 장면을 잇는 기술적인 연결 이상으로, 관객이 이야기에 더 깊이 빠져들고, 때로는 등장인물의 시선과 감정을 따라 느끼게 만드는 필수적인 영상 문법입니다.

02 대표적인 컷 편집 살펴보기

컷 편집은 단순한 기술적 연결을 넘어, 창의적인 표현의 도구가 되기도 합니다. 컷을 어떻게 배치하고 이어 붙이느냐에 따라 장면의 의미와 느낌이 크게 달라지기 때문입니다. 자주 사용되는 대표적인 컷 편집의 예시를 살펴볼까요?

↗ 점프 컷

점프 컷(Jump cut)은 같은 피사체를 연속적으로 촬영한 두 장면 사이의 시간 일부를 과감히 잘라내고 장면을 이어 붙이는 편집 기법입니다. 시간의 도약을 표현하거나 몽환적인 분위기를 연출할 때 효과적이며, 최근에는 유튜브 브이로그에서 말의 군더더기를 제거해 경쾌한 템포를 만드는 용도로 자주 활용됩니다.

🔖 매치 컷

매치 컷(Match cut)은 두 장면의 형태나 구도를 시각적으로 유사하게 맞춰 자연스럽게 전환하는 편집 기법입니다. 서로 다른 시간대나 공간이더라도 유사한 시각적 요소와 움직임을 통해 장면 간 연속성을 부여하며, 때로는 강렬한 상징성과 시간의 도약을 동시에 표현하는 데 사용됩니다. 대표적인 예로, 영화 "2001: 스페이스 오디세이"에서는 원시인이 하늘로 던진 뼈가 우주선으로 전환되는 장면이 매치 컷으로 연결되어, 수천 년의 시간 흐름을 압축해 표현했습니다.

📌 J컷과 L컷

J컷(J-cut)과 L컷(L-cut)은 오디오와 영상의 전환 타이밍을 다르게 설정해 장면 전환을 자연스럽게 만드는 편집 방식입니다. J컷은 화면이 바뀌기 전에 다음 장면의 오디오를 먼저 들려주는 방식으로, 관객에게 기대감을 형성하고 자연스러운 몰입을 유도합니다. 아래 예시 타임라인을 보면, 파란색 오디오 트랙이 파란색 장면보다 먼저 시작되는 것을 확인할 수 있는데요. 이처럼 타임라인에서의 시각적 형태가 알파벳 'J'와 유사하다는 점에서 J컷이라는 이름이 붙었습니다.

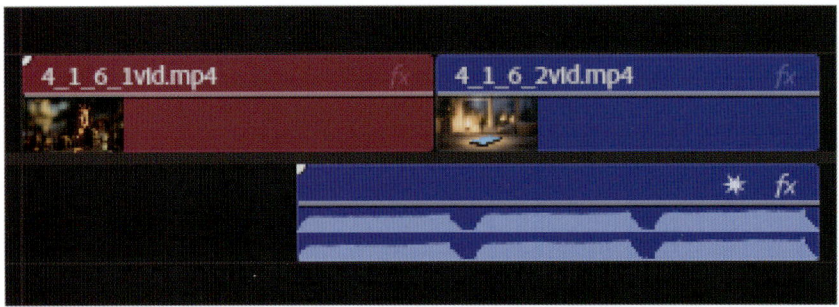

반면, L컷은 <mark>화면이 전환된 이후에도 이전 장면의 오디오가 계속 이어지며</mark>, 감정의 여운과 장면 간의 연속성을 유지합니다. 특히 인물 간의 대화 장면에서 자주 사용되며, 관객이 편집을 의식하지 않고 자연스럽게 이야기에 몰입하도록 돕습니다. 아래 예시 타임라인을 보면, 빨간색 장면에서 초록색 장면으로 전환된 이후에도 빨간색 오디오 트랙이 계속 이어지고 있는 것을 확인할 수 있습니다. 이 역시 타임라인에서의 시각적 형태가 알파벳 'L'와 유사하다는 점에서 L컷이라는 이름이 붙었습니다.

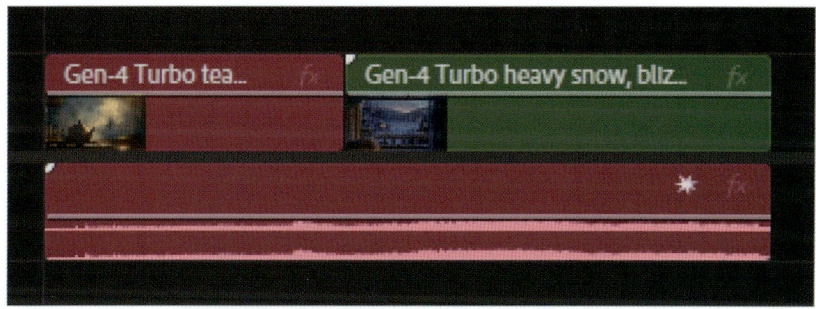

↗ 컷어웨이

컷어웨이(Cutaway)는 메인 장면을 잠시 벗어나 관련된 다른 장면을 삽입한 다음, 다시 원래 장면으로 돌아오는 편집 기법입니다. 이야기 흐름에 필요한 추가 정보를 제공하거나, 시간과 공간의 흐름을 자연스럽게 표현할 때 유용합니다. 예를 들어, 인물이 특정 대상을 바라보는 장면에서 그 시선을 따라 해당 대상을 잠깐 보여준 다음, 다시 인물로 돌아오는 것이죠. 이렇게 메인 장면 사이에 짧게 다른 장면을 넣음으로써 관객의 이해를 돕고 이야기를 더욱 풍부하게 보완할 수 있습니다.

AI 툴로 컷 편집 구현하기

AI 영상 생성 툴을 활용하면 조금 더 손쉽게 컷 편집을 구현할 수 있습니다. 크게 두 가지 주제로 나누어 살펴볼까요?

↗ 하나의 장면으로 매치 컷 구현하기

164쪽에서 살펴볼 런웨이와 같이 Image to Video와 Video to Video 생성을 모두 지원하는 AI 툴을 활용하면, 하나의 장면만으로도 매치 컷을 구현할 수 있습니다. 예를 들어, 매치 컷에 필요한 장면 A가 '수영장에서 수면 위로 얼굴을 내밀며 숨을 쉬는 사람의 모습'이고, 장면 B는 '같은 구도에서 호수 위로 얼굴을 내밀고 숨을 쉬는 사람의 모습'이라고 가정해 봅시다. 영상 생성 AI 툴에 장면 A를 이미지 혹은 영상으로 입력한 다음, 텍스트 프롬프트에 [잔잔한 호수 위로 얼굴을 내밀고 숨쉬는 장면]이라고 작성하면, 장면 A와 구도 및 형태가 유사한 새로운 장면을 생성할 수 있습니다. 이렇게 하면 매치 컷에 필요한 장면 B를 별도로 촬영하지 않고도 손쉽게 만들어낼 수 있습니다.

▲ 장면 A

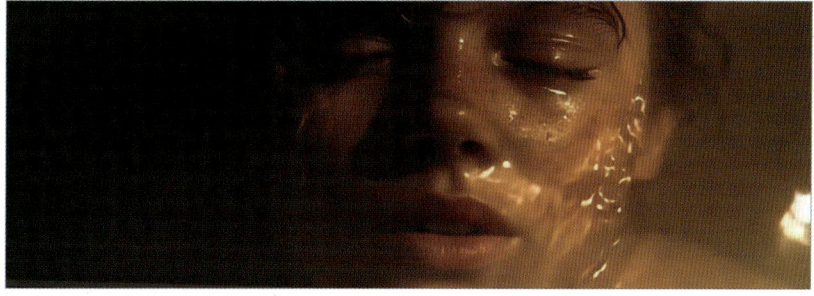

▲ 장면 A를 기반으로 생성한 장면 B

TIP ● 매치 컷은 완벽히 동일한 동작을 요구하지는 않습니다. 중요한 것은 두 장면 사이의 형태적 유사성이나 개념적 연결성을 통해 관객이 장면 전환을 자연스럽게 받아들이도록 유도하는 것입니다. 따라서 AI로 생성된 영상의 움직임이 원본과 다소 차이가 있더라도, 전체적인 형태와 맥락만 유사하면 충분히 효과적인 매치 컷으로 활용할 수 있습니다.

🔖 컷 편집 자동화하기

최근에는 컷 편집을 자동화하는 AI 툴도 등장하고 있습니다. 예를 들어, AI 기반 편집 서비스인 Autopod는 영상 편집에서 가장 번거로운 작업 중 하나인 컷 편집을 자동화하여 훨씬 간편하게 구현할 수 있도록 도와줍니다. 영상 내 무음 구간을 자동으로 탐지하고 제거하는 기능을 제공하며, 이를 통해 녹화된 인터뷰나 팟캐스트, 유튜브 브이로그에서 자주 발생하는 침묵 구간, 망설임, 말끝 흐림 등 불필요한 부분을 깔끔하게 정리할 수 있습니다.

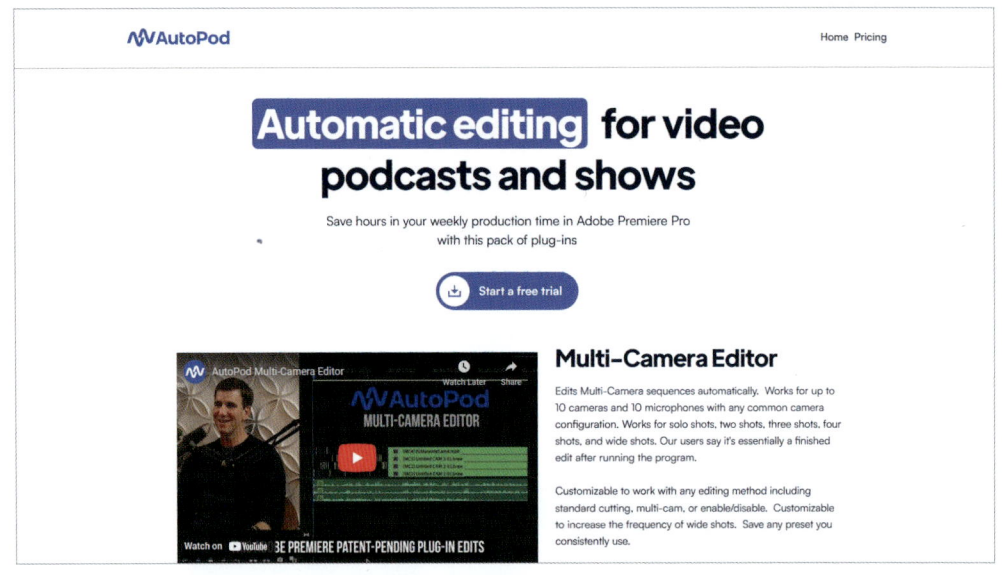

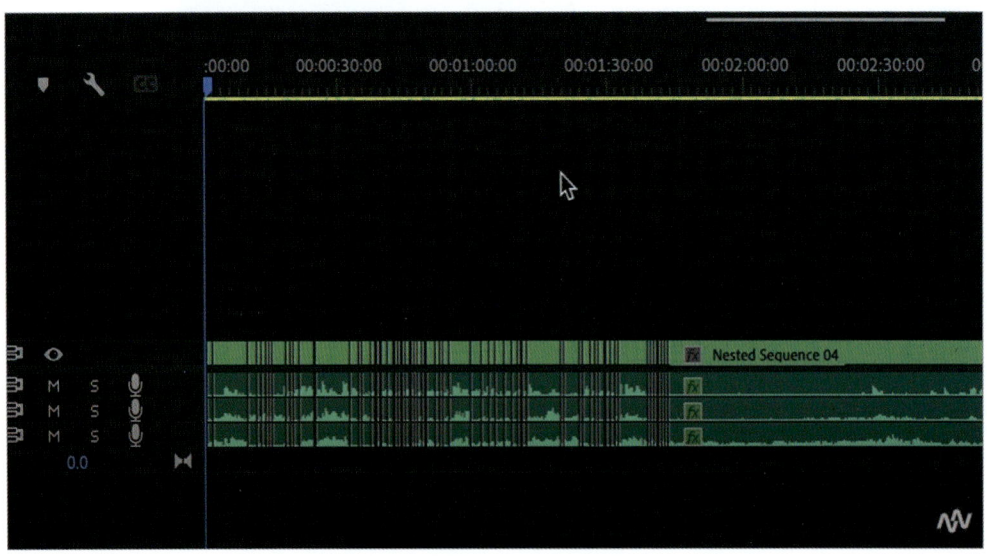

▲ 무음 구간을 자동으로 잘라주는 팟캐스트용 AI 편집 툴, Autopod

Autopod를 이용하면 편집자는 영상에서 무음 구간이나 불필요한 부분을 일일이 찾아 제거하지 않아도 됩니다. 대신, AI가 음성의 높낮이, 톤, 주기적인 패턴을 분석해 자동으로 최적의 편집점을 찾아냅니다. 영상 클립을 업로드하고 간단한 설정만 완료하면 자연스러운 컷 편집이 적용된 결과물을 단 몇 분 만에 받아볼 수 있습니다.

또, Autopod는 대화의 자연스러운 흐름을 유지할 수 있도록 전환 시점을 세밀하게 조정하는 고급 기능도 제공합니다. 예를 들어, 말하는 도중 생기는 짧은 정적은 제거하고, 의미 전달에 중요한 호흡이나 긴장감을 주는 침묵은 유지해 줌으로써 영상의 몰입감을 더욱 높여줍니다.

▲ Autopod로 발표 영상의 묵음 구간을 자동으로 제거하는 장면

Autopod는 다중 카메라 촬영(Multicam) 환경에서도 매우 유용하게 활용됩니다. 이때는 무음 구간을 인식하는 것뿐만 아니라, 여러 명의 화자를 구분해 번갈아 가며 자연스럽게 등장하도록 편집해 줍니다. 예를 들어, 팟캐스트처럼 여러 명이 동시에 이야기하는 장면을 각각 다른 카메라로 촬영한 경우, 발언자를 자동으로 인식해 카메라 전환(Cut)을 적절히 배치합니다. 기존에는 수십 분에서 수 시간까지 소요되던 복잡한 수작업 과정을 단 몇 분 만에 자동으로 처리할 수 있다는 점에서 높은 작업 효율을 제공하죠.

이처럼, Autopod를 활용하면 영상 편집에 들이는 시간을 획기적으로 줄이고, 스토리텔링이나 창의적인 작업과 같이 더욱 중요한 부분에 집중할 수 있게 됩니다. 최근 점점 더 많은 유튜브 크리에이터와 콘텐츠 제작자들이 Autopod를 이용해 편집 시간을 단축하고 생산성을 높이고 있습니다.

CHAPTER 2

트랜지션 효과

트랜지션 효과는 영상 편집에서 장면 전환을 부드럽고 흥미롭게 만들어 주는 중요한 연출 기법입니다. 특히, 광고, 숏폼 영상, 뮤직비디오와 같은 짧고 강렬한 콘텐츠에서 독특한 트랜지션 효과를 활용하여 시청자의 주의를 끌고 몰입도를 높이곤 합니다. 페이드 인/아웃, 디졸브와 같은 전통적인 효과 외에도, 최근에는 생성형 AI를 통해 기존의 틀을 깨는 참신한 트랜지션을 구현할 수 있게 되었습니다. 이번 챕터에서는 다양한 트랜지션 효과의 종류를 알아보고, AI 툴을 활용한 강렬한 트랜지션 연출 방법까지 소개하겠습니다.

01 트랜지션 효과란?

트랜지션 효과(Transition Effect)는 컷 편집 이상의 특별한 화면 전환 효과를 의미합니다. 컷 편집이 가장 자연스럽고 깔끔한 전환 방법이지만, 때로는 두 장면 사이에 부드러운 연결이나 의도적인 강조를 줘야할 때가 있습니다. 이때 사용하는 것이 다양한 종류의 트랜지션 효과입니다. 전통적인 트랜지션 효과들은 장면 간 관계를 시각적으로 보여주는 수단으로 활용되어 왔습니다. 자주 사용되는 대표적인 트랜지션 효과를 살펴볼까요?

페이드 인/아웃

페이드 인/아웃(Fade In/Out)은 화면이 서서히 밝아지거나 어두워지는 효과입니다. 감성적인 분위기의 영상에서 주로 사용되며, 영상의 시작에서는 검은 화면이 점차 밝아지는 페이드 인 효과가, 영상의 끝에서는 화면이 점차 어두워지며 종료되는 페이드 아웃 효과가 자주 활용됩니다.

↗ 디졸브

디졸브(Dissolve)는 기존 장면이 점차 사라지면서 동시에 다음 장면이 겹쳐 나타나는 효과로, 두 장면이 자연스럽게 겹쳐지며 연결됩니다. 현재 시점에서 과거 회상 장면으로 전환할 때 디졸브 효과를 사용하면 시간의 흐름을 부드럽게 표현할 수 있습니다.

↗ 와이프

와이프(Wipe)는 기존 장면이 한쪽으로 밀려 나가면서 다음 장면이 등장하는 효과입니다.

↗ 줌 인/아웃

줌 인/아웃(Zoom In/Out) 효과는 <mark>화면이 확대되거나 축소되면서 자연스럽게 다음 장면으로 전환</mark>되는 효과입니다. 주로 빠른 전개나 역동적인 장면 전환을 연출할 때 활용되며, 장소의 변화나 시간의 흐름을 시각적으로 강조하는 데 효과적이기 때문에 여행 브이로그나 숏폼 콘텐츠에서 특히 인기를 끌고 있습니다.

↗ 스핀

스핀(Spin)은 화면이 빠르게 회전하면서 다음 장면으로 전환되는 효과입니다. 주로 템포가 빠른 광고, 음악이 강조된 뮤직비디오, 역동적인 숏폼 콘텐츠에서 사용됩니다. 화면이 회전하는 효과를 통해 두 장면의 분위기나 장소가 확연히 달라도 시청자가 자연스럽게 전환을 받아들일 수 있도록 도와줍니다.

트랜지션 효과 제대로 활용하기

트랜지션 효과를 선택할 때는 장면 간의 전환이 자연스럽고 해당 효과가 콘텐츠와 잘 어울리는지를 반드시 고려해야 합니다. 예를 들어, 신나는 여행 브이로그를 제작한다면 경쾌한 음악의 비트에 맞춰 화면이 확대되거나 회전하는 트랜지션을 활용하여 활기를 더할 수 있습니다. 반면, 차분한 분위기의 다큐멘터리에서는 화려한 효과보다는 컷 편집이나 은은한 디졸브를 활용하여 절제된 전환을 주는 것이 더 적절합니다.

또, 트랜지션 효과를 통한 전환이 일어날 때, 두 장면의 카메라 움직임 방향을 일치시키면 시선의 흐름이 자연스럽게 이어집니다. 색감이나 조명을 비슷하게 맞추면 급격한 분위기 변화를 줄일 수도 있습니다.

▲ 자연스러운 전환을 위해 나무와 전봇대를 시각적 연결점으로 사용한 예시

TIP ● 잘못된 트랜지션을 사용할 경우 영상의 흐름을 오히려 더 산만하게 만들 수 있기 때문에, 콘텐츠의 주제와 감정선에 어울리는 효과를 선택하는 것이 편집의 기본 원칙이라고 할 수 있습니다.

AI 툴로 트랜지션 효과 구현하기

생성형 AI의 등장으로 트랜지션 효과의 세계도 더욱 확장되고 있습니다. AI를 활용해 트랜지션 효과를 구현하는 두 가지 예시를 살펴봅시다.

모핑 트랜지션 구현하기

AI 기술의 발전으로 이제는 초보자도 손쉽게 멋진 트랜지션 효과를 구현할 수 있는 환경이 마련되었습니다. 과거에는 두 장면 사이를 연결하려면 미리 준비된 전환 효과나 단순한 디졸브 효과에 의존했지만, 이제는 AI를 활용하여 두 장면 사이의 중간 영상을 직접 생성할 수 있게 되었습니다. 모핑(Morphing)은 하나의 이미지나 사물이 다른 이미지나 사물로 부드럽고 자연스럽게 변형되는 과정을 의미합니다. 사람의 얼굴이 천천히 동물의 얼굴로 바뀌는 효과가 대표적인 모핑의 예시입니다. 과거에는 영화나 뮤직비디오에서 특수 효과로 자주 사용되었던 기법이지만, 최근에는 AI 기술 덕분에 일반 사용자도 간단한 프롬프트만으로 모핑 트랜지션을 손쉽게 구현할 수 있게 되었습니다.

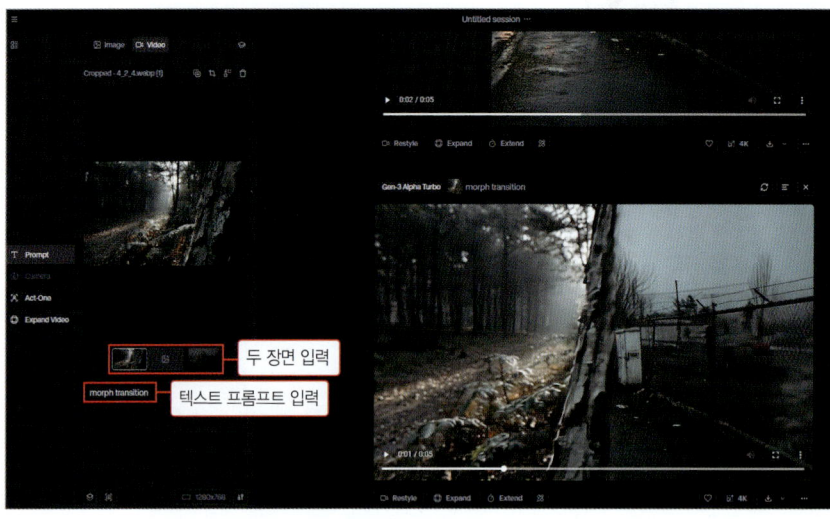

▲ 런웨이 Image to Video 기능을 활용하여 제작한 모핑 트랜지션

장면 A의 마지막 프레임과 장면 B의 첫 프레임을 AI에 입력하면, AI는 두 장면을 자연스럽게 이어주는 모핑 영상을 생성합니다. 예를 들어, 하늘을 나는 새가 이어지는 장면에서 비행기로 자연스럽게 전환되기를 원한다면, 런웨이의 Image to Video 기능을 활용하여 새에서 비행기로 변신하는 짧은 모핑 영상을 생성할 수 있습니다. 이러한 방식은 컷 편집이나 디졸브 효과보다 훨씬 부드러운 시각적 연결을 가능하게 하며, 관객은 두 장면을 하나의 연속된 흐름으로 자연스럽게 받아들입니다.

TIP ● 런웨이의 Image to Video 기능은 172쪽에서 자세히 살펴봅니다.

↗ 새로운 스타일의 트랜지션 생성하기

AI는 트랜지션 생성의 편의성을 높일 뿐만 아니라, 기존에 없던 새로운 스타일의 트랜지션 방식을 제시하기도 합니다. 예를 들어, 텍스트 프롬프트에 [물감이 번지듯이 장면 A가 장면 B로 바뀌는 효과]라고 묘사하면, AI는 이를 해석하여 실제로 물감이 번지는 듯한 애니메이션을 생성하고, 이를 장면 A와 B 사이에 넣어 시각적 전환을 구현합니다. 이는 기존 편집 소프트웨어의 프리셋에 없는 맞춤형 트랜지션을 만들어 주는 것으로, 제작자의 상상력에 따라 무한한 변주가 가능합니다.

> A smooth morphing transition blends into scene like watercolor paint bleeding across the frame, soft textures, fluid motion
> 프레임을 가로질러 흐르는 수채화 물감 같은 부드러운 모핑 트랜지션, 부드러운 질감, 유동적인 움직임

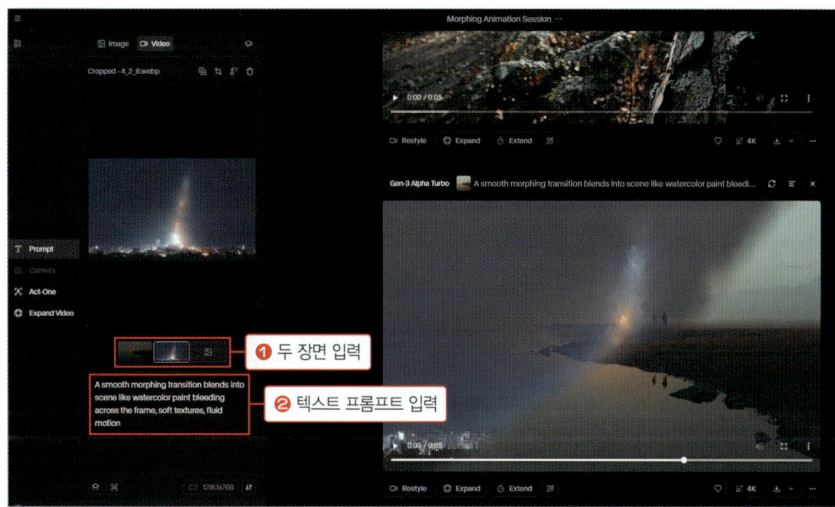

▲ AI로 만든 유려한 물감 번짐 트랜지션

이때 중요한 점은, AI가 창작한 트랜지션 효과 역시 이야기와 감정의 맥락에 부합해야 한다는 것입니다. 기술이 발전했다고 해서 과도하게 사용하면 전통적인 편집 원칙에 어긋나 오히려 시청자의 몰입을 방해할 수 있습니다. 따라서 AI가 제공하는 풍부한 시각적 효과를 적재적소에 선택하는 편집자의 안목이 여전히 중요하며, AI는 어디까지나 창의적 비전을 실현시켜주는 조력자의 역할이라는 점을 꼭 명심해야 합니다. 이러한 균형을 잘 유지한다면, 초보 제작자도 자신의 영상에 어울리는 독창적인 트랜지션을 직접 구성하여 영상의 완성도와 몰입감을 한층 더 높일 수 있을 것입니다.

CHAPTER

3

몽타주

몽타주는 여러 장면이나 이미지를 연결해 관객에게 새로운 의미나 감정을 전달하는 강력한 편집 기법입니다. 각 장면을 의도적으로 결합함으로써 개별적으로 보여줄 때보다 훨씬 더 깊은 메시지와 인상을 전달한다는 점이 특징입니다. 최근에는 생성형 AI가 이러한 몽타주 기법의 활용성을 더욱 높이고 있습니다. 이번 챕터에서는 몽타주 기법의 기본 개념과 다양한 사례를 살펴보고, 생성형 AI를 활용해 보다 쉽고 창의적으로 몽타주를 구현하는 방법에 대해서도 함께 알아보겠습니다.

01 몽타주란?

몽타주(Montage)는 편집을 통해 여러 개의 짧은 장면들을 연결하여 새로운 의미나 인상을 만들어 내는 기법입니다. '몽타주'라는 말은 프랑스어로 '조립하다'라는 뜻인데, 영상 편집에서는 서로 다른 영상 조각들을 하나의 연속된 흐름으로 배열하는 것을 의미합니다. 이를 통해 시간과 공간을 압축하고, 개별 장면을 하나로 묶어 특정한 감정이나 메시지를 강조할 수 있습니다.

몽타주는 영화에서 주인공의 오랜 훈련 과정을 몇 분 안에 압축적으로 보여주거나, 서로 다른 이미지를 조합하여 새로운 감정을 전달하고자 할 때 효과적으로 사용됩니다. 영화 "록키"에서 주인공이 훈련하는 장면을 떠올려 보면 쉽게 이해할 수 있습니다. 주인공이 힘든 훈련을 이겨내는 모습을 여러 날에 걸쳐 촬영한 다음, 그중 핵심 장면들을 몇 초씩 잘라 연결하고, 배경 음악을 덧입힘으로써 하나의 곡이 흐르는 짧은 시퀀스 안에 훈련의 전 과정을 압축적으로 담아냅니다. 관객은 1~2분 분량의 몽타주 시퀀스를 통해 주인공의 성장과 시간 경과를 직관적으로 받아들이게 되죠. 이렇듯 몽타주는 장시간에 걸친 사건을 압축하거나 여러 장소의 장면을 교차해 보여줌으로써 이야기의 진행을 빠르게 하거나 주제를 강조하는 데 활용됩니다.

또, 서로 무관해 보이는 영상을 이어 붙여 새로운 연상 작용을 일으키기도 합니다. 러시아 영화 감독 레프 쿨레쇼프가 실험으로 증명한 '쿨레쇼프 효과'를 예로 들 수 있습니다. 그의 실험에 따르면, 무표정한 배우의 얼굴 샷 다음에 무엇을 보여주느냐에 따라 관객은 배우의 감정을 전혀 다르게 해석합니다. 예를 들어, 얼굴 샷 뒤에 음식 장면이 나오면 '배고픔'을, 장례 장면이 나오면 '슬픔'을 느끼는 것입니다. 이 현상은 결국 몽타주 기법이 지닌 힘을 보여주는 것으로, 편집자는 샷의 조합만으로도 새로운 의미를 창출할 수 있습니다.

02 AI 툴로 몽타주 구현하기

전통적인 몽타주 기법은 편집자의 창의적인 결정에 크게 의존합니다. 어떤 장면들을 어떤 순서로 배열할지, 각 장면을 얼마나 짧게 보여줄지, 어떤 배경 음악이나 효과음을 사용할지에 따라 몽타주의 효과가 좌우되지요. 이러한 과정은 수많은 시도와 시행 착오를 거칠 수밖에 없는데, 생성형 AI는 바로 이 부분에서 제작자의 수고를 덜어주고 있습니다.

↗ 몽타주에 사용할 영상 소스 생성하기

우선, AI는 영상 소스의 수급 측면에서 도움을 줍니다. 몽타주 시퀀스를 구성하려면 주제나 분위기에 맞는 수많은 장면들이 필요한데, 모든 영상을 직접 촬영하려면 비용과 시간이 엄청나게 소모됩니다. 이제는 런웨이와 같은 영상 생성 AI 툴을 활용해 원하는 장면을 쉽고 빠르게 만들 수 있으므로, 아이디어만 있으면 언제든지 그에 맞는 영상을 생성해 몽타주에 활용할 수 있습니다.

▲ AI로 생성한 다양한 장면을 활용한 쿨레쇼프 효과 테스트

몽타주 기법의 핵심은 여러 장면을 합쳐 더 큰 의미를 만드는 것인데, 이 과정에서 AI는 필요한 영상 재료와 다양한 아이디어를 풍부하게 제공함으로써 편집자의 상상력을 뒷받침합니다. 예를 들어, 앞서 언급한 쿨레쇼프 효과를 직접 실험해 보고 싶다면, 무표정한 배우의 얼굴 영상 하나만으로도 시작할 수 있습니다. 그 다음에 이어 붙일 음식 영상과 장례식 영상 등을 AI 툴로 생성한 다음, 실제로 관객 혹은 주변 사람에게 보여주고 어떤 반응이 나오는지 테스트하면 됩니다. 초보 창작자는 이러한 실험을 통해 편집이 의미 형성에 어떤 영향을 미치는지 그 원리를 쉽게 체득할 수 있습니다.

청각 콘텐츠 몽타주하기

AI는 청각 요소를 활용한 몽타주 제작에도 유용하게 활용됩니다. 영상뿐만 아니라 음악, 효과음, 음성 등 청각 콘텐츠 역시 몽타주할 수 있는데, 이때 일레븐랩스(ElevenLabs)나 수노(Suno)와 같은 음성 생성 AI 툴로 효과음이나 음악을 생성하고, 이를 편집하여 영상 몽타주와 함께 섞으면 더욱 풍부한 시퀀스를 만들 수 있습니다.

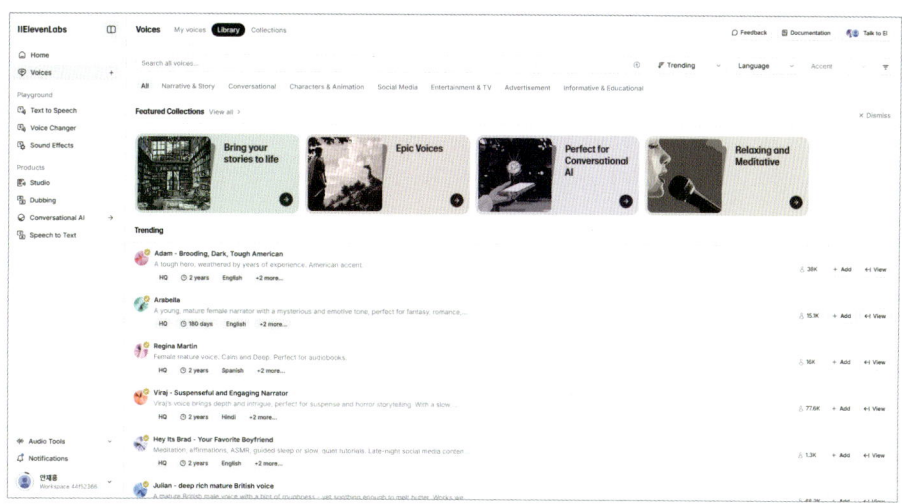

▲ 음성 생성 AI 툴, 일레븐랩스(ElevenLabs)

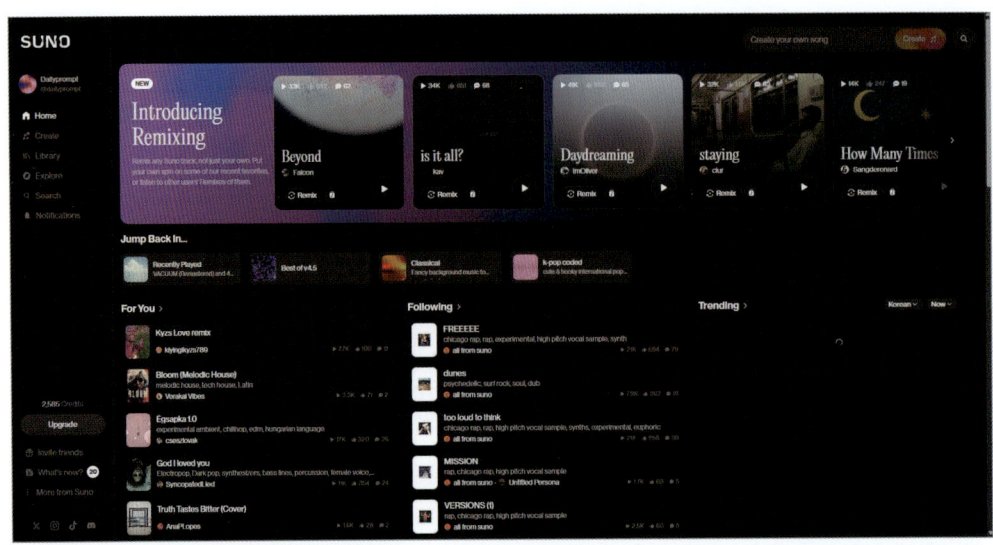

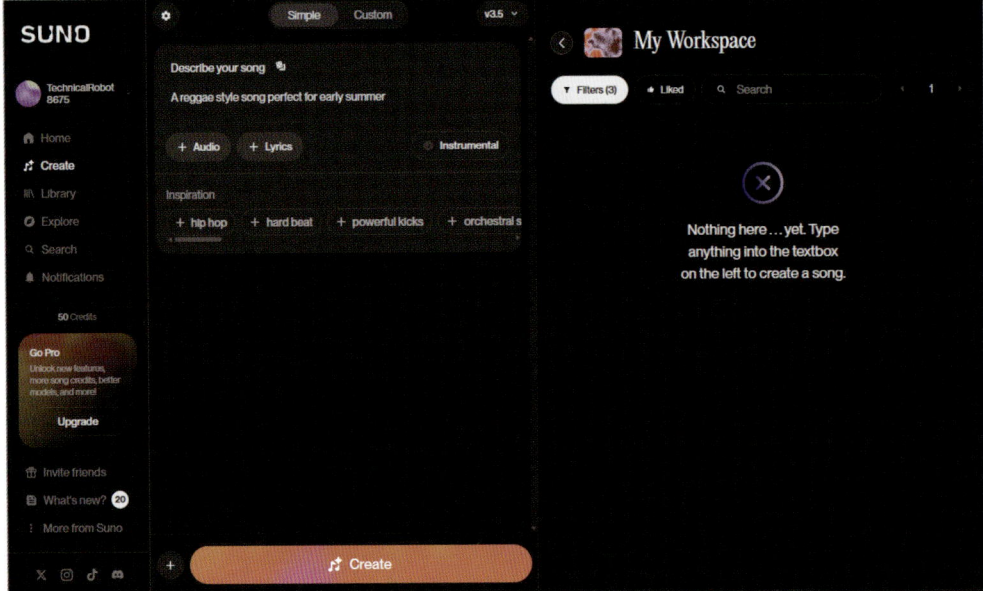

▲ 음성 생성 AI 툴, 수노(Suno)

스포츠 하이라이트 영상을 편집하면서 관중의 함성 소리나 해설 멘트를 여러 클립에서 추출해 하나로 엮는 것이 대표적인 음성 몽타주입니다. AI 툴을 활용하면 이러한 음원들을 손쉽게 얻어낼 수 있습니다.

TIP ● 몽타주 기법은 창작자의 아이디어를 압축적으로 전달하는 데 효과적인 편집 기법이며, AI는 부족한 영상 자료를 생성해 주고 실험적 편집을 도와줌으로써 몽타주의 창의적 가능성을 한층 높여줍니다.

CHAPTER 4

리듬과 페이스, 스토리텔링

영상 편집은 단순히 영상을 자르고 붙이는 작업이 아니라, 관객이 영상을 어떻게 경험할지를 결정하는 창의적인 과정입니다. 이번 챕터에서는 영상 편집의 핵심 요소인 리듬과 페이스, 그리고 이들을 활용하여 보다 효과적인 스토리텔링을 구현하는 방법을 다룹니다. 편집을 통해 영상에 리듬감을 부여하면 관객의 몰입도가 높아지고, 페이스를 조절함으로써 이야기의 전달 속도를 조정해 감정과 긴장감을 효과적으로 유도할 수 있습니다. 특히 AI 기술을 활용하여 리듬과 페이스를 세밀하게 조정하고, 창의적인 스토리텔링을 보다 쉽게 실험할 수 있게 되었습니다. 지금부터 영상을 더욱 매력적이고 강렬하게 만들어 줄 편집의 예술을 함께 탐구해 봅시다.

01 영상 편집에서의 리듬과 페이스 조절이란?

영상 편집에서 리듬(Rhythm)과 페이스(Pace)는 영상의 시간적 흐름과 속도감을 조절하는 요소입니다. 영화나 영상은 시간의 길이가 있는 콘텐츠이기 때문에, 장면이 얼마나 빠르게 혹은 느리게 전개되는가에 따라 시청자의 감정과 이해에 큰 영향을 미칩니다.

▲ 장면의 속도와 전개를 조절해 영상의 몰입도를 높이는 편집 리듬

편집자는 컷의 길이, 장면 전환의 빈도, 음악과의 조합 등을 통해 영상의 리듬을 만들어 냅니다. 예를 들어, 액션 영화의 추격 장면을 편집한다고 상상해 봅시다. 긴장감과 박진감을 높이려면 개별 샷을 짧게 쪼개어 빠르게 컷 전환하여 흥분된 리듬을 연출합니다. 반대로, 서정적인 드라마 장면에서는 하나의 샷을 비교적 길게 유지하여 느긋하고 여운이 남는 페이스를 형성하여 관객에게 사색의 여지를 제공합니다. 이처럼 편집 리듬은 때로는 음악의 비트처럼 규칙적으로 구성되기도 하며, 필요에 따라 그 규칙을 의도적으로 깨뜨려 긴장감을 조성할 수도 있습니다. 중요한 것은 이야기와 감정에 어울리는 템포를 찾는 것입니다. 편집 리듬이 너무 느리면 지루해지고 너무 빠르면 혼란스러울 수 있으므로, 적절한 속도 조절이 필요합니다. 많은 편집자들이 경험과 감각으로 이 부분을 조율하지만, 초보자들도 몇 가지 원리를 참고할 수 있습니다.

* 일반적으로 새로운 정보나 장면이 등장할 때는 시청자가 이를 인지할 시간적 여유를 주는 것이 좋습니다. 컷 전환이 너무 빠르면 정보 전달을 방해할 수 있습니다.
* 설명이 필요 없는 익숙한 장면이나 반복되는 액션은 빠르게 넘겨도 무방합니다.
* 음악이나 배경음은 편집 리듬을 설계하는 데 훌륭한 가이드가 됩니다. 음악을 사용하는 경우, 박자나 강조되는 비트에 컷을 맞추면 리듬감이 살아나고, 시청자는 영상을 더 강렬하게 느끼게 됩니다.

이러한 편집 리듬 작업은 영상 속 보이지 않는 박자를 만드는 것과 같아서, 잘 다듬어진 리듬은 영상을 한층 세련되고 몰입감 있게 만들어 줍니다.

02 AI 툴로 리듬과 페이스 조절하기

📈 영상의 리듬 조절하기

특정 AI 툴을 활용하면 영상의 템포를 유연하게 실험해 보며 원하는 분위기에 맞게 리듬을 잡아갈 수 있습니다. 그 대표적인 예가 토파즈 Video AI의 ==AI 프레임 보간(Frame Interpolation) 기술==입니다. 이 기술은 두 영상 프레임 사이의 중간 프레임을 AI가 자동으로 생성하여 추가함으로써, ==슬로 모션 연출이나 보다 부드러운 영상을 구현==할 수 있도록 돕습니다.

예를 들어, 초당 24프레임으로 촬영된 원본 영상의 프레임 사이에 연속된 이미지를 만들어, 초당 30프레임이나 60프레임 영상처럼 보이게 해 주는 것이죠. 이러한 방식으로 처리된 영상은 원본 영상보다 2배 이상 느린 슬로 모션으로 재생하더라도 끊기는 느낌 없이 매끄럽고 부드럽게 재생됩니다. 이를 활용하면 평범한 동작을 슬로 모션으로 늘려 중요한 순간을 강조하거나, 일부 구간을 의도적으로 느리게 보여줌으로써 긴장감을 고조시킬 수 있습니다. AI가 생성한 추가 프레임들이 큰 역할을 하는 것이죠.

◀ 초당 24프레임 원본 영상(좌) / 초당 60프레임 보간 영상(우)

음악과 편집의 리듬 맞추기

AI는 음악과 편집 리듬의 조화를 돕기도 합니다. 예를 들어, 어도비 프리미어 프로의 Remix 기능을 활용하면 하나의 음악 트랙을 원하는 길이에 맞춰 자동으로 재구성할 수 있습니다. 이를 통해 초보자도 자연스러운 호흡으로 이어지는 편집을 구현하거나, 음악의 박자에 정확히 들어맞는 장면 전환을 보다 손쉽게 완성할 수 있습니다. Remix 기능은 현재 특정 해상도만 지원하고 있습니다.

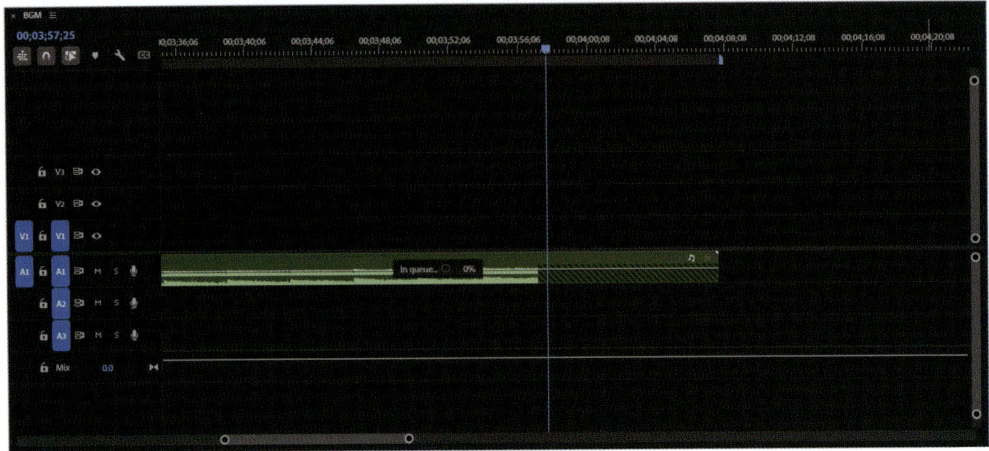

▲ 프리미어 프로의 Remix 기능

이처럼 AI를 통해 편집자가 의도하는 바에 따라 영상의 속도와 타이밍을 정밀하게 조절하고, 리듬과 페이스를 한층 정교하게 제어할 수 있는 환경이 마련되고 있습니다. 이는 편집자가 창작 의도를 더욱 정확하게 구현하고, 초보 편집자도 자신의 감각을 믿고 다양한 템포를 시도해 보며 최적의 리듬을 찾아나갈 수 있도록 돕습니다.

03 영상 편집에서의 스토리텔링이란?

영상 편집의 최종 목적은 스토리텔링입니다. 촬영한 개별 장면들이 편집을 거쳐 하나의 이야기로 엮일 때, 비로소 시청자는 메시지와 감정을 온전히 느낄 수 있죠. 따라서 장면 구성이란, 이야기를 효과적으로 전달하기 위해 장면을 어떤 순서로 어떻게 배치할지를 결정하는 일입니다.

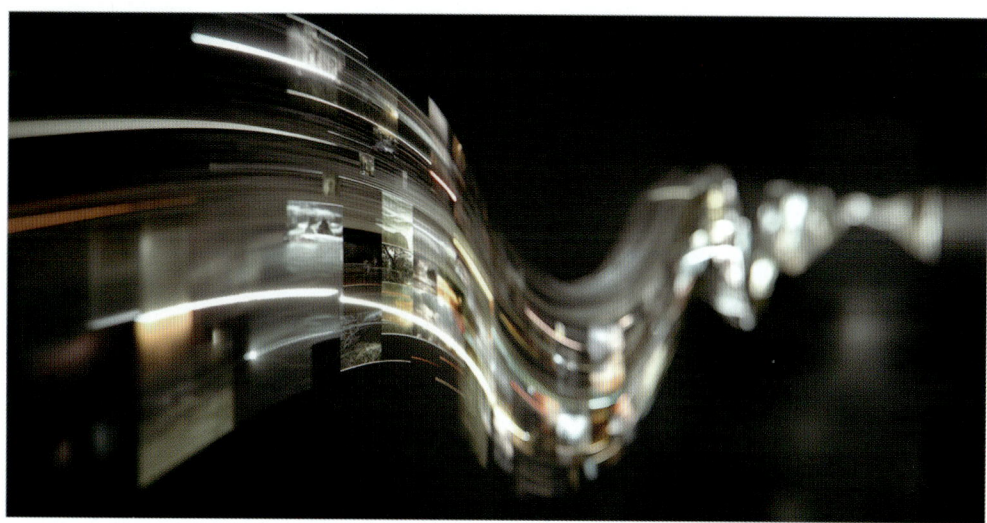

▲ 감정과 사건의 흐름을 설계하는 장면 구성 작업

영화 이론에서는 '연속 편집(Continuity Editing)'이라는 원칙이 존재합니다. 시간과 공간의 흐름이 끊기지 않도록 장면을 배열하는 것을 의미하죠. 예를 들어, 한 인물이 방에 들어가는 장면이 나온 다음에는 그 인물이 방 안에 있는 장면이 자연스럽게 연결되는 식으로, 관객이 장면 간 인과 관계와 시간의 흐름을 쉽게 따라가도록 구성하는 것입니다. 또, 발단-전개-절정-결말의 기승전결 구조에 맞춰 장면들을 배치하거나, 병렬 편집으로 서로 다른 두 사건을 교차시켜 보여줌으로써 긴장감을 높이는 등 스토리텔링을 위한 편집 기법도 다양합니다.

편집자는 촬영된 영상을 검토하며 '어떤 장면을 앞에 두고 어떤 장면을 뒤에 배치할 것인가', '각 장면을 얼마나 길게 보여줄 것인가', '필요 없는 장면은 과감히 삭제할 것인가' 등을 판단하며 이야기를 새롭게 구성합니다. 때로는 이러한 편집 과정에서 촬영 당시 연출 의도와는 다르게 전혀 새로운 이야기 흐름이 만들어지기도 합니다. 유명한 사례로, 어떤 영화들은 촬영 후 편집 단계에서 플래시백(회상) 순서를 변경하거나, 결말 부분의 장면을 재배열하여 극적 긴장감을 높이기도 합니다. 이처럼 영상 편집은 이야기를 마지막으로 다듬고 조율하는 제2의 각본 작업과도 같아서, 창작자의 스토리텔링 역량이 크게 발휘되는 과정이라고 할 수 있습니다.

AI 툴로 장면 구성하기

생성형 AI 기술은 스토리텔링 측면에서의 장면 구성 작업에도 큰 변화를 가져오고 있습니다. 크게 두 가지 주제로 나누어 살펴보겠습니다.

↗ 프리 프로덕션 단계: 편집 이전의 스토리 구성 및 설계하기

생성형 AI의 발전으로 영상의 줄거리를 구상할 때 챗GPT와 같은 AI와 대화를 나누며 아이디어를 얻고, 시나리오 초안을 발전시키는 사례가 많아졌습니다. 256쪽에서 자세히 다루겠지만, 챗GPT를 통해 장면 아이디어를 묘사하고 구조화하면 촬영 전에 스토리보드 수준의 구성안을 얻을 수도 있습니다. AI의 도움을 통해 편집자는 영상을 편집하기 위해 어떤 장면들이 필요하고, 이를 어떤 순서로 배치하면 좋을지 미리 계획할 수 있게 되었습니다.

↗ 영상 편집 단계: 스토리의 빈틈 메우기

본격적인 편집 단계에서는 생성형 AI의 가장 큰 강점인 콘텐츠 생성 능력이 스토리텔링에 활용됩니다. 과거에는 이야기 흐름상 꼭 필요하지만 촬영되지 않은 장면이 있을 경우, 어쩔 수 없이 자료 화면으로 대체하거나 내레이션으로 채우는 일이 많았습니다. 하지만 이제는 AI를 활용해 빠진 장면을 보충할 수 있습니다.

▲ 스토리텔링에 도움을 주는 AI 기술

예를 들어, 두 장면 사이의 전환을 위한 짧은 연결 장면이 필요할 때, 영상 생성 AI 툴을 활용해 '노을 지는 도시 전경'과 같은 장면을 만들어 중간에 삽입하면 분위기를 전환하고 공간 정보를 자연스럽게 전달할 수 있습니다. 또, 이야기상 필연적인 배경 설명을 영상으로 촬영하지 못한 경우에는 이미지 생성 AI 툴을 활용해 사진이나 삽화를 제작하고, 여기에 편집 효과를 적용해 영상처럼 보여줄 수도 있습니다.

이처럼 AI는 스토리텔링의 빈틈을 메워주는 역할을 합니다. 마치 소설에 필요한 삽화를 이미지 생성 AI 툴을 통해 얻는 것처럼, 영상 편집자 역시 AI를 활용해 필요한 장면을 얻어 이야기의 흐름과 맥락을 자연스럽게 연결할 수 있게 된 것입니다.

↗ 영상 속 스토리의 일관성 유지하기

스토리텔링에서 장소나 캐릭터의 일관성(Consistency)을 유지하는 것은 매우 중요하며, AI 기술은 이 부분에서도 점차 발전하고 있습니다. 초기 영상 생성 AI 모델은 캐릭터나 장소의 일관성을 유지하기 어렵다는 문제가 있었습니다. 한 장면에서 생성된 인물의 얼굴이 다음 장면에서는 달라지거나, 배경의 색감이 통일되지 않는 경우가 많았죠. 예를 들어, 주인공이 숲에서 도시로 이동하는 단편 영화를 제작할 때, 각 장면마다 주인공의 얼굴과 의상이 달라진다면 이야기 흐름이 깨질 것입니다. 이러한 한계를 보완하여 **런웨이의 최신 모델인 Gen-4에서는 여러 샷에 걸쳐 동일한 인물과 배경을 일관되게 등장시킬 수 있게 되었습니다.** 한 장면에서 생성한 캐릭터를 참고 이미지로 삼아, 이후 장면들에서도 같은 캐릭터를 반복적으로 등장시킬 수 있죠. 이로써 창작자는 안정된 설정으로 이야기를 전개할 수 있게 되었습니다.

▲ 여러 장면에서 캐릭터의 일관성을 유지시켜주는 AI

이 기술을 활용하면 마치 실제 배우가 여러 장면에 출연하는 것처럼, AI로 생성한 영상에도 자연스러운 스토리의 연속성을 부여할 수 있습니다. 이처럼 일관성 있게 생성된 장면들을 연결하면 처음부터 끝까지 같은 주인공이 등장하는 단편 영화를 만들거나, 배경이 이어지는 연속 장면을 구성할 수 있습니다.

TIP ● AI 기술의 발전은 스토리텔링 중심의 편집에 날개를 달아주고 있습니다. 상상한 이야기를 실제 장면으로 구현하는 데 거침이 없는 환경이 만들어지고 있는 것이죠. 이제 창작자에게 주어진 숙제는 '어떻게 만들 것인가'보다는 '무엇을 만들 것인가'가 아닐까요?

AI 영상 × 미드저니 · 런웨이 · 소라 · 클링 · 하이루오

PART 5

AI 영상 생성 툴 살펴보기

텍스트나 이미지를 기반으로 영상을 만들어 주는 AI 툴이 빠르게 발전하고 있습니다. 물론 현재로서는 기존 영상 제작 프로세스를 완전히 대체하거나, 전문적인 소프트웨어의 세부 기능까지 대신할 수준은 아닙니다. 그러나 촬영 장비 없이도 원하는 장면을 빠르게 확보할 수 있고, 짧은 영상에 캐릭터를 여러 버전으로 재현해 볼 수도 있기 때문에 아이디어 구상이나 프로토타이핑에 있어서만큼은 상당한 효율을 보여주고 있습니다.

이번 파트에서는 AI 기반 영상 생성 툴 분야에서 두각을 보이고 있는 네 가지 대표 툴, 런웨이(Runway), 소라(Sora), 클링(Kling), 하이루오(Hailuo)를 살펴봅니다. 이 툴들은 비슷하면서도 각각 고유한 특징과 강점을 지니고 있습니다. 따라서 프로젝트에 필요한 영상의 길이, 해상도, 캐릭터의 일관성, 연기 표현, 생성 비용 등을 종합적으로 고려하여 적절한 툴을 선택해야 합니다. 이번 파트의 내용을 통해 각 툴의 특성과 용도를 파악하고, 나의 작업 환경과 목표에 맞춰 적절히 활용할 수 있기를 기대합니다.

CHAPTER

1

가장 실용적이고
안정적인 툴, 런웨이

뉴욕 기반의 스타트업 런웨이(Runway)는 Text to Video 기술을 상용 수준으로 끌어올린 주역입니다. 2023년에 선보인 Gen-2 모델에서는 텍스트나 이미지 입력만으로 새로운 영상을 생성할 수 있었으며, 2025년 3월에 공개된 Gen-4 모델에는 일관된 객체 생성, 현실적인 물리 효과 등 더욱 향상된 기능들을 도입했습니다. 할리우드 영화의 특수 효과 작업에 활용되는 등, 2025년 현재 가장 실용적이고 풍부한 기능을 갖춘 AI 영상 생성 툴로 평가받고 있죠.

01 런웨이의 특징 살펴보기

런웨이는 현존하는 AI 영상 생성 툴 중에서 ==가장 다양한 기능과 안정적인 성능==을 제공합니다. 간단한 프롬프트부터 실제 촬영된 연기 영상에 이르기까지 다양한 입력 방식과 고급 기능을 지원하며, AI 영상 생성 분야에서 가장 폭넓은 활용도를 보여주고 있죠. 특히 Gen-3 Alpha Turbo 모델부터는 생성 속도와 해상도를 한층 끌어올려, 소규모 창작부터 프리비즈(Pre-vis) 같은 전문 작업까지 아우르는 다재다능한 플랫폼으로 자리 잡았습니다. 다만, 무료 사용량에 제약이 있기 때문에 실무에서 본격적으로 활용할 경우 개인 취향과 예산에 맞는 구독 플랜을 신중히 선택할 필요가 있습니다.

런웨이는 웹 UI나 공식 앱을 통해 사용할 수 있습니다. 텍스트, 이미지, 짧은 영상 등 다양한 종류의 입력을 받아 새로운 영상을 생성하며, 생성된 영상의 길이를 연장하거나 화질을 개선하는 기능이 내장되어 있어 다양한 영상 제작이 가능합니다. 주요 기능은 다음과 같습니다.

* **Act-One**: 실제로 녹화한 연기 영상 속 인물의 동작과 표정을 가상의 캐릭터나 이미지에 입혀 캐릭터 애니메이션을 생성하는 기능입니다.
* **Expand Video**: 원본 영상의 외곽을 확장해 주변 환경을 생성함으로써 화면비를 변경하거나 화면 확대 효과를 주는 기능입니다.
* **Lip Sync**: 텍스트 대사나 음성 파일에 맞추어 영상 속 인물의 입 모양을 합성하는 기능입니다.

생성 가능한 영상의 길이는 2025년 7월 Gen-4 모델을 기준으로 최대 10초입니다. 해상도는 기본 720p이지만 생성 후 4K 업스케일 기능으로 고해상도 출력이 가능하며, 초당 24프레임의 자연스러운 영상을 생성합니다. 다만 군중이 등장하는 복잡한 장면이나 세밀한 디테일 재현에는 여전히 한계가 있으므로, 과도하게 복잡한 프롬프트는 결과물을 보며 조정할 필요가 있습니다.

TIP ● 제한된 범위 내에서 무료 크레딧으로 체험할 수 있으나, 일정 범위를 넘어가면 추가 크레딧이나 구독 플랜을 구매해야 합니다. 구독 플랜을 구매하면 대용량 크레딧과 고급 기능을 제공하며, 2025년 7월 현재 Unlimited 플랜에서는 무제한으로 사용할 수 있는 등 혜택이 있습니다.

02 런웨이 웹 UI 살펴보기

↗ 프로젝트 생성하기

1 런웨이 공식 홈페이지(app.runwayml.com)에 접속하여 로그인 합니다. 대시보드에서 [Generate Video]를 클릭하여 새로운 세션을 생성합니다.

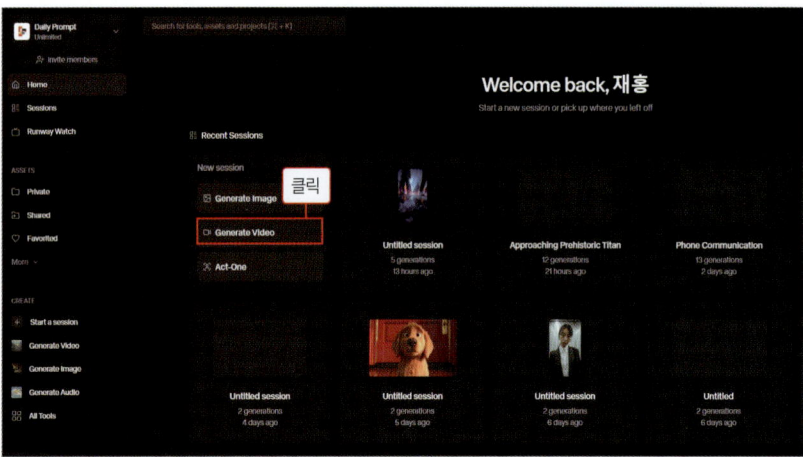

TIP ● 런웨이의 '세션'은 Generative Video에서 생성한 결과물을 하나로 묶어 관리하는 단위로, 첫 생성에 사용된 프롬프트의 내용을 바탕으로 임시 이름이 지정됩니다. 여러 시도와 변형을 한 곳에 모아두고 비교할 수 있어 편리하죠.

2 영상을 생성할 수 있는 세션 작업 화면이 나타납니다. 작업 화면의 좌측 하단에서 Gen-4 Turbo, Gen-4, Gen-3 Alpha Turbo, Gen-3 Alpha 등의 모델 버전을 선택합니다. 여기서는 런웨이의 고유 기능을 모두 사용할 수 있는 Gen-3 모델을 선택했습니다.

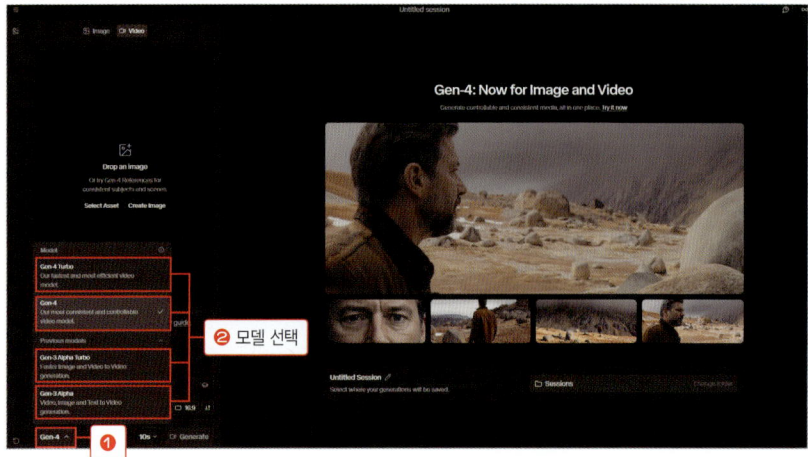

3 좌측 사이드바의 아이콘을 클릭하여 원하는 생성 기능을 선택합니다. 기능에 따라 입력해야 하는 요소가 다르기 때문에 각각 다른 UI 패널이 나타납니다. 가장 위에 위치한 [Prompt]는 텍스트나 이미지, 영상을 입력하여 새로운 영상을 생성하는 가장 기본적인 기능입니다.

TIP ● Expand Video, Act-One, Lip Sync, Camera Control과 같은 고유 기능은 현재 Gen-4 모델에서 지원되지 않으며, 사용을 원한다면 Gen-3 모델을 선택해야 합니다. 또, 각 기능의 UI는 업데이트에 따라 조금씩 달라질 수 있습니다.

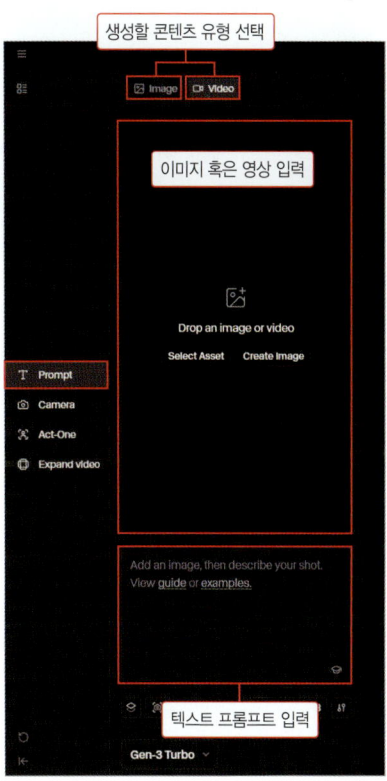

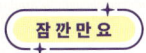 런웨이 세션 관리하기

대시보드에서 [Sessions] 메뉴를 클릭하면 현재까지 만든 세션을 확인하거나 새로운 세션을 만들 수 있습니다. 또, 세션의 이름을 변경하거나 세션을 삭제할 수도 있습니다.

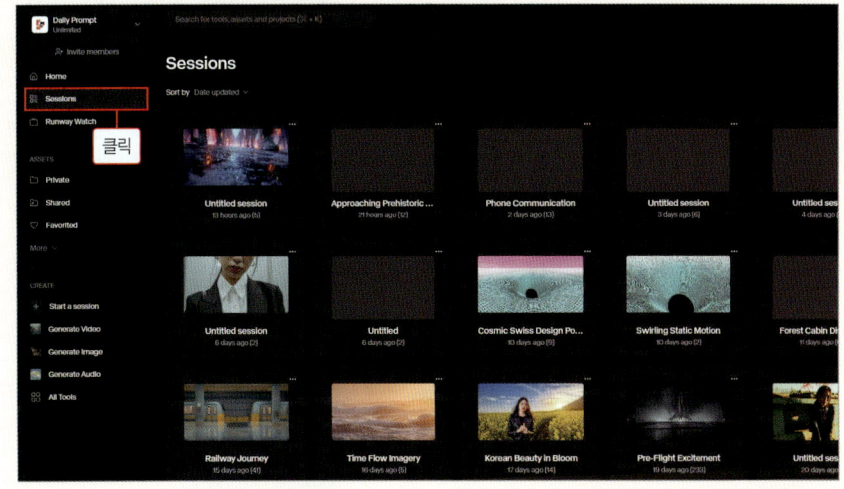

4 [Act-One]을 클릭하면 위쪽에는 표정이나 움직임의 기준이 되는 드라이빙 영상을 업로드하는 영역이, 아래쪽에는 캐릭터 참고 이미지나 영상을 업로드하는 영역이 나타납니다. 드라이빙 영상 속 인물의 표정과 움직임이 참고 캐릭터에게 그대로 적용되어, 캐릭터가 자연스럽게 웃거나 움직이는 영상이 만들어지는 것이죠.

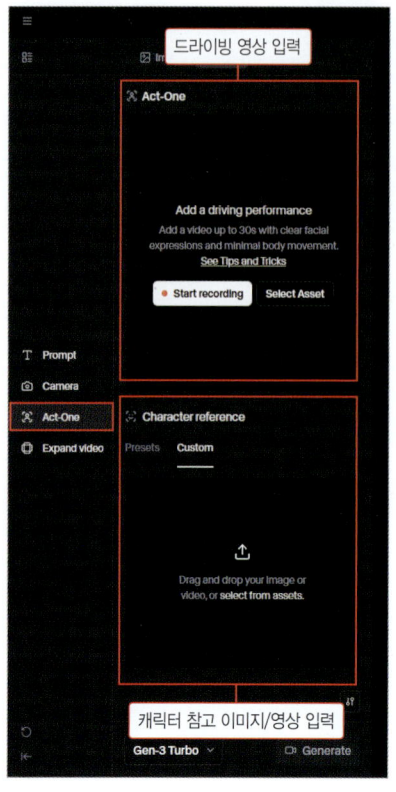

5 [Expand Video]를 클릭하면 위쪽에는 영상을 업로드 하는 영역이, 아래쪽에는 텍스트 프롬프트를 작성하는 영역이 나타납니다. [Select video]를 클릭하여 비율을 변경하고 싶은 영상을 업로드할 수 있습니다.

TIP ● Act-One에 대한 자세한 설명은 176쪽을, Expand Video에 대한 자세한 설명은 181쪽을 참고하세요.

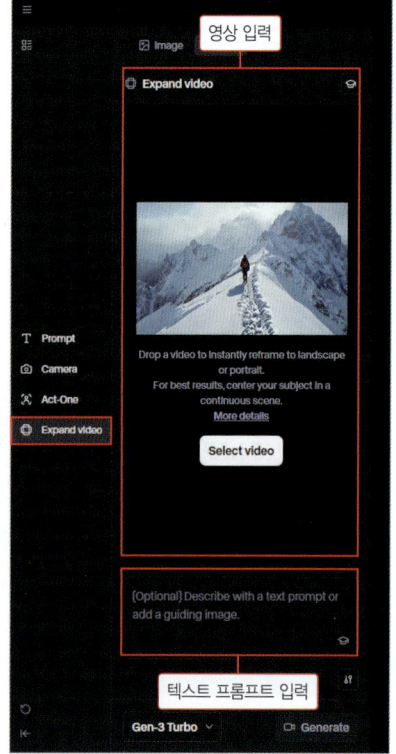

6 기능에 따라 적절한 요소를 업로드한 다음, [Generate]를 클릭하여 영상을 생성합니다. 잠시 기다리면 화면 오른쪽에 결과물이 나타납니다. 결과물을 재생하여 확인합니다.

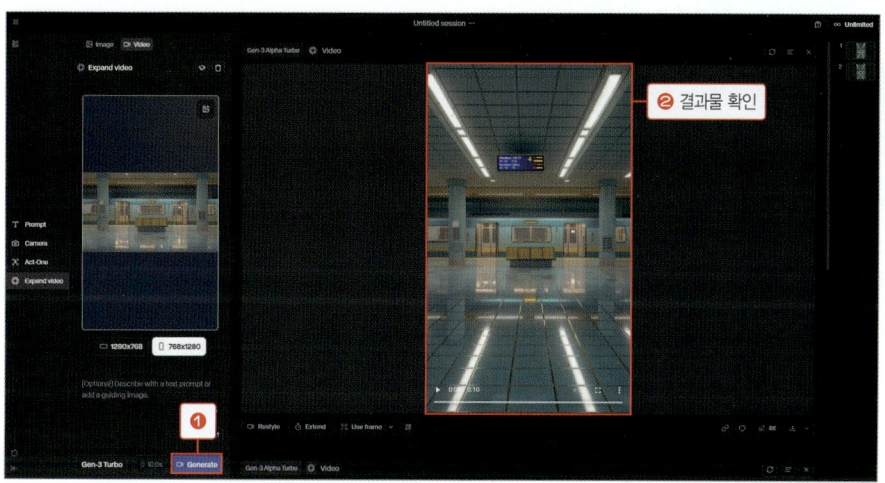

TIP ● 세션의 결과 화면을 스크롤하면 해당 세션에서 이전에 생성한 결과물을 확인할 수 있습니다. 또, 모든 생성 결과는 자동으로 Assets(자산) 폴더에 저장되어 나중에 다시 확인하거나 다운로드할 수 있습니다.

7 결과물의 우측 하단에서 순서대로 [Share(공유)], [Favorite(즐겨찾기)], [Upscale to 4K(4K 업스케일)], [Download(다운로드)] 기능을 사용할 수 있으며, 좌측 하단 메뉴를 통해 [Restyle(스타일 변경)], [Extend(길이 연장)], [Use Frame(현재 프레임을 새로운 생성 기준으로 활용)] 등 후속 편집 작업을 할 수 있습니다.

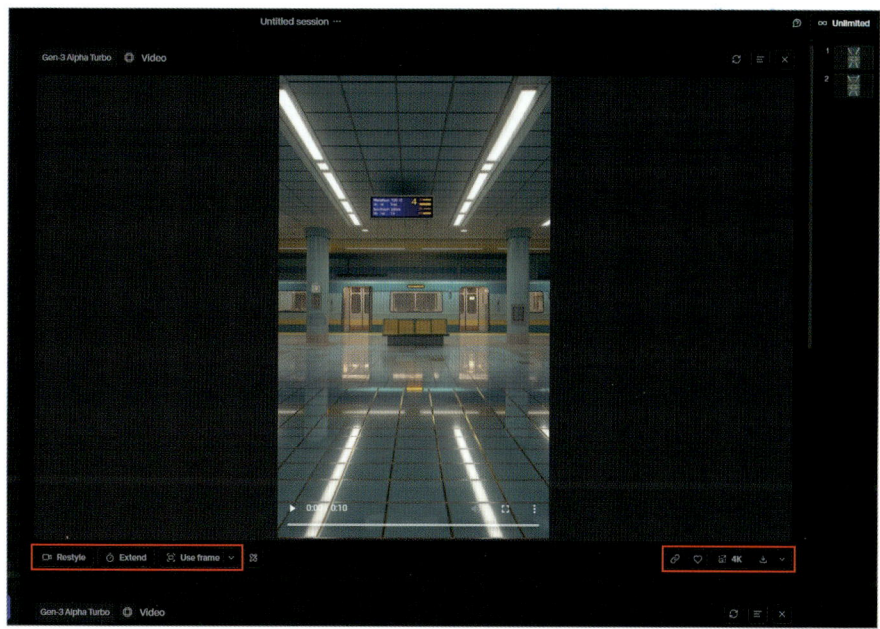

8 또, [Action(▣)] 버튼을 클릭하여 [Expand Video(화면 확장)], [Adjust Video(영상 세부 조정)], [Act-One(액트원)], [Lip Sync(립싱크)], [Upscale to 4K(4K 업스케일)] 등의 편집 기능을 추가로 활용할 수 있습니다.

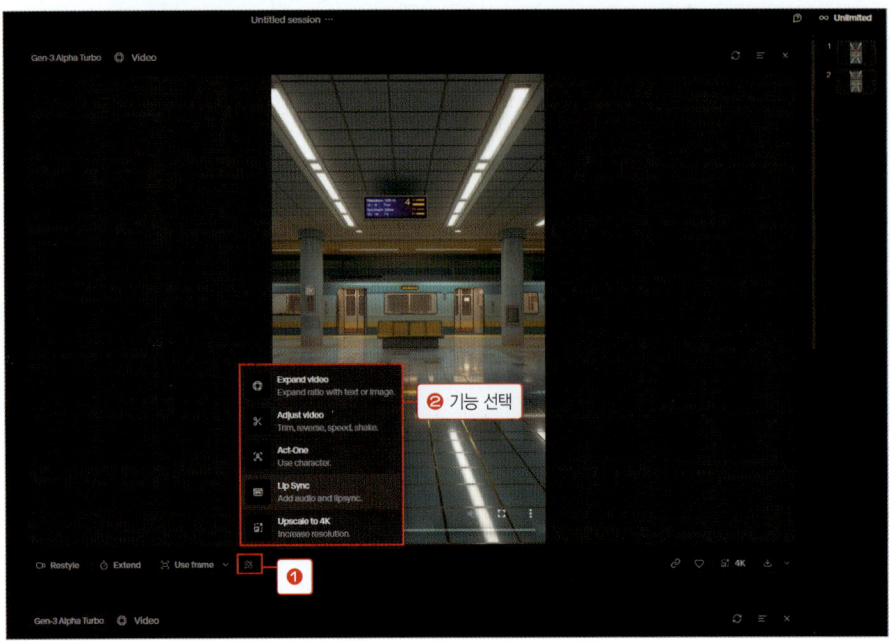

03 런웨이의 입력 방식 살펴보기

런웨이는 텍스트, 이미지, 영상 클립 등 다양한 형태의 데이터를 동시에 입력으로 받아들이는 '멀티모달' 기능을 지원합니다. 세 가지 입력 방식을 하나씩 살펴볼까요?

↗ 텍스트 입력(Text to Video)

가장 기본적인 입력 방식으로, 텍스트 프롬프트 영역에 만들고자 하는 영상 장면을 묘사합니다. 짧지만 구체적인 문장으로 카메라 앵글, 주요 피사체와 배경, 동작, 영상 스타일 등을 서술하면 좋습니다. 복잡한 장면을 묘사할 때는 문장을 나누어 씬의 변화나 카메라의 움직임을 순차적으로 서술하는 것이 효과적입니다. 이렇게 하면 런웨이 AI 모델이 장면을 더 정확하게 이해하고, 원하는 결과를 생성할 가능성이 높아집니다.

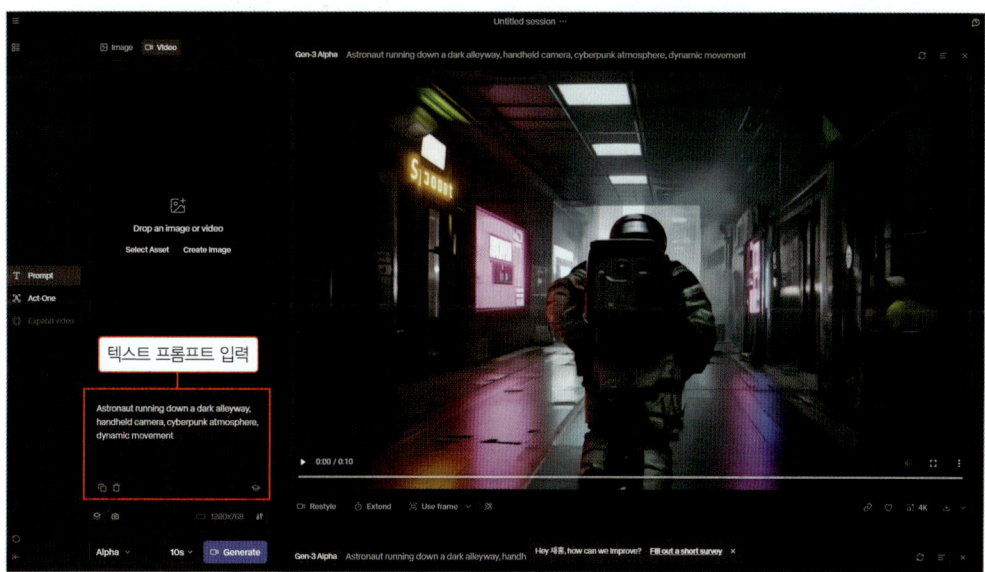

위 예시처럼, [Astronaut running down a dark alleyway, handheld camera, cyberpunk atmosphere, dynamic movement(어두운 골목길을 달려가는 우주비행사, 핸드헬드 카메라, 사이버펑크 분위기, 역동적 움직임)]라는 텍스트 프롬프트를 입력하면 해당 묘사에 맞는 영상이 생성됩니다.

> **TIP** ● 런웨이의 Text to Video는 현재 Gen-3 Alpha 모델에서만 사용할 수 있습니다.

🖐️ 이미지 입력(Image to Video)

텍스트 프롬프트 영역 위쪽에는 이미지 및 영상을 입력하는 영역이 있습니다. 여기에 이미지를 입력하면, 해당 이미지를 영상의 시작 장면으로 사용하여 새로운 영상이 생성됩니다. 예를 들어, 한 장의 콘셉트 아트 이미지를 입력하고 추가 텍스트 프롬프트 없이 [Generate] 버튼을 클릭하면 해당 이미지를 영상으로 해석하여 움직임을 부여한 결과물이 생성됩니다.

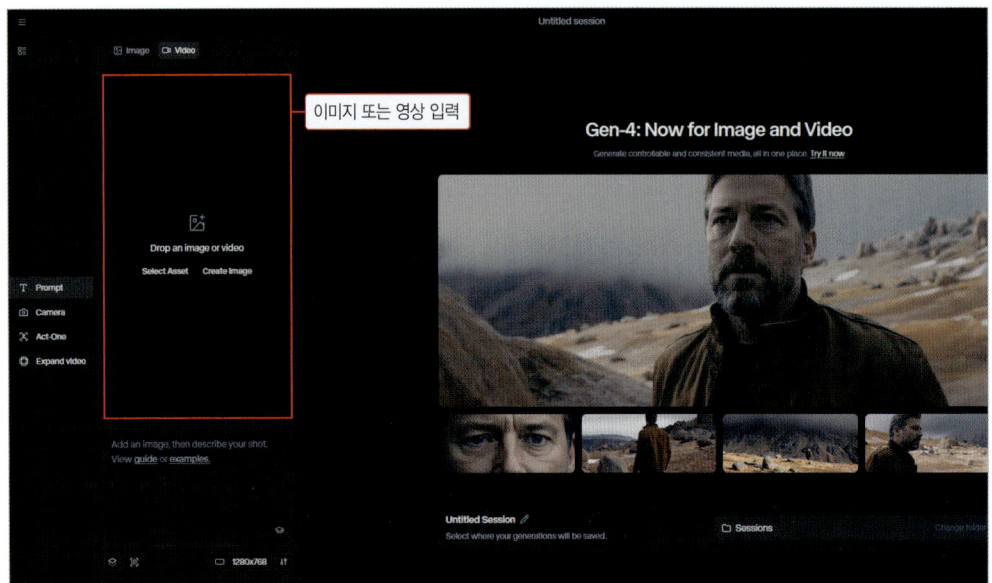

텍스트 프롬프트와 이미지를 함께 입력하여 영상을 생성할 수도 있습니다. 입력한 이미지는 영상의 기반이 되고, 텍스트 프롬프트로 새로운 요소나 움직임을 부여하는 것이죠. 이때, 텍스트 프롬프트는 이미지를 설명하기보다는 추가되었으면 하는 동작이나 변화 위주로 작성하는 것이 좋습니다.

TIP ● 기존에 가지고 있던 이미지를 입력하여 영상을 만들어도 좋고, 앞서 38쪽에서 살펴보았던 미드저니를 활용하여 새롭게 생성한 이미지를 입력해도 좋습니다.

Gen-4 모델부터는 런웨이 자체에서 이미지를 생성할 수 있게 되어, 생성한 이미지를 곧바로 영상 제작에 활용하는 통합 작업도 가능해졌습니다. 이 작업의 워크플로우를 한번 살펴볼까요?

1️⃣ Generate Video 작업 화면에서 [Image] 탭을 클릭합니다. 원하는 이미지를 묘사하는 텍스트 프롬프트를 작성한 다음, [Generate]를 클릭하면 화면 우측에 네 장의 이미지가 생성됩니다.

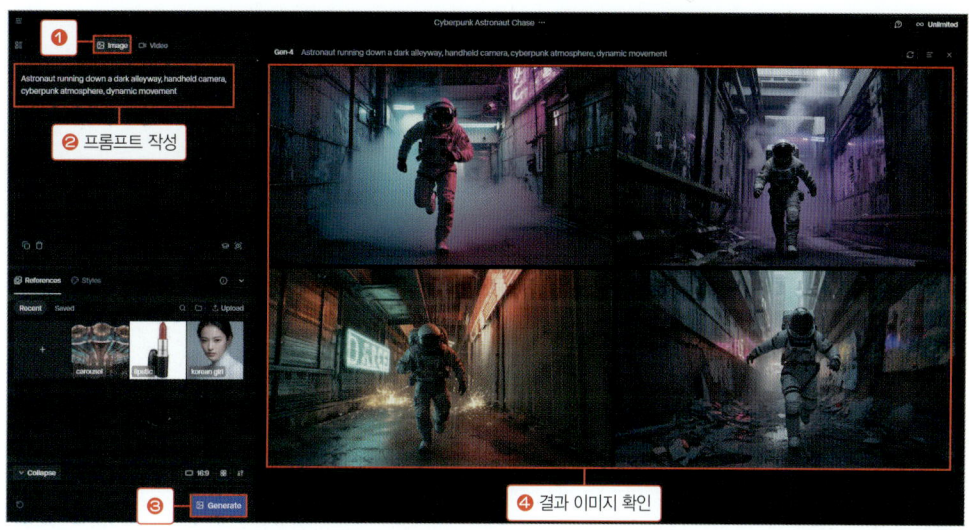

2️⃣ 결과물 중 원하는 이미지에 마우스 커서를 올린 다음 [Input for video] 버튼을 클릭합니다.

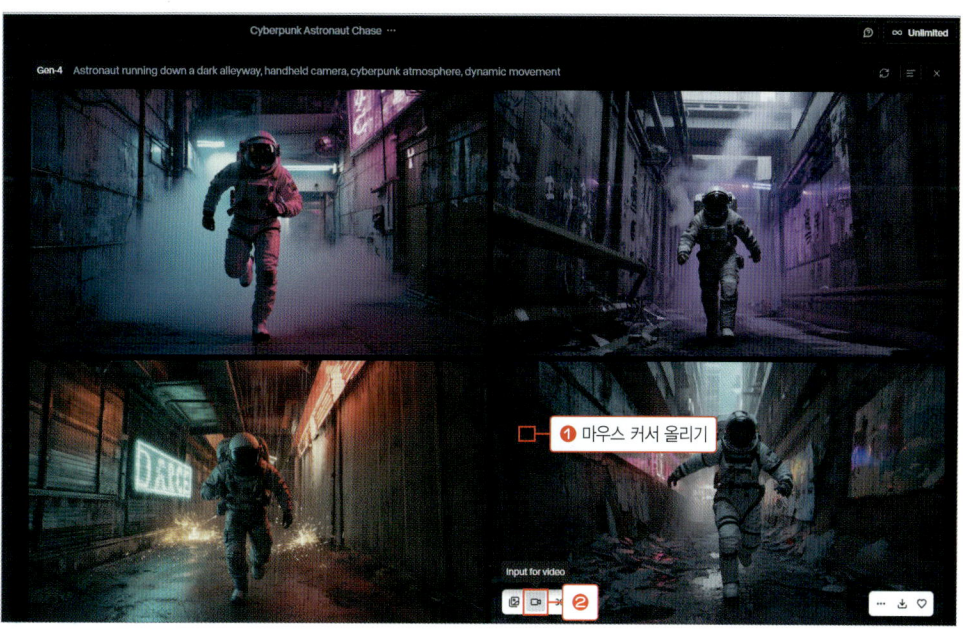

TIP ● 생성된 이미지를 영상에 곧바로 활용하지 않고, 우측 하단의 [다운로드(⬇)]와 [즐겨찾기(♡)] 버튼을 클릭하여 저장하는 것도 가능합니다.

PART 5 AI 영상 생성 툴 살펴보기 | 173

3 선택한 이미지가 영상 생성 탭의 이미지 입력 영역에 자동으로 첨부됩니다. 필요하다면 텍스트 프롬프트를 추가하고, [Generate]를 클릭하면 이미지에 움직임을 더한 영상이 생성됩니다.

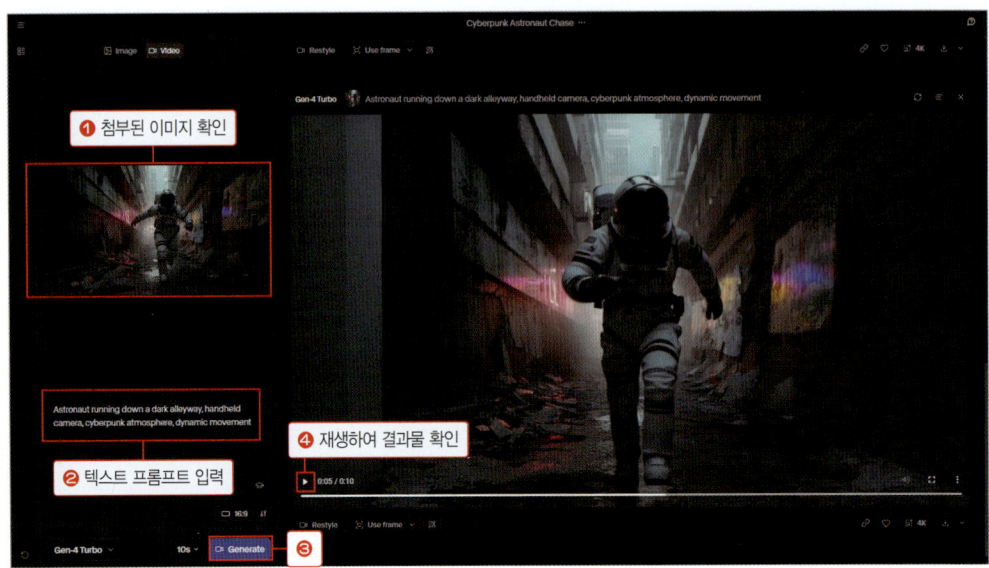

TIP ● 이미지의 종횡비가 영상 출력 비율과 다르면 크롭 편집 창이 나타날 수 있습니다. 이미지의 주요 요소들이 잘리지 않도록 조정한 다음 영상을 생성하세요.

TIP ● 런웨이 Gen-3 모델까지는 이미지 입력이 선택 사항이었지만, Gen-4 모델부터는 필수 사항이 되었습니다. 이미지만 입력하여 영상을 생성하거나, 이미지와 텍스트 프롬프트를 함께 입력하여 영상을 생성하세요.

↗ 영상 입력(Video to Video)

런웨이에서는 영상 클립을 기반으로 또 다른 영상을 생성하는 것도 가능합니다. 기존에 가지고 있던 영상 클립을 입력한 다음, 텍스트 프롬프트를 추가하여 해당 영상을 가공하는 것이죠. 보통 기존 영상의 동작 구조는 유지하면서 프롬프트를 통해 색감이나 질감, 분위기, 스타일을 바꾸는 용도로 활용합니다.

TIP ● 현재 Video to Video 기능은 Gen-3 모델에서만 작동합니다.

TIP ● 영상 클립 입력은 Expand Video 기능에서도 활용됩니다. 입력한 영상의 외곽을 확장하여 새로운 구도의 영상을 얻을 수 있죠. 자세한 내용은 181쪽을 참고하세요.

1️⃣ 작업 화면에서 [Video] 탭을 클릭합니다. 이미지 및 영상 입력 영역에 스타일을 바꾸고자 하는 영상 클립을 업로드합니다.

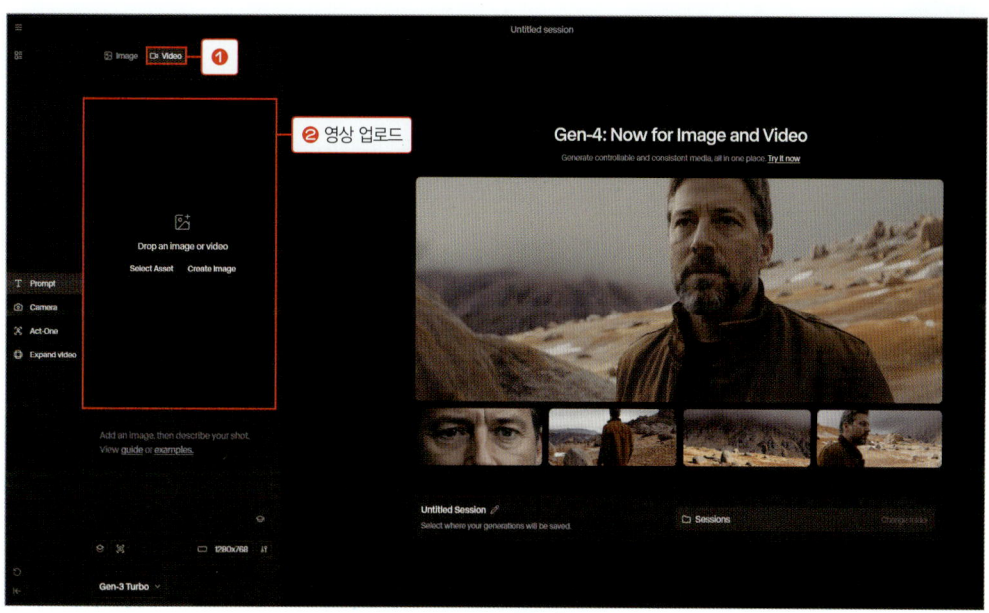

2️⃣ 입력한 영상 클립에 적용하고자 하는 스타일이나 변화 방향을 텍스트 프롬프트로 작성합니다. [Generate]를 클릭하여 영상을 생성합니다. 원본 영상의 구도와 움직임은 유지하면서, 요청한 스타일이 반영된 결과물을 확인할 수 있습니다.

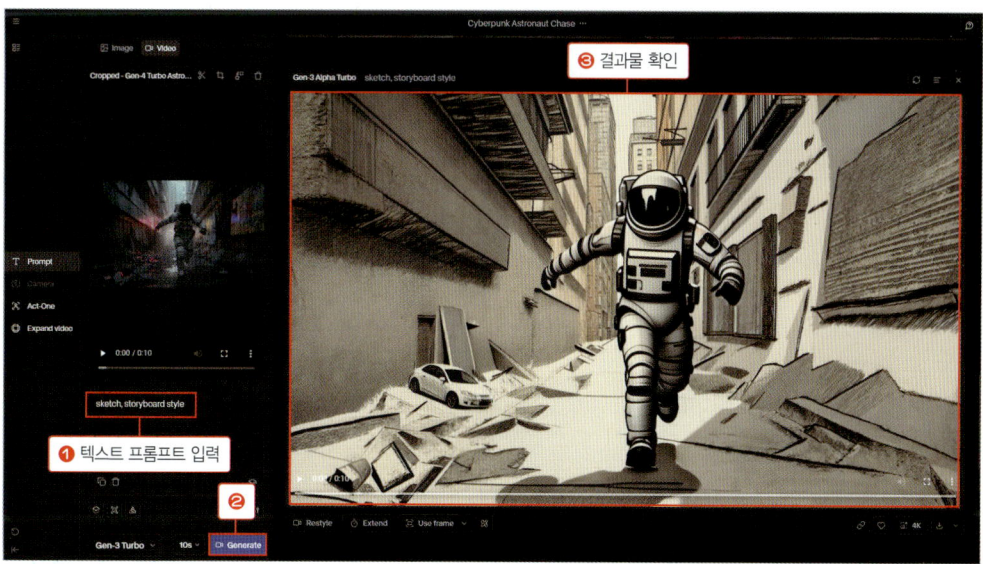

TIP ● 이 방식으로 기존 영상 클립의 스타일을 바꾸는 것을 'Restyle Video' 기능이라고도 합니다. 이에 대한 더 자세한 설명은 185쪽에서 다룹니다.

04 런웨이의 주요 기능 활용하기

이번에는 런웨이 Gen-3 Alpha/Turbo와 Gen-4 모델에서 제공하는 주요 기능을 하나씩 살펴보겠습니다. 각 기능별 사용 예시를 단계별로 설명했으니, 차근차근 따라해 보세요.

↗ Act-One: 모션 기반 캐릭터 애니메이션 생성하기(Gen-3)

Act-One은 사용자가 제공한 캐릭터 이미지 또는 영상에 드라이빙 영상의 움직임과 표정을 입혀 새로운 캐릭터 퍼포먼스 영상을 만들어 주는 기능입니다. 여기서 말하는 '드라이빙 영상'이란, 캐릭터에게 표정이나 얼굴의 움직임을 전달하는 기준이 되는 원본 영상입니다.

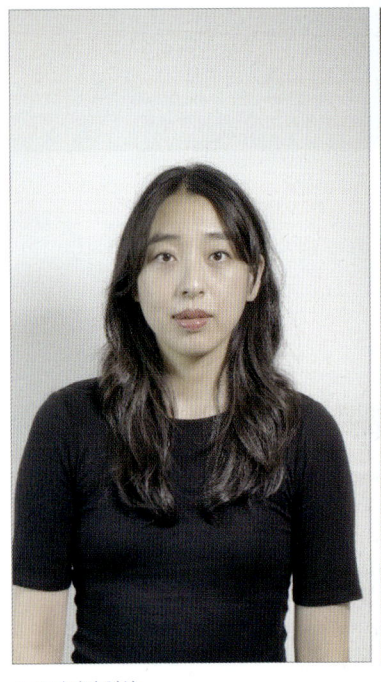

▲ 드라이빙 영상　　　　　　▲ 캐릭터 참고 영상　　　　　　▲ 합성 결과 영상

예를 들어 배우가 대사를 말하는 영상을 드라이빙 영상으로 업로드하고, 만화 캐릭터의 얼굴을 참고 이미지로 입력하면, 해당 캐릭터가 배우의 표정과 입 모양을 따라하며 마치 대사를 말하는 듯한 영상을 생성할 수 있습니다. 또, 사용자가 직접 녹화한 표정 연기 영상을 드라이빙 영상으로 업로드하고 유명 인물의 얼굴 이미지를 캐릭터 참고 이미지로 입력하면, 유명 인물이 내 표정과 입 모양을 따라하는 독특한 영상을 만들 수도 있습니다. 이처럼 Act-One 기능은 실제 인물의 연기나 표정을 다른 스타일의 캐릭터에 전이시켜 애니메이션을 제작하는 데 사용됩니다.

1 대시보드에서 새로운 세션을 열고, 작업 화면의 좌측 사이드바에서 [Act-One]을 클릭합니다. Act-One은 Gen-3 계열의 모델에서만 지원되기 때문에, Gen-3 Alpha 또는 Gen-3 Alpha Turbo 모델을 선택합니다. 패널 상단 영역에 드라이빙 영상을 입력합니다.

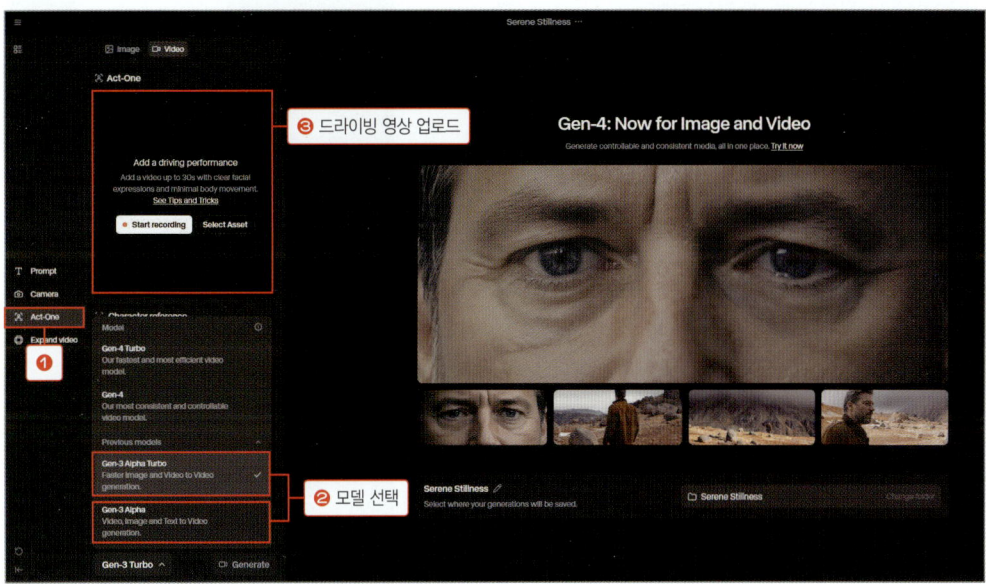

TIP ● 드라이빙 영상은 한 명의 인물이 정면을 바라보고 뚜렷한 표정과 입 모양, 움직임이 잘 담겨있는 클립을 사용하는 것이 좋습니다. 어깨 위로 얼굴이 잘 보이고, 조명이 밝으며, 초반에는 무표정에 입을 다문 영상이 이상적입니다. 고개를 너무 심하게 흔들거나 얼굴이 화면 밖으로 나간 영상은 정확한 매핑이 어려우니 피하세요. 인물 뒤의 배경은 밋밋한 흰색을 권장합니다.

2 Assets 라이브러리에서 가져온 영상이 아니라 처음 업로드하는 영상이라면, 얼굴을 인식하는 과정이 선행됩니다. 잠시 기다리면 얼굴 인식이 완료됩니다.

TIP ● 얼굴이 인식되지 않으면 오류 메시지가 나타납니다. 이 경우 드라이빙 영상을 교체해 주세요.

TIP ● 최근 출시된 Act-Two 기능은 Gen-4 계열 모델에서 사용할 수 있습니다. 사용법은 기존의 Act-One과 동일합니다.

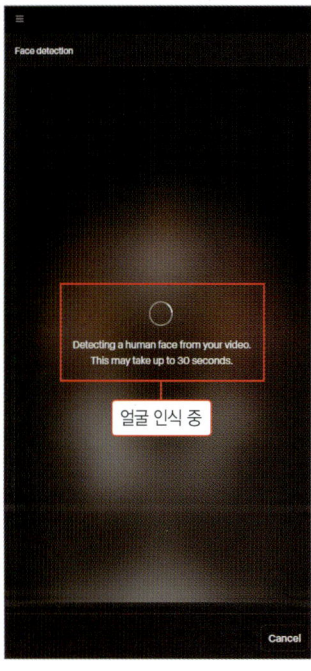

3 얼굴이 검출되었다면 패널 하단 영역에 참고 캐릭터의 이미지 또는 영상을 입력합니다. 기본 제공되는 프리셋 캐릭터 중에 고르거나, [Custom] 탭에서 이미지나 영상을 직접 업로드할 수 있습니다.

TIP ● 참고 캐릭터는 얼굴이 명확하게 드러난 이미지나 영상을 권장합니다. 영상의 경우, 10초 내외의 짧은 클립으로 한 인물이 정면을 바라보는 장면이 좋습니다. 보통 상반신 위주의 정면 이미지를 사용하며, 장난스러운 그림체보다는 어느 정도 현실감 있는 이미지가 결과 안정성이 높습니다.

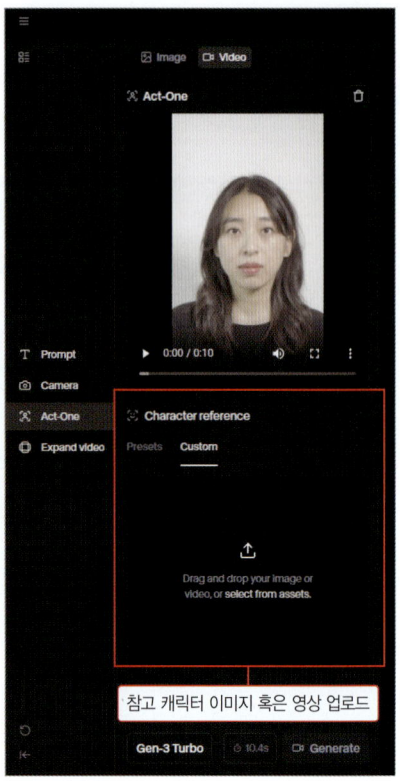

4 현재 Act-One은 가로형 영상만 생성할 수 있기 때문에, 세로형 참고 이미지나 영상의 경우 특정 구역이 잘려나갈 수 있습니다. 원하는 구역이 잘려나가지 않도록 크롭 박스를 조정합니다. 영역을 지정했다면 [Crop] 을 클릭합니다.

5 드라이빙 영상과 참고 캐릭터를 모두 입력했다면 하단의 [(설정)]을 클릭하여 Motion Intensity(모션 강도) 값을 조절합니다. 이 값은 드라이빙 영상의 동작을 얼마나 과장하거나 완화해서 적용할지 정하는 값입니다. 기본값은 3이며 값을 1로 낮출수록 안정적인 미세 움직임을, 5로 올릴수록 과장되고 큰 제스처까지 반영합니다.

TIP ● 처음에는 기본값으로 시도하고, 결과물의 움직임이 너무 과하거나 부족하면 값을 조정하여 재생성해 보세요. 값에 따라 표정 변화나 고개의 움직임의 범위가 점차 달라질 것입니다.

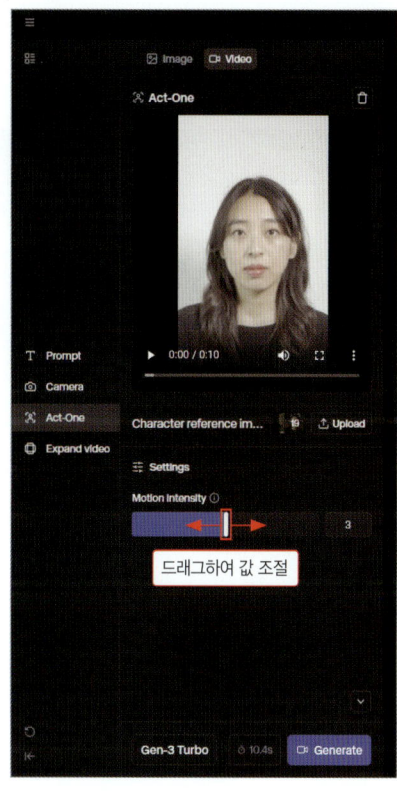

6 설정을 모두 완료했다면 시계 아이콘 위에 마우스 커서를 올려 예상 소요 시간과 소모 크레딧을 확인합니다. 모두 확인했다면 [Generate]를 클릭하여 영상을 생성합니다.

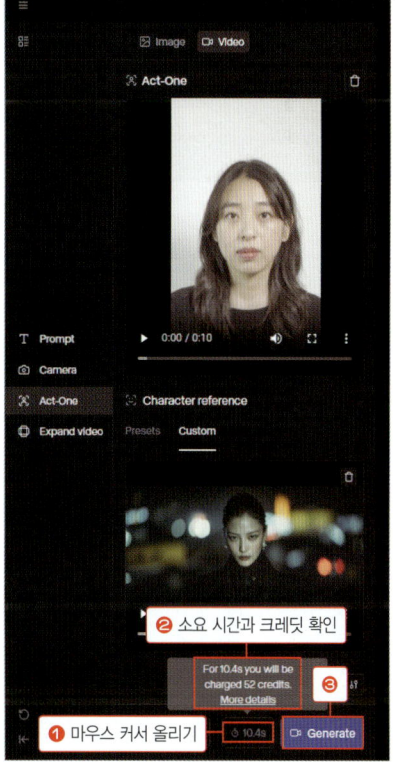

PART 5 AI 영상 생성 툴 살펴보기 | **179**

7 영상 생성이 시작되면 세션 오른쪽에 결과물이 흐릿하게 나타납니다. 잠시 기다리면 생성이 완료됩니다.

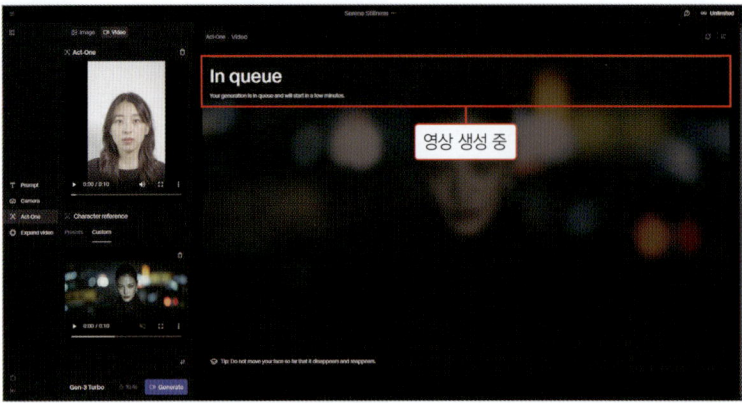

8 세션 화면을 스크롤하여 이전에 생성된 결과들을 나란히 비교해볼 수 있습니다.

9 결과물은 런웨이 대시 보드의 [Assets]-[Private] 폴더에도 자동으로 저장되며, 필요할 때 다운로드하거나 후속 편집할 수 있습니다.

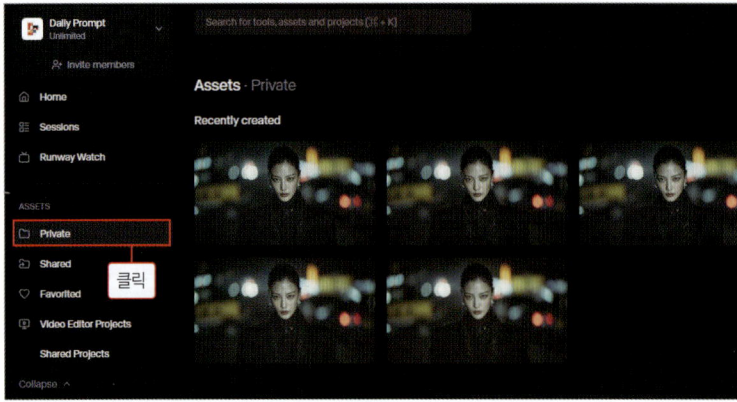

↗ Expand Video: 영상 프레임 확장하기

Expand Video는 기존 영상의 화면 비율을 변경하고자 할 때 유용합니다. 일반적인 크롭(Crop) 편집은 원본 영상의 일부분을 잘라내는 것을 말하지만, Expand Video는 잘려나가는 부분 없이 ==원본 프레임 바깥으로 새로운 요소와 장면을 생성하여 영상을 새로운 비율로 재구성==합니다.

▲ 가로형 원본 영상

예를 들어, 세로로 촬영된 영상을 가로 비율로 확장하면, AI가 원본 화면의 좌우에 어울리는 배경이나 장면을 자동으로 생성하여 자연스러운 가로형 영상으로 만들어 줍니다. 16:9 비율의 가로형 영상을 숏폼용 세로 영상으로 바꿀 수도 있죠. 이처럼 Expand Video 기능을 활용하면 원본 영상의 주요 피사체와 구도를 유지한 상태에서, 다양한 플랫폼에 맞는 화면비로 영상을 확장할 수 있습니다. 즉, ==하나의 영상으로 다양한 플랫폼에 최적화된 여러 영상을 손쉽게 제작할 수 있==는 것이죠.

▲ 세로형으로 확장한 영상

1 세션 작업 화면의 좌측 사이드바에서 [Expand Video]를 클릭하면 전용 패널이 열립니다. 영상 입력 영역에서 [Select video]를 클릭합니다.

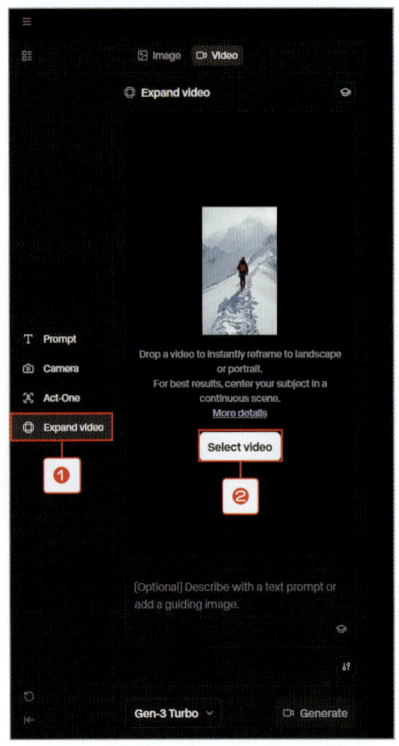

2 화면비를 바꾸고 싶은 영상 파일을 선택합니다. Assets 라이브러리에서 영상을 선택하거나, PC에 저장되어 있는 파일을 드래그 앤 드롭으로 업로드할 수도 있습니다.

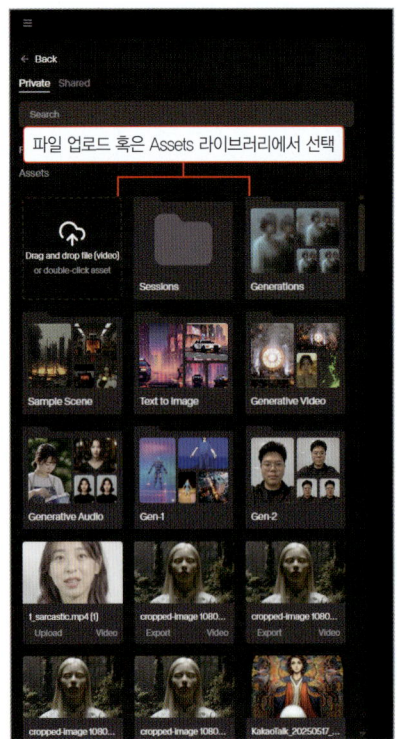

3   영상이 업로드되면 런웨이가 자동으로 영상의 가로 세로 비율을 인식하여 출력될 영상의 해상도 비율을 미리 보여줍니다. 원본 영상 위로 새로 확장될 영역을 나타내는 가이드 박스가 겹쳐진 상태로 표시됩니다. 이를 통해 결과물의 예상 확장 범위를 쉽게 확인할 수 있습니다.

TIP ● 기본적으로 가로로 긴 영상을 입력하면 세로형 결과물이, 세로로 긴 영상을 입력하면 가로형 결과물이 생성됩니다. 정방형(1:1 비율) 영상을 입력하면 가로형(16:9)과 세로형(9:16) 중 원하는 옵션을 선택할 수 있습니다.

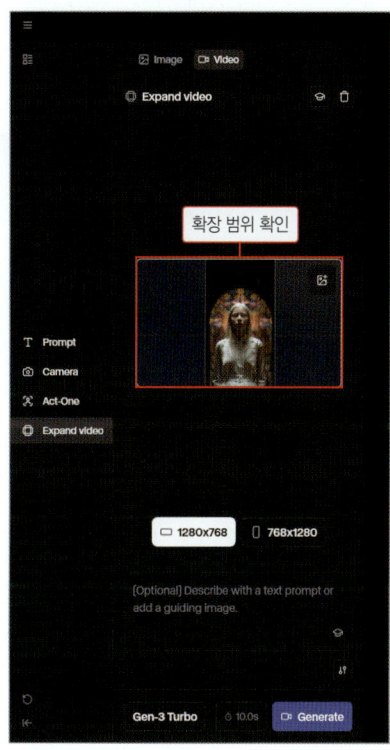

▲ 세로형 영상의 확장 예시

4   Expand Video는 원본 영상만 입력해도 꽤 자연스러운 결과물을 생성하지만, 텍스트 프롬프트를 추가하면 결과물을 원하는 방향으로 제어할 수 있습니다. 텍스트 프롬프트를 사용할 경우, 확장 영역에 생성되었으면 하는 요소들을 중심으로 묘사합니다.

TIP ● 예를 들어, 원본 영상이 바닷가를 촬영한 것이라면, 확장 영역에 [sunset sky and a flock of seagulls(석양 하늘과 갈매기 떼가 보이는 장면)] 등의 요소를 요청할 수 있겠죠? 입력 영상 자체를 장황하게 설명하면 AI가 오히려 엉뚱하게 해석할 수 있습니다. 새로 확장될 영역에 관련된 내용을 묘사해 주세요.

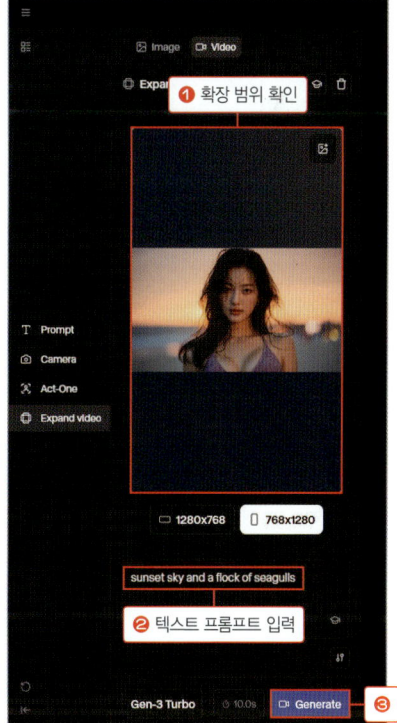

▲ 가로형 영상의 확장 예시

5 모든 설정이 완료되면 [Generate] 버튼을 클릭하여 영상을 생성합니다. 생성이 완료되면 세션 화면에서 결과물을 확인할 수 있으며, 결과물은 Assets 내 Private 폴더에도 저장됩니다.

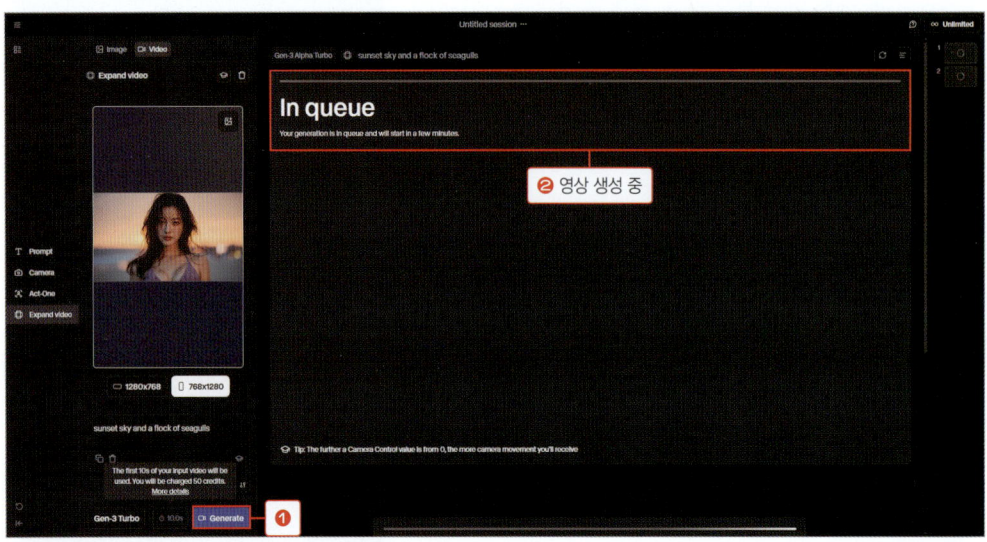

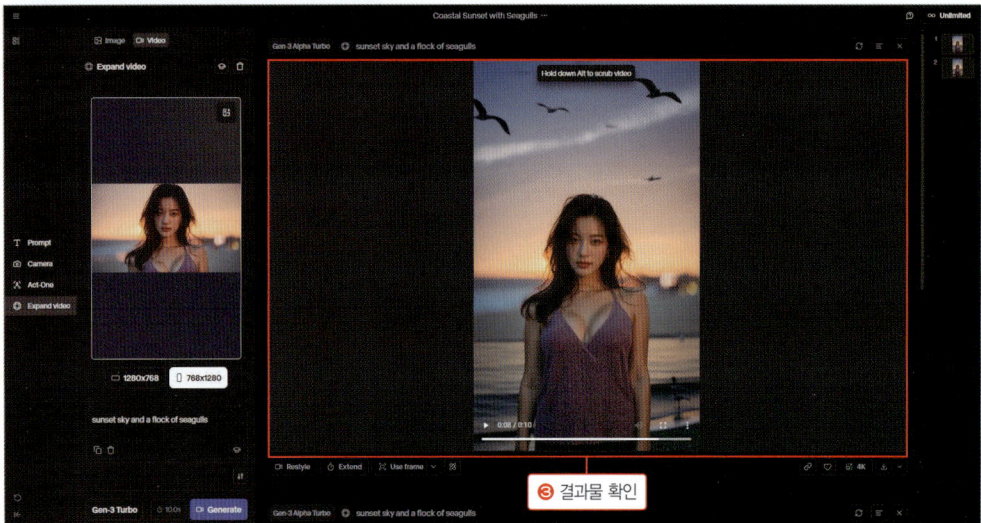

TIP ● Expand Video는 최대 10초 길이의 영상에서만 사용할 수 있습니다. 그보다 긴 영상은 처음 10초까지만 처리됩니다.

TIP ● 필요한 경우, 방금 얻은 결과물 영상을 다시 입력으로 삼아 추가 확장을 할 수도 있습니다. 예를 들어, 처음에는 좌우로 확장하고, 이어서 위아래로 한 번 더 확장하는 식으로 여러 방향으로 점진적 확장을 할 수 있겠죠?

↗ Restyle Video: 영상 스타일 변환하기(Gen-3)

Restyle Video는 영상의 시각적 스타일이나 분위기를 바꾸어 새로운 영상으로 재탄생시키는 기능입니다. 원본 영상의 움직임과 구도는 살리고, 텍스트 프롬프트나 참고 이미지로부터 받은 스타일 지시에 따라 화면 질감, 색감, 아트 스타일 등을 바꾸는 것이죠. 예를 들어, 평범한 실사 영상을 입력한 뒤 [watercolor animation style, soft pastel tones(수채화 애니메이션 스타일, 부드러운 파스텔 색조)]라는 텍스트 프롬프트를 주면, 동일한 움직임을 유지하면서 마치 수채화 그림으로 그려진 듯한 영상으로 변환됩니다.

▲ 원본 영상

▲ 스타일을 변환한 영상

TIP ● 앞서 174쪽에서 간단하게 살펴보았던 Video to Video 기능의 심화 버전이라고 생각하면 됩니다.

1️⃣ 세션 작업 화면의 좌측 사이드바에서 [Prompt]를 클릭하고 [Video] 탭을 클릭합니다. Gen-3 모델을 선택합니다.

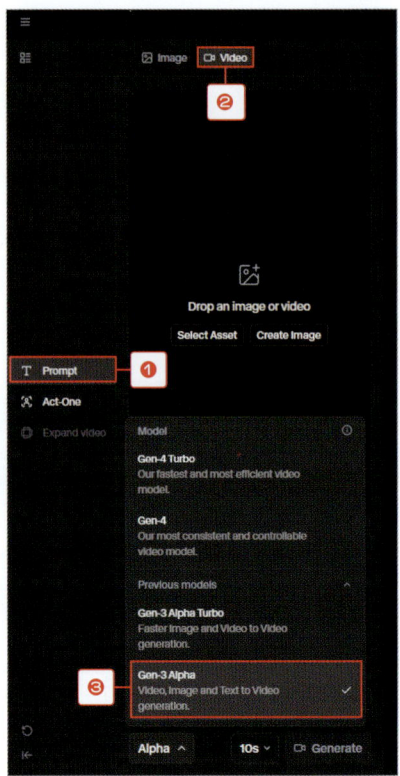

2️⃣ 스타일을 바꾸고 싶은 원본 영상을 업로드합니다. Assets에 등록된 영상을 선택하거나 PC에 저장되어 있는 영상 파일을 드래그 앤 드롭하여 입력합니다.

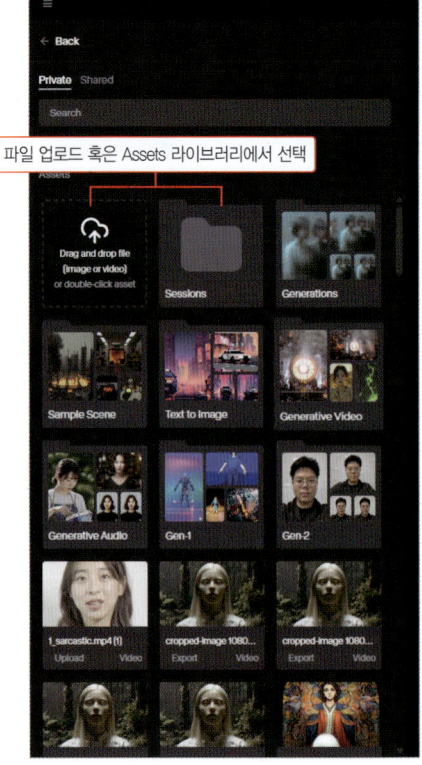

3 해상도나 비율이 모델의 지원 범위에 맞지 않으면 크롭 편집 창이 나타납니다. 필요한 영역을 지정한 다음 [Crop]을 클릭합니다.

TIP ● Restyle Video 기능은 최대 20초 길이의 영상에서만 사용할 수 있으며, 그보다 긴 영상의 경우 처음 20초까지만 잘라서 처리합니다. 따라서 중요한 장면만 잘라 별도 영상으로 만들어 두면 좋습니다. 크레딧은 길이에 비례하여 5초 단위로 소모되므로, 5초 단위로 길이를 맞추면 효율적입니다.

4 원하는 스타일이나 분위기를 텍스트 프롬프트로 상세하게 작성합니다. 원본 영상을 구체적으로 설명하기보다는, '어떤 느낌의 영상으로 바꾸고 싶은지'에 초점을 두고 적습니다. 모든 설정이 완료되면 [Generate]를 클릭하여 영상을 생성합니다.

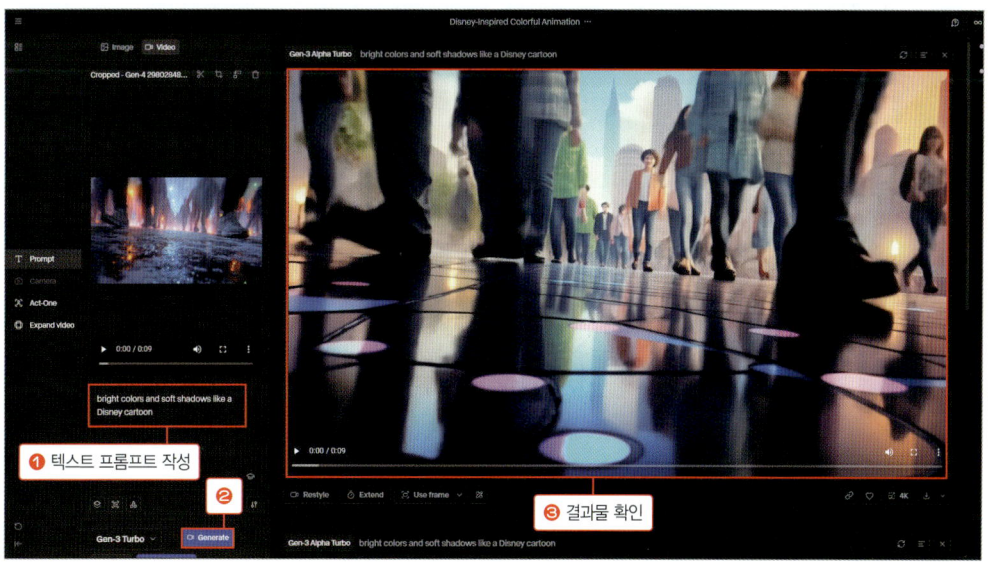

TIP ● 예를 들어, [a vintage film look with 1970s color tones, faded colors, and film grain effect(1970년대 컬러톤의 빈티지 필름 느낌, 바랜 색감과 필름 그레인 효과)] 같이 영상의 룩앤필을 지정하거나, [bright colors and soft shadows like a Disney cartoon(디즈니 만화 같은 밝은 색채와 부드러운 그림자)] 같이 스타일을 묘사하면 됩니다. Custom Preset 기능을 활용하면 미리 준비된 독특한 프롬프트 스타일을 통해 보다 간편하게 영상 스타일을 지정할 수도 있습니다.

5 이번에는 텍스트 프롬프트가 아닌 참고 이미지의 스타일을 반영해 봅시다. 1~3단계를 진행한 다음, [Restyle video(📷)] 아이콘을 클릭합니다. 'Restyled first frame' 항목에 참고 이미지를 업로드하고 [Generate]를 클릭합니다.

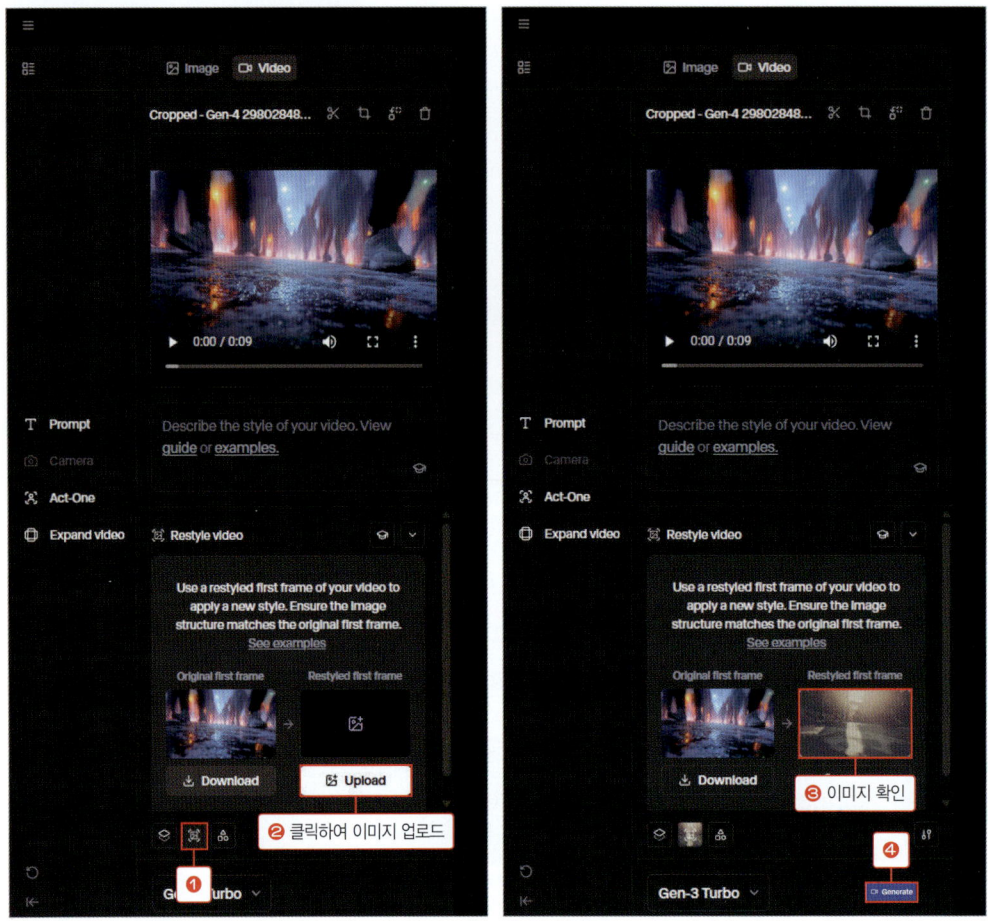

TIP ● 참고 이미지는 한 장만 입력할 수 있으며, 어떤 이미지를 고르느냐에 따라 색다른 결과물이 나오기 때문에, 다양한 후보 이미지를 바꿔보며 실험해 보는 것도 좋습니다.

TIP ● 참고 이미지와 함께 텍스트 프롬프트를 짧게 추가하면 특정 효과를 강조할 수 있습니다. 예를 들어, 그림 사진을 참고 이미지로 쓰고 "유화 질감으로 표현"이라고 덧붙일 수 있겠죠?

> **잠깐만요** — 미드저니 Retexture 기능으로 참고 이미지 만들기

'Restyled first frame'에 첨부할 참고 이미지는 가급적 기존 영상과 동일한 형태의 이미지를 사용하는 것이 좋습니다. 이때 미드저니의 Retexture 기능을 활용하면 굉장히 편리합니다. 먼저, 188쪽 단계의 'Original first frame' 하단에 있는 [Download]를 클릭하여 원본 영상의 첫 번째 프레임을 다운로드합니다.

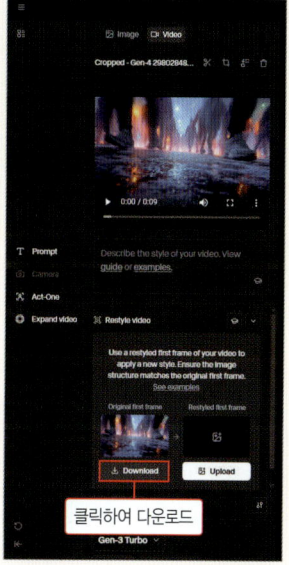

이 프레임 이미지를 미드저니의 Editor에 업로드한 다음, 원하는 스타일로 Retexture 작업을 진행합니다. 이렇게 만든 이미지를 'Restyled first frame'에 업로드합니다.

6 'Structure Transformation(🎭)'은 원본 영상의 구조를 얼마나 유지할지 결정하는 값입니다. 0에 가까울수록 원본 영상의 형태와 움직임을 그대로 따르고, 10에 가까울수록 보다 자유롭게 변형합니다.

TIP ● 기본값은 5 정도로 균형 잡힌 편인데, 만약 결과물이 원본 영상과 너무 동떨어져 나오면 이 값을 낮추고, 반대로 조금 더 파격적인 변신을 원하면 높여볼 수 있습니다.

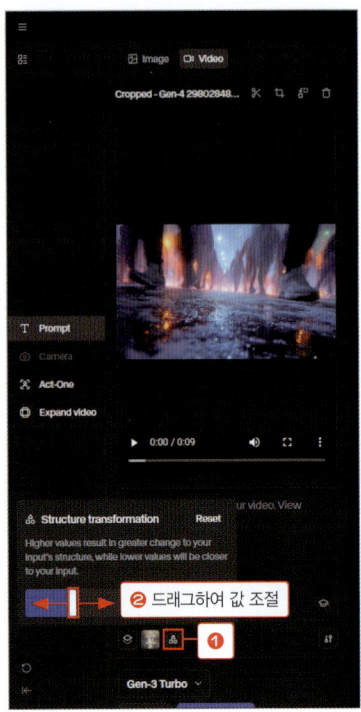

7 참고 이미지의 스타일을 반영한 새로운 영상이 생성됩니다.

📈 Lip Sync: 음성을 기반으로 입 모양 합성하기

Lip Sync는 영상이나 이미지 속 인물의 입 모양을 주어진 음성에 맞춰 합성하여, 실제로 인물이 해당 대사를 말하는 것처럼 보이게 만드는 기능입니다. 정지된 캐릭터 일러스트 한 장과 원하는 대사만 있으면 Lip Sync 기능을 통해 말하는 캐릭터 영상을 만들 수 있죠.

▲ 캐릭터 일러스트

▲ 캐릭터 일러스트에 입 모양을 합성한 영상

예를 들어, 게임 캐릭터 이미지에 AI 목소리로 "안녕하세요, 저는 이 게임의 안내자입니다"라는 한국어 대사를 넣으면, 캐릭터의 입술이 자연스럽게 움직이며 실제로 말하는 것 같은 영상을 만들 수 있습니다. 마치 캐릭터에 생명을 불어넣은 듯한 효과를 줄 수 있어, 프레젠테이션이나 영상 컨텐츠에서 등장인물을 소개할 때 유용합니다.

1️⃣ 세션 작업 화면에서 인물이 등장하는 이미지 혹은 영상을 생성합니다. 세션 우측에 결과물이 나타나면 [Actions(⬚)] 버튼을 클릭하고 [Lip Sync]를 선택합니다.

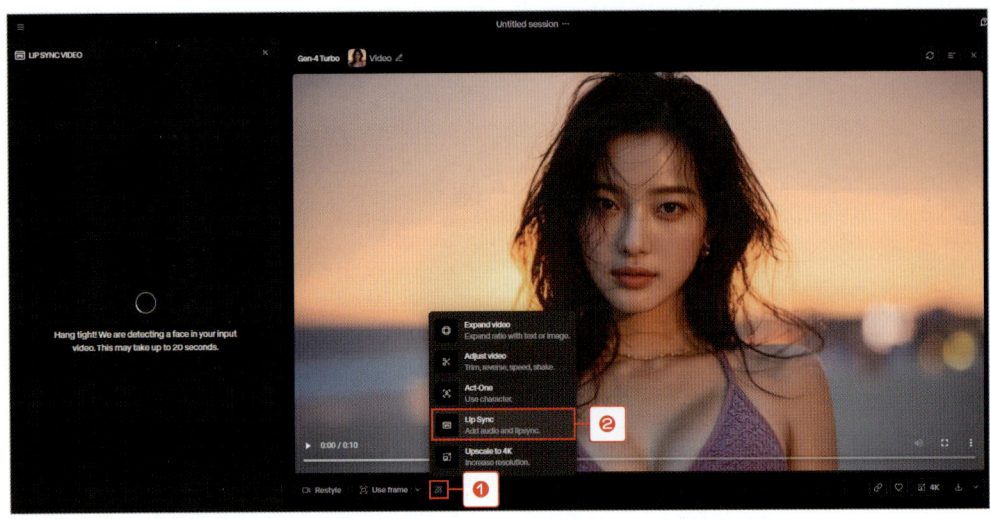

TIP ● 이때, 말하게 할 인물이나 캐릭터의 얼굴이 확실하게 보여야 합니다. 얼굴이 너무 옆을 향하고 있거나 얼굴의 일부가 가려져 있는 경우에는 인식이 어려울 수 있으므로, 정면 얼굴이 분명히 보이는 이미지나 영상을 사용하는 것이 좋습니다.

2️⃣ 좌측에 나타난 립싱크 비디오 패널에서 인물의 목소리를 선택해 봅시다. 하단의 [Voice] 버튼을 클릭하면 사전에 준비된 다양한 AI 음성 목록이 나타납니다. 플레이 버튼을 클릭하여 하나씩 들어 보고, 원하는 목소리를 선택합니다.

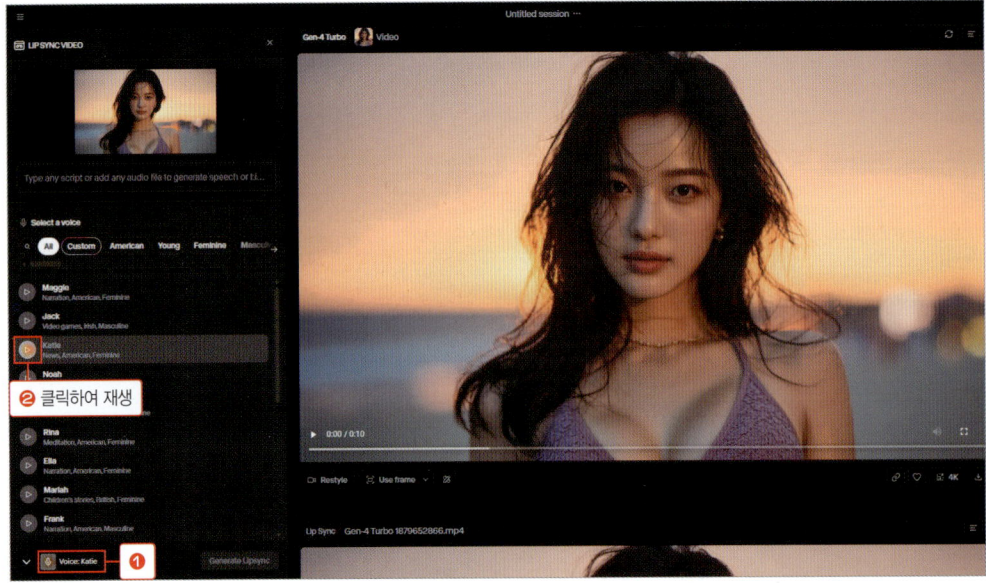

TIP ● 한글 대사를 사용하는 경우, 한국어 발음을 지원하거나 억양이 어색하지 않은 목소리를 선택하는 것이 좋습니다.

3 이제 준비한 대사를 입력해 봅시다. 대사를 텍스트로 입력하고 싶다면 텍스트 프롬프트 영역에 문장을 직접 타이핑하고, 이미 준비된 음성 오디오 파일이 있다면 [Upload audio file]을 클릭하고 파일을 업로드합니다. 모든 설정이 완료되었다면 [Generate Lipsync]를 클릭합니다.

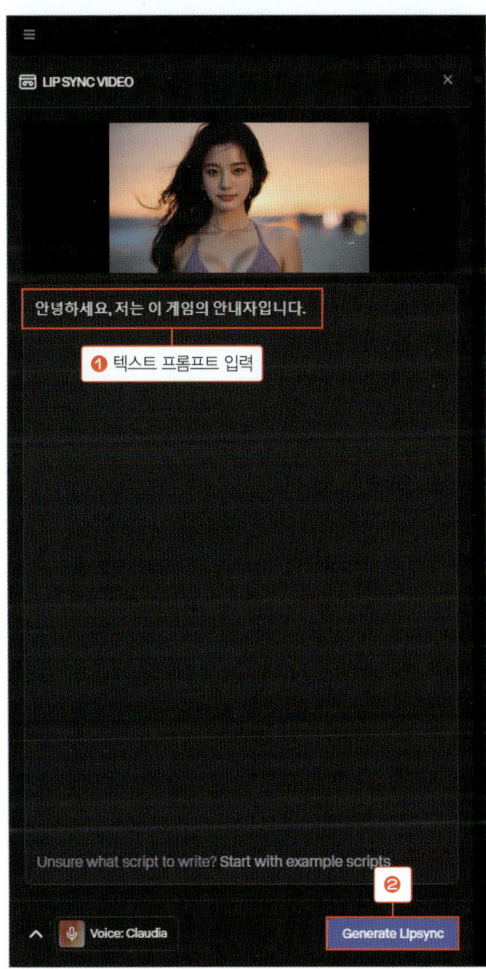

▲ 대사를 텍스트로 직접 입력하는 경우

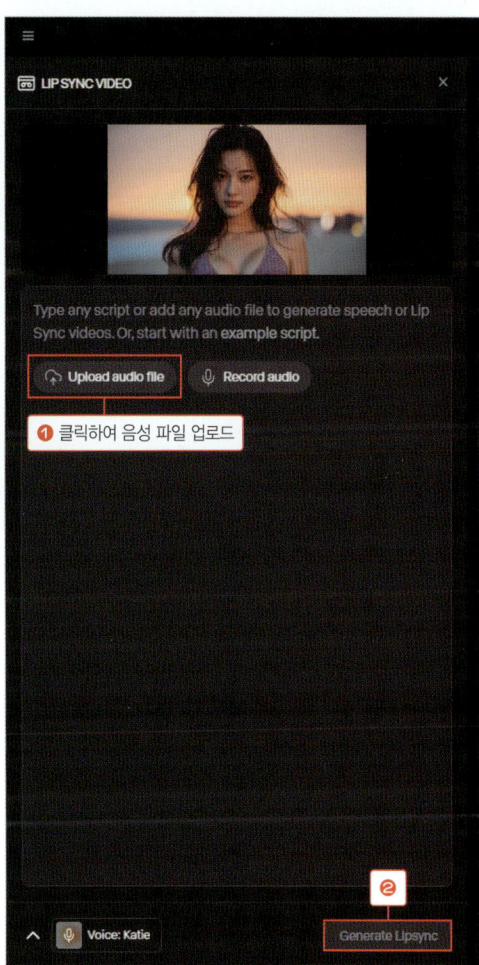

▲ 미리 준비한 음성 파일을 업로드하는 경우

TIP ● [Record audio] 버튼을 클릭하면 음성을 바로 녹음하여 업로드할 수도 있습니다만, 가급적이면 통제된 환경에서 녹음한 음성을 미리 준비하는 방식을 추천합니다.

4 런웨이 AI가 음성 및 얼굴 모션을 합성하여, 완성된 Lip Sync 영상을 세션 오른쪽에 출력합니다. 결과물을 재생해 보면 입 모양과 표정이 대사에 맞춰 움직이는 것을 확인할 수 있습니다.

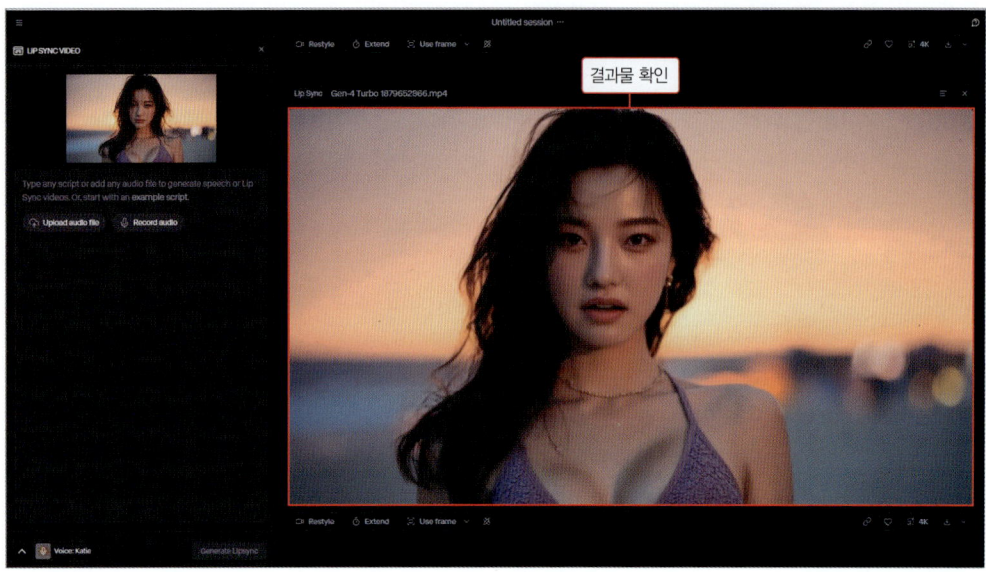

TIP ● Lip Sync 합성은 영상의 길이에 비례하여 크레딧을 소모하지만, 영상 길이 변경이나 속도 조정 등의 편집은 무료로 가능합니다. 합성 결과가 마음에 들면 대시보드의 [Assets]-[Private] 폴더에서 해당 클립을 다운로드하거나 후속 편집을 진행합니다.

✋ Camera Control: 카메라 연출 제어하기(Gen-3 Turbo)

Camera Control은 <u>AI로 생성한 영상에 카메라의 움직임을 부여하는 기능</u>입니다. AI 영상은 기본적으로 평면 영상으로 생성되지만, 이 기능을 통해 마치 3D 공간에서 카메라를 다루듯이 팬(Pan), 틸트(Tilt), 줌(Zoom) 등의 움직임을 정교하게 제어할 수 있습니다.

기존에는 [The camera slowly rotates around the subject(카메라가 인물을 중심으로 천천히 회전한다)], [The camera pulls away from the subject, revealing a wide background(피사체에서 멀어지며 넓은 배경을 드러낸다)]라는 식으로 프롬프트를 입력했으나, Camera Control 기능을 활용하면 버튼과 슬라이드만으로 카메라의 움직임을 연출할 수 있죠.

TIP ● 팬, 틸트, 줌과 같은 카메라의 움직임에 대한 자세한 설명은 100쪽을 참고하세요.

구체적인 예시를 살펴볼까요? 영상의 기반이 될 고궁의 전경 사진을 업로드하고 Horizontal와 Pan 값을 조절하면 카메라가 고궁을 중심으로 서서히 회전하는 영상을 생성합니다. 이때, 카메라 움직임에 맞춰 하늘이나 주변 경관 등 배경 디테일도 AI가 자동으로 채워줍니다. 한 폭의 정지된 풍경 사진으로부터 실제 드론이 건물 주위를 비행하면서 촬영한 듯한 입체감 있는 영상 결과물을 얻을 수 있는 것이죠.

▲ 원본 이미지

▲ Camera Control을 활용하여 움직임을 추가한 영상

Gen-3 Alpha Turbo 모델에서 제공되는 Camera Control은 총 여섯 가지 카메라 움직임을 지원합니다. 이를 조합하여 복합적인 카메라 연출도 할 수 있죠. 예를 들어, 수평 이동과 팬을 조합하면 피사체 주위를 도는 화면을 연출할 수 있습니다.

* **Horizontal(수평 이동)**: 카메라가 x축 방향(좌우)으로 평행 이동합니다.
* **Pan(팬)**: 한 지점을 축으로 좌우로 회전합니다. y축 회전이라고도 부릅니다.
* **Vertical(수직 이동)**: 카메라가 y축 방향(위아래)으로 평행 이동합니다.
* **Tilt(틸트)**: 한 지점을 축으로 상하로 회전합니다.
* **Zoom(줌)**: 줌인 또는 줌아웃합니다.
* **Roll(롤)**: 카메라가 z축 방향(시계/반시계 방향)으로 회전합니다.

1 세션 작업 화면 좌측 사이드바에서 [Camera Control]을 클릭한 다음 [Gen-3 Alpha Turbo] 혹은 [Gen-3 Turbo] 모델을 선택합니다. Camera Control 전용 패널이 나타나면 영상의 기반이 될 이미지를 업로드합니다.

TIP ● 이 이미지는 생성될 영상의 첫 프레임으로 사용되며, 전체 영상의 배경이나 피사체 정보를 제공합니다. 예를 들어 숲 속 풍경 사진을 업로드하면, 그 숲을 배경으로 카메라 움직임이 전개되는 영상이 생성되는 것이죠.

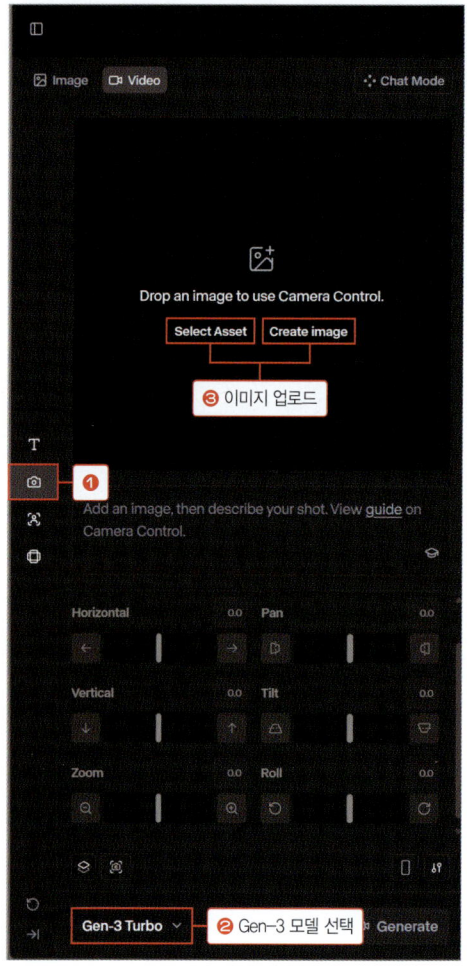

2 먼저, 원하는 장면이나 추가 요소를 텍스트 프롬프트로 입력합니다. 카메라가 이동하면서 드러날 새로운 디테일이나 영상 전체의 분위기를 묘사하면 좋습니다.

TIP ● 여기서는 [camera zooms out, revealing a wide landscape with distant mountains and a sunset-colored sky(카메라가 뒤로 줌아웃하며 넓은 풍경이 드러남, 먼 산과 노을빛 하늘이 보임)]라고 적어, 줌아웃 과정에서 나타날 원경을 채워줄 것을 요청했습니다. 텍스트 프롬프트를 필수적으로 입력해야 하는 것은 아니지만, 보다 의도에 맞는 결과물을 얻기 위해 함께 작성하는 것을 권장합니다.

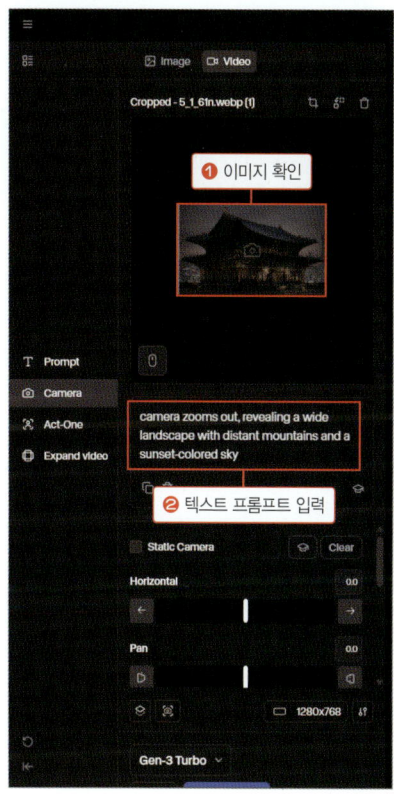

3 이번에는 카메라 움직임 값을 설정해 봅시다. 패널에 각 카메라 움직임별로 슬라이더와 입력 필드가 표시됩니다. 기본값은 모두 0이며, 이는 해당 축으로 움직임이 없음을 의미합니다. 여기서 'Horizontal'을 [+5]로 설정하면 오른쪽으로, [-5]로 설정하면 왼쪽으로 부드럽게 카메라가 이동합니다. 값의 크기가 클수록 더 빠르고 크게 움직입니다.

TIP ● 움직임 값 [1] 이하는 매우 미묘한 카메라 흔들림, [2~3]은 눈에 띄지만 안정적인 움직임. [5] 정도는 상당히 역동적인 카메라 워크, [10]에 가까우면 아주 극적인 속도나 각도 변화라고 보면 됩니다. 정말 빠른 움직임을 표현하고 싶다면 움직임 값을 [10]으로 설정하고, 텍스트 프롬프트에 [Hyper Speed(하이퍼스피드)]라는 키워드를 추가합니다.

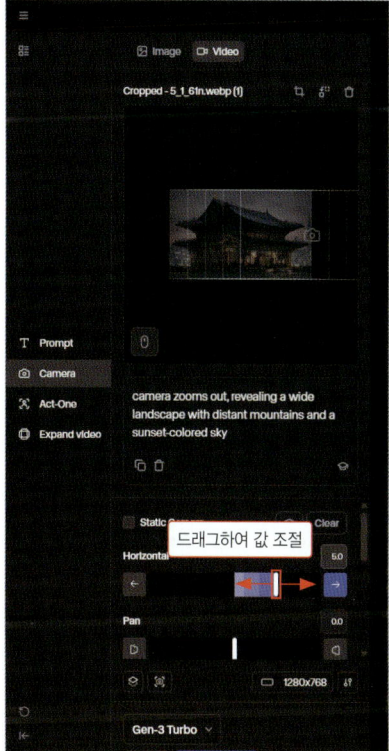

4️⃣ 여러 슬라이더 값을 동시에 조정하면 복합적인 카메라 움직임을 연출할 수도 있습니다. 예를 들어, 'Horizontal'과 'Pan' 값을 함께 설정하면, 카메라가 옆으로 이동하며 피사체를 중심으로 회전하는 복합 동작을 구현할 수 있습니다.

TIP ● 다만 여러 축을 한꺼번에 크게 움직이면 영상이 산만해지기 때문에, 의도한 바에 따라 2~3가지 축을 적절한 강도로 설정하는 것이 좋습니다. 프롬프트에서도 이런 움직임을 언급하면 모델의 이해를 도울 수 있습니다. 예를 들어, "카메라가 천천히 인물 주위를 회전한다"라고 말로 설명하는 것이죠.

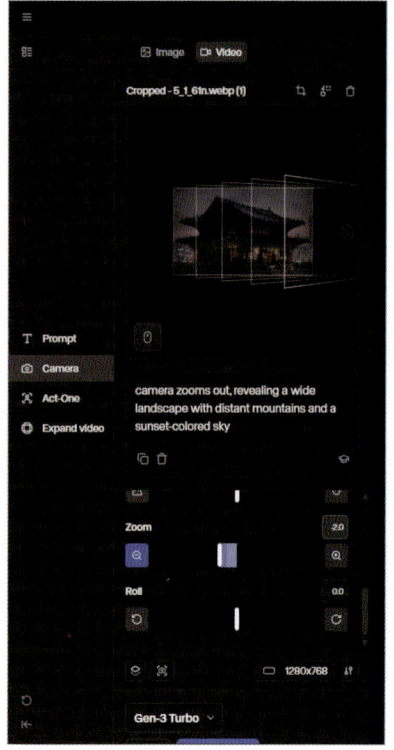

5️⃣ 설정을 마친 후 [Generate]를 클릭하여 영상을 생성합니다. 결과물을 재생하여 원하는 카메라 움직임이 구현되었는지 확인합니다. 생각했던 것과 다른 결과물이 나왔다면 슬라이더 값을 조정하거나 프롬프트를 보강하여 다시 생성해 봅니다. 생성된 영상은 세션과 [Assets]-[Private] 폴더에 저장됩니다.

런웨이 관련 Q&A

Q 런웨이의 모델별 특징이 궁금합니다.

A 현재 런웨이의 주요 영상 생성 모델은 Gen-3 Alpha, Gen-3 Alpha Turbo, Gen-4, Gen-4 Turbo까지 네 가지가 있습니다. 각 모델의 특징을 하나씩 살펴볼까요?

Gen-3 Alpha

런웨이의 Text to Video 모델로 장면의 일관성, 모션 표현, 프롬프트 해석 능력이 돋보입니다. 복잡한 아이디어도 비교적 잘 이해하여 영상으로 묘사하며, 프레임 간의 자연스러운 연결성이 좋아 끊김 없는 동영상을 만들어 냅니다.

Gen-3 Alpha의 주요 장점은 참고 이미지 없이 텍스트 프롬프트만으로 영상을 생성할 수 있다는 것입니다. 또, Video to Video, Act-One 등의 기능을 지원하며, Turbo 모델에 비해 그림자 표현이나 질감과 같은 세밀한 디테일에서 약간 더 높은 품질을 보여줍니다. 다만, 연산 비용이 높아 크레딧 소모가 많은 편이고, 생성 속도가 느린 편입니다. 참고 이미지 없이 아이디어를 마음껏 시도해 보고 싶을 때, 또는 고화질의 짧은 클립을 만들 때 추천하는 모델입니다.

Gen-3 Alpha Turbo

Gen-3 Alpha에서 속도를 향상시킨 모델입니다. 이름 그대로 생성 속도가 매우 빠르고 비용 효율적인 것이 특징입니다. 동일한 영상을 생성할 때, Alpha 모델 대비 약 7배 빠른 속도를 내며, 크레딧 소모도 절반 수준입니다. 또, 고급 카메라 제어 기능인 Camera Control은 Turbo 모델에서만 지원하기 때문에, 입체적인 카메라 움직임을 연출하려면 반드시 Turbo 모델을 사용해야 합니다. 다만, 텍스트 프롬프트만으로 영상을 만들 수 없기 때문에 항상 참고 이미지를 입력해야 합니다.

짧은 클립을 여러 개 만들어 스타일을 비교할 때, 많은 실험을 반복해야 하는 브레인스토밍 단계, 복잡한 카메라 움직임을 여러 값으로 실험할 때, 카메라 워크를 세밀하게 컨트롤해야 할 때 추천하는 모델입니다. 또, Image to Video 변환에 특화되어 있으므로, 미드저니나 포토샵으로 만든 이미지를 영상화할 때도 유용합니다.

Gen-4

Gen-4는 2025년에 공개된 런웨이의 차세대 영상 생성 모델로, '일관성과 제어'라는 목표를 지향합니다. 단순히 하나의 프롬프트로 하나의 장면을 만드는 것을 넘어, 동일한 등장인물과 사물이 여러 장면에 걸쳐 유지되는 세계를 창조할 수 있죠. 예를 들어, 하나의 참고 이미지만으로도 그 인물을 여러 각도에서 보여주거나 다양한 배경에 등장시키는 것이 가능해, 영상의 내러티브를 구성하는 데 유리합니다. 기술적으로는 멀티모달 능력이 강화되어, 텍스트 프롬프트의 지시와 참고 이미지를 복합적으로 해석하여 현실 세계의 물리까지도 잘 모방합니다. 달리는 인물의 동작이나 카메라의 피사계 심도 변화도 이전보다 자연스러워졌으며, 생성된 영상 퀄리티는 실사와 견줄 만한 수준으로 올라섰습니다.

Gen-4 모델 역시 참고 이미지 입력이 필수이지만, 그 목적은 Turbo 모델처럼 '속도 향상'을 위한 것이 아니라, 참고 이미지를 통한 '통제'에 있습니다. 텍스트 프롬프트는 주로 동작이나 장면 전개를 설명하는 역할을 하며, 스타일이나 대상의 모습은 참고 이미지에 의해 결정되는 방식입니다. 출력 해상도와 비율 선택지가 다양한 것도 장점이죠. 다만, 크레딧 소모가 큰 편이고, 영상은 5초 또는 10초 단위로만 생성할 수 있습니다. Gen-4는 미디어 생성과 세계의 일관성을 중시하기 때문에, 단편적인 영상 클립뿐만 아니라 복합적인 영상 시퀀스를 제작할 때 강점을 발휘합니다.

Gen-4 Turbo

Gen-4 Turbo는 Gen-4 모델의 속도 및 효율성을 크게 개선한 최신 모델입니다. 기존 Gen-4의 뛰어난 품질과 일관성을 유지하면서 약 6~7배 더 빠르게 영상을 생성하죠. Gen-4와 마찬가지로 멀티모달 및 멀티참조 기능을 지원하여, 동일한 등장인물이나 오브젝트가 다양한 조건에서도 일관되게 표현됩니다. 비용 효율성도 좋은 편이라 기존 Gen-4 모델 대비 절반 정도의 크레딧을 소모합니다. 영상 길이는 Gen-4와 동일하게 5초 또는 10초 단위로 생성할 수 있습니다. 많은 양의 콘텐츠를 신속히 제작해야 하는 크리에이터, 브랜드 홍보 영상이나 SNS용 짧은 영상, 프리비주얼라이제이션(Previsualization), 다양한 스타일과 구도를 빠르게 테스트해야 하는 프로젝트에 추천하는 모델입니다.

Q **조금 더 명료한 모델 선택 가이드가 있으면 좋겠어요.**

아이디어 스케치 단계, 빠르게 실험할 때 ⇒ Gen-4 Turbo

기존에 가지고 있던 이미지나 참고 자료를 활용해 빠르게 여러 스타일과 구도의 영상을 실험하고 싶다면 Gen-4 Turbo 모델을 추천합니다. 생성 속도가 빠르고 크레딧 소모가 적어 부담 없이 다양한 실험을 반복할 수 있습니다. 다만 Camera Control, Expand Video 등의 부가 기능이 꼭 필요하다면, Gen-3 Alpha Turbo 모델을 사용해야 합니다.

프롬프트만으로 새로운 장면을 만들 때 ⇒ Gen-3 Alpha

텍스트 프롬프트만으로 영상을 만들고 싶다면 Gen-3 Alpha 모델이 유용합니다. 텍스트 해석 능력이 뛰어나 원하는 구도와 장면을 잘 표현하기 때문이죠. 여기서 얻은 결과물을 Turbo 모델의 Video to Video 기능으로 빠르게 수정하고 스타일을 다듬는 것도 좋은 방법입니다.

특정 스타일과 캐릭터가 등장하는 일관된 영상을 만들 때 ⇒ Gen-4

디자인 시트나 레퍼런스 이미지가 명확히 있고, 이를 기반으로 여러 장면을 만들어야 한다면 Gen-4가 가장 좋은 선택지입니다. 특히 실제 인물 사진으로 다양한 장면을 만들거나, 제품 사진 한 장으로 여러 광고 영상을 제작할 때 효과적입니다. 또, 새로 출시된 Act-Two 기능을 활용하면 연기 영상도 생성할 수 있습니다. 시간과 크레딧 여유가 있다면 고품질의 일관된 영상 제작에 가장 추천하는 모델이죠.

카메라 움직임이나 키프레임 전환이 중요할 때 ⇒ Gen-3 Turbo

카메라를 원하는 대로 움직이며 실제로 촬영한 듯한 자연스러운 영상을 제작하려면 Gen-3 Alpha Turbo 모델의 Camera Control 기능이 필요합니다.

최고 화질 및 사실적인 영상이 필요할 때 ⇒ Gen-4

결과물을 실제 영상과 합성하거나 대형 화면에서 상영할 계획이 있다면 Gen-4 모델을 추천합니다. Gen-4는 동작의 자연스러움, 디테일 표현, 해상도 면에서 가장 뛰어나며, 추가 업스케일링 기능을 통해 고품질 4K급 결과물을 얻을 수 있습니다.

TIP ● 속도가 중요한 초안 작업은 Gen-4 Turbo나 Gen-3 Alpha Turbo로, 완성도가 중요한 최종 영상은 Gen-4 모델로 나누어 작업하면 효율성과 품질을 모두 확보할 수 있습니다. 다만, 각 모델이 지원하는 기능이 서로 다르므로, 프로젝트 목표에 따라 필요한 기능을 미리 확인하고 적절한 모델을 선택하세요.

CHAPTER 2

강력한 후편집 기능을 제공하는 툴, 소라

소라(Sora)는 챗GPT로 AI 혁신을 주도하고 있는 오픈AI에서 개발한 영상 생성 모델입니다. 텍스트 프롬프트와 참고 이미지만으로도 실사에 가까운 영상을 쉽게 제작할 수 있죠. 단순히 영상을 생성하는 것을 넘어, Remix나 Re-cut과 같은 강력한 후편집 기능을 제공하여 영상 창작의 자유도와 유연성을 한층 높였다는 평가를 받고 있습니다.

01 소라의 특징 살펴보기

소라는 텍스트 프롬프트나 참고 이미지를 기반으로 새로운 영상을 생성하는 AI 툴입니다. 단순한 시각 요소뿐만 아니라, 현실 세계의 물리적 특성까지 반영하여 장면을 구성하는 것이 특징입니다. 예를 들어, [숲 속을 날아다니는 드론]이라는 프롬프트를 입력하면 숲의 배경과 드론의 움직임은 물론, 카메라 앵글과 피사체의 동선까지 고려한 자연스러운 영상을 생성합니다.

소라의 인터페이스는 챗GPT와 통합된 스토리보드(Storyboard) 기능으로 제공됩니다. 한 번에 여러 영상을 생성하여 결과를 비교할 수 있고, 추가 편집을 할 수 있는 기능들을 지원하기 때문에 올인원 AI 영상 편집 스튜디오라고 해도 손색이 없습니다. 주요 후편집 기능은 다음과 같습니다.

- **Remix**: 프롬프트를 약간 변경하여 변주 영상을 만듭니다.
- **Re-cut**: 영상의 특정 부분을 잘라내거나, 앞뒤 장면을 확장하여 마치 추가로 촬영한 것처럼 새로운 영상 클립을 생성합니다.
- **Blend**: 두 영상을 자연스럽게 잇습니다.
- **Loop**: 일부 구간을 루프로 반복시킵니다. 무한 반복되는 영상을 제작할 수 있어 SNS 숏폼 영상을 제작할 때 사용하면 효과적입니다.

2025년 7월을 기준으로 챗GPT Plus, Team, Pro 플랜 구독자에게 제공되고 있습니다. Plus 구독자는 최대 720p 해상도에 10초 길이의 영상을, Pro 구독자는 최대 1080p 해상도에 10초 길이의 영상을 생성할 수 있습니다. 현재는 생성할 수 있는 영상 길이가 짧아, 짧은 클립 위주의 영상 제작에 적합합니다. 고도화된 모델 덕분에 영상 품질은 상당히 사실적이며, 여러 인물 간의 상호 작용이나 복잡한 동작 묘사도 일정 수준까지 구현이 가능합니다. 다만, 유명인의 얼굴이나 저작권이 있는 캐릭터는 정책상 생성되지 않으며, 프롬프트에 따라 움직임이 다소 부자연스럽거나 왜곡이 발생하는 경우도 간혹 있습니다.

02 소라 웹 UI 살펴보기

소라 접속하기

웹 브라우저를 통해 소라 홈페이지(sora.chatgpt.com)에 접속합니다. 홈 화면 중앙에는 텍스트 프롬프트를 입력하는 영역이, 왼쪽 패널에는 내가 만든 영상을 확인할 수 있는 'My media'와 다른 사용자가 만든 공개 영상들을 살펴볼 수 있는 'Explore' 등 다양한 메뉴가 있습니다.

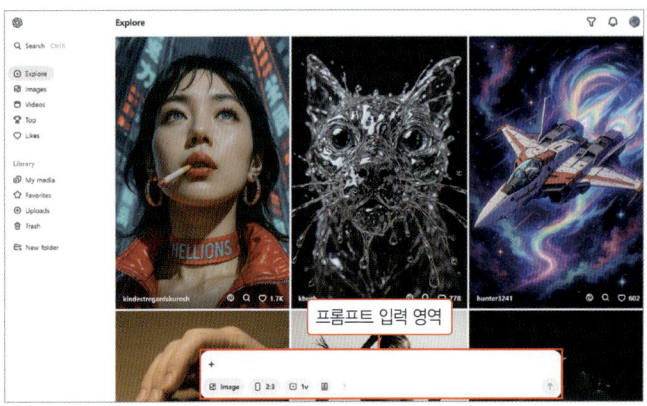

TIP ● 챗GPT 좌측 상단 메뉴 중 [Sora]를 클릭하여 접속할 수도 있습니다.

텍스트 프롬프트 입력하기

프롬프트 입력 영역에 생성하고자 하는 장면이나 영상의 내용을 문장으로 입력하세요. 주인공, 동작, 배경 분위기를 구체적으로 묘사할수록 의도에 맞는 영상이 생성될 가능성이 높아집니다. 원하는 카메라 각도나 움직임도 함께 적어주면 좋습니다. 프롬프트를 모두 입력했다면 [Generate(⬆)] 버튼을 클릭합니다.

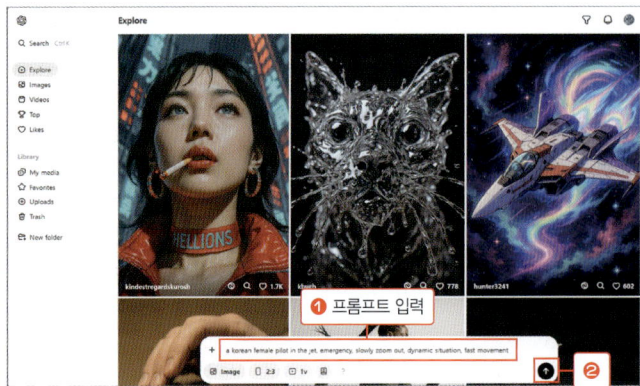

204

잠시 기다리면 입력한 프롬프트를 바탕으로 새로운 영상이 생성됩니다. 결과물이 화면에 나타나고, 미리보기가 재생됩니다.

TIP ● 복잡한 여러 동작을 한 영상에 담기보다는 단일 장면에 집중하는 것이 좋습니다. 필요한 경우, 짧은 영상을 여러 개 만들어 이어 붙이는 것을 권장합니다.

📌 참고 이미지 입력하기

소라 역시 정적인 이미지를 움직이는 영상으로 만들거나, 참고 이미지의 분위기를 반영한 영상을 생성하는 Image to Video 기능을 제공합니다. 프롬프트 입력 영역에서 [+]를 클릭하고 참고 이미지를 업로드하면 이 이미지와 텍스트 프롬프트를 함께 반영하여 영상을 생성합니다. 예를 들어, 풍경 사진을 참고 이미지로 첨부하면 그 장면이 생생하게 움직이는 영상이 생성됩니다.

TIP ● 참고 이미지는 선택 사항으로, 필요한 경우에만 추가하면 됩니다.

📌 영상 출력 옵션 조정하기

소라는 프롬프트 입력 영역의 영상 출력 옵션을 통해 생성될 영상의 비율, 해상도, 길이 등을 미리 설정할 수 있습니다. 항목별로 하나씩 살펴볼까요?

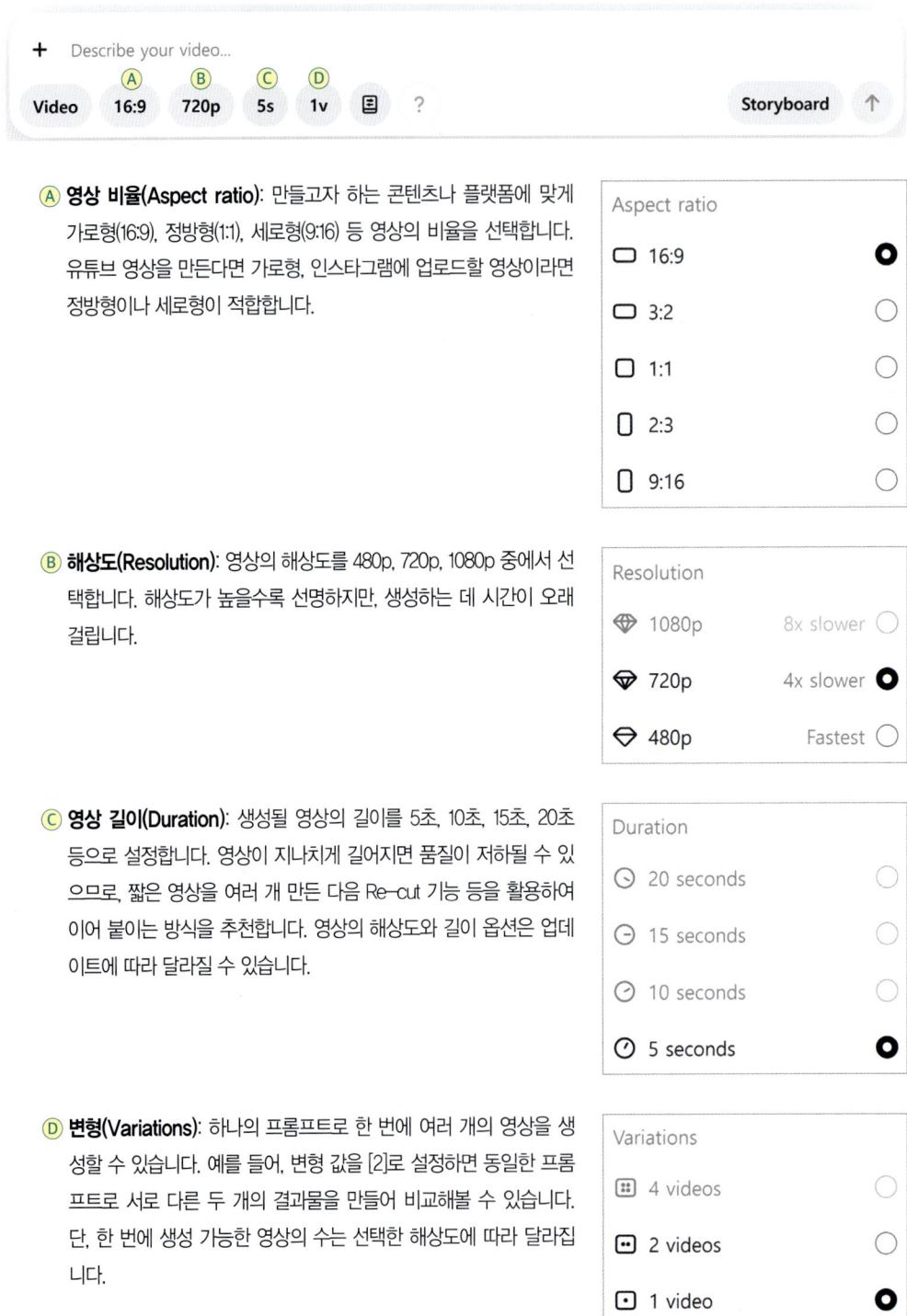

Ⓐ **영상 비율(Aspect ratio)**: 만들고자 하는 콘텐츠나 플랫폼에 맞게 가로형(16:9), 정방형(1:1), 세로형(9:16) 등 영상의 비율을 선택합니다. 유튜브 영상을 만든다면 가로형, 인스타그램에 업로드할 영상이라면 정방형이나 세로형이 적합합니다.

Ⓑ **해상도(Resolution)**: 영상의 해상도를 480p, 720p, 1080p 중에서 선택합니다. 해상도가 높을수록 선명하지만, 생성하는 데 시간이 오래 걸립니다.

Ⓒ **영상 길이(Duration)**: 생성될 영상의 길이를 5초, 10초, 15초, 20초 등으로 설정합니다. 영상이 지나치게 길어지면 품질이 저하될 수 있으므로, 짧은 영상을 여러 개 만든 다음 Re-cut 기능 등을 활용하여 이어 붙이는 방식을 추천합니다. 영상의 해상도와 길이 옵션은 업데이트에 따라 달라질 수 있습니다.

Ⓓ **변형(Variations)**: 하나의 프롬프트로 한 번에 여러 개의 영상을 생성할 수 있습니다. 예를 들어, 변형 값을 [2]로 설정하면 동일한 프롬프트로 서로 다른 두 개의 결과물을 만들어 비교해볼 수 있습니다. 단, 한 번에 생성 가능한 영상의 수는 선택한 해상도에 따라 달라집니다.

스타일 프리셋 적용하기

소라는 기본적으로 입력된 프롬프트를 기반으로 영상을 생성하지만, 스타일 프리셋을 활용하면 영상의 시각적 스타일을 손쉽게 조절할 수 있습니다. [프리셋(圖)] 버튼을 클릭하면 소라에서 제공하는 스타일 목록이 나타납니다. 원하는 스타일을 선택하면 해당 효과가 프롬프트에 자동으로 반영되어, 결과물의 질감과 연출에 영향을 줍니다.

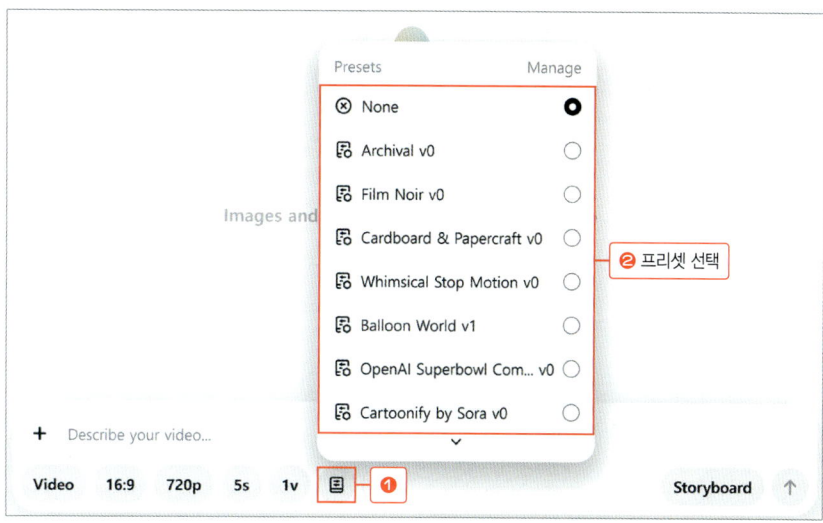

제공된 프리셋 외에 나만의 스타일을 직접 만들 수도 있습니다. 프리셋 목록에서 [Manage] 또는 [+] 버튼을 클릭한 다음, 스타일을 설명하는 프롬프트를 작성합니다. 조명, 색감, 카메라 종류, 화질 등 원하는 스타일의 특징을 상세히 적어주세요. 참고 이미지나 영상을 함께 업로드하여 그 분위기를 반영할 수도 있습니다. 이렇게 생성한 나만의 프리셋은 저장해 두고 다양한 영상에 반복하여 적용할 수 있어, 일관된 스타일을 연출할 때 매우 유용합니다.

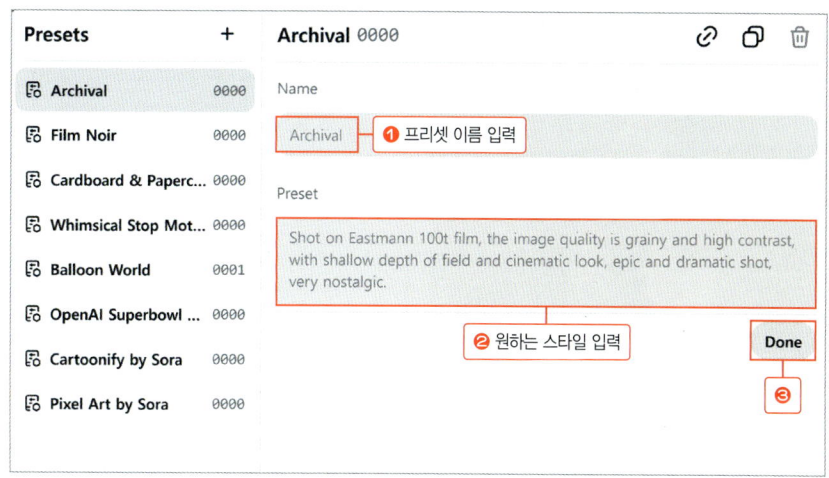

TIP ● 스타일 프리셋은 선택 사항으로, 필요한 경우에만 사용합니다.

03 소라의 후편집 기능 활용하기

생성된 결과물이 마음에 들지 않더라도 걱정하지 마세요. 소라에서 제공하는 후속 편집 기능들을 활용하면 결과물을 개선하거나 편집할 수 있습니다. 각 기능을 하나씩 살펴볼까요?

↗ Remix: 영상 내용 수정하기

결과물의 특정 요소를 바꾸고 싶다면, 프롬프트를 통해 기존 영상에 변화를 주는 Remix 기능을 활용해 보세요.

1 생성된 결과물 아래의 [Remix] 버튼을 클릭합니다.

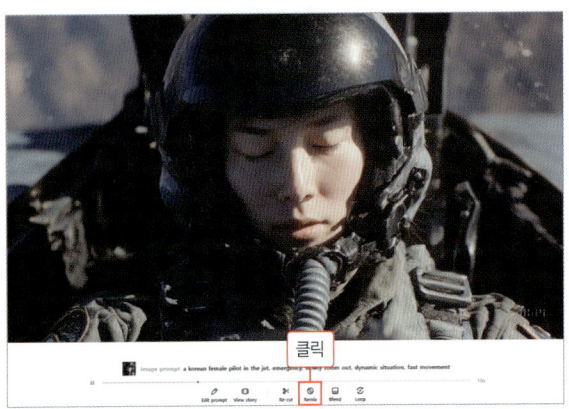

2 Remix 프롬프트 입력 영역이 열리면 '무엇을 어떻게 바꾸고 싶은지' 추가 설명을 작성합니다. 예를 들어, 생성된 영상 속 파일럿을 남성으로 바꾸고 싶다면 [여성 파일럿을 남성 파일럿으로]이라고 지시하면 됩니다.

3 Remix 적용 강도를 설정합니다. 네 가지 옵션 중 변경 사항의 규모에 따라 적절한 옵션을 선택합니다. 설정을 모두 마쳤다면 [Remix]를 클릭합니다.

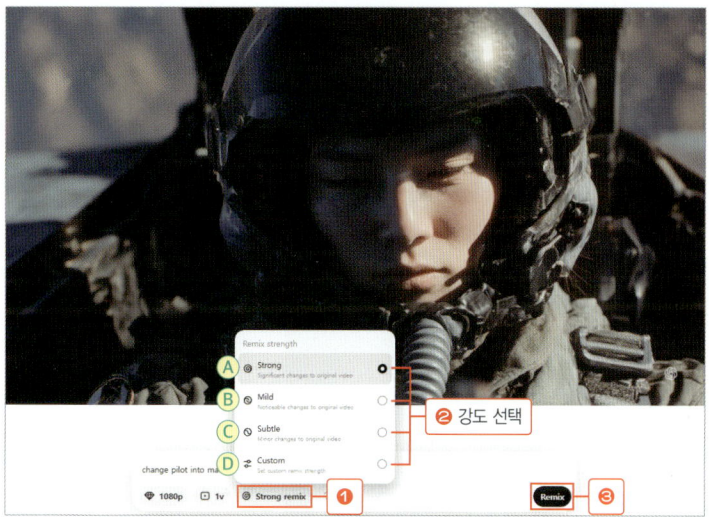

- Ⓐ **Strong(강하게)**: 장면의 분위기나 주요 오브젝트를 완전히 변경합니다.
- Ⓑ **Mild(적당하게)**: 몇 가지 요소를 추가하거나 변경합니다.
- Ⓒ **Subtle(약하게)**: 아주 미세한 변화만 적용합니다.
- Ⓓ **Custom(사용자 지정)**: 세부 강도를 퍼센트(%)로 수동 설정합니다.

4 잠시 기다리면 원본 영상에 변화를 준 새로운 영상이 생성됩니다. 결과물을 재생하여 원본과 비교해 어떻게 변화했는지 확인합니다.

TIP ● Remix 기능은 내 영상뿐만 아니라 다른 사용자의 공개 영상에도 사용할 수 있습니다. 마음에 드는 영상을 발견했다면, 하단의 [Remix] 버튼을 눌러 그 영상을 기반으로 나만의 변형 영상을 만들어 보세요.

↗ Re-cut: 부분 재생성으로 영상 다듬기

Re-cut은 생성된 영상 중 일부 구간만 다시 생성하여 자연스럽게 다듬는 기능입니다. 영상의 앞부분은 마음에 드는데 끝부분 움직임이 부자연스럽거나, 중간에 원치 않는 장면이 잠깐 나오는 경우처럼, 부분적인 수정이 필요할 때 유용합니다. 소라의 AI 모델이 한 번에 복잡한 동작을 모두 생성하기 어렵다는 점을 보완하여, 여러 단계에 걸쳐 영상의 완성도를 높일 수 있도록 고안된 기능이죠.

1 결과물 아래의 [Re-cut] 버튼을 클릭합니다.

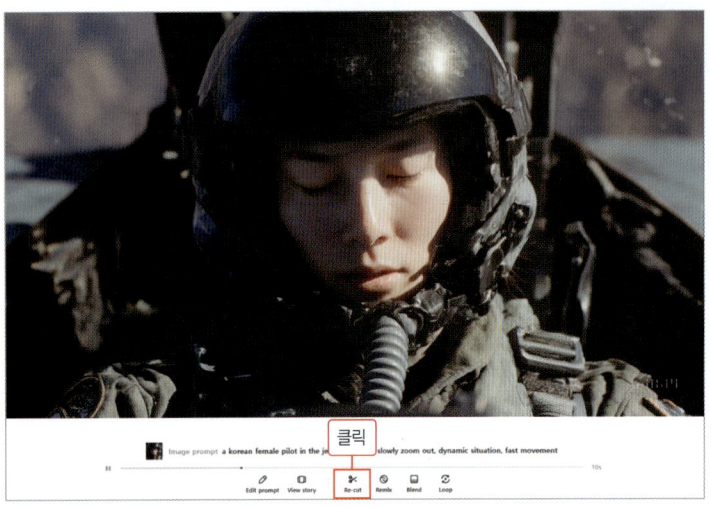

2 편집 타임라인이 나타나면 키보드의 ⑤ 키를 눌러 구간을 나눕니다. 타임라인의 핸들을 좌우로 드래그하여 문제가 있는 구간을 지정한 다음, [삭제(🗑)]을 클릭하여 해당 구간을 지웁니다.

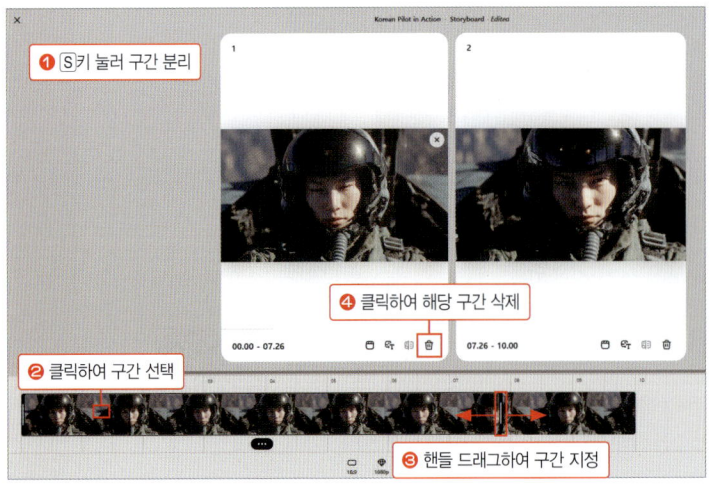

TIP ● 키보드의 ⑤ 키를 한 번 더 누르면 구간이 세 개로 나누어집니다. 필요에 따라 구간을 여러 개로 나누어 작업합니다.

210

3 이제 제거된 구간을 채울 새 영상을 생성할 차례입니다. 잘라낸 구간에 마우스 커서를 올리면 나타나는 [+] 버튼을 클릭합니다. 재생성 프롬프트를 입력할 수도 있지만, 필수는 아닙니다. 특정 동작이나 모습을 지시하고 싶다면 입력하고, 그렇지 않은 경우에는 공란으로 두면 소라가 앞뒤 맥락에 어울리게 자동으로 영상을 완성합니다. 준비가 되었다면 [Create]를 클릭하여 Re-cut을 실행합니다.

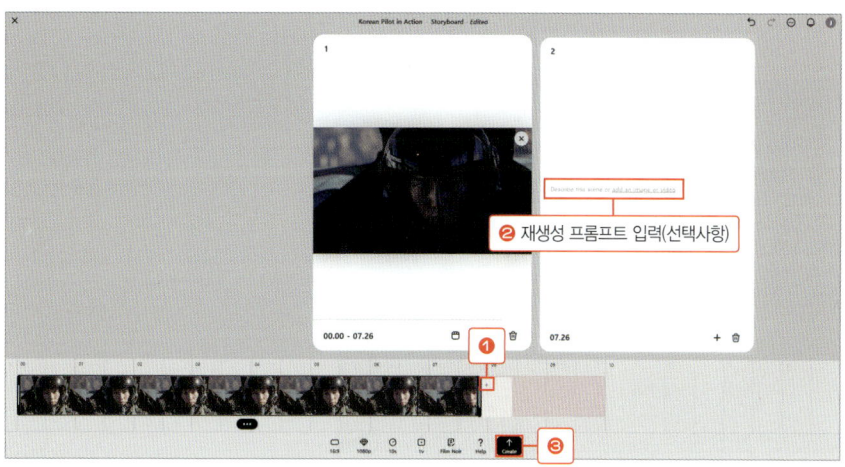

4 잠시 기다리면 제거된 구간을 채운 새로운 영상이 생성됩니다. 결과물을 재생하여 새로 생성된 구간이 앞뒤 장면과 자연스럽게 이어지는지 확인합니다. 영상의 다른 부분은 그대로 유지한 상태로 어색했던 부분만 잘 교체되었을 것입니다.

TIP ● 필요하다면 여러 번 Re-cut을 적용할 수도 있습니다.

📌 Loop: 부드러운 반복 영상 만들기

끊김 없이 반복 재생되는 루프 영상을 만들고 싶다면 Loop 기능을 활용해 보세요. <mark>지정한 구간의 시작과 끝을 자연스럽게 연결하여, 마치 끝없이 이어지는 듯한 영상을 만들 수 있습니다.</mark> 파도가 치는 장면이나 불꽃이 타오르는 장면 등을 루프시켜 영원히 지속되는 영상 효과를 줄 수 있죠.

1 결과물 아래의 [Loop] 버튼을 클릭합니다.

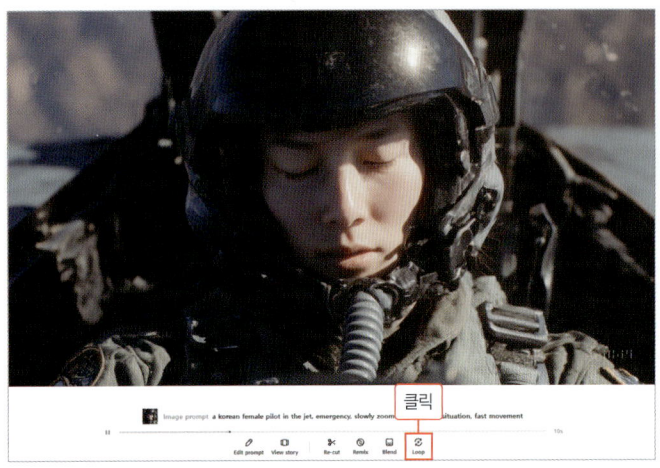

2 Loop 편집 창이 열리며 영상 타임라인이 나타납니다. 타임라인 양쪽 끝에는 두 개의 조절 핸들이 표시됩니다. 하나는 반복할 구간의 시작점, 다른 하나는 끝점을 나타냅니다.

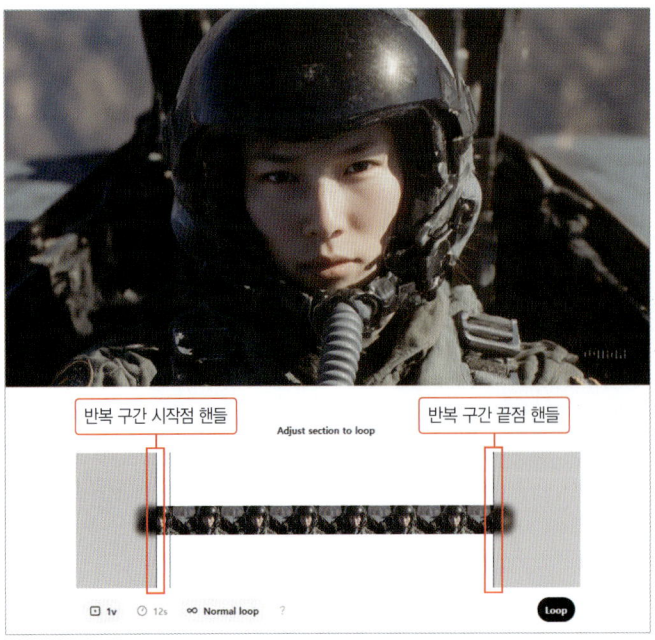

3 손잡이를 드래그하여 루프시키고 싶은 구간을 정확히 설정합니다. 선택된 구간의 첫 프레임과 마지막 프레임이 나중에 이어 붙여질 부분입니다.

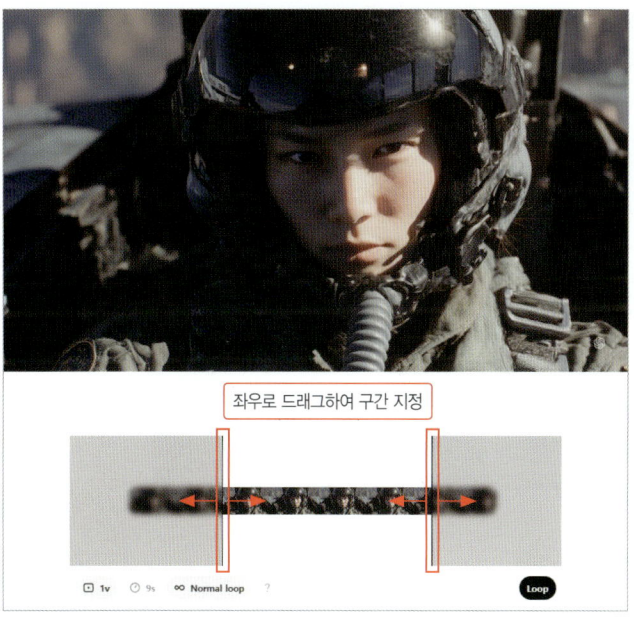

4 구간을 설정했다면, 이제 루프 타입을 선택해 봅시다. 반복될 구간의 시작 프레임과 끝 프레임의 유사도에 따라 선택하면 됩니다. 두 프레임이 거의 비슷하다면 [Short]로 설정해도 매끄럽게 연결되며, 차이가 클 경우에는 [Normal]이나 [Long]을 선택하여 두 프레임 사이를 부드럽게 연결하는 보간 구간을 더 길게 만듭니다. 선택을 완료했다면 [Loop]를 클릭합니다.

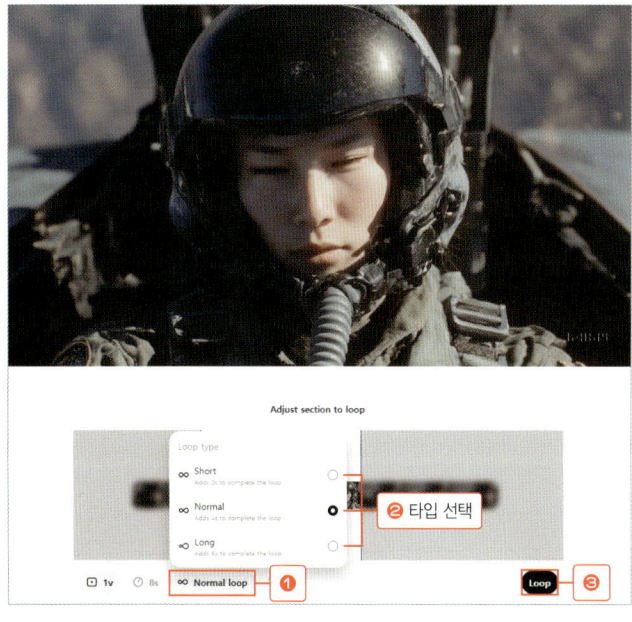

5 잠시 기다리면 소라가 지정된 구간을 분석하여 마지막 프레임에서 첫 프레임으로 자연스럽게 이어지는 루프 영상을 만들어 냅니다. 결과물을 재생하여 확인합니다.

TIP ● 모든 영상이 완벽하게 루프되는 것은 아닙니다. 움직임이 단방향으로 진행되는 구간은 부자연스럽게 루프될 수 있으니, 결과물을 확인하면서 적절한 구간을 찾아보세요.

📈 Blend: 두 영상 결합하기

Blend는 서로 다른 두 영상을 자연스럽게 연결하거나 합성하여 하나의 새로운 영상으로 만들어 내는 기능입니다. 창의적인 트랜지션을 시도할 때 유용하죠. 예를 들어, 하나의 영상을 다른 영상과 합치거나, 실사 스타일 영상과 애니메이션 스타일 영상이 자연스럽게 이어지는 독특한 시각 효과를 연출할 수도 있습니다.

1 내 라이브러리(My media)에서 다른 영상과 결합시키고 싶은 영상을 하나 선택합니다. 영상 하단의 [Blend] 버튼을 클릭합니다. 마찬가지로 내 라이브러리에서 영상을 고르거나, 별도의 영상 파일을 업로드할 수 있습니다. 원하는 방식을 선택합니다. 여기서는 [Choose from library]를 선택했습니다.

2 기존 영상과 결합할 두 번째 영상을 선택합니다.

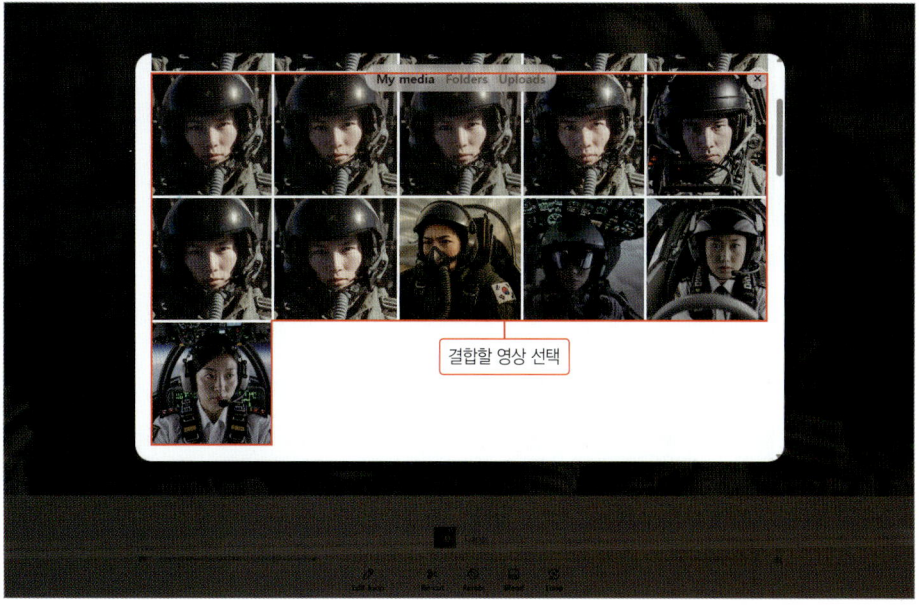

PART 5 AI 영상 생성 툴 살펴보기 | **215**

3 두 영상을 모두 선택하면 타임라인과 혼합 제어판이 나타납니다. Blend 기능의 핵심은 '영향력 곡선(Influence Curve)'입니다. 이 곡선 그래프를 통해 두 영상의 비중을 시간대별로 조정할 수 있습니다. 곡선이 위로 높아지는 구간에서는 첫 번째 영상의 영향력이 커지고, 반대로 아래로 내려가는 구간에서는 두 번째 영상이 더 많이 나타납니다. 곡선의 원형 핸들을 드래그하여 시간의 흐름에 따라 어떤 영상을 더 많이 노출시킬지 조정하세요.

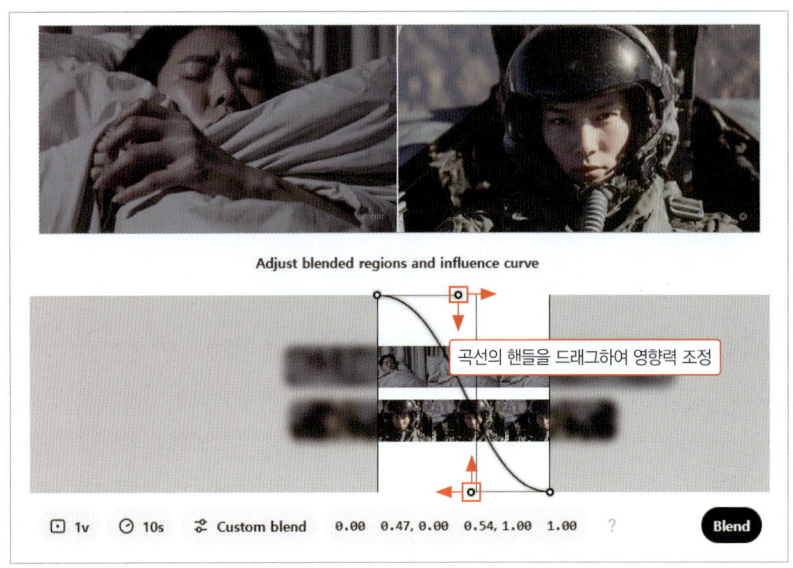

4 영상 전체가 아닌 필요한 구간만 융합하고 싶다면, 영상의 타임라인을 클릭한 상태에서 좌우로 드래그하여 영상의 시작점과 끝점을 지정해 보세요. 이렇게 하면 해당 구간만 Blend에 사용할 수 있습니다. 모든 준비를 마쳤다면 [Blend]를 클릭합니다.

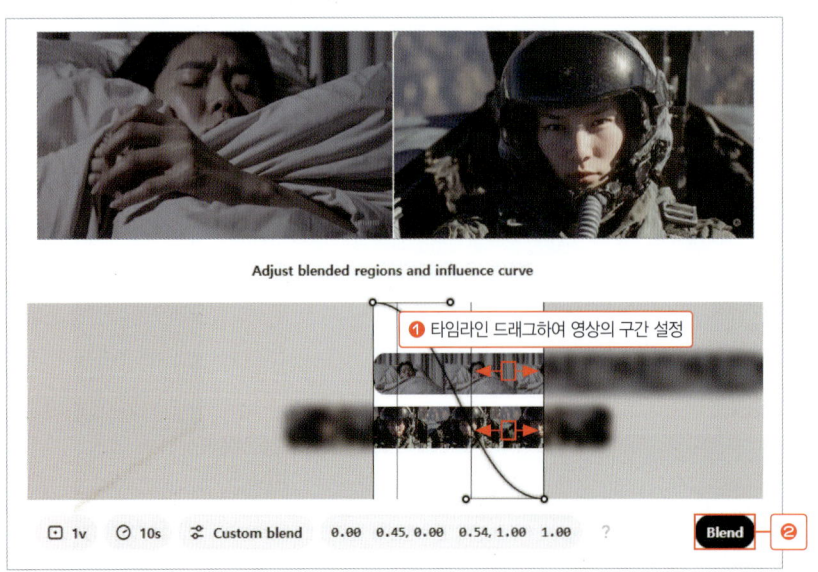

216

5 잠시 기다리면 소라가 두 영상을 프레임 단위로 분석하여 적절히 섞은 새로운 영상이 생성됩니다. 두 원본 영상의 요소가 한 화면에 자연스럽게 어우러진 결과물을 재생하여 확인해 보세요.

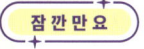

소라를 사용할 때 주의해야 할 점이 있을까요?

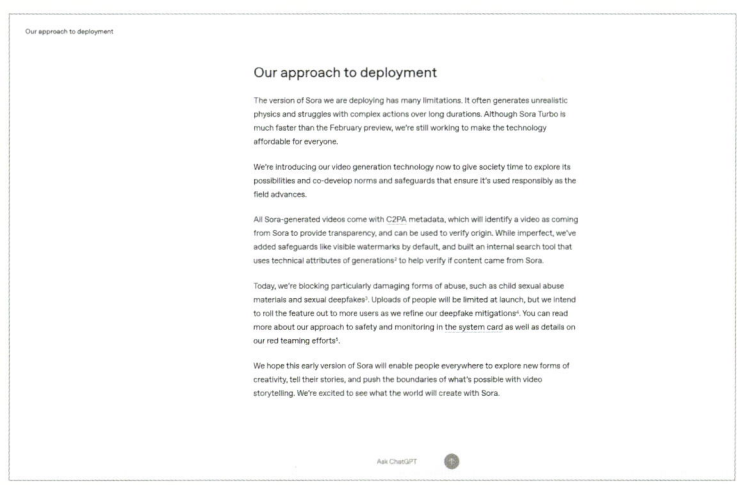

소라를 사용할 때는 콘텐츠 정책을 반드시 준수해야 합니다. 소라에서 생성된 모든 영상에는 AI로 생성된 영상임을 나타내는 메타데이터가 포함되어 출처 확인이 가능합니다. 또, 실제 인물을 식별할 수 있는 영상이나 부적절한 내용을 생성하는 것은 제한되며, 유해 콘텐츠는 자동으로 차단됩니다.

CHAPTER
3

사실적인 세로형 영상에 강한 툴, 클링

클링(Kling)은 중국의 숏폼 플랫폼 쿠아이쇼우(Kuai-shou)에서 개발한 영상 생성 AI 서비스로, 2024년 글로벌 서비스 개방 이후 빠르게 확산되었습니다. 텍스트 프롬프트나 이미지 입력만으로도 최대 1080p 해상도의 현실감 높은 짧은 영상을 빠르게 제작할 수 있으며, 특히 모바일 환경에 최적화된 콘텐츠 제작에 강점을 보이고 있습니다.

01 클링의 특징 살펴보기

클링은 중국의 대표적인 AI 영상 생성 툴로, ==사실감 있는 영상을 구현하는 기술력==으로 주목받고 있습니다. 뛰어난 표현력으로 마케팅 영상, 소셜 미디어 콘텐츠, 광고 시안 영상 등 다양한 용도로 활용할 수 있으며, 특히 역동적인 움직임이 담긴 영상을 잘 만들어 냅니다. 클링의 주요 기능을 알아볼까요?

- **이미지 생성**: Image to Video와 Text to Video 두 가지 생성 모드를 제공합니다.
- **Motion Brush**: 영상의 특정 부분에 원하는 움직임을 직접 그려서 지정합니다. 해당 기능은 1.5 버전까지만 지원합니다.
- **Extend Video**: 5초 단위로 추가 영상을 생성하여 영상의 길이를 연장합니다. 해당 기능은 1.5 버전까지만 지원합니다.
- **Face Model/Lip Sync**: 인물의 얼굴을 합성하거나 음성에 맞춰 입 모양을 움직이게 하여 실제로 말하는 듯한 영상을 생성합니다.
- **Camera Movement**: 프롬프트에 카메라 움직임을 정의하여 더욱 영화 같이 연출합니다. 해당 기능은 1.5 버전까지만 지원합니다.
- **Virtual Try-On**: 가상의 모델이 특정 패션 아이템을 착용한 피팅 영상을 생성합니다.
- **Multi-Elements**: 영상에 특정 오브젝트나 효과를 삽입합니다. 이 기능을 활용하면 등장인물이나 배경을 일관되게 유지하며 여러 영상을 만들 수 있습니다. 해당 기능은 1.6 버전까지만 지원합니다.

클링은 기본적으로 5초 또는 10초 분량의 짧은 영상을 생성하며, Extend 기능을 통해 최대 3분 길이의 영상까지 확장하여 제작할 수 있습니다. 또한, 1080p 해상도와 24fps의 부드러운 프레임 속도를 지원하여 결과물의 활용도가 높습니다. 또, 클링은 공식 웹 사이트를 통해 영어 및 한국어 인터페이스를 제공합니다. 신규 가입자에게 제공되는 일일 무료 크레딧으로 영상 생성을 체험할 수 있고, 추가로 사용하기 위해서는 구독 플랜을 구매하거나 크레딧을 유료로 충전해야 합니다. 기업이나 개발자를 위한 API도 공개되어 있어 앱이나 서비스에 클링의 영상 생성 기능을 통합할 수도 있습니다. 이처럼, 클링은 텍스트와 이미지 입력을 통해 사실감 높은 짧은 영상을 빠르게 만들어내는 데에 상당한 강점을 지닌 툴입니다. 긴 영상을 만드는 데는 한계가 있지만, 짧고 밀도 높은 클립을 만들어 소셜 미디어나 광고에 활용하고자 하는 크리에이터에게는 매력적인 플랫폼입니다.

02 클링 웹 UI 살펴보기

↗ 클링 접속하기

웹 브라우저의 URL 입력 창에 [app.klingai.com/global]을 입력하여 클링 홈페이지에 접속합니다. 회원가입을 진행하고 나면 대시보드가 나타납니다. 대시보드 좌측 패널에서 원하는 영상 생성 모드를 선택하거나 다른 모드로 전환할 수 있으며, 패널 하단에는 구독 요금제 및 크레딧 정보가 표시됩니다. 영상을 만들고 싶다면 좌측 패널의 'AI Generation'에서 [Video]를 클릭합니다.

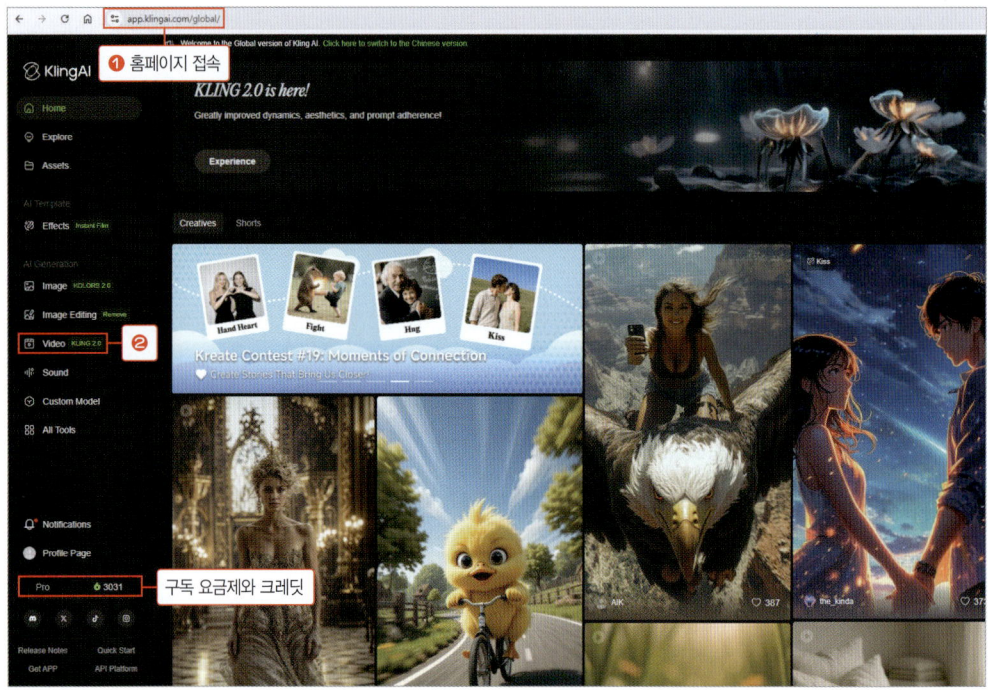

↗ 영상 생성 모드 선택하기

영상을 생성하는 'Video Generation' 작업 화면이 나타나면 어떤 방식으로 영상을 만들지 모드를 선택할 수 있습니다. 상단에 표시된 [Text to Video]와 [Image to Video] 중 하나의 모드를 선택하여 작업을 진행합니다.

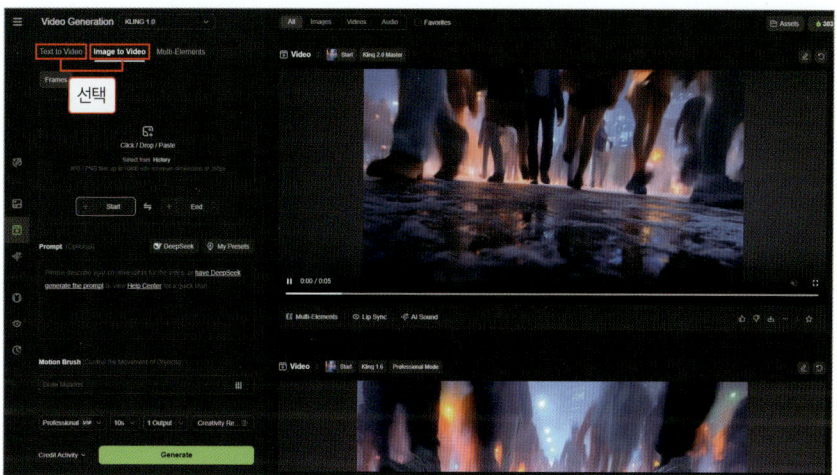

* **Image to Video**: 업로드한 이미지를 바탕으로 영상을 생성합니다. 예를 들어, 인물 사진을 넣으면 해당 인물이 움직이거나 말하는 영상이 생성되고, 배경 그림을 넣으면 그 배경에 움직임을 부여한 영상이 생성됩니다. 특정 캐릭터나 장면을 일관되게 표현하고 싶을 때 유용합니다.

* **Text to Video**: 텍스트 프롬프트만으로 영상을 생성합니다. 예를 들어, [한 소녀가 해변에서 파도를 타는 장면] 같은 문장을 입력하면, 해당 묘사에 맞는 짧은 영상이 생성됩니다. 아이디어 스케치나 추상적인 장면 구현에 유용합니다.

[Image to Video]를 선택한다면, 이미지 업로드 영역을 클릭하여 영상의 기본이 될 참고 이미지를 첨부합니다. 업로드한 이미지는 화면 중앙에 미리보기로 표시됩니다.

TIP ● 참고 이미지는 해상도가 높고 주요 피사체가 선명하게 나타난 것을 사용하세요. 최소 300×300px 이상이어야 하며, 인물 사진의 경우 얼굴이 정면을 향하고 있는 사진이 표정이나 입 모양을 표현하는 데 유리합니다.

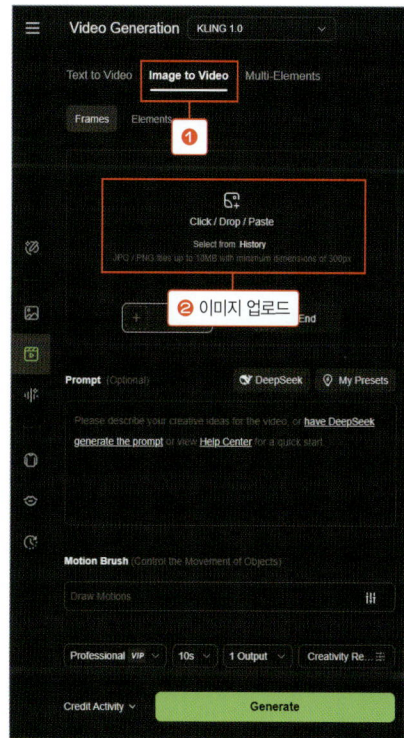

[Text to Video]를 선택한다면, 연출하고자 하는 장면이나 동작을 설명하는 텍스트 프롬프트를 작성합니다.

TIP ● Image to Video 모드에서도 텍스트 프롬프트를 추가할 수 있습니다. 업로드한 참고 이미지 아래쪽에 별도로 마련된 'Prompt' 영역에 만들고자 하는 영상을 추가로 설명합니다.

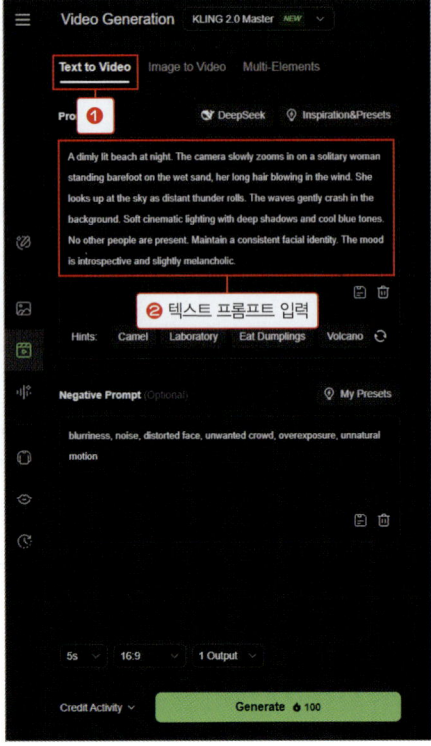

잠깐만요 — 텍스트 프롬프트를 입력할 때 유념해야 할 팁이 있을까요?

1. 상세하고 구체적으로 작성하기
영상에 담고 싶은 행동, 배경, 분위기, 카메라 연출 등을 구체적으로 묘사할수록 의도에 가까운 결과물이 생성됩니다. 예를 들어, 막연히 [해변에서]라고 작성하기보다는 [어두운 밤의 해변가, 카메라 천천히 줌인]이라고 적어주는 것이죠.

2. 스타일 언급하기
원하는 스타일이나 색감, 영상의 톤이 있다면 프롬프트에 포함하세요. 예를 들어 [지브리 애니메이션처럼], [시네마틱한 분위기로] 등을 지정할 수 있습니다.

3. 제약 사항 명시하기
특정 인물의 모습이 변형되지 않도록 [균일한 얼굴]을 추가하거나, 배경 군중이 생기지 않도록 [단일 인물]을 추가하여 원하는 제약이나 강조점을 함께 작성합니다.

4. 네거티브 프롬프트 활용하기
64쪽에서 살펴본 미드저니의 네거티브 프롬프트와 마찬가지로, 생성되지 않았으면 하는 요소를 명시합니다. 클링에는 네거티브 프롬프트를 입력하는 별도의 영역이 있습니다. 여기에 [흐릿함], [노이즈] 등을 네거티브 프롬프트로 넣으면 보다 깔끔한 결과물을 얻을 수 있습니다.

🎬 영상 생성 옵션 설정하기

참고 이미지나 텍스트 프롬프트를 모두 입력했다면 생성 옵션을 설정해 봅시다.

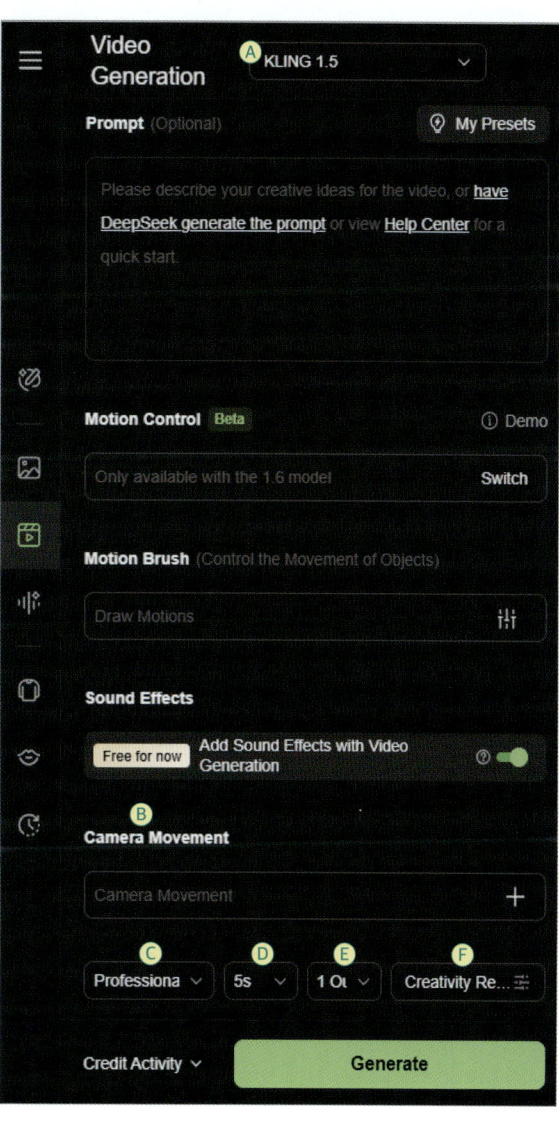

ⓐ **모델 선택**: 생성에 사용할 AI 모델을 선택합니다. 2025년 7월 기준으로 [Kling 2.1] 모델이 기본값입니다. 1080p 고해상도 출력과 향상된 모션 일관성을 제공하므로 특별한 경우가 아니라면 그대로 사용합니다.

ⓑ **카메라 움직임(Camera Movement)**: 영상 속 카메라의 움직임을 지정하는 고급 설정입니다. 좌우 이동(Pan), 상하 이동(Tilt), 줌 인/아웃 등을 선택할 수 있으며, 보다 다이내믹한 장면을 연출할 수 있습니다. 다만 2025년 7월 기준 Kling 1.6에서는 설정이 불가능하며, AI가 자동으로 자연스러운 움직임을 생성합니다. 해당 옵션을 설정하고 싶다면 Kling 1.5 등 이전 모델을 선택해야 합니다.

ⓒ **품질 및 모드**: Standard와 Professional 두 가지 옵션 중 하나를 선택합니다. Professional 모드는 세밀한 디테일과 향상된 일관성을 제공하지만, 더 많은 자원이 소모됩니다.

ⓓ **영상 길이**: 생성할 영상의 길이를 설정합니다. 5초 혹은 10초 중 선택할 수 있습니다.

ⓔ **생성할 결과물 개수**: 하나의 프롬프트로 한 번에 몇 개의 영상을 생성할 것인지 설정합니다.

ⓕ **창의성 및 관련성**: 프롬프트에 충실한 결과물과 더 창의적인 결과물 중 원하는 방향을 선택합니다. Creativity 방향으로 슬라이더를 이동하면 클링 AI가 프롬프트를 유연하게 해석해 독창적인 영상을 생성하고, Relevance 방향으로 조정하면 사용자가 입력한 텍스트 프롬프트를 더 엄격하게 반영한 영상을 생성합니다.

↗ 영상 생성하기

모든 준비가 끝났으면 [Generate] 버튼을 클릭하여 영상을 생성합니다. 클링은 클라우드 상의 AI 연산을 통해 이미지를 합성하고 영상을 만들어내기 때문에, 처리 시간이 다소 오래 걸립니다. 생성이 완료되면 결과물을 재생하여 확인합니다.

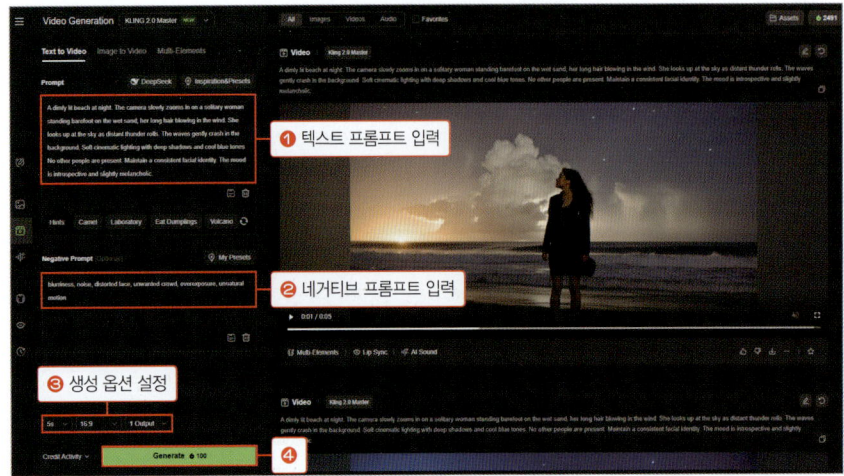

TIP ● 생성된 영상을 처음부터 끝까지 재생해 보며 프롬프트가 잘 반영되었는지, 의도에 맞게 만들어졌는지 확인합니다. 결과물을 세부적으로 더 다듬고 싶다면 228쪽에서 살펴볼 후속 편집 기능을 활용해 보세요.

03 클링의 영상 생성 모드 활용하기

클링에는 앞서 살펴본 기본 영상 생성 기능 외에도 몇 가지 독특한 생성 모드가 있습니다. 하나씩 살펴볼까요?

↗ Elements: 여러 요소를 하나의 영상에 통합하기

Elements 기능을 활용하면 여러 요소 이미지를 업로드하여 하나의 영상 안에 배치할 수 있습니다. 예를 들어, 주인공 캐릭터 이미지, 배경 풍경 이미지, 소품(객체) 이미지를 각각 업로드하여 이 요소들이 하나의 영상에서 함께 움직이도록 할 수 있는 것이죠.

1 작업 화면에서 [Multi-Elements]-[Add]를 클릭하고 [Upload Images]를 클릭하여 요소 이미지를 하나씩 업로드합니다.

2 업로드한 요소 이미지는 목록이나 섬네일 형태로 관리할 수 있으며, '주인공', '배경'과 같이 이미지에 대한 간단한 라벨을 지정할 수도 있습니다. 요소 이미지를 모두 업로드하고 [Generate]를 클릭하면 해당 요소들이 반영된 하나의 영상이 생성됩니다.

TIP ● 이때, 하단 'Prompt' 영역에 각 요소의 행동이나 배치를 구체적으로 입력하면 보다 명확한 결과물을 얻을 수 있습니다.

↗ Start/End Frame: 영상의 시작과 종료 장면을 지정하기

Image to Video 모드의 Start/End Frame 영역에 시작 프레임 이미지와 종료 프레임 이미지를 업로드하면 두 장면 사이를 자연스럽게 이어주는 영상이 생성됩니다. 장면 전환이나 변환 효과를 자연스럽게 연출할 수 있는 기능이죠. 예를 들어, 제품 A의 이미지를 시작 프레임으로, 제품 B의 이미지를 종료 프레임으로 설정하면 A에서 B로 부드럽게 바뀌는 영상이 생성됩니다.

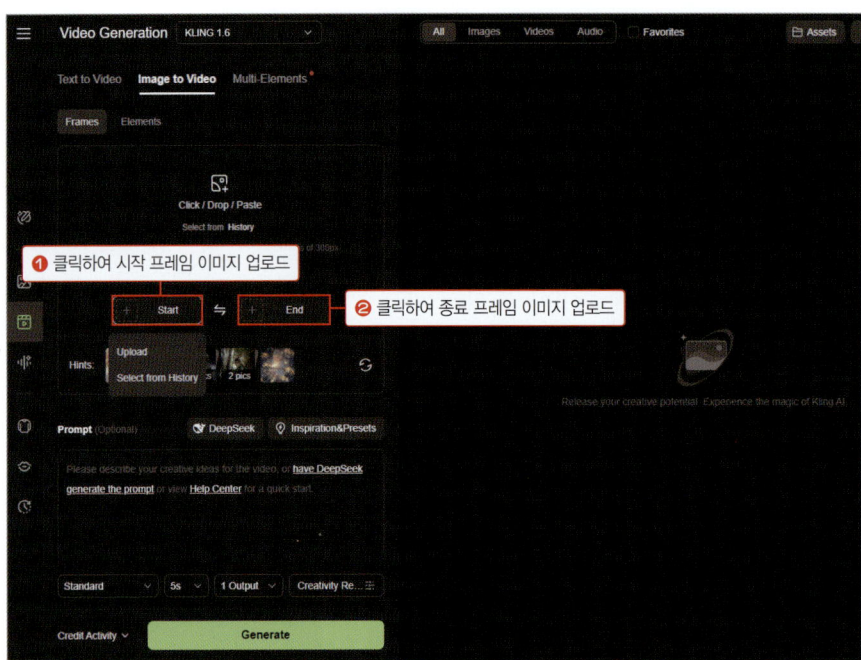

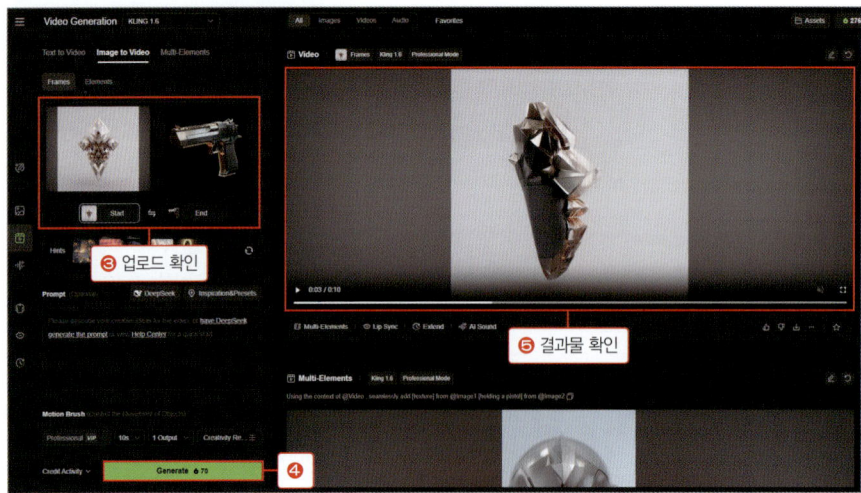

TIP ● Start Frame과 End Frame은 선택 사항이기 때문에 꼭 지정할 필요는 없습니다. 또, 둘 중 하나만 업로드하여 영상을 생성하는 것도 가능합니다.

TIP ● Start Frame과 End Frame의 이미지가 서로 유사한 구도나 요소를 갖고 있을수록 더 매끄러운 변환 영상이 생성됩니다.

↗ Motion Brush: 이미지에 움직임을 직접 그려넣기(Kling 1.5)

Motion Brush는 Image to Video 모드에서 업로드한 참고 이미지에 원하는 움직임을 직접 그려 넣는 기능입니다. 'Motion Brush' 항목의 [Draw Motions]를 클릭하면 브러시 작업 창이 열립니다. 마우스로 드래그하여 화살표 또는 스트로크를 그린 다음 [Confirm]을 클릭합니다.

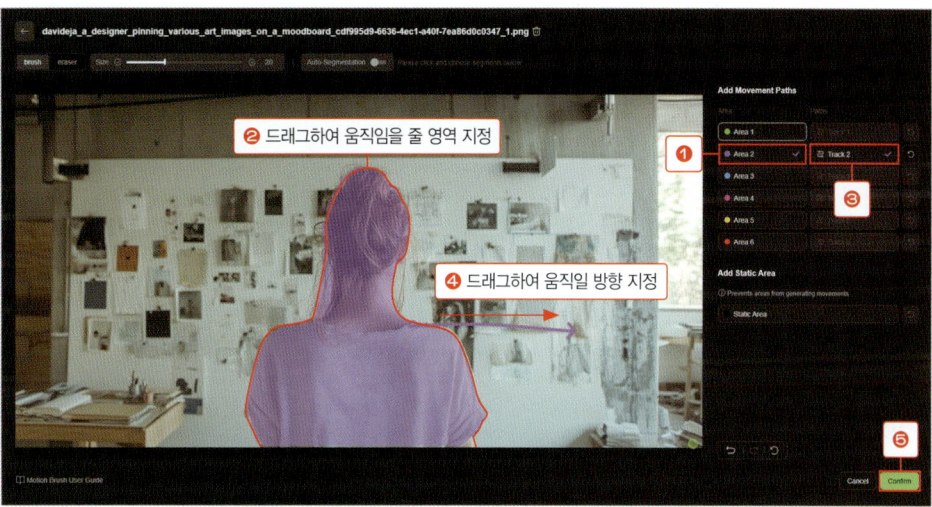

영상을 생성하면 브러시로 표시한 방향과 영역을 따라 움직임이 추가됩니다. 예를 들어, 인물의 팔에 위쪽 화살표를 그리면 팔을 들어올리는 동작이 추가되고, 나뭇가지에 선을 그리면 바람에 흔들리는 나뭇가지의 움직임을 만들 수 있습니다. 모션 브러시의 강도와 속도는 슬라이더 옵션을 통해 조절할 수 있습니다.

TIP ● 모션 브러시는 세밀한 부분보다 크고 뚜렷한 영역 위주로 사용하는 것이 좋습니다. 또, 움직임은 자연스러운 물리 법칙을 따르도록 설정해야 합니다. 예를 들어, 머리카락에 위로 향하는 화살표를 그린 다음, 텍스트 프롬프트를 통해 [바람에 머리카락이 날린다]라고 힌트를 주면 더욱 일치하는 결과가 나옵니다.

클링의 후편집 기능 살펴보기

클링에서는 결과물을 2차 가공하거나 추가적인 콘텐츠를 만들어주는 후편집 기능을 제공합니다. 대표적인 세 가지 기능을 하나씩 살펴볼까요?

↗ Extend Video: 영상 길이 연장하기

생성된 영상이 짧게 느껴진다면 Extend Video 기능을 통해 연장할 수 있습니다. 결과물 하단의 [Extend 5s] 버튼을 클릭하면 5초 단위로 추가 영상을 이어 붙일 수 있습니다. 이 과정을 반복하여 최대 3분(180초)까지 영상을 늘릴 수 있습니다.

TIP ● 클링 2.1 모델에서는 아직 Extend Video 기능이 지원되지 않지만, 향후 업데이트로 지원될 것으로 예상됩니다. 만약 2.1 모델에서 긴 영상을 만들고 싶다면 여러 클립을 생성한 다음 별도의 영상 편집 툴을 활용하여 하나의 영상으로 합치는 방법을 추천합니다.

↗ Lip Sync: 영상 속 등장인물에게 대사 입히기

결과물에 대사나 내레이션을 추가하고 싶다면 Lip Sync를 활용해 보세요. Lip Sync는 AI로 생성된 영상과 별도로 준비한 오디오를 결합하여 영상 속 등장인물이 특정 음성을 말하는 영상을 생성합니다.

1 Video Generation 작업 화면 좌측 패널에서 [Lip Sync]를 클릭합니다. 음성을 입힐 영상을 업로드합니다.

2 대사를 입력하는 방법은 두 가지가 있습니다. 아래 설명을 참고하여 텍스트 또는 오디오를 입력한 후 [Generate]를 클릭하면 영상과 음성의 합성이 시작됩니다.

Ⓐ **Text to Speech**: 영상 속 등장인물이 말할 내용을 텍스트 스크립트로 직접 입력하는 방식입니다. 클링에 내장된 텍스트-투-스피치(TTS) 엔진이 이 텍스트를 음성으로 합성하고, 그 음성에 맞게 영상 속 인물의 입술 움직임을 조정합니다. 언어는 영어 또는 중국어만 지원합니다.

Ⓑ **Upload Local Dubbing**: 미리 녹음해둔 음성 오디오 파일(MP3, WAV)을 업로드하면 해당 음성에 맞게 인물의 입술 움직임을 조정하여 영상을 생성합니다. 실제 목소리를 입힐 때 사용하면 좋습니다.

3 잠시 기다리면 영상 속 인물이 마치 그 음성을 말하고 있는 것처럼 입 모양이 움직이는 영상이 생성됩니다.

TIP ● 인물의 입 부분이 잘 보이는 영상을 업로드해야 정확한 합성이 가능합니다. 얼굴이 너무 옆을 향하고 있거나, 입이 손이나 물체에 가려져 있는 경우에는 결과물이 어색하게 생성됩니다. 또, 음성의 감정이나 억양까지 완벽히 반영되지는 않으므로, 가능하다면 영상의 분위기와 어울리는 억양의 음성을 선택하는 것이 좋습니다.

↗ AI Virtual Try-On: 캐릭터 옷 갈아입히기

AI Virtual Try-On은 패션 분야에서의 활용을 염두에 두고 개발된 기능으로, 영상 속 인물의 의상을 자연스럽게 바꿉니다. 예를 들어, 한 사람의 전신 사진과 여러 벌의 옷 이미지를 업로드하면 이 사람이 각각의 옷을 입고 포즈를 취하는 영상을 생성할 수 있죠.

1 Video Generation 작업 화면 좌측 패널에서 [AI Virtual Try-On]를 클릭합니다. 모델로 사용할 실제 인물 사진이 있다면 바로 [AI Virtual Try-On] 탭으로 이동하고, 별도의 모델 사진이 없다면 [Virtual Model] 탭에서 AI 가상 모델을 생성합니다. 성별과 연령대, 피부톤을 선택하고 프롬프트 영역에 원하는 모델의 이미지를 묘사한 다음 [Generate]를 클릭합니다.

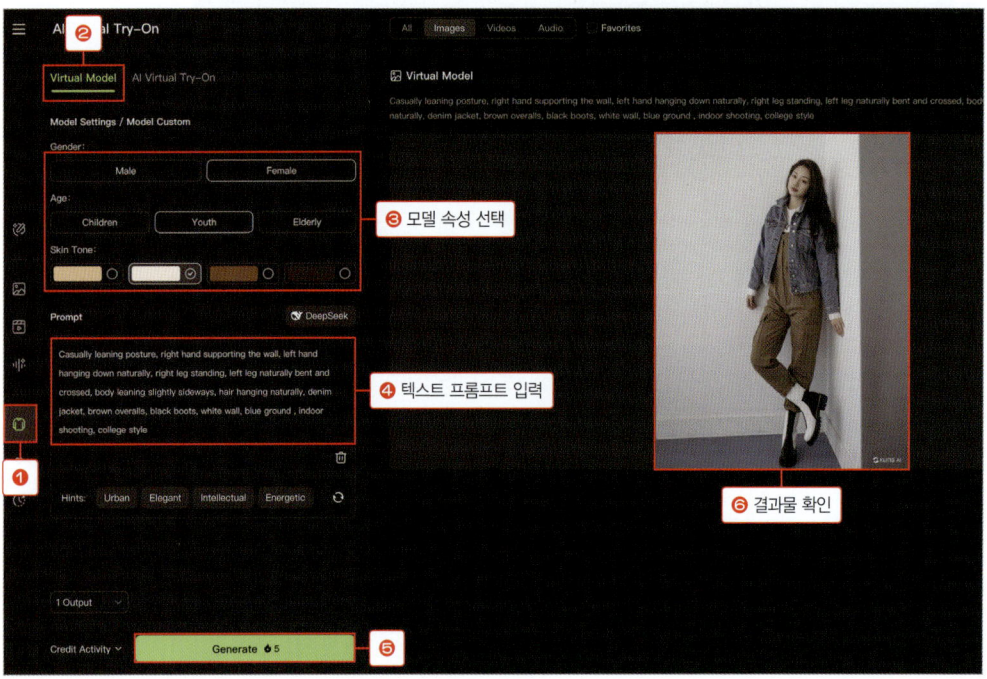

TIP ● 만약 실제 인물 사진을 사용한다면, 정면 또는 측면을 향한 자연스러운 자세의 전신 이미지를 사용하세요.

2   [AI Virtual Try-On] 탭을 클릭하고 앞서 생성한 가상 모델을 선택합니다. 이제 모델에게 입힐 의상 이미지를 업로드해 봅시다. [Single Garment]에는 하나의 코디 전체가 담긴 이미지를, [Multiple Garments]에는 상의, 하의, 신발 등 여러 의상 이미지를 따로 업로드할 수 있습니다. 업로드가 완료되면 [Generate]를 클릭하여 영상을 생성합니다.

TIP ● 만약 실제 인물 사진을 사용한다면, [AI Virtual Try-On] 탭-[Upload]를 클릭하여 모델 이미지를 업로드합니다. 'Multiple Garments'의 경우, 클링 AI가 여러 의상 이미지를 자동으로 조합하여 모델에게 착용시킵니다.

3   결과물에 배경과 동작, 분위기 등을 추가하고 싶다면 해당 결과물을 저장한 다음, Image to Video 혹은 Video to Video로 이동하여 후편집을 진행합니다. 인물이 한 자세로 서 있는 짧은 클립부터, 한 바퀴 회전하며 의상을 전체적으로 보여주는 영상 등 여러 방향으로 연출할 수 있습니다.

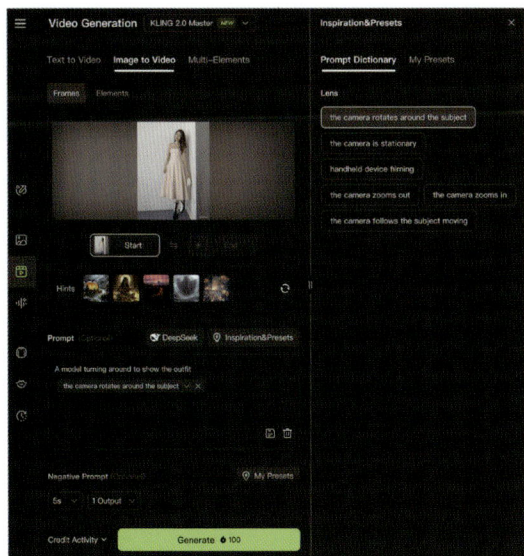

TIP ● 의상 이미지는 흰 배경 혹은 깔끔한 배경에 옷이 명확히 보이는 것으로 선택하세요. 모델 이미지는 중립적인 포즈를 선택해야 다양한 옷을 입혀도 어색하지 않으며, 팔을 크게 벌리거나 몸을 구부린 자세는 지양하는 것을 추천합니다. 결과물이 마음에 들지 않으면 [옷 주름이 자연스럽게 보이도록] 같은 텍스트 프롬프트를 추가하여 보완해 보세요.

CHAPTER 4

빠르게 숏폼 영상을 생성하는 툴, 하이루오

하이루오(Hailuo)는 중국의 AI 스타트업 MiniMax가 개발한 영상 생성 모델입니다. 빠른 속도와 직관적인 사용법으로 주목받으며 영상 제작 환경에 신선한 바람을 일으키고 있습니다. 특히, 아주 빠른 시간 내에 약 6초 길이의 선명한 영상 클립을 만들어낼 정도로 속도 면에서 강력한 성능을 자랑합니다. 비록 해상도와 영상 길이에 제한이 있긴 하지만, SNS용 숏폼 콘텐츠 제작과 빠른 아이디어 시각화 단계에서 뛰어난 효율성을 제공합니다.

01 하이루오의 특징 살펴보기

중국의 영상 생성 AI 플랫폼 하이루오(Hailuo)는 직관적인 인터페이스로 쉽고 신속하게 숏폼 영상을 생성하는 데 유용한 AI 모델로 자리매김하고 있습니다. 특히 간단한 태그를 통해 카메라의 움직임을 세밀하게 제어할 수 있기 때문에 초보자도 쉽고 간편하게 사용할 수 있다는 장점이 있죠.

캐릭터 일관성 유지 측면에서도 강점을 보여, 특정 등장인물의 외형을 유지하면서 다양한 동작을 적용하는 기능이 지원됩니다. 77쪽에서 살펴본 미드저니의 옴니 레퍼런스와 유사한 기능입니다. 이러한 기능을 통해 연속된 시리즈의 영상에서 주인공의 얼굴이나 복장을 일관되게 유지할 수 있습니다. 하이루오는 공식 홈페이지와 모바일 앱을 통해 사용할 수 있으며, 한국어 프롬프트도 인식하지만, 최상의 결과를 위해서는 영어 사용을 권장합니다. 2025년 7월 기준, 무료 계정으로도 제한된 횟수의 영상 생성이 가능하며, 유료 구독을 통해 생성 횟수와 영상 길이 제한을 늘릴 수 있습니다.

하이루오가 생성하는 영상은 대체로 선명한 색감과 명확한 피사체를 보여주며, 크기가 작은 영상에 최적화되어 있어 오류가 적습니다. 동작의 자연스러움 면에서는 다소 기계적인 느낌이 있다는 지적도 있지만, 카메라 움직임을 세밀하게 조정할 수 있는 디렉터(Director) 모드를 통해 정교한 연출을 할 수 있어 단점을 상쇄하고 있습니다.

TIP ● 디렉터 모드는 시네마틱 샷 연출 연습용으로, 크리에이터들이 스토리보드 구상 단계에서 초안을 만들기 위한 레퍼런스 제작용으로 적극 활용하고 있습니다. 디렉터 모드에 대한 자세한 설명은 239쪽을 참고하세요.

생성 가능한 영상의 길이가 6초 내외라는 점과 720p 해상도가 걸림돌이 될 수 있지만, 웹이나 모바일 SNS에 업로드할 숏폼 콘텐츠를 제작하기에는 충분합니다. 오히려 쉽고 신속한 생성 과정을 통해 다양한 시도를 해볼 수 있죠. 아직은 긴 영상이나 세밀한 디테일 표현에 한계가 있지만, 향후 해상도 및 길이의 개선 가능성이 예고된 만큼, 활용 영역도 더욱 넓어질 것으로 기대됩니다.

02 하이루오 웹 UI 살펴보기

🖐 하이루오 접속하기

웹 브라우저의 URL 입력 창에 [hailuoai.video]을 입력하여 홈페이지에 접속합니다. 홈 화면에서 [Video] 버튼을 클릭합니다.

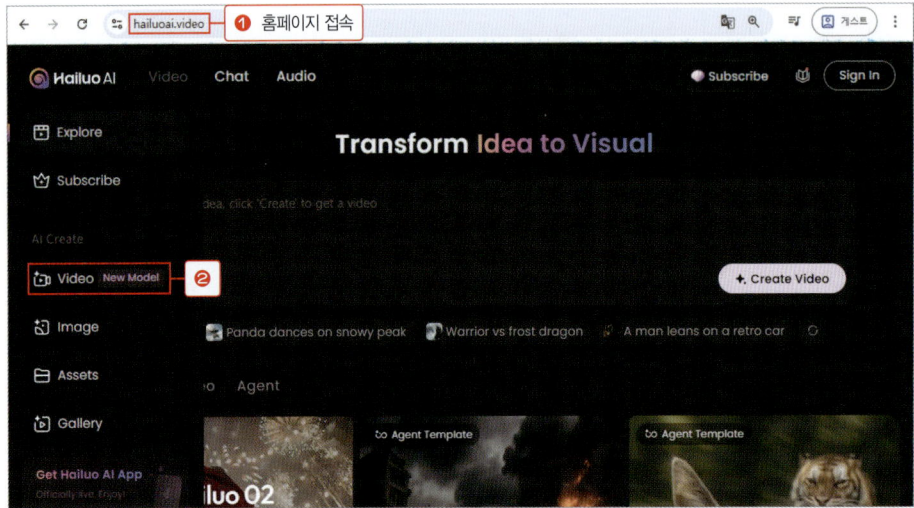

TIP ● 하이루오는 별도의 설치 없이 웹에서 실행할 수 있으며, 모바일 앱을 사용할 경우에도 유사한 인터페이스를 제공합니다.

작업 화면은 영상 생성 영역과 결과물 확인 영역으로 나누어져 있습니다. 하이루오 역시 다양한 영상 생성 모드를 제공하는데, 다음 페이지의 설명을 참고하여 원하는 생성 모드를 선택합니다.

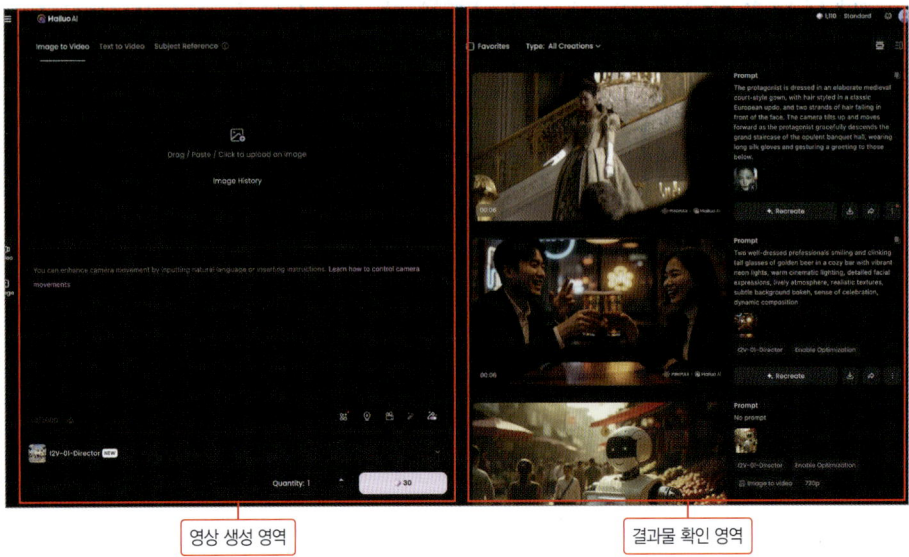

영상 생성 영역   결과물 확인 영역

* **Text to Video**: 텍스트 프롬프트를 기반으로 영상을 생성합니다.

* **Image to Video**: 참고 이미지를 기반으로 영상을 생성합니다.

* **Subject Reference**: 특정 인물 사진을 업로드하고 텍스트로 상황을 설명하여, 업로드한 사진 속 인물이 등장하는 영상을 생성합니다.

* **디렉터(Director) 모드**: 텍스트 프롬프트에 카메라 동작 태그를 포함하거나 별도의 카메라 제어 메뉴를 사용하여 전문적인 카메라 움직임을 적용한 영상을 생성합니다.

↗ Text to Video: 텍스트 프롬프트로 영상 만들기

1 작업 화면 상단에서 [Text to Video]를 선택하고 텍스트 프롬프트 영역을 클릭합니다. 이곳에 만들고자 하는 영상의 내용을 텍스트로 상세히 묘사합니다. 필요에 따라 프롬프트에 영상의 스타일과 분위기를 명시합니다. 예를 들어 [시네마틱한 조명], [동화 같은 색감], [역동적인 동작] 등의 표현을 넣으면 해당 느낌을 살린 영상을 얻을 수 있습니다. 프롬프트를 모두 입력했다면 [25] 버튼을 클릭하여 영상을 생성합니다.

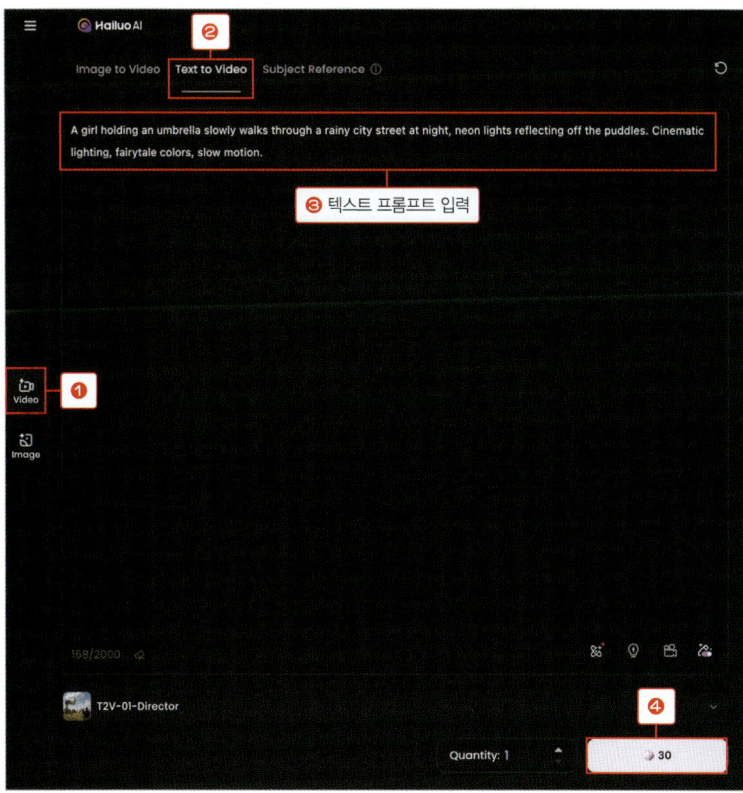

TIP ● 이때 누가, 어디서, 무엇을 하는지 구체적으로 적어주면 AI가 장면, 동작, 분위기를 더욱 정확히 해석합니다. 짧은 문장 여러 개로 서술해도 좋습니다. 하이루오는 텍스트 프롬프트만으로 애니메이션, 실사, 판타지 등 다양한 스타일을 구현할 수 있습니다. 원하는 결과에 가까워질 때까지 프롬프트를 조절해 보세요.

2️⃣ 잠시 기다리면 생성이 완료되고 화면에 미리보기 영상이 나타납니다. 재생 버튼을 클릭하여 묘사한 장면과 동작이 잘 구현되었는지 살펴보세요.

3️⃣ 결과물이 만족스럽지 않을 경우, 프롬프트를 조금 수정하거나 더 구체적으로 보완한 다음 영상을 다시 생성합니다. 예를 들어, 캐릭터 동작이 생각했던 것과 다르면 해당 부분을 강조하거나, 관련된 문장을 추가로 입력해 보완할 수 있습니다. 같은 프롬프트로 재생성하더라도 매번 조금씩 다른 결과가 나올 수 있으므로, 여러 번 시도하여 원하는 영상을 얻어 보세요.

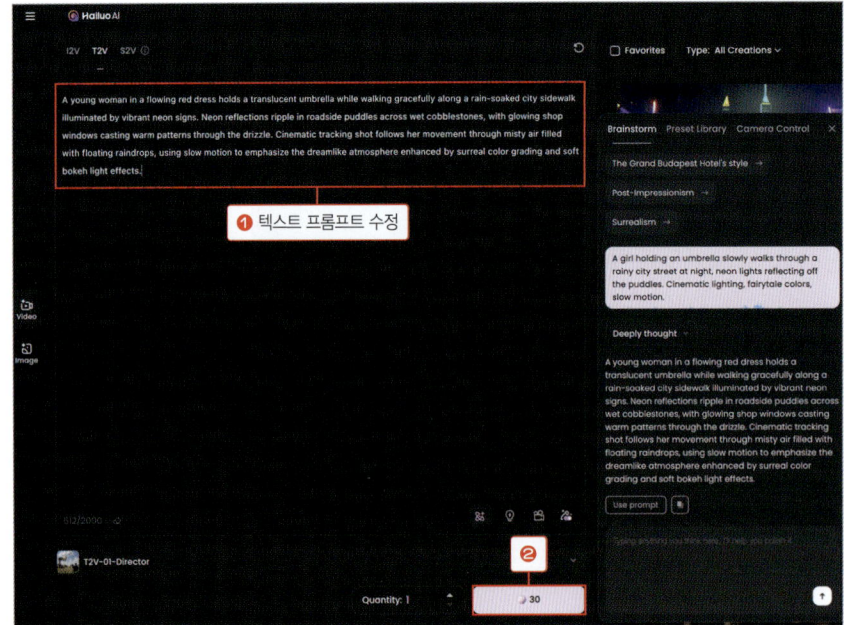

TIP ● [Brainstorm with Deepseek(🧠)] 아이콘을 클릭하면 대화형 AI 딥시크와 함께 프롬프트를 생성할 수 있습니다.

↗ Image to Video: 이미지를 기반으로 영상 만들기

하이루오 또한 이미지를 움직이는 영상으로 바꿔주는 Image to Video 기능을 제공합니다. 그림이나 일러스트를 부드럽게 애니메이션화하거나, 실제 사진에 약간의 움직임을 줘서 시네마그래프(Cinemagraph)처럼 만들 때 유용하죠.

1 작업 화면 상단에서 [Image to Video]를 선택한 다음, 이미지 업로드 영역을 클릭하여 영상으로 만들고 싶은 이미지 파일을 업로드합니다. 인물 사진, 풍경 사진, 그림 등 어떤 종류의 이미지든 좋습니다.

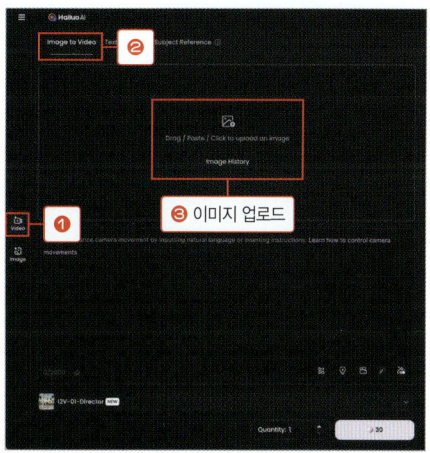

2 이미지만으로도 영상을 생성할 수 있지만, 이 이미지에 어떤 움직임이나 변화를 줄지 텍스트 프롬프트로 설명하면 더욱 구체적인 결과를 얻을 수 있습니다. 예를 들어, 나무가 있는 고요한 호수 풍경 이미지를 업로드했다면, 텍스트 프롬프트에 [호수 위 안개가 느리게 흐르고 나뭇잎이 살랑거린다] 같이 추가 동작이나 분위기를 적어줍니다.

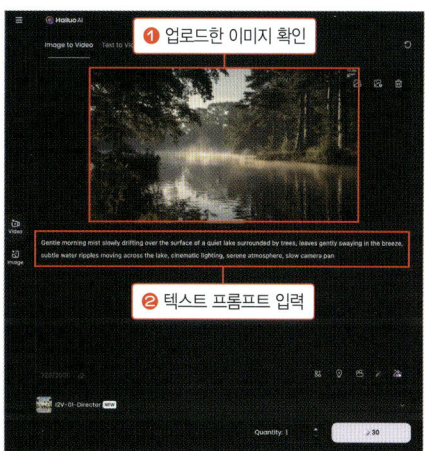

3 준비가 되었으면 [25] 버튼을 클릭하여 영상을 생성합니다.

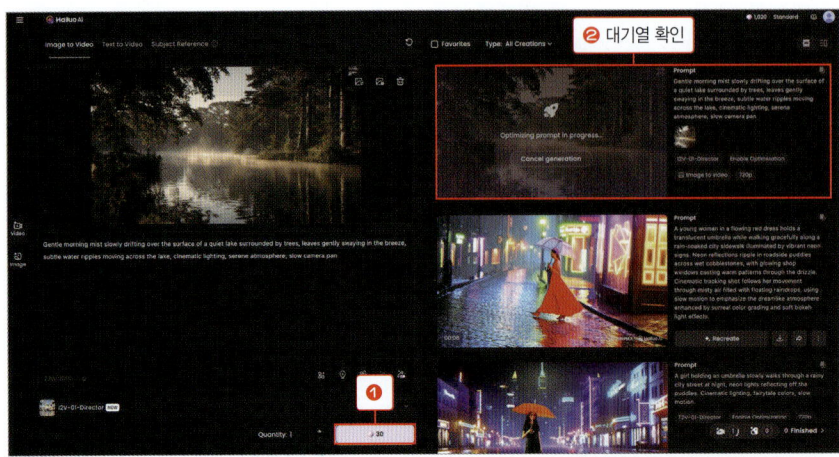

TIP ● Image to Video 모드에서 텍스트 프롬프트를 비워 둘 경우, 업로드한 이미지를 기반으로 자연스러운 카메라 움직임이나 약간의 동작을 넣어 짧은 영상을 만들어 줍니다. 예를 들어, 인물 사진을 넣고 텍스트 프롬프트 없이 영상을 생성하면 피사체를 살짝 확대하거나 각도를 바꾸는 식으로 은은한 움직임을 부여합니다.

4 생성된 결과물을 재생하여 확인합니다. 원본 이미지의 화풍과 색감은 대부분 유지되면서도 일부 요소에 움직임이나 카메라 시점 변화가 더해진 것을 확인할 수 있습니다.

TIP ● 하이루오는 업로드한 이미지의 스타일을 지키면서 부드러운 움직임을 만들어 줍니다. 따라서 일러스트나 만화를 영상화할 때도 윤곽이나 색감이 잘 보존되는 편이죠. 최대한 원본의 특징이 유지되는 결과물을 얻을 수 있기 때문에 굉장히 편리합니다.

03 하이루오의 디렉터 모드 활용하기

하이루오의 디렉터(Director) 모드는 <mark>마치 영화 감독처럼 카메라의 움직임을 제어하며 영상을 만들 수 있는 고급 기능</mark>입니다. 일반적인 Text to Video와 달리, 줌, 팬, 트래킹 등 특정 카메라의 움직임을 지시하면 AI가 이를 반영하여 보다 시네마틱한 영상을 생성합니다. 단순히 장면을 묘사하는 것을 넘어서, <mark>특정 각도와 움직임까지 세밀하게 제어</mark>할 수 있어 영상의 퀄리티와 연출력을 한층 높일 수 있는 기능이죠.

↗ 디렉터 모드 활성화하기

1 작업 화면 하단에서 [Hailuo 01-Director] 등 디렉터 모드 전용 모델을 선택합니다.

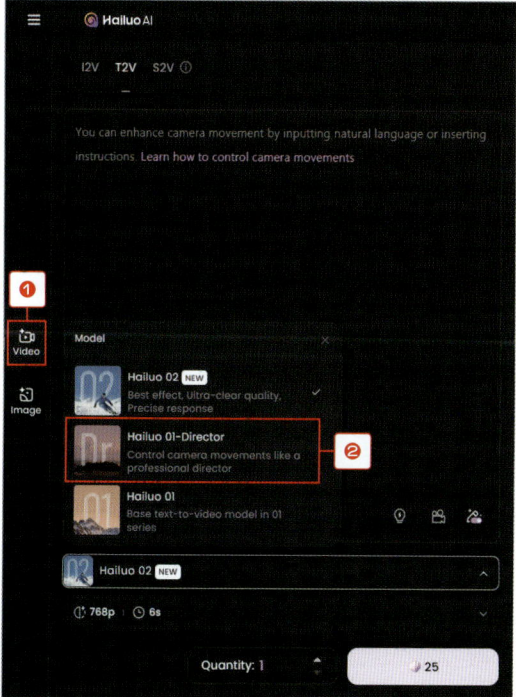

2 [카메라(📷)] 아이콘을 클릭하면 카메라 컨트롤 패널이 열립니다. 이곳에서 미리 정의된 카메라 움직임을 선택하거나, 원하는 동작을 직접 지정할 수 있습니다. 다음 페이지의 설명을 참고하여 원하는 방식으로 움직임을 지정합니다.

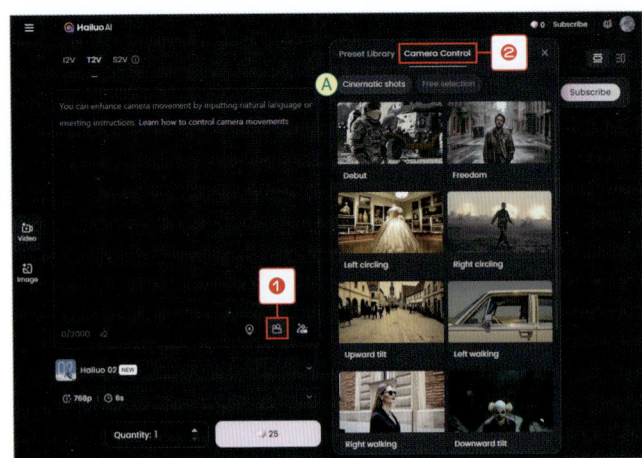 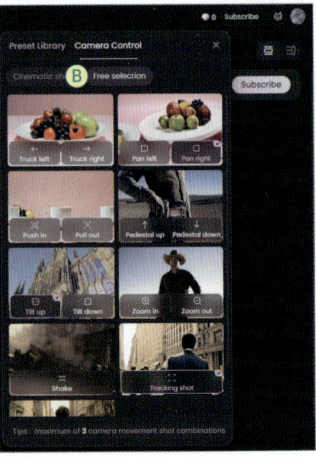

Ⓐ **단일 시네마틱 샷 선택**: [Dolly Zoom], [Pan Left] 등 대표적인 카메라 움직임이 프리셋으로 제공됩니다. 이중 한 가지 프리셋을 선택하면 해당 움직임이 영상 전체에 적용됩니다.

Ⓑ **자유 조합 선택**: 개별 카메라 움직임을 최대 세 가지까지 연속으로 결합하는 방식입니다. 예를 들어, 영상의 첫 부분은 [앞으로 트래킹], 중간 부분은 [오른쪽으로 팬], 끝부분은 [위로 틸트] 식으로 최대 세 가지의 움직임을 지정할 수 있습니다. 원하는 동작을 순서대로 선택하면 하나의 영상 안에서 설정한 순서대로 카메라가 움직입니다.

3 일반 Text to Video와 동일하게 장면에 대한 설명을 텍스트 프롬프트로 작성합니다. 이때, 앞서 설정한 카메라 움직임을 염두에 두고 프롬프트를 작성하는 것이 좋습니다. 예를 들어, 카메라가 피사체 주위를 도는 동작을 지정했다면, 프롬프트에 [카메라가 인물 주위를 천천히 선회하며 배경을 보여준다]와 같이 의도한 연출을 글로도 언급합니다.

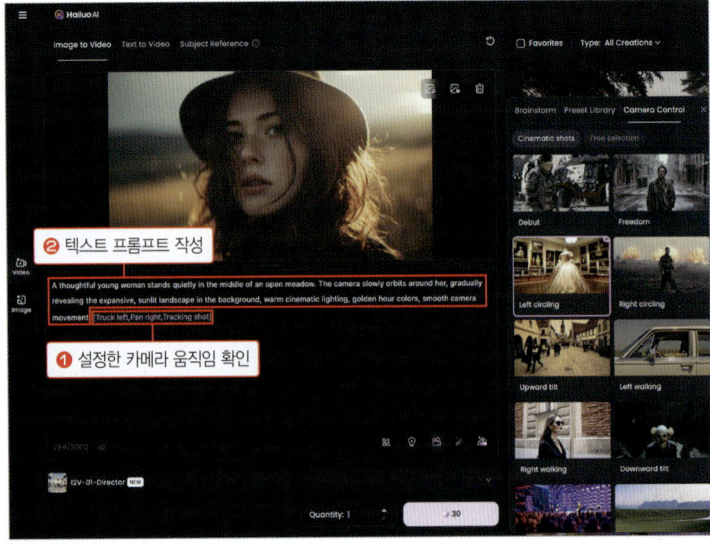

TIP ● 이 과정은 필수는 아니지만, 텍스트 프롬프트와 카메라 지시가 조화롭게 어울리며 더 좋은 결과를 얻을 수 있습니다.

4 [ 25] 버튼을 클릭하여 영상을 생성하고, 결과물을 재생합니다. 의도한 대로 카메라의 움직임이 잘 적용되었는지 확인합니다.

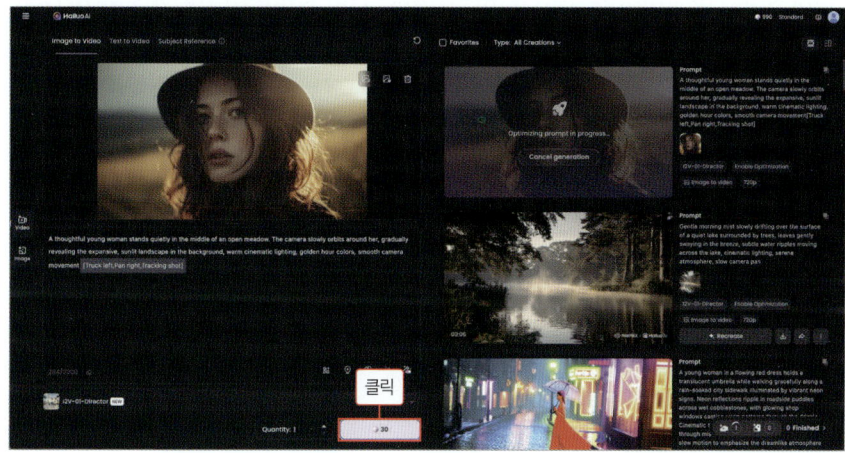

TIP ● 의도와 조금 다른 결과물이 나온 경우, 텍스트 프롬프트나 카메라 설정을 조정한 뒤 다시 생성합니다. 예를 들어, 카메라 움직임 속도가 너무 빠르다면 프롬프트에 [천천히]라는 표현을 추가하거나, 카메라 동작을 두 가지로 줄여보는 등 수정해볼 수 있습니다.

↗ 카메라 움직임 태그 활용하기

디렉터 모드에서는 카메라 움직임을 태그 형태로 직접 입력할 수도 있습니다. 텍스트 프롬프트에 [대괄호]를 사용해 카메라 움직임을 지시하면, 이를 카메라 움직임 태그로 인식하고 적용합니다. 여러 개의 태그를 나열하여 순차적인 움직임을 지정할 수도 있죠. 주요 카메라 태그를 살펴볼까요?

- **[Pan left] / [Pan right]**: 제자리에서 좌우로 팬 이동
- **[Tilt up] / [Tilt down]**: 제자리에서 상하로 틸트 이동
- **[Zoom in] / [Zoom out]**: 피사체를 향해 줌인/줌아웃
- **[Push in] / [Pull out]**: 카메라 자체가 피사체에 가까워지거나 멀어지는 달리 샷
- **[Truck left] / [Truck right]**: 좌측/우측으로 측면 이동
- **[Tracking shot]**: 피사체를 따라 이동하며 촬영
- **[Shake]**: 격한 움직임으로 긴장감을 연출하는 진동 효과

TIP ● 이 밖에도 [Orbit(피사체 주위를 공전)], [Pull focus(포커싱 변화)] 등 문맥에 따라 해석되는 추가 연출 태그를 사용할 수도 있습니다. 최신 버전의 하이루오에서는 텍스트 명령으로 대부분의 카메라 워크를 지시할 수 있으므로, 다양한 표현을 시도해 보세요.

카메라 태그를 사용한 예시를 하나 살펴보겠습니다.

> A knight stands in the middle of castle ruins. The camera moves slowly forward from behind him, showing the surrounding desolation. [**Push in, Tracking shot**] Then, the camera rotates around to reveal a close-up of the knight's face from the front. [**Pan around**]
>
> 기사(Knight)가 폐허가 된 성터 한복판에 서 있다. 카메라는 그의 등 뒤에서부터 천천히 앞으로 이동하며 주변 황폐한 장면을 보여준다. [**Push in, Tracking shot**] 이어서 카메라는 회전하여 정면에서 기사를 클로즈업한다. [**Pan around**]

첫 번째 카메라 태그 블록 [Push in, Tracking shot]을 통해 카메라는 앞으로 이동하며 추적하고, 두 번째 태그 블록 [Pan around]를 통해 주위를 한 바퀴 도는 동작을 수행하게 됩니다. 실제 생성된 영상을 확인해 보면 기사 뒤에서 시작된 카메라가 앞으로 나아가며 주변을 비춘 뒤, 그를 중심으로 빙글 돌며 얼굴을 보여주는 장면이 연출됩니다.

카메라 태그는 직관적이기 때문에 몇 번만 연습하면 누구나 쉽게 활용할 수 있습니다. 디렉터 모드와 카메라 태그를 적절히 활용하면, 고가의 전문 촬영 장비나 촬영 기술 없이 텍스트만으로 다이내믹한 영상을 연출할 수 있습니다. 하이루오가 제공하는 이러한 정교한 연출 기능을 통해 창의적인 영상 표현의 폭을 넓혀 보세요.

04 하이루오의 캐릭터 레퍼런스 기능 활용하기

일반적인 Text to Video 생성 모드에서는 동일한 인물의 얼굴이나 외형을 일관되게 유지하기 굉장히 어렵습니다. 이를 보안하기 위해 도입된 기능이 바로 캐릭터 레퍼런스(Subject Reference)입니다. 참고 인물 이미지를 업로드하면 해당 인물이 영상의 모든 장면에 동일한 모습으로 등장하게 되죠. 쉽게 말해, 참고 이미지 속 인물을 영상의 '주인공'으로 캐스팅하는 셈입니다. 이 기능을 활용하면 영화 트레일러 제작 시 주연 배우의 얼굴을 일관되게 고정하거나, 홍보 영상에서 브랜드 마스코트를 반복적으로 등장시키는 등 여러 영상 간 일관된 캐릭터 표현이 가능합니다.

1 우선 영상에 등장시키고 싶은 인물 또는 캐릭터의 정면 사진을 준비합니다. 얼굴이 선명히 나오고 특징이 잘 드러난 이미지를 사용하는 것이 좋습니다.

잠깐만요 — 이 기능을 활용하여 두 명의 주인공을 등장시킬 수도 있나요?

현재 하이루오의 캐릭터 레퍼런스 기능은 한 명의 인물에 최적화되어 있으며, 다수 인물의 일관성 유지는 잘 구현되지 않습니다. 만약 둘 이상의 인물을 일관되게 등장시키고 싶다면, 현 시점에서는 각각 따로 영상을 만들어 후편집 과정에서 합성하거나, 한 명의 참고 이미지를 사용한 후 다른 인물은 AI가 알아서 생성하게 두는 식으로 차선을 선택해야 합니다. 추후 버전 업데이트를 통해 다중 인물 레퍼런스도 지원될 가능성이 있습니다.

2 작업 화면 상단에서 [Subject Reference(S2V)]를 선택한 다음, [Add reference character]를 클릭하여 준비된 참고 인물 이미지를 업로드합니다. 인물의 얼굴이 정확하게 인식되었다면 [Confirm]을 클릭합니다.

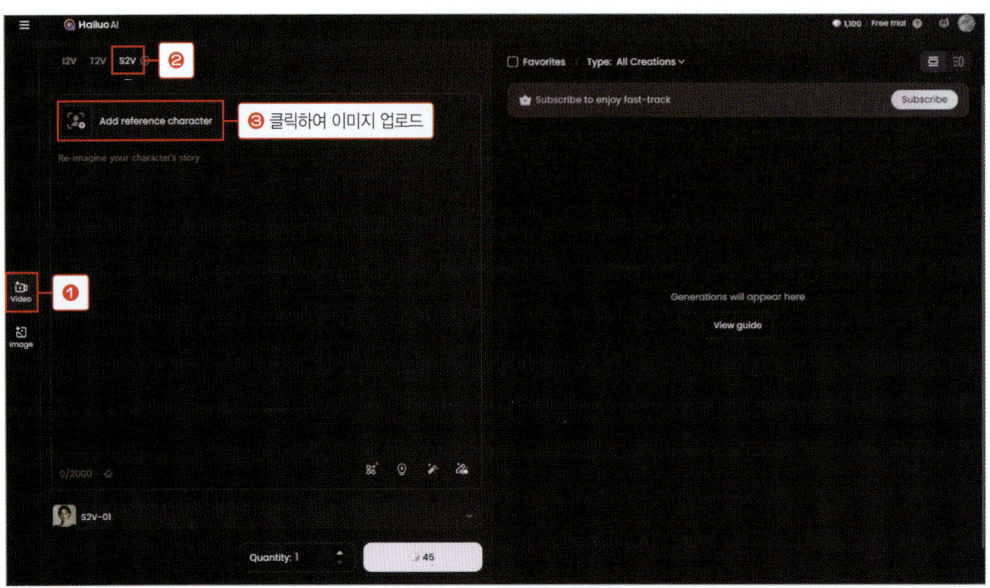

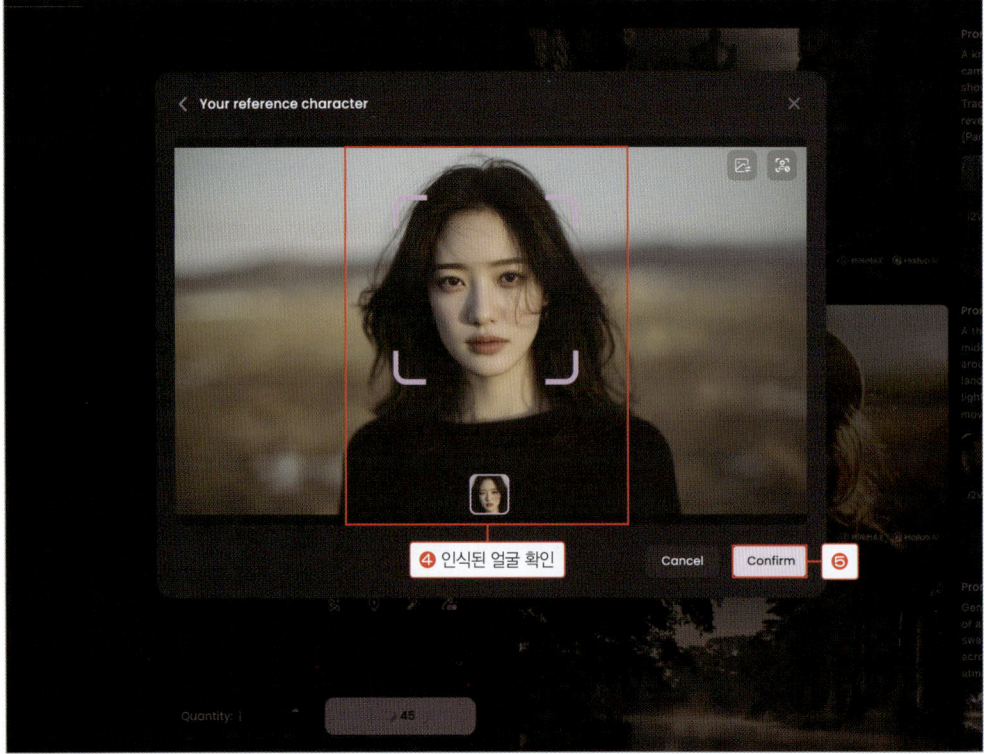

TIP ● 인물이 아닌 특정 사물이나 동물의 일관성을 유지하고 싶을 때도 같은 방법으로 해당 객체의 이미지를 업로드하면 됩니다.

3 인물의 얼굴이 잘 업로드되었는지 확인한 다음, 텍스트 프롬프트 영역에 해당 인물이 어떤 상황에서 무엇을 하는 영상을 만들고 싶은지 입력합니다.

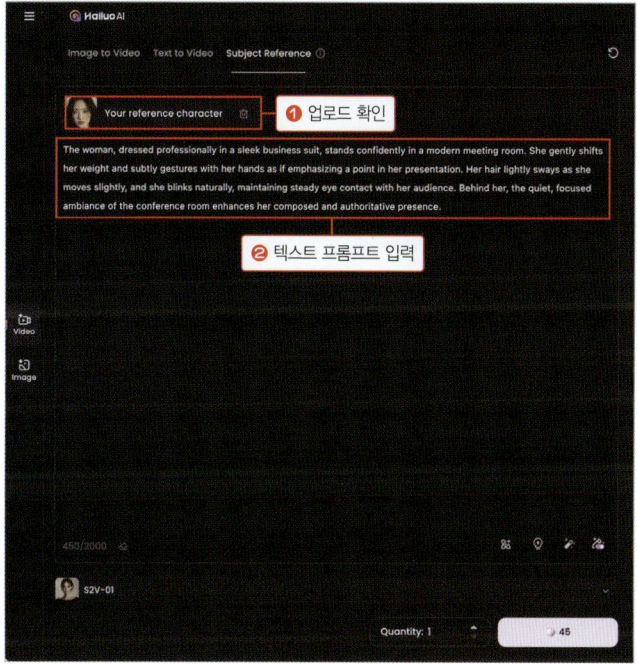

TIP ● 이때, 인물의 외형을 텍스트 프롬프트에 상세히 묘사할 필요는 없습니다. 대신 이름이나 역할 정도를 언급해 주면 좋습니다. 예를 들어, [여성이 정장을 입고 회의실에서 발표한다]라고 적어주면 되겠죠.

4 [25] 버튼을 클릭하여 영상을 생성합니다. AI는 참고 이미지 속 인물의 얼굴과 자세한 특징을 추출한 후, 프롬프트에 적힌 상황 속에 해당 인물을 배치하여 영상을 생성합니다.

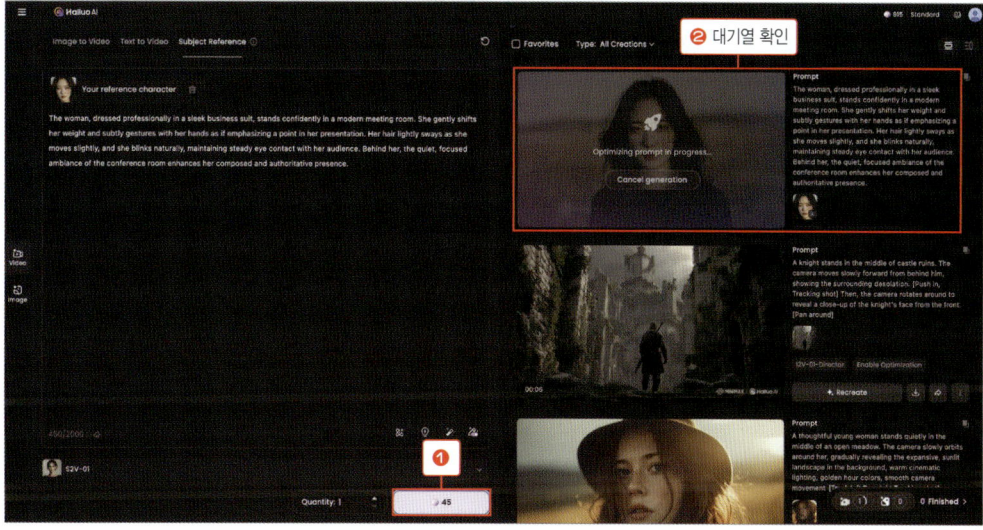

PART 5 AI 영상 생성 툴 살펴보기 | 245

5 출력된 영상을 재생하여 인물의 일관성이 유지되었는지 확인합니다. 제대로 적용되었다면 영상의 시작부터 끝까지 같은 인물이 등장할 것입니다.

TIP ● 텍스트 프롬프트에서 요구한 의상이나 행동에 따라 옷차림이나 표정은 변할 수 있지만, 얼굴은 참고 이미지 속 인물과 동일하게 생성됩니다.

6 결과물에서 인물의 외형이 참고 이미지와 다르게 나타날 경우, 다른 이미지를 선택하거나 프롬프트를 조정합니다. 예를 들어, 참고 이미지 속 인물이 웃고 있다면 텍스트 프롬프트에 [밝게 웃으며] 같은 표현을 추가합니다.

TIP ● 참고 이미지의 해상도나 품질이 낮을 경우, 더 선명한 사진으로 교체하는 것이 좋습니다. 참고 이미지는 한 장으로도 충분하지만, 그 한 장의 품질이 높을수록 생성되는 결과물도 더 좋아집니다.

영상 툴 관련 Q&A

Q 그 밖에도 추천할 만한 영상 생성 AI 툴이 있나요?

A 2025년 9월 기준, 구글이 출시한 AI 영상 생성 툴 Google Veo 3가 주목을 받고 있습니다. **Veo 3**는 기존 경쟁 모델 대비 사실적인 영상 품질과 빠른 생성 속도를 강점으로 하며, 현재는 Gemini 구독자에게 크레딧 기반으로 제공되고 있습니다. 월 단위 구독을 통해 제한된 크레딧으로 짧은 영상을 제작할 수 있죠.

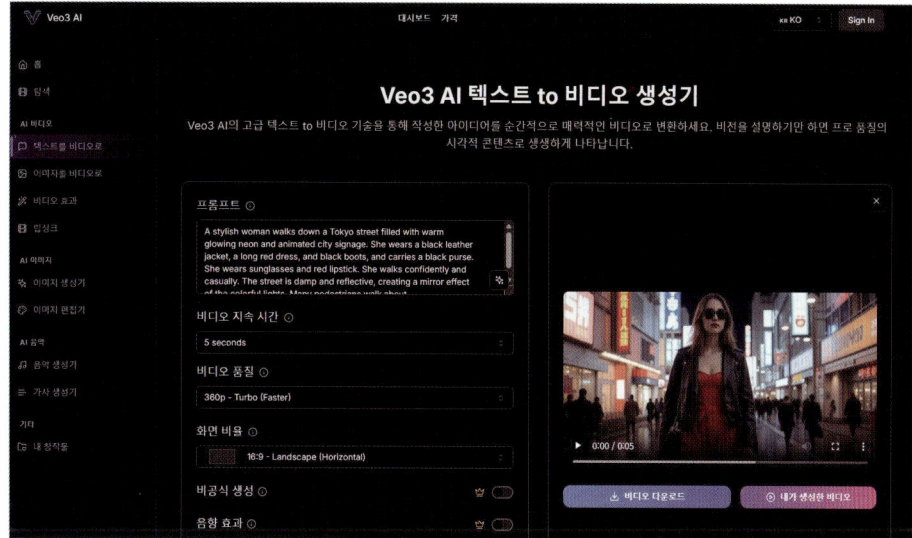

Veo 3는 특히 영화 제작 및 VFX 업계를 타깃으로 삼고 있으며, 주요 영화 스튜디오들이 해당 기술의 도입을 활발히 검토하고 있습니다. 장기적으로는 유튜브나 구글 클라우드와의 연계를 통해 일반 사용자에게도 보다 높은 품질의 영상 생성 기능을 개방할 가능성이 높으며, AI 영상 제작의 새로운 표준으로 자리 잡을 것으로 기대됩니다.

■

AI 영상 × 미드저니 · 런웨이 · 소라 · 클링 · 하이루오

PART 6

AI를 활용한 영상 제작 프로세스

AI 기술의 발전으로 단순히 이미지를 생성하는 수준을 넘어 고품질 영상까지 제작할 수 있는 시대가 되었습니다. 그러나 아무리 혁신적인 기술이라도 기초가 제대로 갖춰지지 않은 상태에서 무작정 시도하면 원하는 결과를 얻기 어렵습니다. 이번 파트에서는 여러 툴을 접목하여 하나의 AI 영상을 제작하는 방법과 일련의 워크플로우를 살펴보겠습니다.

챗GPT로 콘텐츠 기획과 프롬프트 작성을 연습하고, 미드저니를 활용해 영상의 기반이 될 이미지를 생성합니다. 생성한 이미지를 Image to Video를 통해 영상화하고, 수노로 AI 사운드를 입힙니다. 마지막으로 토파즈 Video AI의 업스케일 툴을 활용하여 화질을 개선하면 영상이 완성됩니다. 각 툴의 기능을 하나씩 체험하면서, 'AI 시대의 크리에이터'로 도약하기 위한 기반을 마련해 보겠습니다.

CHAPTER 1

콘셉트 설정: 챗GPT와 함께 아이디어 구상하기

생성형 AI 기술의 발전으로 대화형 AI의 기본적인 사용 방법만 익히면 생각보다 쉽게 아이디어를 얻고, 문서를 다듬고, 심지어 이미지 생성용 프롬프트까지 만들 수 있게 되었습니다. 다만, 생성형 AI를 처음 접하는 사용자들은 "짧은 대화를 나누는 것만으로 원하는 결과를 얻을 수 있을까?"라는 의구심을 가질 수 있습니다. 이번 챕터에서는 챗GPT의 주요 기능과 이미지 및 영상 생성 과정에서의 활용 방법을 예시와 함께 소개합니다.

01 챗GPT란?

챗GPT는 한국어, 영어 등 일상 언어로 질문하면, AI가 마치 사람처럼 답변을 생성하는 대화형 AI입니다. 예를 들어, 챗GPT에게 "빵을 직접 만들어 보고 싶은데, 간단한 레시피와 주의 사항을 알려줘"라고 질문하면, 제빵 레시피와 반죽 시 주의할 점까지 안내해 줍니다. 조금 더 구체적으로 "바삭하고 얇은 프랑스식 바게트를 만드는 요령을 알려줘"라고 후속 질문을 하면, 이전 대화 내용의 맥락을 참고하여 더 세밀한 정보를 제공합니다.

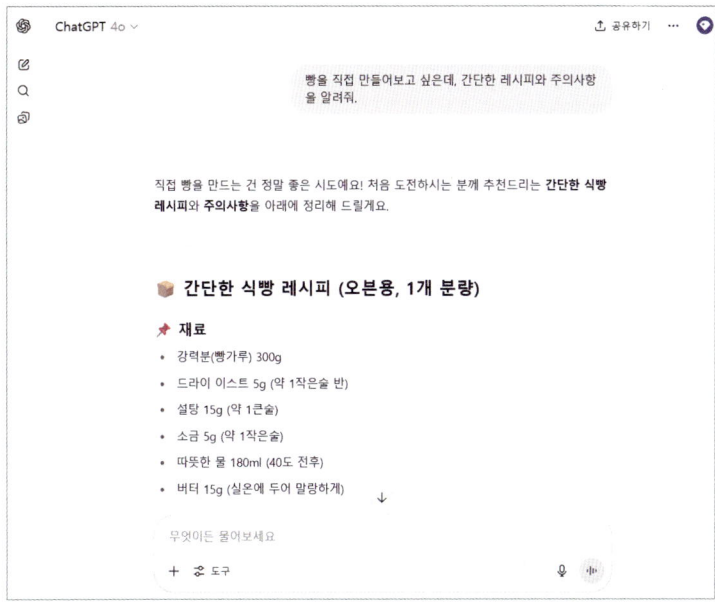

▲ 대화를 통해 정보를 제공하는 생성형 AI, 챗GPT

챗GPT와 같은 대화형 AI는 다양한 분야의 작업을 돕습니다. 문서 작성, 교정 및 번역, 요약, 기획안 구상 등 텍스트가 필요한 거의 모든 업무에 활용할 수 있죠. 카테고리별로 대표적인 사용 예시를 살펴볼까요?

- **생활**: 요리 레시피 제안, 여행 일정 계획, 가벼운 질의응답
- **학습**: 개념 설명, 특정 주제 요약, 문제 풀이 방향 제시
- **창작**: 소설 줄거리 제안, 시(詩) 초안 작성, 대본 구성
- **업무**: 보고서 초안 작성, 광고 카피 제작, 이메일 템플릿 생성

TIP ● AI 영상 제작 분야에서는 주로 미드저니나 런웨이에 입력할 텍스트 프롬프트를 만들거나 영상 기획을 구체화하는 데 활용합니다. 자세한 내용은 255쪽을 참고하세요.

챗GPT의 웹 UI와 기본 사용법

챗GPT가 낯선 초보자라면, 우선 서비스에 가입한 후 화면 구성을 먼저 살펴보는 것이 좋습니다. 아무리 다양한 기능이 있어도, 어디에 질문하고 어떻게 답변을 확인하는지 모르면 챗GPT를 제대로 활용하기 어렵기 때문입니다.

↗ 챗GPT 회원 가입하기

챗GPT 공식 사이트(chatgpt.com)에 접속한 다음 [회원 가입] 버튼을 클릭합니다. 이메일 혹은 기존에 사용하고 있던 소셜 계정으로 회원 가입할 수 있습니다.

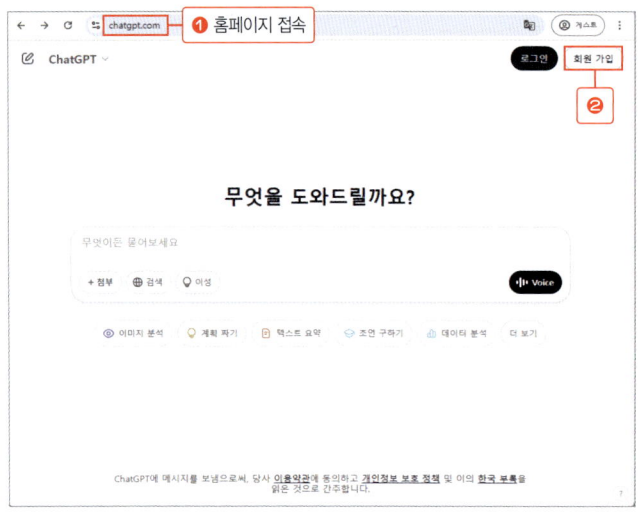

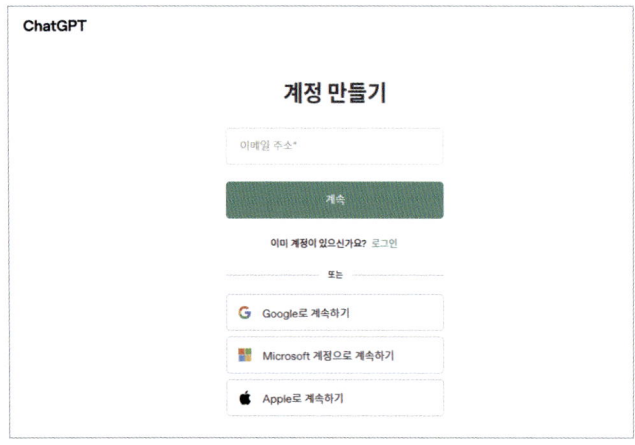

TIP ● 챗GPT Plus와 같은 유료 플랜을 구독하여 사용할 수도 있지만, 처음에는 무료 버전으로 시작해도 충분합니다.

챗GPT의 화면 구성

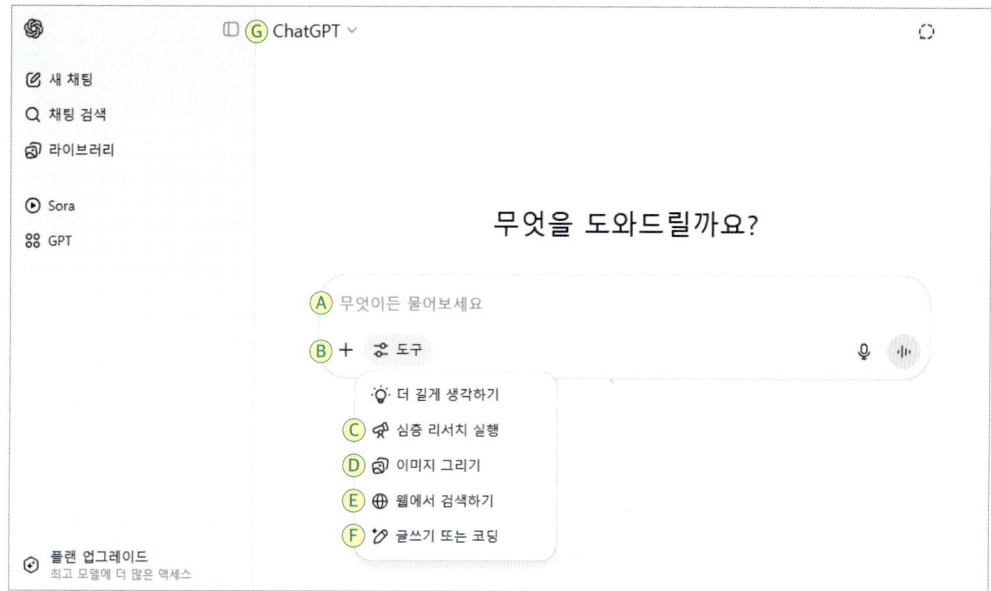

- Ⓐ **메시지 입력창**: 질문이나 요청(프롬프트)을 입력하는 공간입니다. [🎤] 아이콘을 눌러 음성으로 텍스트를 입력하거나 [ ] 아이콘을 눌러 챗GPT와 음성으로 대화할 수도 있습니다.
- Ⓑ **파일 및 사진 추가**: 메시지 입력창의 [+]를 클릭하여 이미지나 문서 파일을 업로드할 수 있습니다. 사진이나 그림을 업로드하면 이미지 속 내용을 분석하거나 관련 질문을 할 수도 있습니다.
- Ⓒ **심층 리서치 실행**: 주어진 주제와 관련된 여러 출처의 자료를 종합적으로 분석하여 깊이 있는 리서치 결과를 제공하는 기능입니다. 학술적 조사나 비교 분석에 유용합니다.
- Ⓓ **이미지 그리기**: AI가 텍스트 설명을 바탕으로 이미지를 생성하는 기능입니다.
- Ⓔ **웹에서 검색하기**: 실시간 웹 검색 기능으로, 현재 인터넷상의 최신 정보를 검색하여 답변합니다.
- Ⓕ **글쓰기 또는 코딩**: 에세이 작성, 기사 초안, 소설 생성 등 다양한 글쓰기 작업이나, 코드 작성 및 디버깅 등의 프로그래밍 작업을 지원하는 기능입니다.
- Ⓖ **모델 선택**: GPT 모델을 선택합니다. 기본은 무료 버전(GPT-4o)이며, Plus 사용자는 GPT-4.5, o3, o3 pro 등의 모델도 사용할 수 있습니다.

📈 대화 흐름 이해하기

메시지 입력창에 질문 및 요청(프롬프트)을 작성하여 전송하면, 챗GPT가 프롬프트를 분석한 후 적절한 답변을 생성합니다. 이어서 "좀 더 짧게 요약해줘"와 같은 후속 질문 및 요청을 입력하면, 앞선 대화 맥락을 바탕으로 답변을 조정합니다. 이처럼 챗GPT는 기본적으로 ==한 가지 주제에 대해 여러 번 묻고 답하며 대화의 흐름을 이어 나가는 구조==라고 이해하면 쉽습니다.

03 챗GPT의 다양한 활용 예시

처음에는 "챗GPT가 실제로 어느 정도까지 답변을 제공할 수 있을까?"라는 막연한 궁금증을 가질 수 있습니다. 지금부터 문서 작성, 아이디어 구상, 영상 기획 및 콘텐츠 개발, 프롬프트 생성의 네 가지 측면에서 대표적인 활용 사례를 살펴보겠습니다.

↗ 문서 작성과 편집

챗GPT를 활용하면 문서의 초안을 작성하고 문장 다듬기나 스타일 통일 등 편집 작업까지 할 수 있습니다. 여기서는 [A4 절반 분량으로 프로젝트 개요를 써줘. 문체는 간결하고 친근하게]라고 요청해 보았습니다.

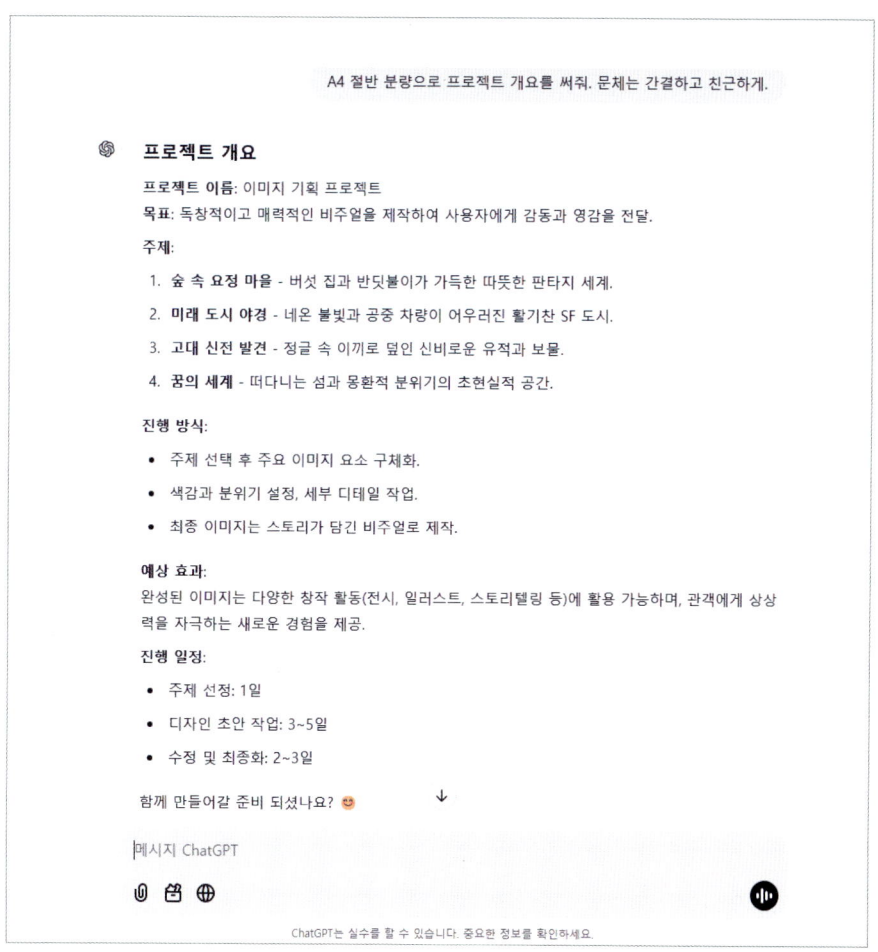

TIP ● 답변의 분량을 지정하면 100% 정확하지는 않지만 요청한 분량을 어느 정도 충족하는 답변을 얻을 수 있습니다.

↗ 아이디어 구상

챗GPT를 활용하면 영상 기획, 콘텐츠 콘셉트 회의, 시나리오 발굴 등 다양한 아이디어를 구상하는 데 도움을 받을 수 있습니다. 여기서는 [10대 청소년을 대상으로 하는 숏폼 영상을 기획 중인데, 주제 아이디어를 5개 추천해줘]라고 요청해 보았습니다.

> 10대 청소년을 대상으로 하는 숏폼 영상을 기획 중인데, 주제 아이디어를 5개 추천해줘.

10대 청소년을 대상으로 하는 숏폼 영상은 트렌디하고, 재미있으며, 공감할 수 있는 주제를 중심으로 기획하는 것이 중요합니다. 다음은 추천 주제 아이디어 5가지입니다:

1. **"학교생활 공감 모먼트" 시리즈**
   - 내용: 학교에서 누구나 한 번쯤 겪어봤을 법한 에피소드 재현. 예를 들어, 시험 전날 벼락치기, 발표 때 친구와 눈 마주치는 순간, 체육 시간 팀 나누기 등.
   - 포인트: 과장된 리액션과 빠른 템포로 유머를 강조.

2. **"꿈과 직업 탐험" 인터뷰**
   - 내용: 다양한 직업을 가진 멘토와의 짧은 인터뷰. 10대가 궁금해할 만한 직업(게임 개발자, 유튜버, 패션 디자이너 등)에 대한 이야기와 조언.
   - 포인트: 직업별 하루 일과를 빠르게 보여주는 타임랩스와 멘토의 응원 메시지로 마무리.

3. **"셀프 리얼리티 챌린지"**
   - 내용: 하루 동안 스마트폰 없이 생활하기, 한 달 동안 매일 감사 일기 쓰기, 새로운 취미 도전하기 같은 10대 맞춤 챌린지를 기록.
   - 포인트: 실패나 좌절도 솔직하게 보여주며 공감대를 형성.

4. **"요즘 핫한 아이템 리뷰"**
   - 내용: 10대가 관심을 가질 만한 아이템(신상 간식, 패션 아이템, 소형 가전 등)을 직접 사용해 보고 평가.
   - 포인트: 친구들과의 유머러스한 반응과 실제 활용도를 비교하는 구성이 재미를 줄 수 있음.

5. **"상상 초능력 Q&A"** ↓

메시지 ChatGPT

ChatGPT는 실수를 할 수 있습니다. 중요한 정보를 확인하세요.

↗ 영상 기획 및 콘텐츠 개발

이번에는 간단한 아이디어 구상을 넘어, 본격적인 영상 기획 및 콘텐츠 개발에 챗GPT를 활용해 보겠습니다. 영상 기획 작업의 순서에 맞춰 각 단계마다 챗GPT를 접목해 봅시다.

콘텐츠 시장 분석하기

먼저, 챗GPT에게 인기 콘텐츠 목록이나 관련 링크를 제공하여 콘텐츠 시장 분석을 요청합니다. 제공한 자료를 바탕으로 콘텐츠 시청자들이 주로 어떤 장르와 주제에 관심을 가지며, 어떤 유형의 콘텐츠가 인기 있는지 물어보면, 챗GPT는 이를 분석하여 현재 콘텐츠 시장에서 선호되는 트렌드와 소비 경향을 명확히 정리해 줍니다.

소비 심리 추출하기

시장 분석 결과를 기반으로 챗GPT에게 소비자들의 심리적 공통점을 구체적으로 파악하도록 요청합니다. 예를 들어, 특정 인기 콘텐츠 작품들이 공통적으로 다루는 정서적, 심리적 주제가 무엇인지 질문하여 챗GPT가 소비자의 내면에 자리한 감정이나 욕구를 명확히 추출하도록 지시합니다. 이렇게 도출한 소비 심리를 통해 시청자들이 해당 콘텐츠에 몰입하는 근본적인 이유를 이해할 수 있습니다.

콘셉트 기획하기

이제 소비자 심리 분석 결과를 바탕으로 콘텐츠의 콘셉트를 기획해 봅시다. 예를 들어, 앞선 과정을 통해 도출한 소비 심리가 '자기 검열'과 같은 내적 갈등이라면, 챗GPT에게 이를 바탕으로 콘텐츠의 핵심 감정과 주요 메시지를 설정하고 시각적으로 강력하게 표현할 수 있는 구체적인 콘셉트와 키워드를 제시하도록 지시합니다. 이 과정에서 독특한 시각적 메타포나 새로운 소재를 추가로 제안받아 콘텐츠의 독창성과 매력을 높일 수 있습니다.

시나리오 발굴하기

마지막으로, 챗GPT가 콘텐츠의 콘셉트를 시나리오 형태로 구체화하도록 지시합니다. 억압과 자유, 불안과 용기 등 소비자가 느끼는 양가적 감정을 효과적으로 표현할 수 있도록 구체적인 장면 묘사와 이야기 흐름을 세부적으로 제시해 달라고 요청합니다. 예를 들어, '자기 검열'과 '해방감'을 동시에 표현하기 위한 장면으로 '금속으로 만든 타이트한 의류를 입고도 자유롭게 달리는 여성'과 같은 독특한 장면 묘사를 요청하여 챗GPT로부터 창의적이고 섬세한 시나리오 아이디어를 얻을 수 있습니다.

TIP ● 이처럼 영상 기획 및 아이디어 단계에서 챗GPT와 협업하면 보다 깊이 있고 시청자의 공감을 이끌어내는 콘텐츠를 쉽고 빠르게 기획 및 개발할 수 있습니다.

↗ 이미지 생성용 영문 프롬프트 만들기

챗GPT를 활용하면 미드저니와 같은 이미지 생성 AI 툴에 입력할 영문 프롬프트도 쉽게 작성할 수 있습니다. 여기서는 [동화책 삽화 같은 '파스텔 톤'과 '판타지 분위기'의 하늘 풍경을 만들 수 있게 영문 프롬프트를 제안해줘]라고 요청해 보았습니다.

> 동화책 삽화 같은 '파스텔 톤'과 '판타지 분위기'의 하늘 풍경을 만들 수 있게 영문 프롬프트를 제안해줘.
>
> Here's a detailed English prompt to create a sky scene in pastel tones with a fantasy atmosphere, suitable for a storybook illustration:
>
> "A dreamy fantasy sky filled with soft pastel tones, featuring fluffy, glowing clouds in shades of pink, lavender, and baby blue. A golden sunset gently blending into a twilight gradient with stars starting to twinkle. The scene includes magical elements like floating islands with tiny castles, sparkling lights, and birds with shimmering wings flying gracefully. The overall style is whimsical and enchanting, evoking a storybook illustration with a warm and inviting atmosphere."
>
> Would you like me to generate an image based on this?

TIP ● 과거에는 미드저니 프롬프트를 생성하기 위해 별도의 맞춤형 GPT(GPTs)를 찾아 활용하는 경우가 많았지만, 현재는 기본 챗GPT 모델만으로도 충분히 정교하고 유용한 프롬프트를 생성할 수 있습니다.

이번에는 챗GPT가 실제로 미드저니 프롬프트를 어떻게 생성하는지 살펴봅시다. [Midjourney에서 '판타지 숲속 고성' 이미지를 만들고 싶어. 신비로운 분위기와 별이 빛나는 밤하늘을 강조해줘. 영문 프롬프트를 작성해줘]라고 요청하면 필요한 영어 표현과 구체적인 키워드를 굉장히 잘 제안해 줍니다. 필요하다면 [조금 더 화려한 색감], [은은한 안개 효과]와 같은 속성을 추가로 요청할 수 있으며, 챗GPT는 이를 반영하여 수정된 프롬프트를 제안합니다.

> Here's a detailed English prompt for creating your fantasy castle in a mystical forest with a starry night sky:
>
> **Prompt:**
> "A majestic fantasy castle nestled in a lush, enchanted forest, glowing softly with magical lights. The surroundings are filled with tall, ancient trees covered in moss and shimmering with ethereal blue and green hues. The scene is illuminated by a breathtaking, starry night sky filled with countless stars, a glowing crescent moon, and faint auroras. The atmosphere is serene yet mysterious, with a hint of otherworldly magic. Gentle mist swirls around the castle, and fireflies hover in the air, adding to the magical ambiance. Highly detailed, cinematic, and vibrant."
>
> Let me know if you'd like to adjust the details!

이처럼 챗GPT는 언어 기반 작업에서 강력한 조수 역할을 합니다. 간단한 문장 교정부터 긴 문서 요약, 아이디어 구상, 미드저니용 영문 프롬프트 작성까지 폭넓게 활용할 수 있죠. 챗GPT를 사용하는 데 조금만 익숙해지면 단순히 AI가 답을 제공하는 수준을 넘어, 마치 함께 협업하는 듯한 경험을 할 수 있을 것입니다.

TIP ● 다음 챕터에서는 챗GPT가 만들어 준 프롬프트를 미드저니에 실제로 입력해 보며, 상상 속 이미지를 현실화하는 과정을 살펴봅니다.

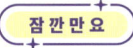

심층 리서치 기능으로 챗GPT를 외장형 두뇌로 활용하기

챗GPT를 활용해 심층 리서치한 내용을 외장형 두뇌처럼 메모리하면, 챗GPT가 기존의 일반적인 학습 데이터를 바탕으로 내놓는 결과물보다 더욱 최신의 정확한 정보를 기반으로 결과물을 제공합니다. 여기서는 심층 리서치를 통해 효과적인 미드저니 프롬프트를 작성하는 방법을 살펴보겠습니다.

❶ 챗GPT에게 최신 미드저니 프롬프트 작성법에 대한 심층 리서치를 요청합니다. 예를 들어, [미드저니 최신 버전의 프롬프트 작성법과 권장 키워드, 표현 방식, 파라미터 설정 방법, 미드저니가 인식하지 못하는 표현 방식에 대해 조사해줘]와 같이 구체적으로 질문합니다.

❷ 챗GPT가 제공한 조사 결과를 메모리에 저장하도록 요청합니다. 예를 들어, [방금 조사한 미드저니 프롬프트 작성법과 권장 사항을 메모리에 저장해줘]라고 지시합니다. 이렇게 해 두면 조사 결과를 추후 작업에 바로 활용할 수 있습니다.

❸ 저장된 미드저니 프롬프트 작성법을 기반으로 특정 장면에 대한 프롬프트를 작성하도록 요청합니다. 예를 들어, [미드저니 프롬프트 작성법을 활용해 초현실적이고 디스토피아적인 특정 장면의 프롬프트를 작성해줘]라고 지시하면, 챗GPT는 메모리에 저장된 리서치 결과를 기반으로 더욱 정확하고 효과적인 프롬프트를 작성해 줍니다.

이 세 단계를 명확하게 따르면 챗GPT를 효율적인 외장형 두뇌처럼 활용하여 창의적이고 정교한 결과물을 빠르게 얻을 수 있습니다. 챗GPT를 통해 이미지 생성용 프롬프트를 작성한다면 꼭 활용해 보세요.

챗GPT 관련 Q&A

Q 챗GPT가 대답 도중에 멈춰요.

A 일시적인 서버 문제일 수 있으므로, 페이지를 새로고침을 합니다. 또한, 챗GPT는 한 번에 처리할 수 있는 글자 수에 제한이 있어, 너무 긴 질문은 끝까지 대답하지 못할 수 있습니다. 이럴 때는 질문을 여러 개로 짧게 나누어 입력하는 것이 좋습니다.

Q 원하는 톤의 답변이 나오지 않아요.

A [서정적인 말투로], [직설적으로 표현해줘]처럼 톤을 구체적으로 지시하면 원하는 답변을 얻을 수 있습니다. 또한, [너는 전문가/작가/기획자다]라고 역할(Role)을 지정해 주면 AI가 해당 맥락에 맞는 답변을 제시하는 데 도움이 됩니다.

Q 미드저니용 영문 프롬프트에 한글이 섞여 나와요.

A 영어만 사용하도록 다시 한 번 명확히 요청합니다. [영문으로만 작성해줘] 또는 [Be sure to use only English in your answer]라고 메시지를 보냅니다.

Q 회사 기밀이나 개인 정보를 입력해도 되나요?

A 챗GPT에 민감한 정보를 입력하는 것은 가급적 피하는 것이 좋습니다. 대화 로그가 서버에 저장될 수 있으므로, 중요한 정보는 소속된 조직이나 기업의 보안 정책에 따라 적절히 관리해 주세요.

Q 답변을 더 구체적으로 얻어내고 싶어요.

A 질문을 더 상세하게 입력하면 보다 정확하고 구체적인 답변을 얻을 수 있습니다. 예를 들어, [역사에 대해 알려줘]보다는 [고대 이집트 문명의 특징을 정치, 경제, 사회 세 가지 측면으로 정리해줘]처럼 질문하는 것이 효과적입니다.

Q 같은 질문을 여러 번 하면 답변이 달라지나요?

A 네. 챗GPT는 매번 독립적으로 응답을 생성하기 때문에 같은 질문에도 조금씩 다른 답변을 제공합니다. 원하는 정보를 보다 정확하게 얻으려면 질문을 약간 다르게 입력하거나, 더 구체적으로 표현해 보세요.

Q 특정 분야의 답변이 정확하지 않은 것 같아요.

A 챗GPT는 때때로 오류가 포함된 답변을 생성합니다. 특히 전문적인 분야나 중요한 최신 정보는 반드시 챗GPT의 심층 리서치 기능을 활성화하여 추가로 검증하고, 전통적인 방식의 정보 검색을 통해 대조하여 재차 확인하는 것이 안전합니다.

Q 챗GPT로 긴 글이나 콘텐츠를 생성할 때 효율적인 방법이 있나요?

A 한 번에 전체 내용을 요청하기보다는, 콘텐츠를 구조화하여 단계별로 나누어 요청하는 것이 좋습니다. 예를 들어, [먼저 개요를 만들어줘], [다음으로 본문을 써줘], [마지막으로 결론을 정리해줘]와 같은 방식으로 단계적으로 지시하면 보다 체계적인 결과를 얻을 수 있습니다.

Q 창작 활동에 챗GPT를 활용하고 싶어요. 어떻게 해야 할까요?

A 챗GPT는 스토리 구성 아이디어, 글쓰기 초안, 영상 스크립트 작성 등에 활용할 수 있습니다. 챗GPT가 제안한 내용에 나만의 생각을 더해 창의적으로 발전시키고 다듬으면 더욱 효과적입니다.

Q 답변이 너무 길거나 짧아요.

A 원하는 길이를 직접 제시해 보세요. 예를 들어, [100자 이내로 요약해줘] 또는 [500자 정도로 자세히 설명해줘]와 같이 구체적인 답변 길이를 지정하면 100% 정확하지는 않지만 요청한 분량을 어느 정도 충족하는 답변을 얻을 수 있습니다.

CHAPTER 2

장면 시각화: 미드저니로 이미지 만들기

챗GPT로 미드저니용 영문 프롬프트를 어떻게 구상하는지 알아보았으니, 이제 실제로 이미지를 만들어볼 차례입니다. 앞서 Part 2에서는 이미지 생성 AI의 개념과 미드저니의 기본 사용법을 익혔습니다. 이번 챕터에서는 미드저니 웹 버전을 활용하여 실제 영상에 사용할 장면을 이미지로 생성합니다.

미드저니로 이미지 생성하기

프롬프트 입력하기

1 미드저니 웹 페이지에 접속하여 [Create] 페이지를 클릭합니다. 화면 상단의 Imagine Bar에 프롬프트를 입력한 다음 Enter 를 누릅니다.

> a future city
> 미래 도시

TIP ● 여기서는 간단한 예시 프롬프트를 입력했지만, 258쪽에서 챗GPT와 대화를 통해 생성한 프롬프트를 사용해도 좋습니다.

TIP ● 미드저니는 영어 프롬프트에 가장 최적화되어 있기 때문에 의도한 이미지를 정확하게 얻기 위해서는 프롬프트를 영어로 작성하는 것이 효과적입니다.

2 이미지 생성 작업이 시작됩니다. 이미지 목록 상단에 새 항목이 나타나며, 입력한 프롬프트 문구와 함께 진행률을 확인할 수 있습니다. 미드저니는 기본적으로 한 번에 네 장의 결과물을 동시에 생성하므로, 네 개의 프레임에 이미지가 점차 채워지는 모습을 확인할 수 있습니다.

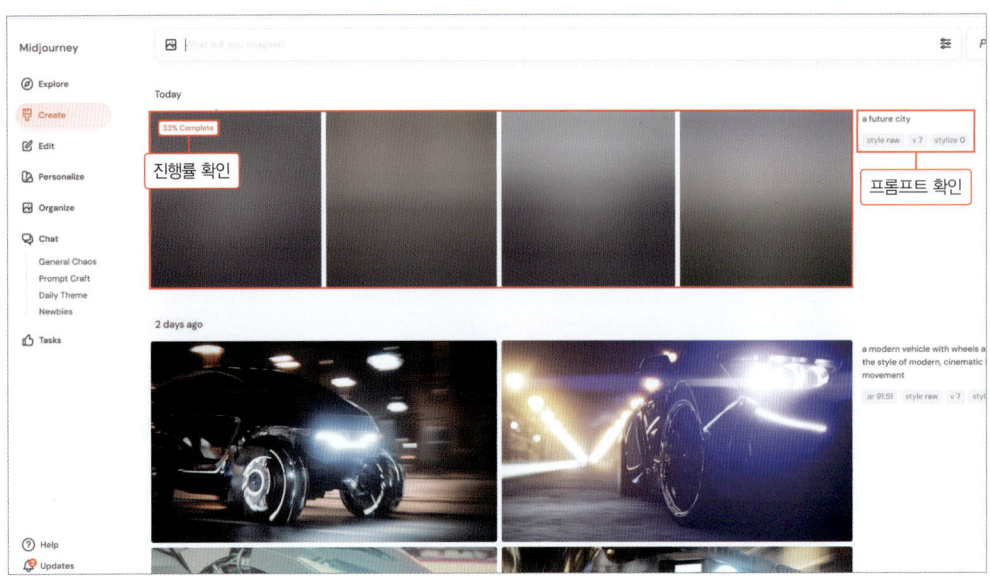

TIP ● 이미지 생성에는 수 초에서 수십 초 정도의 시간이 걸리며, 소요 시간은 구독 플랜이나 서버 부하 상태에 따라 달라질 수 있습니다. 기본적으로 Fast 모드에서는 빠르게, Relax 모드에선 느리게 진행됩니다.

3 잠시 기다리면 네 장의 결과물이 완성됩니다. 결과물은 업스케일이 적용되지 않은 기본 해상도로 출력되며, 상대적으로 해상도가 낮은 상태입니다. 이 중에서 마음에 드는 이미지를 클릭하여 후속 작업을 진행하겠습니다.

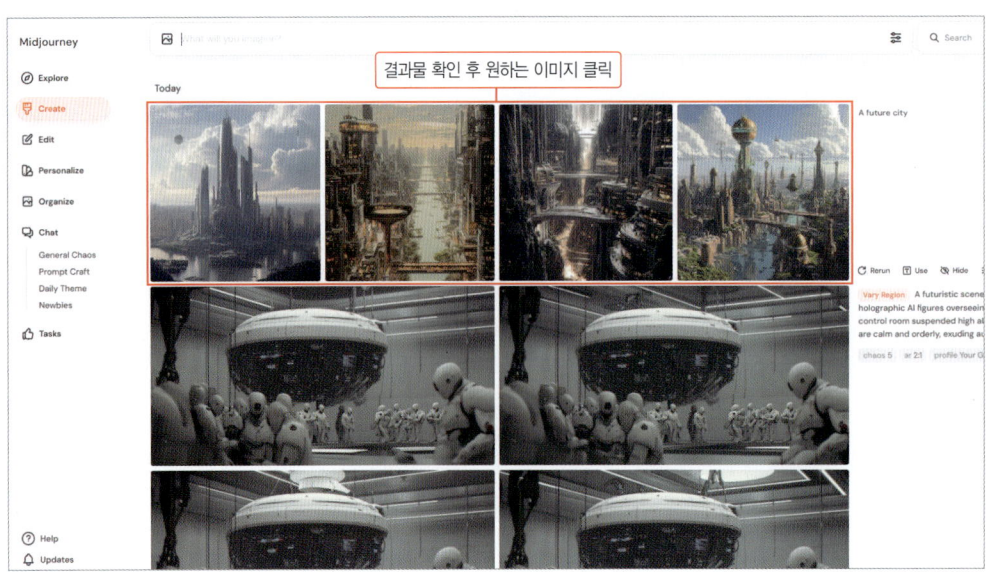

↗ Variations으로 이미지 변형하기

이제는 생성된 결과물 중에서 마음에 드는 이미지를 더욱 정확하게 추려내는 과정이 필요합니다. 경우에 따라 처음 생성된 네 장의 결과물 중 어느 것도 완벽히 마음에 들지 않거나, 결과물 중 하나를 선택했지만 약간 다른 버전을 보고 싶을 때가 있습니다. 이럴 때 활용할 수 있는 기능이 바로 Variations(변형)입니다. Variations을 실행하면 기존의 프롬프트는 그대로 유지되며, ==선택한 이미지를 기준으로 비슷하지만 약간 다른 변형 결과물 네 장이 생성됩니다.==

1 최초로 생성된 결과물 중 가장 마음에 드는 항목을 클릭합니다. 라이트박스 화면이 열리며 이미지를 크게 확인하거나 추가 수정 작업을 진행할 수 있습니다. 오른쪽 하단 Vary 항목의 [Subtle] 혹은 [Strong] 버튼을 클릭하여 변형 작업을 수행합니다.

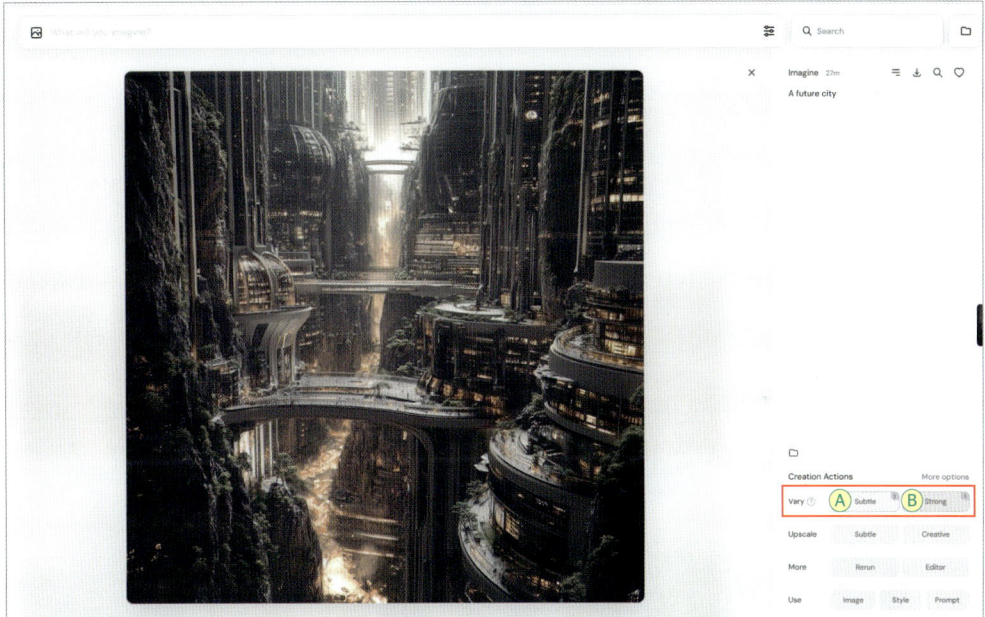

- Ⓐ **Vary Subtle**: 기존 이미지와 최대한 유사한 범위 내에서 미묘한 변형을 생성합니다. 이미지의 전체 구성을 유지한 채, 특정 부분만 약간 수정하고자 할 때 사용합니다.
- Ⓑ **Vary Strong**: 기존 이미지를 기반으로 더 넓고 과감한 범위에서 변형을 생성합니다. 이미지의 전체적인 느낌이나 표현 방식은 마음에 들지만, 구체적인 형태나 모습이 원하는 방향과 다소 차이가 날 때 사용합니다.

2 변형 작업 역시 'Create' 페이지의 이미지 목록에 하나의 항목으로 추가되며, 진행률이 표시됩니다. 잠시 기다리면 원본 이미지를 기반으로 하되 세부적으로 변형된 결과물이 생성됩니다. Vary(Strong)의 결과물과 Vary(Subtle)의 결과물을 확인하고 각 이미지가 원본과 얼마나 유사한지, 또 얼마나 다른 느낌으로 표현되었는지 비교해 보세요.

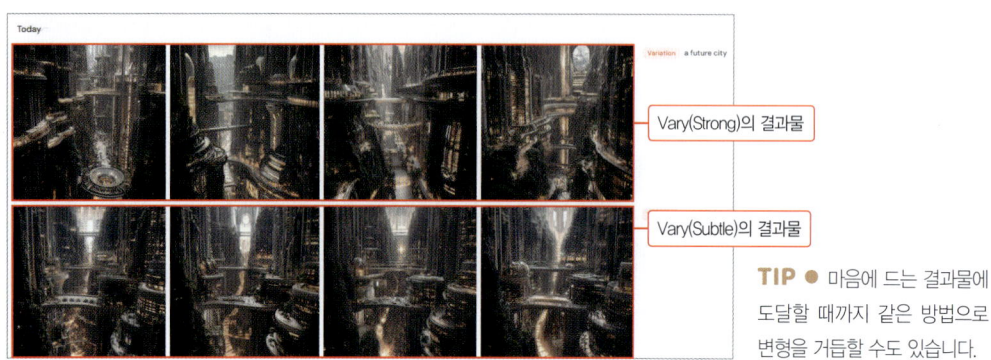

TIP ● 마음에 드는 결과물에 도달할 때까지 같은 방법으로 변형을 거듭할 수도 있습니다.

↗ 업스케일로 이미지 화질 개선하기

변형을 통해 원하는 이미지를 완성했다면, 이번에는 이미지의 화질을 개선하는 업스케일을 진행하겠습니다. 생성된 이미지는 정사각형 기준 1024x1024 픽셀 크기이기 때문에 실무에 바로 사용하기에는 부족할 수 있습니다. 따라서 이미지를 활용하기 전에는 반드시 업스케일 과정을 거쳐 화질을 향상시켜야 하며, 이를 통해 보다 선명하고 깔끔한 2048x2048 픽셀의 결과물을 얻을 수 있습니다.

1 변형을 통해 완성된 이미지를 클릭하면 라이트박스가 열립니다. 'Upscale' 항목의 [Subtle] 혹은 [Creative] 버튼을 클릭합니다.

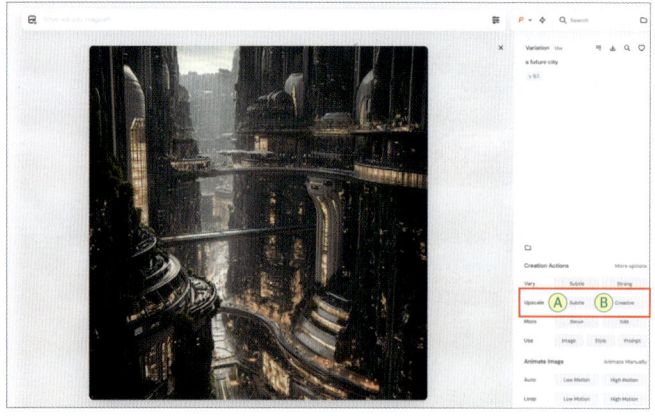

Ⓐ **Upscale Subtle**: 원본 이미지를 최대한 유지하며 해상도와 디테일만 개선합니다.

Ⓑ **Upscale Creative**: 원본 이미지의 전체적인 형태와 느낌을 유지하면서 세부 디테일에서 약간의 변형과 추가적인 품질 개선이 이루어집니다.

2 업스케일 작업 역시 'Create' 페이지의 이미지 목록에 하나의 항목으로 추가되며, 진행률이 표시됩니다. 업스케일 작업은 이미지 생성할 때보다 시간이 조금 더 소요됩니다. 잠시 기다리면 결과물이 나타나며, 결과물 우측에 업스케일 모드가 각각 'Upscale(C)'와 'Upscale(S)'로 표기되어 있는 것을 확인할 수 있습니다.

3 업스케일 결과물을 클릭하여 라이트박스로 확대해 확인합니다. 원본 이미지보다 훨씬 깨끗하고 품질이 개선된 것을 확인할 수 있습니다.

TIP ● 변형과 업스케일 과정을 필요에 따라 여러 차례 반복하다 보면, 초기 프롬프트의 의도에 가장 부합하는 최종 이미지를 얻을 수 있습니다. 단, 업스케일을 반복한다고 해서 이미지의 화질이 더 좋아지지는 않습니다.

↗ 라이트박스에서 이미지 편집하기

앞선 과정을 통해 네 장의 최초 생성 결과물 중 마음에 드는 하나를 고르고, 이를 업스케일하여 실무에 사용할 수 있는 형태로 변환했습니다. 이번에는 라이트박스의 편집 기능을 활용하여 이 결과물을 조금 더 다듬어 보겠습니다. 업스케일한 이미지를 클릭하여 라이트박스를 활성화한 다음, 우측 하단의 [More options]를 클릭합니다. 원하는 편집 기능을 체크하면 우측 하단에 기능이 추가됩니다.

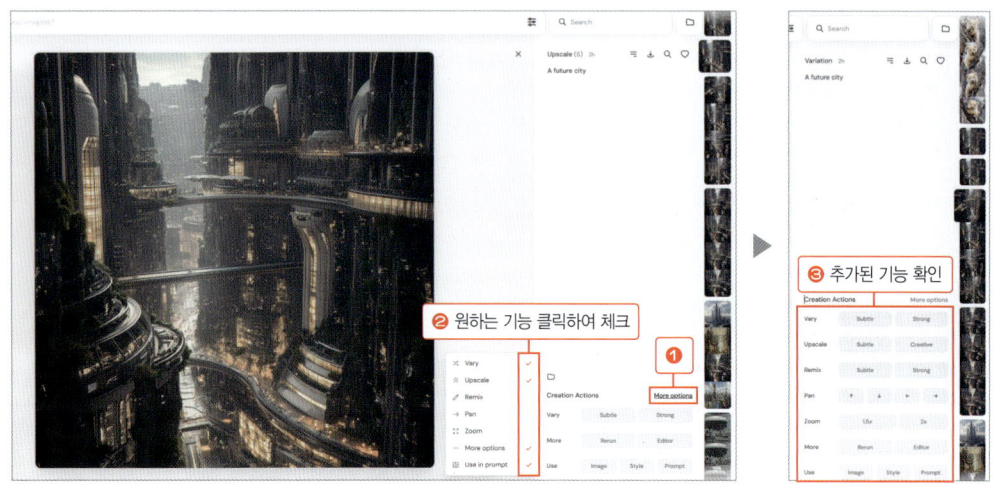

↗ Remix

Remix는 원본 이미지의 프롬프트를 일부 수정하여 이미지의 콘셉트나 세부 요소를 변경하는 기능입니다. Remix 기능에도 'Subtle'과 'Strong' 옵션이 제공되지만, 주로 프롬프트를 수정하여 현재 이미지를 기반으로 새로운 결과물을 만드는 데 활용되므로, 'Remix(Strong)' 옵션을 사용하는 것을 권장합니다. 아래 예시는 [Remix(Strong)] 버튼을 클릭하고 기존 프롬프트인 [a future city(미래 도시)]를 [ancient city(고대 도시)]로 바꾼 결과물입니다.

▲ 원본 이미지

▲ Remix(Strong)를 적용한 이미지

↗ Pan

Pan은 이미지의 캔버스를 특정 방향으로 확장하여 새로운 디테일을 추가하는 기능입니다. 왼쪽, 오른쪽, 위, 아래 화살표 옵션을 클릭하면 해당 방향으로 캔버스 영역이 확장됩니다. 아래 예시는 [↑] 옵션을 클릭하여 이미지의 상단 영역을 확대한 결과물입니다.

▲ 원본 이미지 　　　　　　　　　　　　　　　　▲ Pan(↑)을 적용한 이미지

TIP ● Pan 기능은 업스케일된 이미지에서는 사용할 수 없으므로, 업스케일 이전 단계의 원본 이미지에서 실행합니다. 또, 정확한 세부 확장 범위까지 섬세하게 조정하는 데는 한계가 있습니다.

↗ Zoom

Zoom은 이미지를 축소하여 테두리 주변에 새로운 콘텐츠를 추가하는 기능으로, 이를 통해 이미지의 시야를 확장해 배경 영역을 더 넓고 풍부하게 표현할 수 있습니다. Zoom은 [1.5x]와 [2x]의 두 가지 옵션이 있으며, 기존 이미지의 면적을 기준으로 각각 1.5배, 2배 크기의 외곽 영역이 새롭게 생성됩니다.

[Zoom 1.5x]와 [Zoom 2x] 옵션을 각각 클릭하여 결과물을 생성한 다음, 두 결과물 간의 확장 범위와 디테일 차이를 비교해 볼까요? 이미지가 확장됨에 따라 원본 이미지 주변부에 새로운 배경과 콘텐츠가 추가된 것을 확인할 수 있습니다.

▲ 원본 이미지

▲ Zoom(1.5x)을 적용한 이미지

▲ Zoom(2x)을 적용한 이미지

↗ Editor로 정밀하게 이미지 편집하기

앞서 살펴본 Remix, Pan, Zoom 기능은 전반적인 이미지 편집에는 유용하지만, 원하는 영역만 세밀하게 수정하기 어려운 한계가 있습니다. 이럴 때는 Editor 기능을 활용하여 특정 영역을 더욱 정밀하고 세부적으로 편집할 수 있습니다.

1 편집하고자 하는 이미지를 선택한 다음, 라이트박스 우측 하단의 [Editor] 버튼을 클릭합니다.

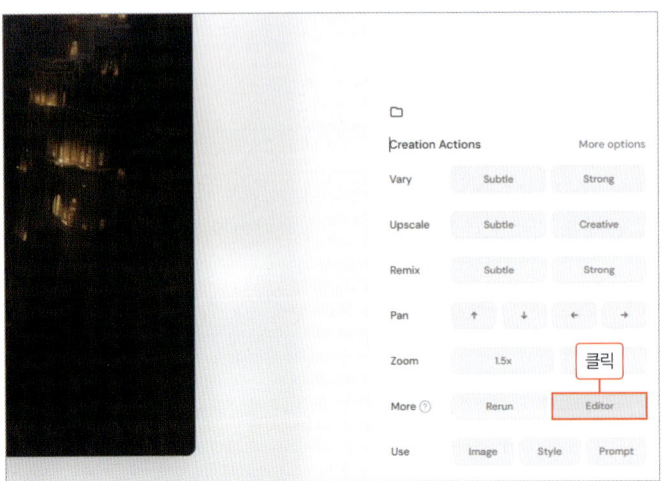

2 화면 상단에 Editor 패널이 나타납니다. 가장 오른쪽에 있는 비율 버튼을 통해 이미지의 가로 세로 비율을 변경할 수 있습니다.

3 Erase 툴을 활용하면 이미지의 특정 부분을 세밀하게 수정할 수 있습니다. 상단 메뉴에서 [Erase]를 클릭하고 이미지 위로 마우스 커서를 가져가면 커서가 지우개 모양으로 변합니다. 이 상태에서 수정하거나 변경하고 싶은 영역을 마우스로 드래그하여 선택합니다. 선택이 끝나면 [Submit] 버튼을 클릭합니다.

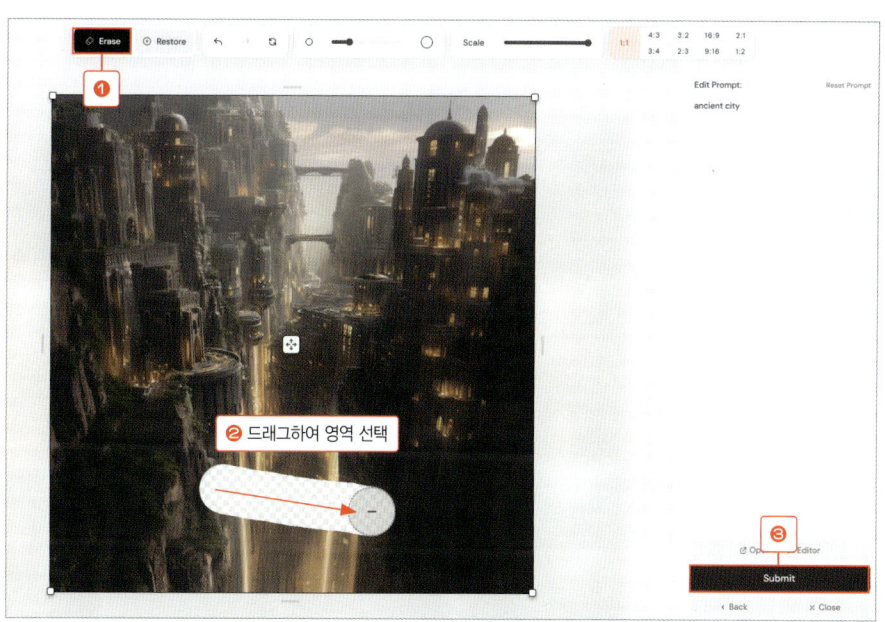

4 [Create] 페이지를 클릭하여 결과물을 확인합니다. 앞서 선택한 영역이 사라지거나 다른 형태로 변형된 것을 확인할 수 있습니다.

5 Scale 슬라이드를 활용하면 이미지를 축소하여 테두리 영역의 확장 범위를 더욱 정밀하게 설정할 수 있습니다. 슬라이드를 드래그하여 원하는 만큼 이미지를 축소시킨 다음, [Submit]을 클릭합니다. 테두리 영역이 새롭게 생성된 결과물을 확인할 수 있습니다.

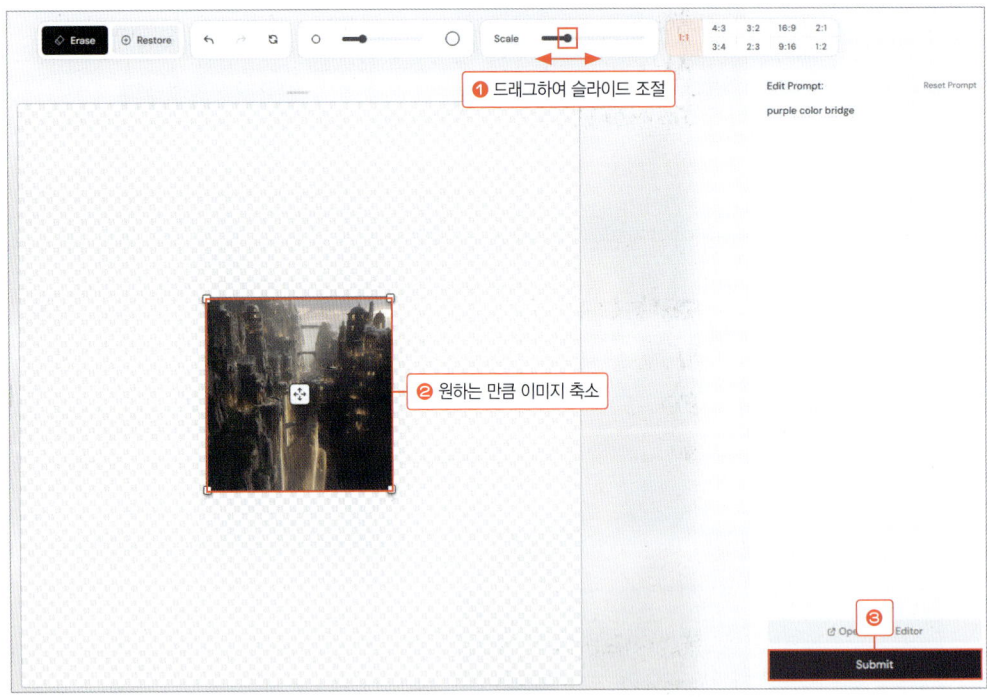

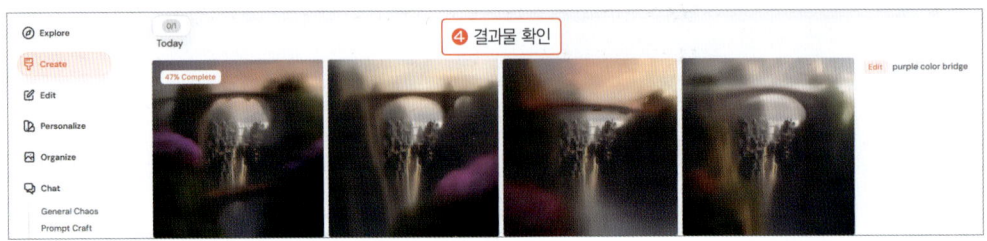

TIP ● 269쪽에서 소개한 Zoom과 유사한 기능으로, 이미지의 확장 범위를 더욱 정밀하게 설정할 수 있습니다.

6 수동 확장 기능을 통해 캔버스 사이즈를 자유롭게 조정할 수도 있습니다. 이미지 테두리에 마우스 커서를 가져가면 검은색 막대 모양의 핸들이 활성화됩니다. 핸들을 클릭한 상태에서 원하는 방향으로 드래그하면 이미지의 캔버스가 확장됩니다.

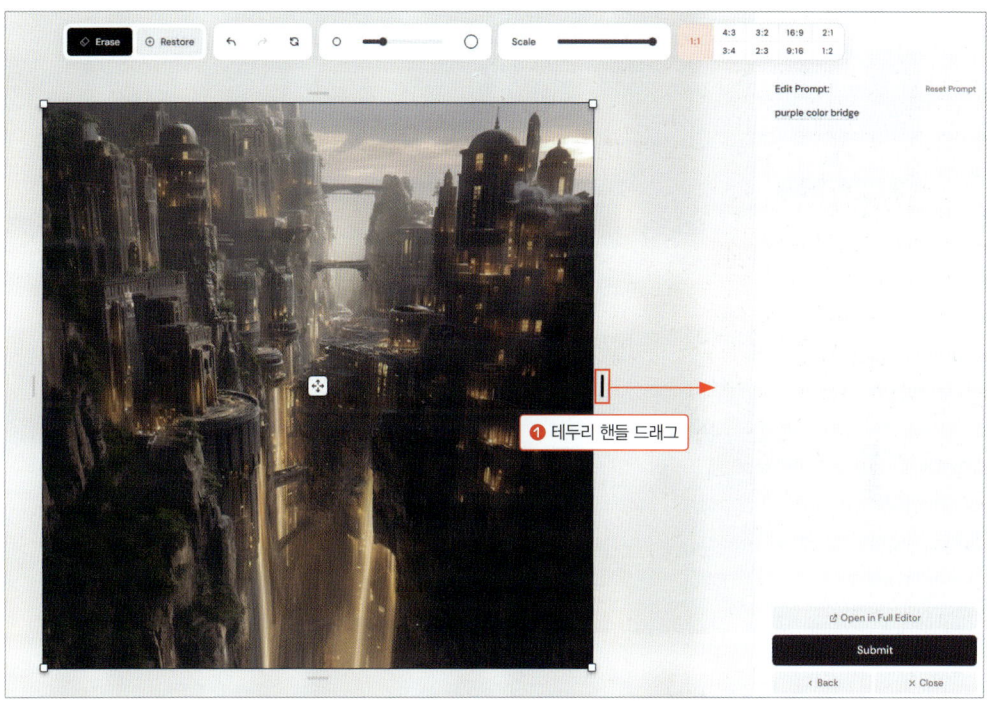

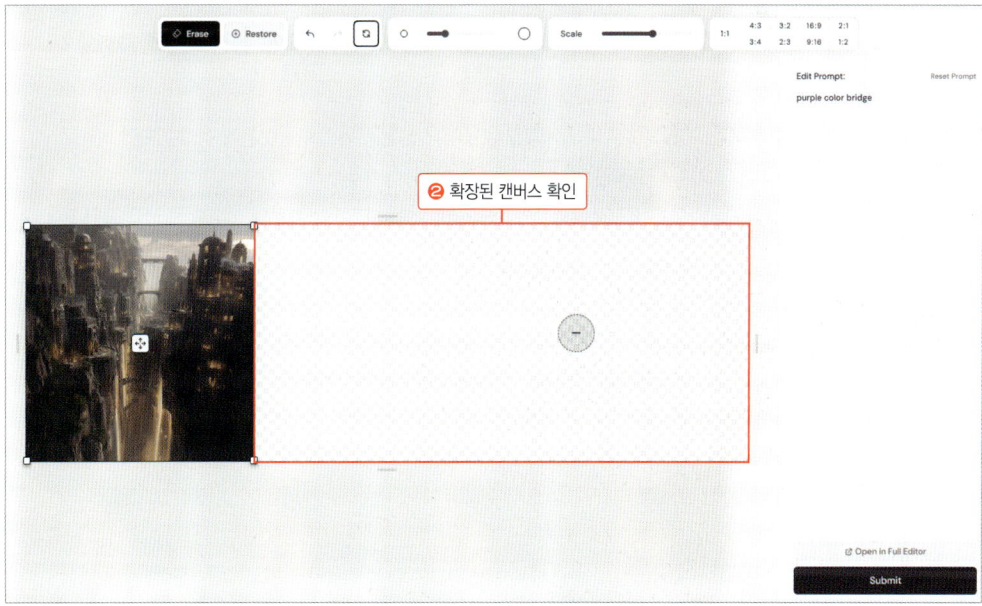

7 이미지 중앙의 [✥] 버튼을 클릭한 상태에서 드래그하면 캔버스 안에서의 이미지의 위치도 조정할 수 있습니다. 원하는 위치로 이동시킨 후 [Submit]을 클릭하면 테두리 영역이 생성됩니다.

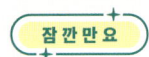

이미지의 가로 세로 비율은 어떻게 설정하면 좋을까요?

미드저니로 생성한 이미지는 기본적으로 1:1 정사각형 비율이지만, 활용 목적과 플랫폼에 적합한 화면 비율로 조정할 필요가 있습니다. 몇 가지 대표적인 예시를 살펴보겠습니다.

- **1:1 비율**: 인스타그램과 같은 SNS 플랫폼에서 주로 사용되며, 제품 사진이나 프로필 이미지 등 균형 잡힌 표현이 필요한 콘텐츠에 적합합니다.
- **4:3 / 3:2 비율**: 사진 촬영이나 출판물에 주로 사용되며, 안정적이고 전통적인 느낌을 주어 블로그, 웹 사이트의 이미지, 잡지, 브로슈어 제작에 적합합니다.
- **16:9 비율**: 유튜브, 영화, 영상 콘텐츠 등 미디어 콘텐츠에 가장 널리 사용되는 가로형 비율로, 시네마틱한 연출로 몰입감을 높이는 데 효과적입니다.
- **2:1 비율**: 파노라마나 풍경 사진처럼 시야를 넓게 표현하고자 하는 콘텐츠에 주로 사용됩니다.
- **3:4 / 2:3 비율**: 인물 사진, 포스터 디자인, 책 표지에 많이 사용되는 세로형 비율로, 집중력 있고 인상적인 표현에 적합합니다.
- **9:16 비율**: 모바일 디바이스에 적합한 비율로, 틱톡, 인스타그램 릴스, 유튜브 쇼츠와 같은 세로형 숏폼 영상 콘텐츠에 주로 사용됩니다.
- **1:2 비율**: 세로로 긴 배너나 인포그래픽과 같은 콘텐츠에서 정보를 길게 나열하거나 강조할 때 사용됩니다.

↗ 이미지 다운로드 및 저장하기

변형, 업스케일, 편집을 거쳐 나만의 베스트 샷을 완성했다면 이제 이미지를 저장할 차례입니다. 최종 이미지를 다운로드하여 프로젝트에 활용해 봅시다.

1 라이트박스 오른쪽 상단에 있는 [⬇] 버튼을 클릭하면 이미지 파일이 바로 다운로드됩니다.

TIP ● 다운로드되는 파일 형식은 PNG이며, 최종 해상도는 업스케일 여부에 따라 달라집니다.

2 다운로드한 이미지들은 [Organize] 페이지에서 간편하게 확인하고 관리할 수 있습니다. 이에 대한 자세한 설명은 54쪽을 참고하세요.

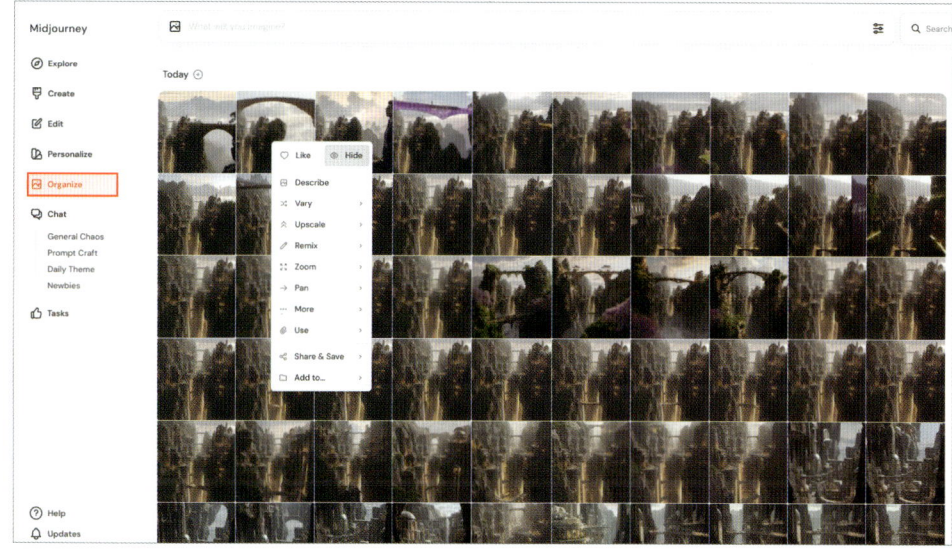

02 미드저니 V7 최신 기능 활용하기

▲ 미드저니 V7으로 생성한 한국인 이미지

미드저니 V7은 미드저니의 가장 최신 모델로, 이전 버전에 비해 이미지의 품질과 표현력이 크게 향상되고 다양한 신규 기능이 추가되었습니다. 특히 한국인의 외모 표현이 자연스러워졌고, 손가락 수나 복잡한 포즈 등 인체 세부 묘사가 개선되었으며, 텍스처와 조명도 보다 현실적으로 표현합니다. 한국어를 포함한 다국어 프롬프트 지원도 강화되었죠. 또, 주요 기능들이 새롭게 도입되어 워크플로우가 크게 달라졌습니다.

* **드래프트 모드(Draft Mode)**: 저해상도의 시안을 이전 버전 대비 약 10배 빠른 속도로 저렴하게 생성하는 모드입니다. 아이디어 스케치를 하듯 여러 이미지를 신속히 확인하고, 마음에 드는 방향을 탐색하는 데 유용합니다.

* **인핸스(Enhance) 기능**: 드래프트 모드로 생성된 이미지의 디테일을 향상시키는 기능입니다. 인핸스를 적용한 이미지는 이후 업스케일 기능을 통해 추가적인 디테일 및 품질 개선도 가능합니다.

* **음성 입력 및 대화형 생성 모드**: 마이크를 통해 음성으로 챗GPT와 대화하듯 연속적으로 명령을 주고받으며 이미지를 단계별로 수정 및 보완할 수 있는 모드가 추가되었습니다. 이를 통해 이미지를 점진적으로 완성해 나가는 작업이 훨씬 쉬워졌습니다. 또, 대화형 생성 모드에서는 한국어도 인식이 가능하여 언어의 장벽이 사라졌습니다.

* **레이어 기반 Editor 기능**: 미드저니 웹 버전에 추가된 고급 편집 도구로, 생성된 이미지나 업로드한 이미지를 세밀하게 부분 편집할 수 있습니다. 레이어(Layer) 개념이 도입되어 사진 편집 소프트웨어처럼 이미지를 겹쳐 놓고 특정 영역을 수정하거나 새로운 요소를 추가하는 등 세밀한 후반 작업이 가능해졌습니다.

이전에는 프롬프트를 잘 다듬고 구성하여 이미지를 생성한 다음 부족한 부분을 보완하여 다시 프롬프트를 수정하는 워크플로우였지만, 이제는 빠른 초안 생성 → 대화형 수정 → 선택 및 업스케일 → 후반부 편집까지 하나의 플랫폼 안에서 유기적으로 진행할 수 있게 되었습니다.

🔖 드래프트 모드와 인핸스 기능으로 효율적인 초안 작업하기

드래프트 모드는 V7에서 새롭게 추가된 빠른 생성 모드로, 일반 생성 모드보다 약 10배 빠른 속도로 이미지를 생성합니다. 그 대신 디테일 수준은 다소 낮은 편이기 때문에, 이름 그대로 아이디어의 초안 단계에서 활용하기 좋습니다. 장면이나 인물의 구도, 색감, 분위기 등을 여러 버전으로 빠르게 시도하고 확인할 때 드래프트 모드를 사용하면 유용하죠.

TIP ● 2025년 7월 기준 드래프트 모드는 오직 V7 모델에서만 작동하며, 이전 버전에서는 활성화되지 않습니다.

드래프트 모드에서 생성한 여러 후보 이미지 중 원하는 결과물을 선택했다면, 인핸스 기능을 활용해 해당 이미지를 개선할 수 있습니다. 인핸스 기능은 이미지의 디테일을 전반적으로 개선하며 일부 결함을 자동으로 보정합니다. 예를 들어, 드래프트 단계에서 인물의 손가락 형태가 뭉뚱그려지거나 세부 질감이 왜곡되었을 때, 인핸스를 적용하면 이러한 부분이 보다 선명하고 정밀하게 교정됩니다.

이처럼 드래프트 모드와 인핸스 기능을 접목하여 사용하면 워크플로우가 크게 최적화됩니다. 초기 구상 단계에서는 드래프트 모드를 통해 다양한 시도를 빠르게 진행하고, 이후 선택한 이미지를 인핸스 기능으로 집중적으로 다듬어 이미지의 완성도를 높이는 식이죠. 기존에는 마음에 드는 이미지를 얻기 위해 여러 번 프롬프트를 수정하며 반복 생성해야 했다면, 이제 드래프트 모드로 시간과 리소스를 절약하고, 인핸스 기능으로 뽑아낸 초안을 완성시키는 방식으로 작업 효율을 높일 수 있습니다.

1 프롬프트를 입력하기 전, [Draft Mode(⚡)]를 클릭하여 드래프트 모드를 활성화합니다. 원하는 프롬프트를 입력하고 이미지를 생성합니다.

TIP ● 텍스트 프롬프트 끝에 [--draft] 파라미터를 추가하면 드래프트 모드를 수동으로 활성화할 수 있습니다.

2 잠시 기다리면 네 장의 초안 결과물이 생성됩니다. 각 이미지마다 분위기와 색채가 조금씩 다르게 표현됩니다. 예를 들어 어떤 이미지는 보라색 네온 조명이 강조되어 있고, 어떤 것은 녹색 톤이 주를 이루는 식이죠. 결과물을 비교하며 가장 마음에 드는 콘셉트를 골라서 클릭합니다.

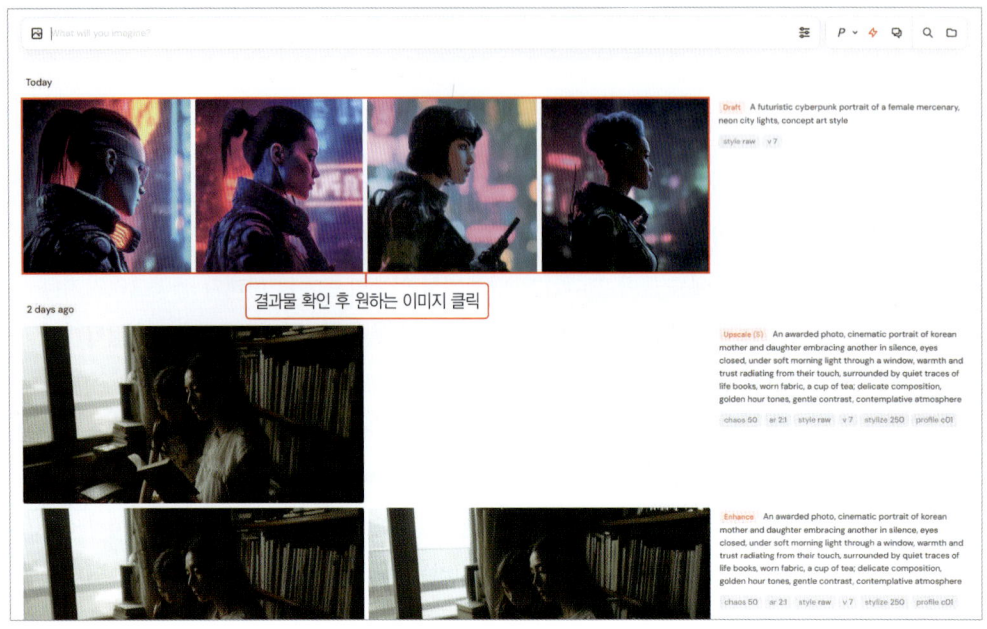

3 이제 초안 이미지를 인핸스 기능으로 개선해 봅시다. 선택한 결과물의 라이트박스에서 [Enhance] 버튼을 클릭합니다.

4 초안 이미지를 개선한 네 장의 결과물이 추가로 생성됩니다. 초안 이미지와 비교하면 얼굴이나 의상의 텍스처가 보다 선명하게 표현되며, 배경의 노이즈가 줄어드는 등 전반적인 품질 향상을 확인할 수 있습니다. 손의 형태나 복잡한 장식 요소도 자연스럽게 잘 교정되었는지 살펴보세요.

TIP ● 인핸스를 적용한 이미지는 이후 업스케일을 통해 추가로 품질을 개선할 수 있습니다.

5 초안 이미지와 최종 결과물을 나란히 비교하면 변화가 더 뚜렷하게 확인됩니다. 해당 예제에서는 사이버펑크 분위기의 네온 조명과 금속 질감이 더욱 선명하게 표현되었으며, 초안의 거친 부분들이 매끄럽게 다듬어져 더욱 완성도 높은 결과물이 나왔습니다.

TIP ● 지금까지 드래프트 모드로 얻은 아이디어 스케치에 인핸스 기능을 사용해 최종 결과물을 작품 수준으로 향상시키는 과정을 살펴보았습니다. 미드저니 V7의 새로운 워크플로우가 놀랍지 않나요?

대화형 생성 모드와 음성 입력 기능으로 이미지 생성하기

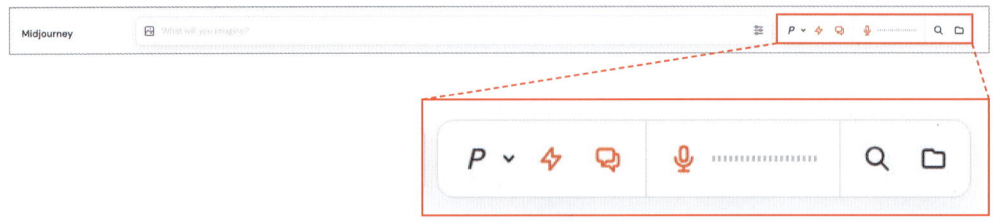

미드저니 V7에는 미드저니와 음성으로 대화를 주고받으며 이미지를 생성하는 신규 기능이 도입되었습니다. 텍스트 프롬프트를 키보드로 직접 타이핑하지 않고, 말 한마디로 간편하게 이미지를 생성할 수 있게 된 것이죠.

미드저니 웹 버전의 프롬프트 입력 영역 오른쪽에 있는 [🗨] 버튼을 클릭하면 대화형 생성 모드가 활성화됩니다. 대화형 생성 모드는 미드저니와 대화하듯 추가 지시를 내리면, 앞서 만든 이미지를 참고하여 새로운 변형 결과물을 생성하는 모드입니다. 예를 들어, '한 남자의 정면 얼굴 사진' 생성을 지시한 다음, 이어서 [배경을 어두운 숲으로 바꿔줘]라고 지시하면 기존 남자의 얼굴은 유지한 상태에서 배경만 숲으로 바꾼 새로운 결과물이 생성됩니다. 이처럼 대화형 생성 모드는 이전 프롬프트의 맥락을 기억하기 때문에, 모든 요소를 반복해서 설명할 필요 없이 변경하고자 하는 부분만 지시하여 결과물을 점진적으로 조정할 수 있습니다. 또, 대화형 생성 모드에서는 한국어도 인식하기 때문에 미드저니의 단점 중 하나였던 언어의 장벽이 사라졌다고 할 수 있습니다.

대화형 생성 모드 오른쪽에 있는 [🎤] 버튼은 또 다른 신규 기능인 음성 입력 기능을 활성화하는 버튼입니다. 마이크에 대고 원하는 이미지를 설명하면, 음성이 텍스트로 변환되어 프롬프트 입력 영역에 자동으로 입력되고, 곧바로 이미지 생성이 진행됩니다.

드래프트 모드, 대화형 생성 모드, 음성 입력 기능을 함께 활용하면, 미드저니와 대화를 주고받으며 더욱 효율적으로 이미지를 만들어 나갈 수 있습니다. 처음부터 완벽한 프롬프트를 고민하기보다, 생성된 결과물을 기반으로 원하는 부분을 하나씩 개선해 나가는 방식으로 보다 유연하게 작업할 수 있죠.

TIP ● 웹 브라우저에서 마이크를 처음 사용하는 경우에는 권한 허용 팝업이 나타납니다. 이를 허용해야 음성 입력 기능을 사용할 수 있습니다.

1 프롬프트 입력 영역 오른쪽의 [💬] 버튼과 [🎤] 버튼을 차례로 클릭하여 대화형 생성 모드 및 음성 입력 기능을 활성화합니다. 마이크가 켜지면 원하는 명령을 또렷하게 소리 내어 읽습니다. 음성이 텍스트로 변환되어 입력됩니다.

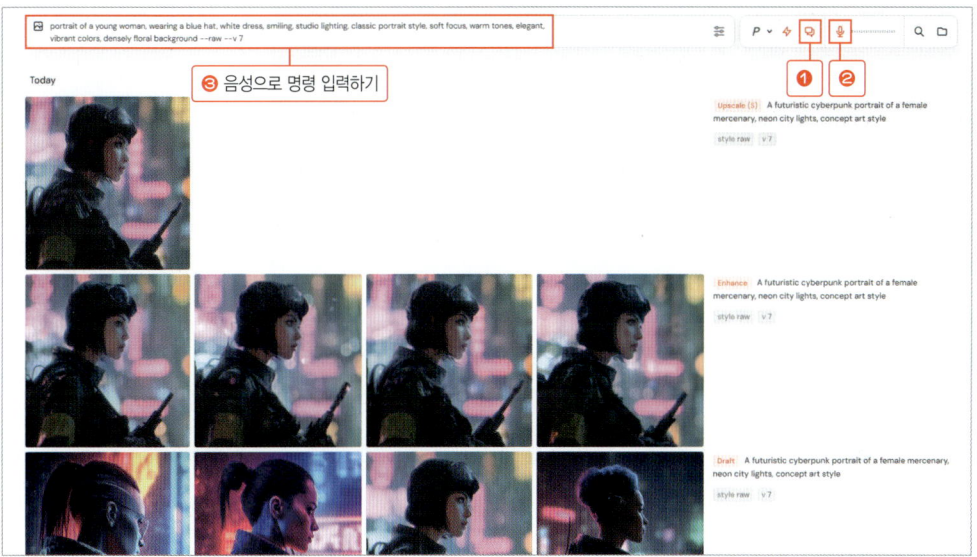

TIP ● 영어로 또박또박 말할 때 가장 정확하게 인식되지만, V7은 한국어 음성도 비교적 잘 인식되는 편입니다.

2 잠시 기다리면 자동으로 결과물이 생성됩니다. 이 결과물에서 바꾸고 싶은 부분이 있다면, 다시 한번 원하는 수정 사항을 소리 내어 읽습니다. 여기서는 [붉은 모자를 파란색 모자로 바꿔줘]라고 지시했습니다.

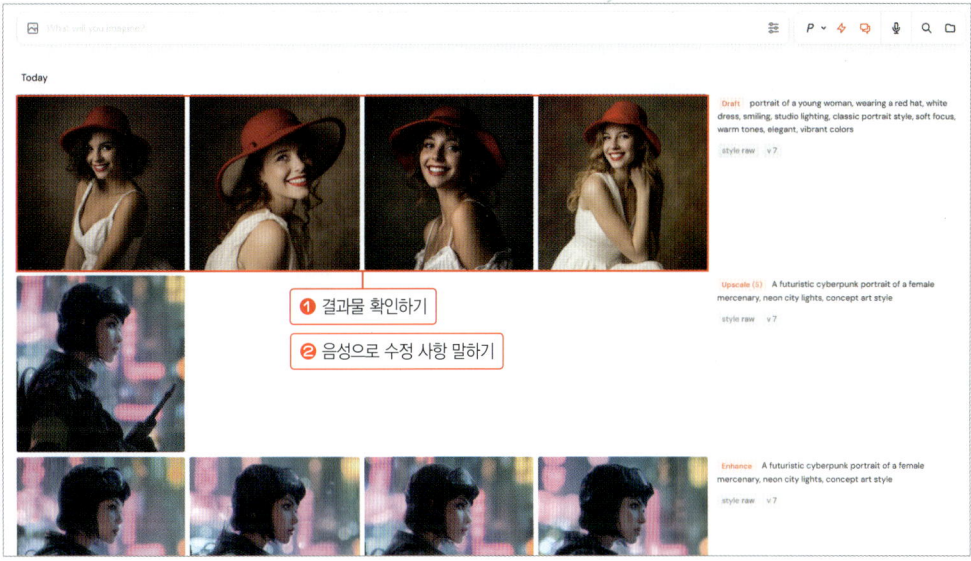

3 기존의 결과물에서 모자 색상만 변경한 새로운 이미지가 생성되었습니다.

4 이번에는 같은 방식으로 배경에 꽃을 추가했습니다. 이처럼 대화형 모드에서는 추가 명령을 통해 단계적으로 변화를 줄 수 있으며, 각 단계마다 이미지의 구성을 점진적으로 발전시킬 수 있습니다.

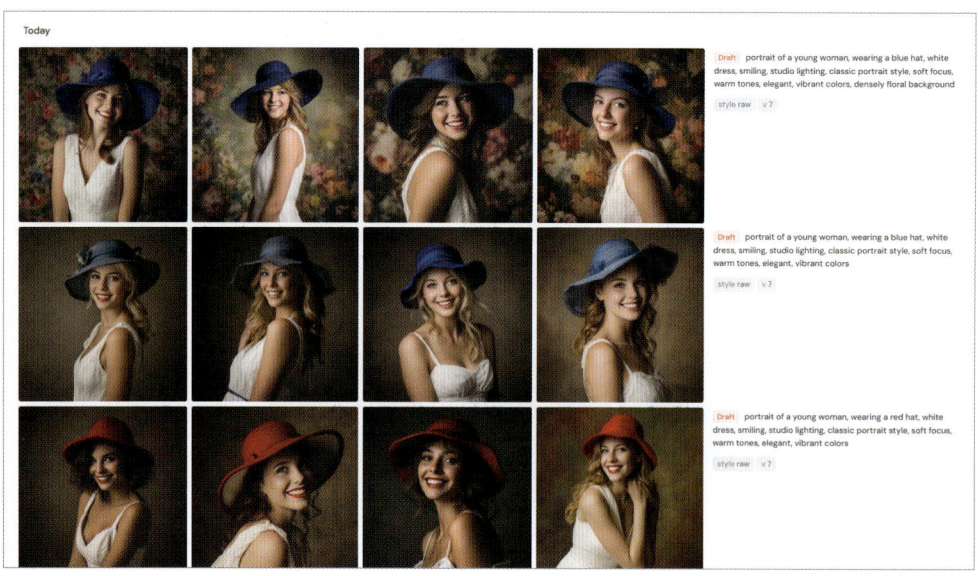

TIP ● 미드저니 V7의 음성 입력 기능은 단순히 음성을 텍스트로 변환하여 입력하는 STT 기능이 아닌, LLM 기반의 대화 기능입니다. 그렇기 때문에 미드저니 AI가 음성 명령을 적절한 프롬프트로 자동 변환 및 생성해 줍니다.

↗ Editor의 레이어 시스템으로 이미지 수정하기

미드저니 V7에서는 Editor 기능이 대폭 업그레이드되어, 생성된 이미지를 플랫폼 내에서 바로 세밀하게 편집할 수 있게 되었습니다. 새로운 Editor의 핵심은 ==레이어(Layer)== 시스템입니다. 편집이 필요한 부분에 별도의 새 레이어를 추가하여 수정할 수 있으므로, ==원본 이미지를 손상시키지 않는 비파괴적인 편집==이 가능해졌습니다. 예를 들어, 인물 사진의 배경을 교체하고 싶다면, 인물을 포함한 원본 이미지는 그대로 유지하고 새 레이어에 배경 그림을 생성할 수 있습니다. 또, 인물의 얼굴만 바꾸고자 할 때는 얼굴 영역을 선택한 다음, 그 위에 새로운 레이어를 만들어 부분 생성을 시도할 수도 있습니다.

그밖에도 새로운 Editor에서는 ==스마트 선택 툴과 페인트 툴==이 제공되어 이미지의 특정 영역을 쉽게 지정할 수 있습니다. 특히 스마트 선택 툴은 자동 선택 기능을 포함하고 있어 복잡한 경계선도 수월하게 인식하고, 선택한 범위 안에서 새로운 요소를 생성할 수 있습니다. 이를 통해 원하는 영역만 변경하거나, 특정 영역에 새로운 오브젝트를 추가하는 등 정교한 편집이 가능합니다. 예를 들어, 풍경 사진 속 하늘 영역만 선택해 흐린 날씨를 맑은 날씨로 바꾸거나, 인물 사진에 새로운 소품을 덧붙이는 작업도 간단하게 구현할 수 있죠.

Editor는 미드저니에서 생성한 이미지뿐만 아니라, 기존에 가지고 있던 이미지를 업로드하여 수정하는 데에도 활용할 수 있습니다. 이처럼, 미드저니는 한번 이미지를 생성하고 끝내는 도구가 아니라, 세밀한 후반 작업까지 아우르는 종합 창작 플랫폼으로 거듭나고 있습니다.

1 Editor의 레이어 기능을 활용하여 인물 사진에 선글라스를 합성해 봅시다. 우선, [Create] 페이지에서 미리 생성해둔 인물 사진을 클릭합니다. 우측 하단의 [Editor] 버튼을 클릭합니다.

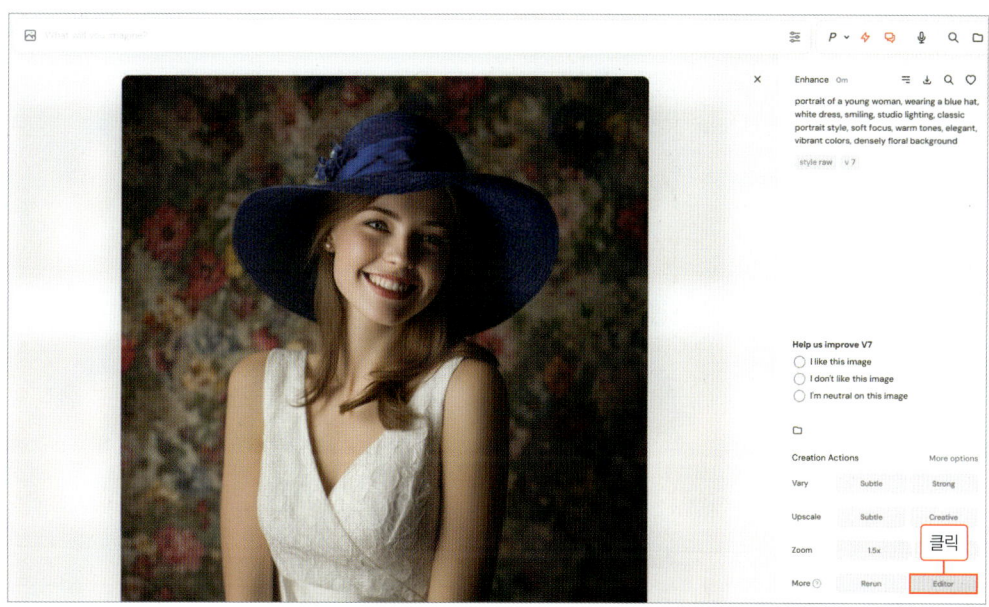

2 Editor 화면이 열리면 [Edit] 메뉴를 선택하고 'Paint' 박스에서 [Erase]를 클릭합니다. 선글라스가 생성될 부분을 드래그하여 영역을 지정합니다.

TIP ● 완벽하게 드래그하지 않아도 괜찮습니다. 대략의 영역만 지정하면 됩니다.

3 'Layer' 박스에서 [Add] – [Add from file]을 클릭하여 합성할 선글라스 이미지를 불러옵니다.

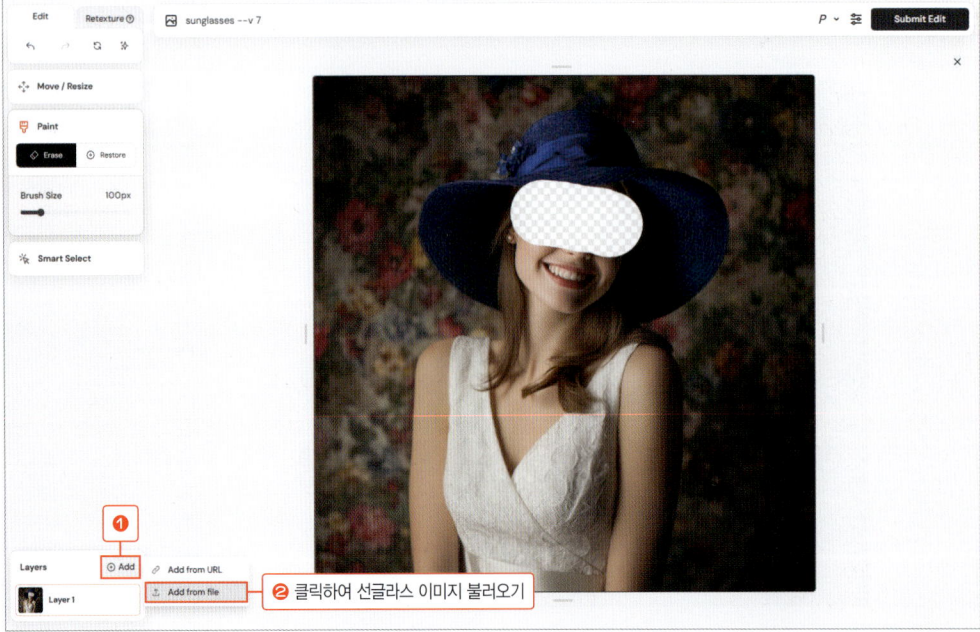

4 선글라스 이미지가 새로운 레이어로 추가됩니다. 선글라스 이미지를 적당한 크기로 조절하고 인물의 얼굴 위치로 옮깁니다.

5 'Smart Select'에서 [Include] 옵션을 선택하고 선글라스를 클릭하면 자동으로 영역이 선택됩니다. [Erase Background]를 클릭하여 흰색 배경을 깔끔하게 제거합니다.

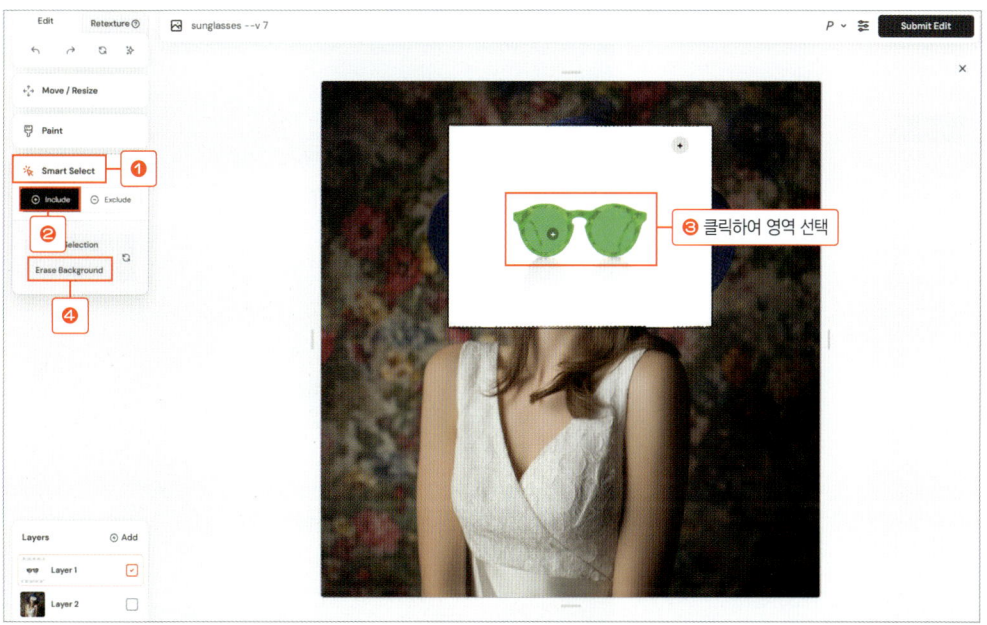

TIP ● [Include]는 클릭한 영역을 선택하는 옵션이고, [Exclude]는 클릭한 영역을 선택 제외 또는 해제하는 옵션입니다.

6 같은 방법으로 선글라스의 렌즈 영역도 지워줍니다.

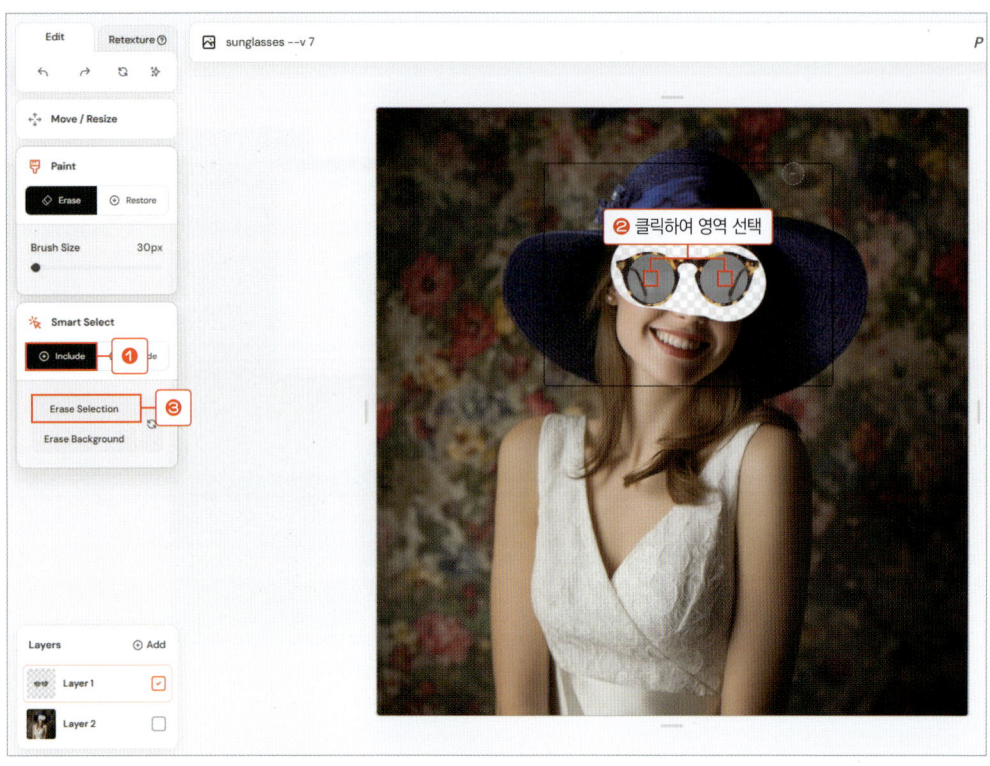

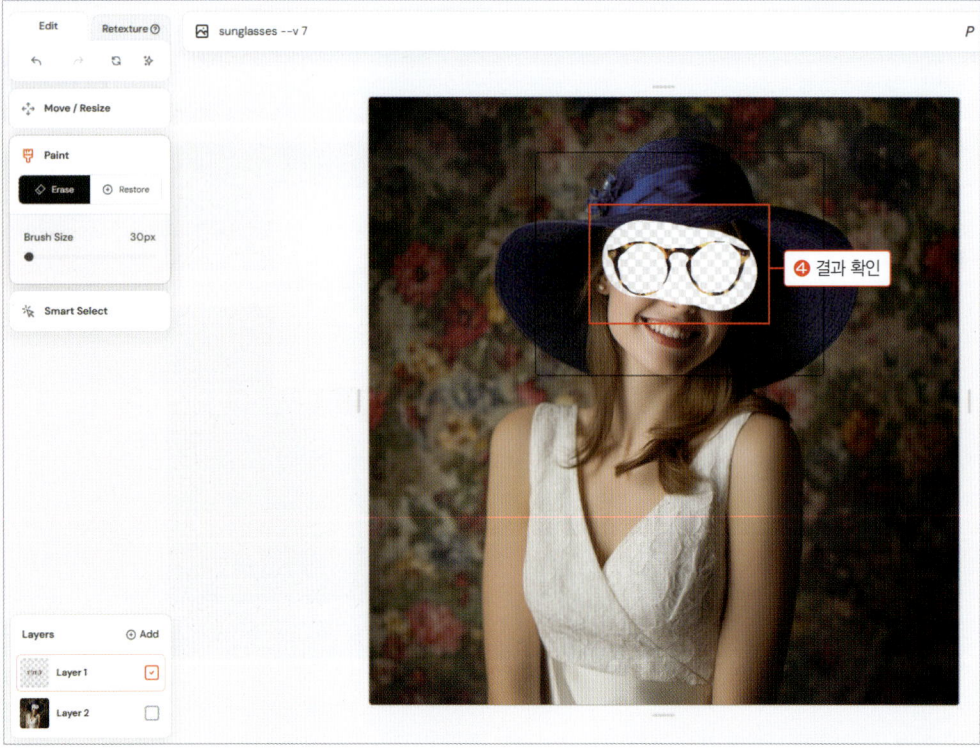

7 화면 상단의 프롬프트 입력 영역에 [sunglasses]를 입력하고 [Submit Edit] 버튼을 클릭합니다. 선택되었던 눈 주변 공간에 선글라스가 자연스럽게 합성되었습니다.

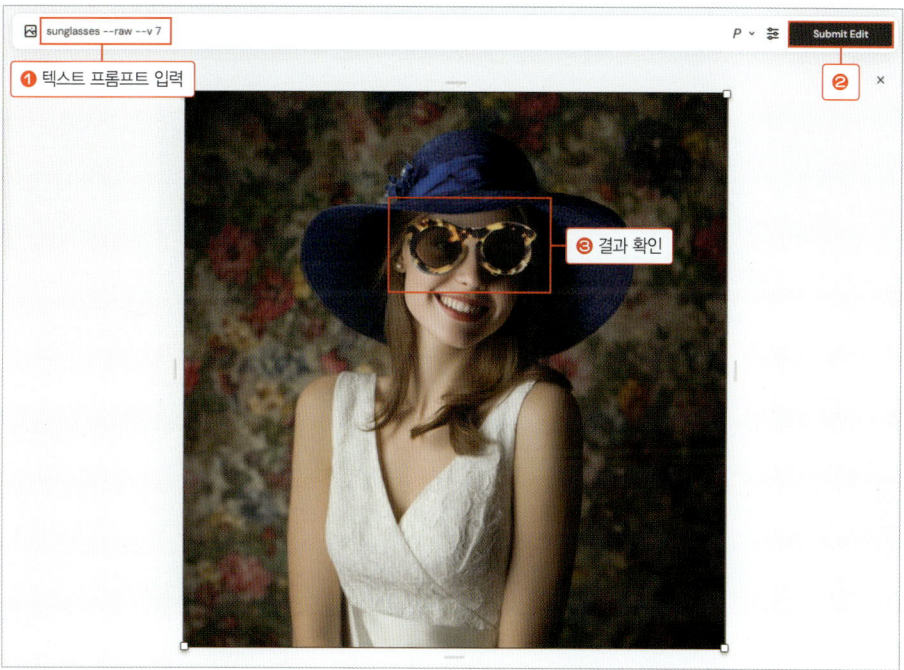

8 마지막으로 스타일 조정(Retexture) 기능을 활용하여 이미지의 스타일을 바꿔봅시다. [Retexture] 메뉴를 클릭한 다음, 프롬프트 입력 영역에 해당 이미지를 어떻게 바꿀 것인지 설명합니다. [Submit Retexture]을 클릭하면 자연스럽게 스타일이 바뀐 결과물이 생성됩니다.

9 이번에는 이미지의 배경을 교체해 봅시다. 'Smart Select'에서 [Include] 옵션을 선택하고 인물을 클릭하면 자동으로 영역이 선택됩니다. [Erase Background]를 클릭하여 배경을 지웁니다.

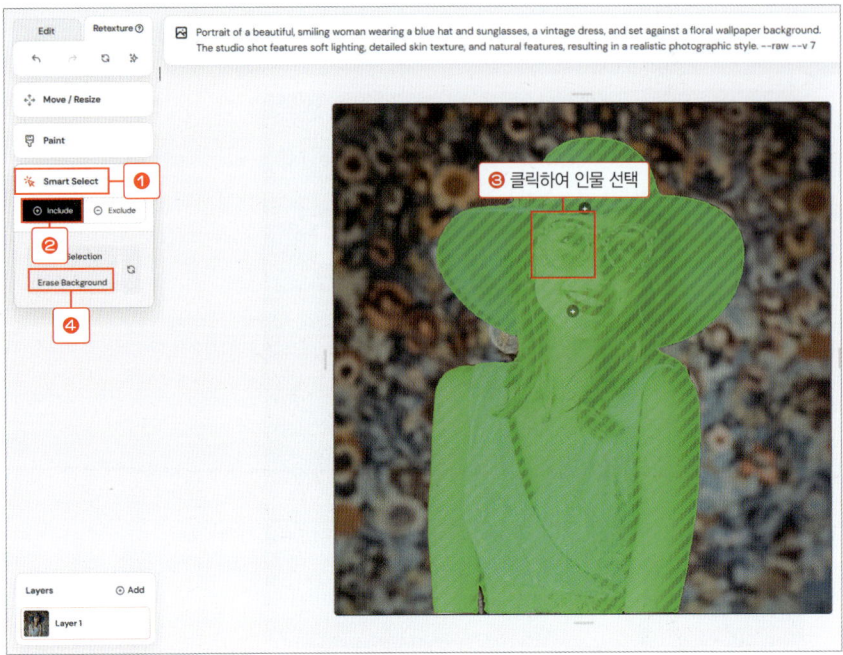

TIP ● 한 번의 클릭으로 인물이 전부 선택되지 않는다면, 인물을 여러 번 클릭해 보세요.

10 배경이 깔끔하게 제거되었다면 [Edit] 메뉴를 클릭합니다.

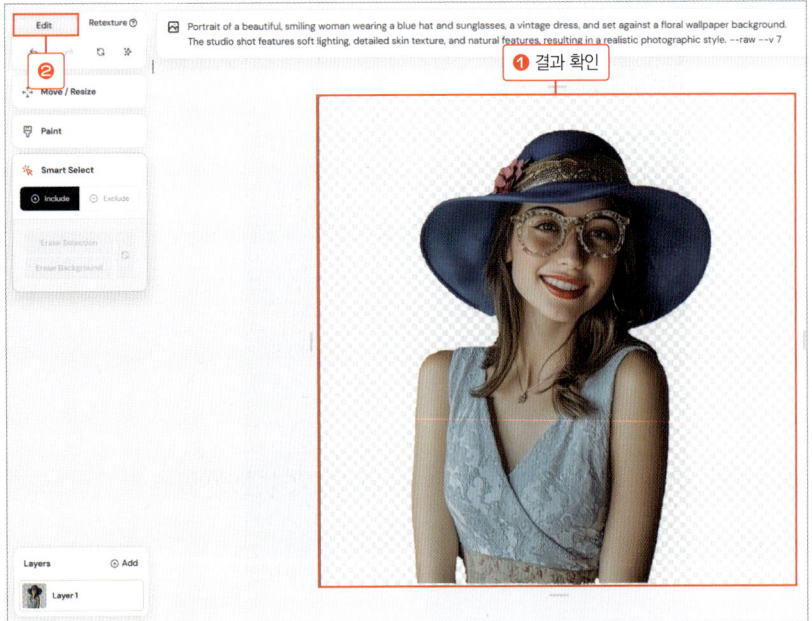

11 프롬프트 입력 영역에 원하는 배경을 묘사합니다. 모두 입력했다면 [Submit Edit]을 클릭합니다. 선택된 배경 레이어에 새로운 거리 풍경이 생성되었습니다. 인물의 실루엣 가장자리가 새로운 배경과 자연스럽게 어우러지는지 살펴봅니다.

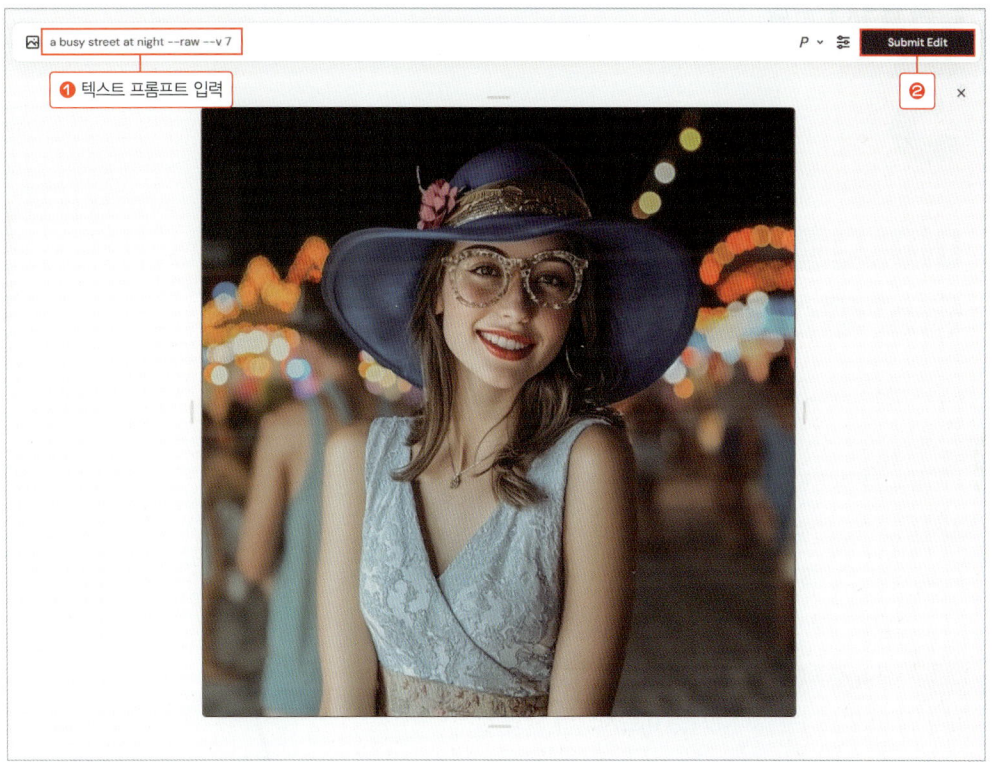

TIP ● 이처럼 레이어 기능과 스마트 선택 툴을 활용하면 프롬프트만으로는 어려웠던 세부 수정 작업을 수월하게 진행할 수 있습니다. 동일한 인물이 다른 옷을 입거나 다른 장소에 등장하는 장면을 만들어 다양한 맥락으로 재사용해 보세요.

CHAPTER 3

이미지를 기반으로 영상 생성하고 다듬기

미드저니로 만든 이미지는 강렬한 인상을 주지만, 정지된 이미지로는 충분한 몰입감을 이끌어내기 어렵습니다. 이미지에 움직임을 더해 영상화하면 더욱 생생하고 몰입도 높은 콘텐츠를 만들 수 있습니다. 영상 전문 지식이 부족하거나 영상 편집 툴을 다룰 줄 몰라도 괜찮습니다. 이번 챕터에서는 미드저니의 V1과 런웨이 Gen-4를 활용해 간단한 프롬프트만으로 이미지를 영상으로 변환하고, 수노를 활용해 영상의 분위기와 메시지를 더욱 효과적으로 전달하기 위한 배경 음악(BGM)을 더하는 방법을 살펴봅니다. 마지막으로, 저화질 영상을 고화질로 업스케일하는 토파즈 Video AI를 활용하여 실무에 활용할 수 있는 최종 결과물을 만들어 보겠습니다.

미드저니의 영상 생성 신기능, Video V1

미드저니는 2025년 6월, 정지된 이미지를 기반으로 움직이는 영상을 생성하는 새로운 기능인 'Video V1'을 선보이며, 생성형 AI의 표현 영역을 한층 넓혔습니다. 기존에는 텍스트 프롬프트로부터 한 장의 이미지만 만들어 냈다면, 이제 클릭 한 번으로 이미지를 짧은 동영상으로 변환할 수 있게 된 것이죠.

Video V1으로 생성할 수 있는 영상의 품질은 현재 480p의 해상도에 초당 24프레임(24fps) 또는 720p 해상도로 제한됩니다. 생성된 영상의 가로세로 비율은 원본 이미지와 동일하게 유지되므로, 본격적으로 영상을 제작하려는 경우에는 이미지 생성 단계부터 비율을 신중하게 결정해야 합니다. 또한, 한 번의 영상 생성에는 이미지 생성 대비 8배 이상의 Fast hours가 소모되므로, ==미드저니로 영상까지 생성하고 싶다면 무제한 생성이 가능한 Relax 모드가 포함된 Pro 플랜 이상의 구독을 권장==합니다.

↗ 이미지 기반으로 영상 생성하기

사용 방식은 매우 간단합니다. 영상으로 변환하고자 하는 이미지를 클릭하여 라이트박스로 진입한 다음, 우측의 'Animate Image'에서 모드와 움직임의 강도(Low Motion, High Motion)를 선택합니다. Auto 모드를 선택할 경우, AI가 이미지의 분위기와 구도를 분석해 가장 적합한 카메라 움직임과 피사체 동작을 자동으로 적용합니다. 매우 직관적이며 빠르게 결과를 얻을 수 있어 초보자에게 추천하는 모드입니다.

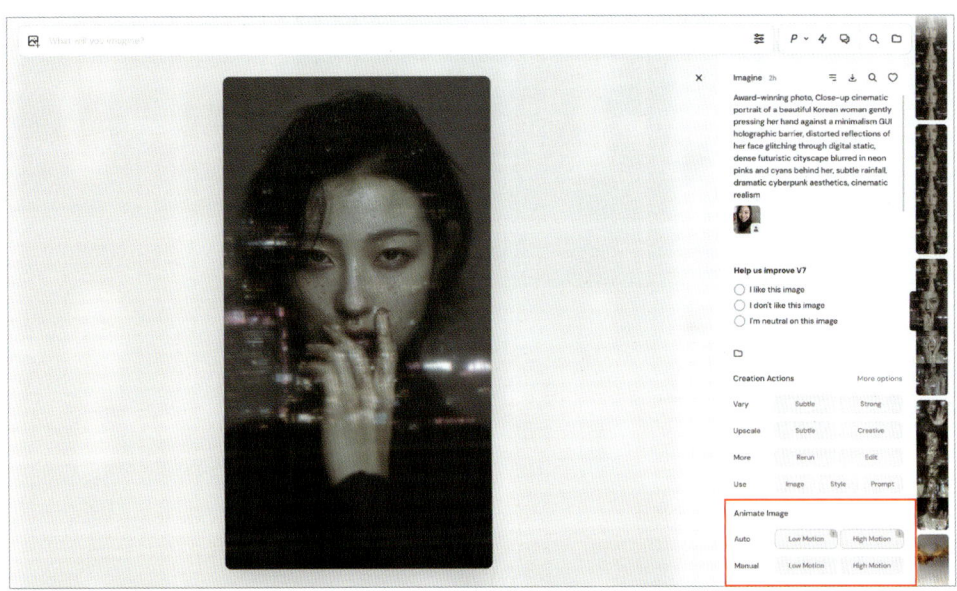

Manual 모드를 선택할 경우, 사용자가 카메라 움직임과 피사체 동작을 직접 텍스트 프롬프트로 지시할 수 있습니다. 예를 들어, [카메라가 주인공 주변을 천천히 돌면서 촬영한다(camera orbits subject slowly)] 또는 [주인공이 고개를 들어 미소 짓는다(subject raises head and smiles)]와 같은 구체적인 지시를 입력함으로써 보다 섬세한 연출이 가능합니다. 모드와 옵션, 프롬프트 입력을 모두 완료했다면 [Generate(▷)]를 클릭합니다.

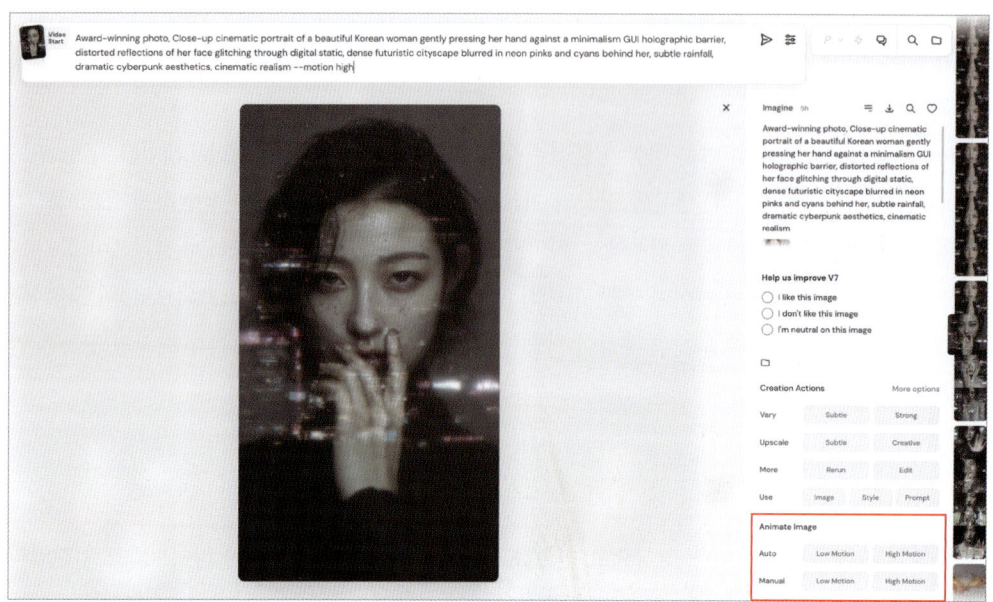

잠시 기다리면 약 5초 길이의 짧은 움직임이 담긴 네 개의 영상이 생성됩니다.

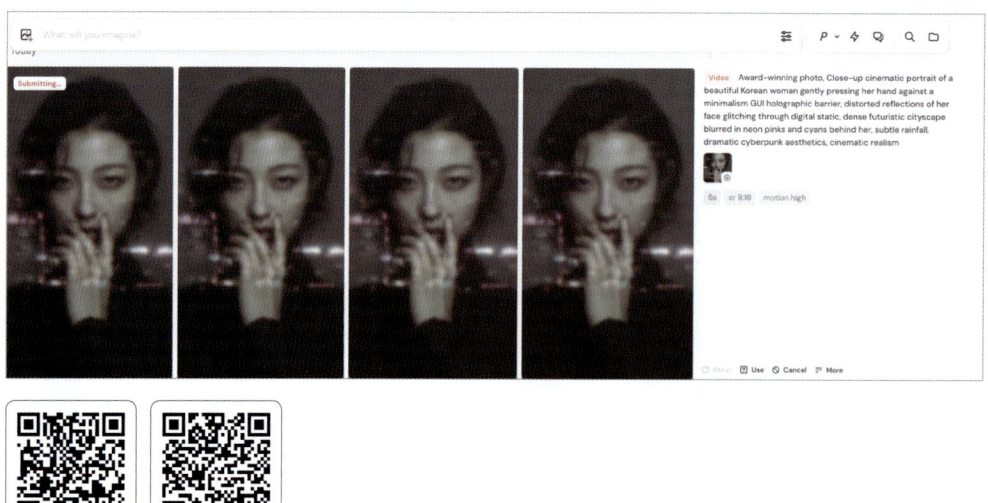

▲ Low Motion 옵션의 결과물(좌) / High Motion 옵션의 결과물(우)

📈 영상 길이 연장하기

Video V1은 기본적으로 5초 길이의 짧은 영상을 생성하지만, 결과물 중 원하는 것을 선택해 추가적으로 길이를 연장할 수 있습니다. 한 번에 4초씩, 최대 4회까지 연장하여 총 21초 길이의 영상을 제작할 수 있으며, 연장된 부분이 기존 영상과 이질감 없이 자연스럽게 연결되는 것이 특징입니다. 이 기능을 활용하면 티저 영상, 뮤직비디오 인트로, SNS 업로드용 짧은 콘텐츠 등 다양한 형태의 영상을 보다 손쉽게 제작할 수 있습니다.

영상 연장은 두 가지 방법으로 진행할 수 있습니다. 우선 간편한 방법부터 살펴봅시다. 앞서 생성한 결과물에 마우스 커서를 올리면 [Extend Auto]와 [Extend Manual] 버튼이 나타납니다. 영상을 생성할 때와 마찬가지로, 모드를 선택하여 연장을 진행합니다.

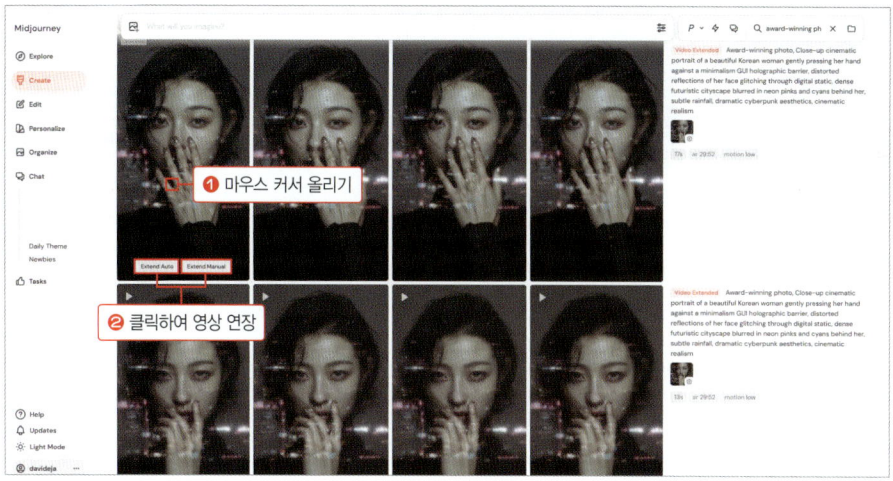

원하는 영상을 클릭하여 라이트박스에서 영상을 확장할 수도 있습니다. 우측 하단의 'Extend Video' 메뉴에서 옵션을 선택합니다. Low Motion은 최소화된 움직임을, High Motion은 더 크고 역동적인 움직임을 생성합니다.

잠시 기다리면 네 개의 연장 결과물이 새롭게 생성됩니다. 선택한 옵션에 따라 잘 연장되었는지 재생하여 확인합니다.

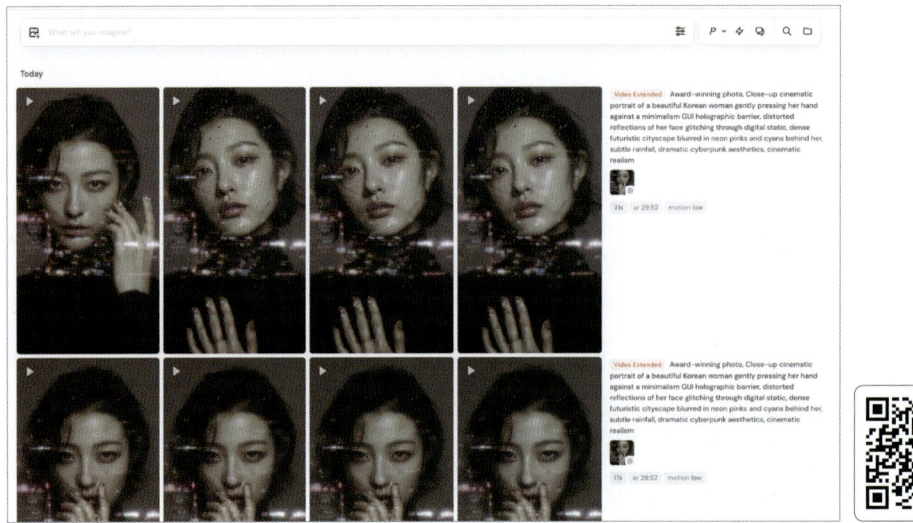

미드저니 Video V1은 아직 정교한 3D 표현이나 복잡한 물리적 움직임을 완벽히 구현하지는 못하지만, 짧고 감각적인 콘텐츠를 제작하는 데 매우 효과적인 툴입니다. 장기적으로 더욱 높은 해상도, 세부적인 움직임 제어, 완전한 3D 환경 구현과 같은 기능이 추가될 예정입니다. Video V1을 통해 간편하고 직관적인 방식으로 창의적인 아이디어를 빠르게 시각화하고, 추후 미드저니가 선보일 더욱 강력한 기능들에 미리 익숙해질 수 있을 것입니다. Video V1으로 보다 완성도 높은 영상을 만들고 싶다면 다음 네 가지 팁을 참고해 보세요.

* 시작하는 이미지의 구도와 분위기를 명확히 정리하면 영상 전체가 일관된 톤을 유지합니다.

* Manual 모드에서 카메라의 흔들림을 최소화하려면 프롬프트에 [camera static]을 명시하세요.

* 인물의 미세한 움직임이 필요한 경우, Low Motion 옵션을 활용하여 자연스러운 결과를 얻을 수 있습니다. 또한 [slowly], [rapidly] 같은 부사 키워드를 활용하면 도움이 됩니다.

* 생성된 영상의 해상도가 만족스럽지 않다면, '토파즈 Video AI'나 '다빈치 리졸브'의 'SuperScale' 같은 업스케일링 툴을 활용해 더 선명한 결과물을 얻을 수 있습니다.

* Loop 기능을 활용하면 무한 반복되는 영상을 만들 수 있고, End Frame 기능을 활용하면 영상의 마지막 장면을 직접 지정할 수 있습니다.

02 런웨이로 이미지를 영상으로 변환하기

이번에는 Part 5에서 살펴보았던 런웨이 Gen-4를 활용해 별도의 복잡한 영상 편집 과정 없이 손쉽게 이미지를 짧은 클립 영상으로 만들어 봅시다.

1 런웨이 홈페이지에 접속하여 로그인합니다. 대시보드에서 [Generate Video]를 클릭하여 영상 생성을 시작합니다.

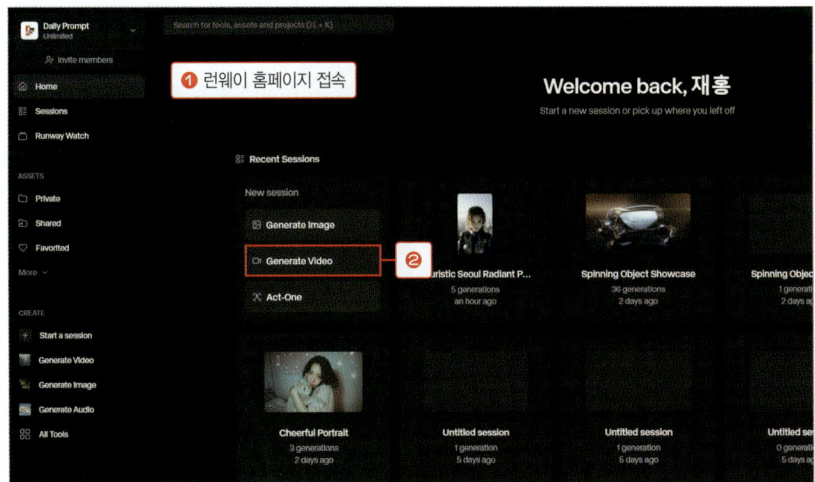

2 작업 화면이 나타나면 [Video] 탭을 클릭합니다. [Drop an image]를 클릭하여 미드저니에서 생성한 이미지를 업로드합니다.

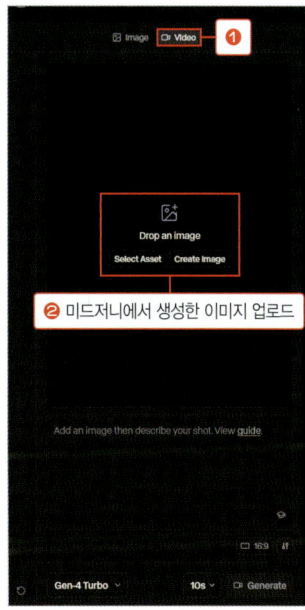

3 크롭 편집 창이 나타나면 원하는 비율을 선택하고 박스를 드래그하여 적절히 영역을 선택한 다음 [Crop]을 클릭합니다.

4 텍스트 프롬프트 입력 영역에 원하는 움직임을 적습니다. 원하는 움직임이 따로 없다면 공란으로 두고 [Generate]를 클릭합니다.

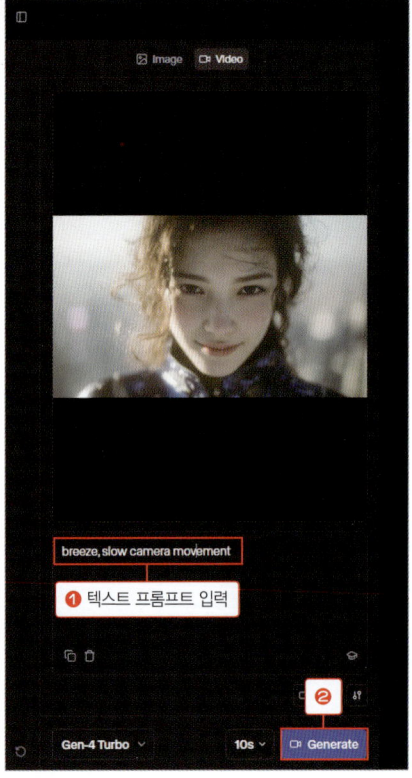

5 잠시 기다리면 이미지를 기반으로 한 영상이 생성됩니다. 재생 버튼을 클릭하여 확인합니다.

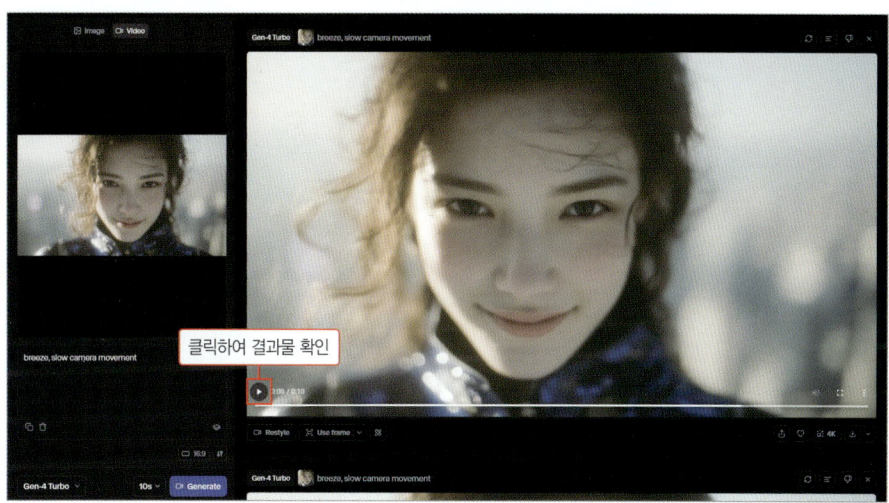

클릭하여 결과물 확인

대화를 통해 이미지와 영상을 생성하는 신기능, Aleph

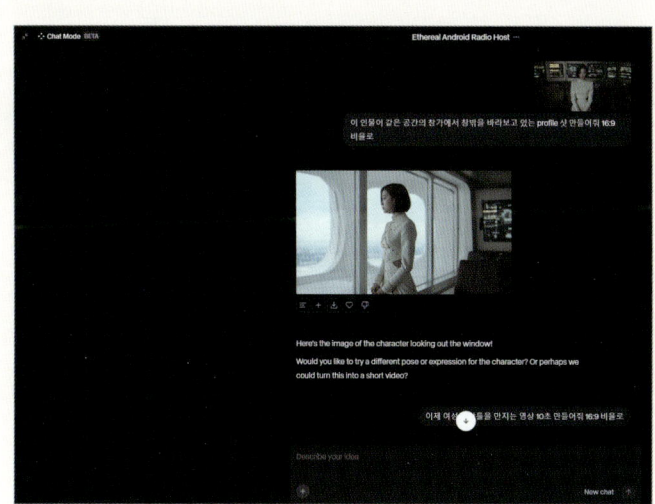

2025년 7월에 출시된 런웨이 Gen-4의 Aleph는 기존의 프롬프트 입력 방식 대신, 대화 방식을 통해 보다 유연하고 창의적으로 영상을 생성할 수 있는 기능입니다. 한국어로도 명령을 내릴 수 있으며, 직관적인 상호작용을 통해 이미지나 영상 콘텐츠를 제작 및 수정할 수 있죠. 이미지 업로드를 포함한 다양한 소스를 활용할 수 있으며, 특히 이미지 생성을 시작으로 세부 수정, 장소 변경, 나아가 AI가 직접 제안하는 아이디어까지 받아볼 수 있어 보다 완성도 높은 창작물을 만들 수 있습니다. 또한, 완성된 이미지를 영상으로 변환하거나 4K 해상도로 업스케일링 하는 것도 가능합니다. 영상 업로드를 통한 영상 수정 기능도 제공되고 있기 때문에, 창작자들 사이에서 높은 관심을 받고 있는 기능입니다.

03 음악 생성 AI 툴로 배경 음악 만들기

↗ 영상의 배경 음악이 중요한 이유

좋은 영상을 제작하기 위해서는 시각적 요소뿐만 아니라 청각적인 요소, 특히 배경 음악을 잘 활용하는 것이 중요합니다. 적절한 배경 음악은 영상의 분위기와 메시지를 효과적으로 전달하며, 시청자의 감정 이입과 몰입도를 극대화합니다. 예를 들어, 경쾌한 음악은 영상의 속도감을 높이고, 서정적인 음악은 깊은 감성을 전달합니다. 특히 숏폼 콘텐츠처럼 짧은 영상에서는 배경 음악의 역할이 더욱 중요합니다. 시청자의 몰입도를 높이고, 영상에 생명력을 더할 수 있기 때문입니다.

최근에는 AI 기술을 기반으로 음악을 쉽고 빠르게 생성할 수 있는 다양한 툴이 등장하고 있습니다. 대표적인 예로는 간단한 텍스트 프롬프트만으로도 다양한 장르와 분위기의 음악을 생성할 수 있는 수노(suno.com)가 있습니다. 초보자도 손쉽게 배경 음악을 제작하여 영상에 활용할 수 있도록, 실용성과 접근성 모두 뛰어난 것이 특징입니다.

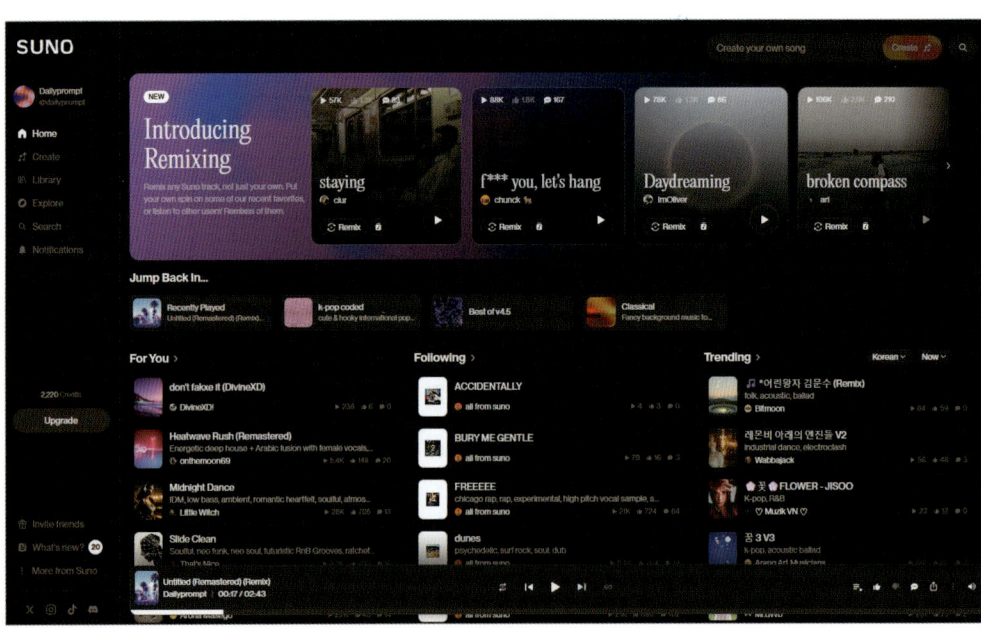

▲ AI 기반의 음악 생성 AI 툴, 수노(Suno)

🔺 영상의 분위기와 메시지에 맞는 음악 장르 및 스타일 고르기

AI로 배경 음악을 만들기에 앞서, 먼저 영상의 주제와 전달하고 싶은 감정, 그리고 영상의 시각적 톤을 명확히 정리해야 합니다. 이를 바탕으로 영상과 어울리는 음악 장르를 선택합니다. 영상 분위기에 따른 음악 장르의 예시를 살펴볼까요?

* **밝고 활기찬 영상**: 팝, EDM, 업비트(Upbeat)

* **차분하고 감성적인 영상**: 어쿠스틱, 발라드, 앰비언트(Ambient)

* **긴장감이 있는 영상**: 시네마틱, 서스펜스(Suspense)

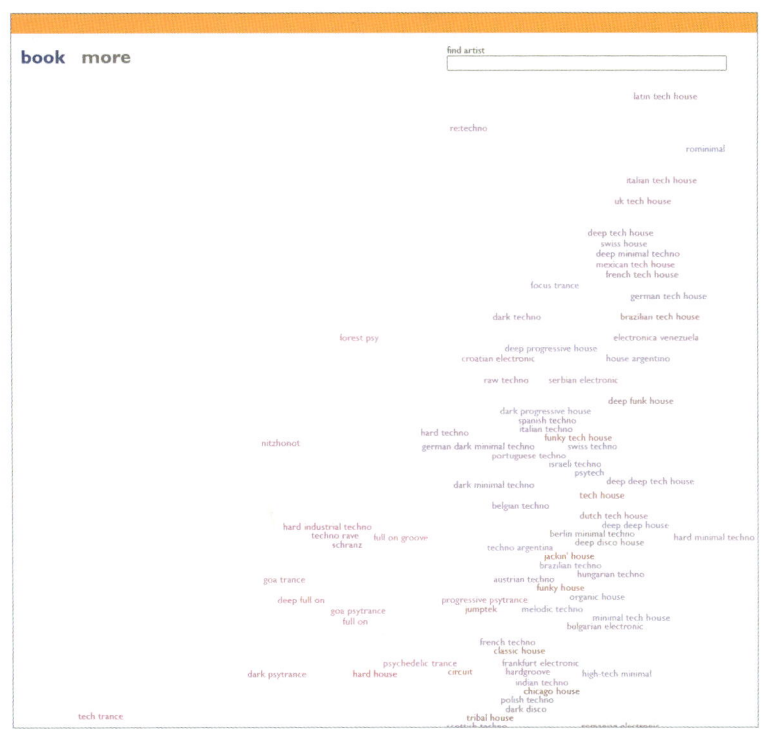

▲ 음악 장르를 직관적으로 탐색할 수 있는 웹 사이트, Every Noise at Once

영상에 어울리는 음악 장르를 선택하기 어렵다면, Every Noise at Once(everynoise.com)를 활용해 보세요. 이 사이트는 수천 개의 음악 장르를 시각적으로 보여주며, 각 장르를 클릭하면 실제 음악 샘플을 들어볼 수 있습니다. 이렇게 탐색한 장르 중 영상의 분위기와 가장 잘 어울리는 장르를 골라, 해당 장르명을 수노의 프롬프트에 포함시키면 내가 원하는 분위기의 음악을 생성할 수 있습니다.

🔺 챗GPT의 멀티모달 기능으로 음악 생성용 프롬프트 작성하기

챗GPT의 멀티모달 기능을 활용하면 영상의 분위기를 AI가 분석하여 수노와 같은 음악 생성 AI에 활용할 수 있는 영문 프롬프트를 자동으로 작성해 줍니다.

1 챗GPT에 접속한 다음, 영상의 대표 장면을 캡처하거나 해당 영상의 기반이 된 이미지를 업로드합니다. 그리고 [이 이미지를 보고 느껴지는 분위기와 감정을 바탕으로, 어울리는 Suno 음악 프롬프트를 영어로 작성해줘]라고 요청합니다. 챗GPT가 이미지를 분석해 프롬프트를 생성하면 이 프롬프트를 복사합니다.

2 복사한 프롬프트를 수노의 프롬프트 입력 영역에 붙여넣으면 영상의 분위기와 어울리는 음악을 생성할 수 있습니다.

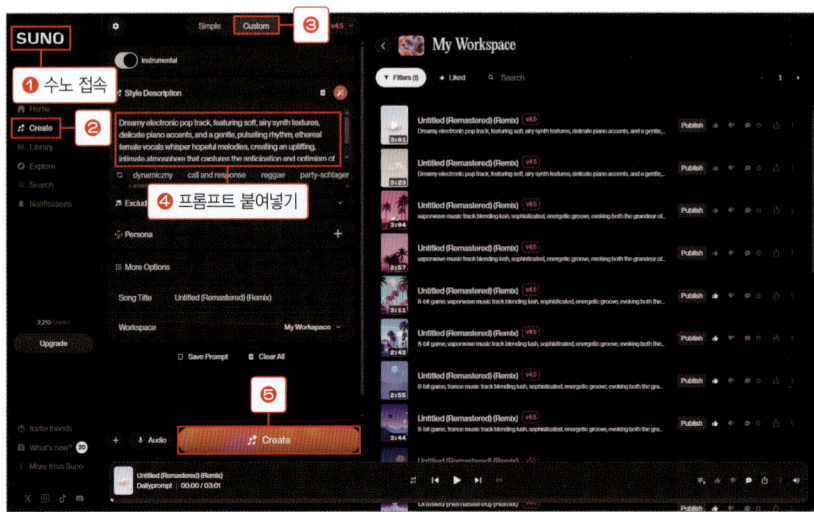

04 업스케일 AI 툴로 영상 화질 개선하기

영상의 화질은 시청자에게 전달되는 인상과 몰입도에 큰 영향을 미칩니다. 특히 생성형 AI로 제작된 영상은 해상도가 낮은 경우가 많아, 후처리 단계에서 품질을 높여 주는 작업이 필수입니다. 이럴 때 활용할 수 있는 대표적인 툴이 바로 토파즈 Video AI입니다. 토파즈 VideoAI는 ==저화질 영상을 고화질로 업스케일하거나 노이즈를 제거하여 더욱 선명한 결과물을 만들어 주는 AI 기반 비디오 업스케일 툴==입니다. 토파즈 Video AI에서 제공하는 기능은 다음과 같습니다.

* **AI 기반 업스케일**: 낮은 해상도의 영상을 2배, 4배 또는 그 이상으로 업스케일하여 디테일을 복원하고 화질을 높입니다.

* **노이즈 제거(Denoising)**: 저조도로 촬영된 영상이나 AI로 생성한 영상에서 흔히 발생하는 노이즈를 제거해 깨끗한 영상을 만들어 줍니다.

* **프레임 보간(Frame Interpolation)**: 초당 프레임 수(FPS)를 늘려 영상의 움직임을 더욱 부드럽고 자연스럽게 만들어 줍니다.

1 Topaz Labs 홈페이지(topazlabs.com)에 접속한 다음 [Studio Apps]에서 'Video AI' 프로그램을 구매합니다.

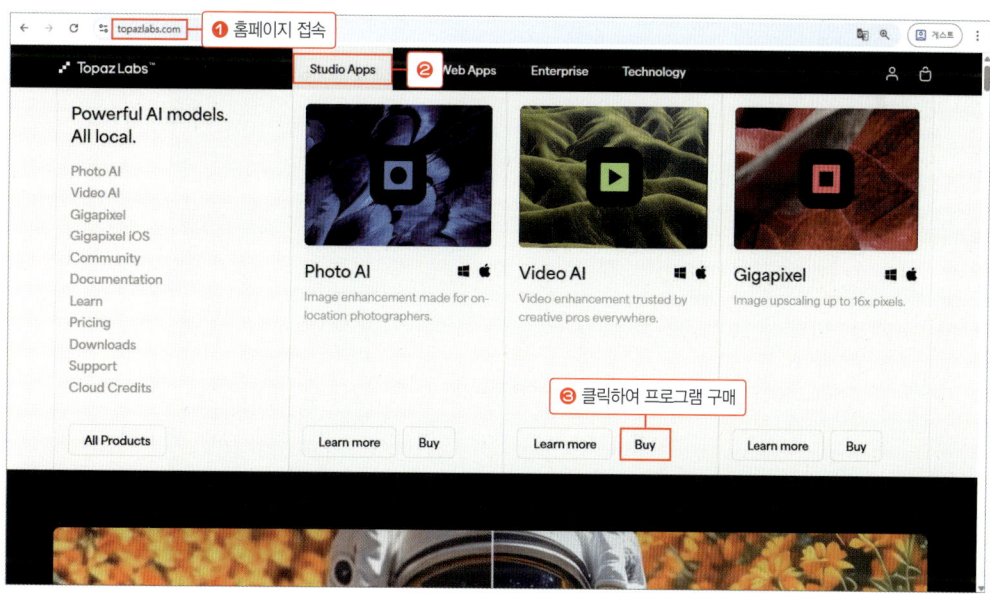

TIP ● 토파즈 Video AI는 299달러의 유료 툴입니다. 가격이 부담스럽게 느껴질 수도 있지만, 한 번 구매하면 영구적으로 사용할 수 있고, 1년 간의 업데이트가 보장됩니다. 고화질의 깔끔한 영상 결과물이 필수적인 작업을 하고 있다면 해당 프로그램의 구매를 고려해 보세요.

2️⃣ 다운로드받은 프로그램을 실행한 다음 업스케일하고자 하는 영상을 드래그 앤 드롭하여 업로드합니다.

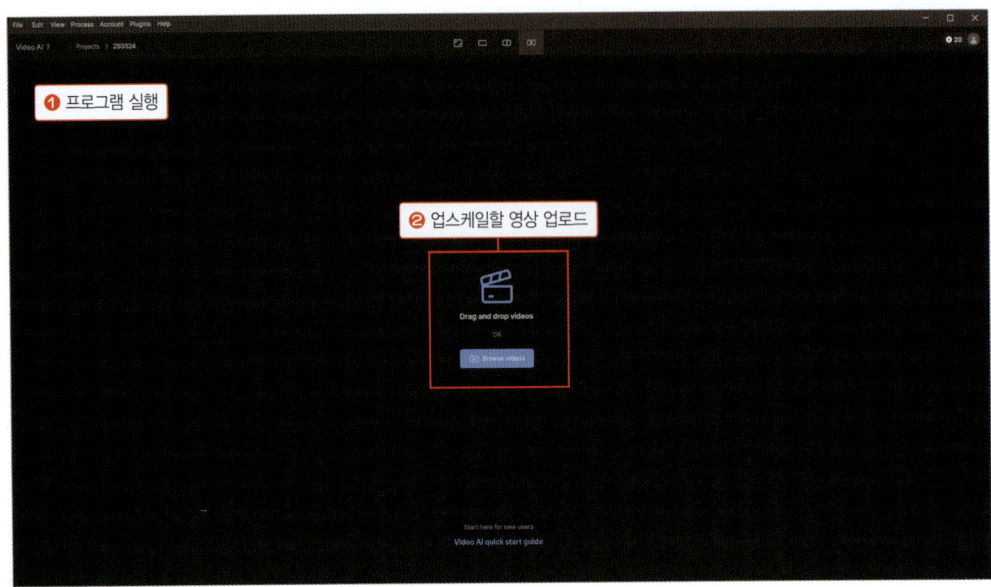

3️⃣ 원하는 해상도와 옵션을 선택합니다.

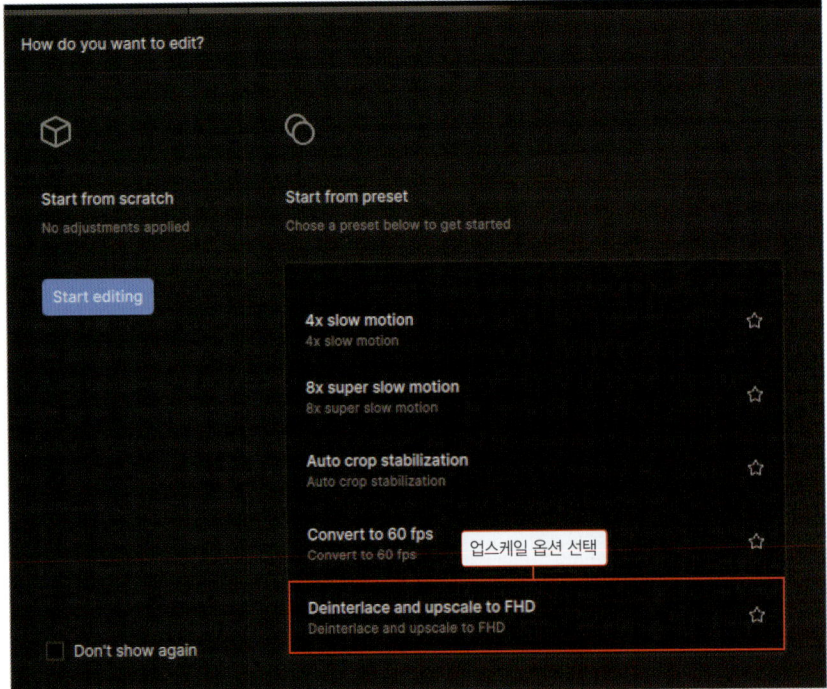

4 미리보기로 결과물을 확인한 다음 영상 파일로 저장합니다. 원본보다 훨씬 선명하고 자연스러운 움직임을 가진 영상이 생성되었습니다.

영상을 업스케일할 때 유의해야 할 점이 있나요?

- 원본 영상의 품질에 비해 과도하게 높은 해상도로 업스케일을 시도할 경우, 오히려 비현실적이거나 부자연스러운 결과를 낼 수 있습니다. 2배에서 4배 정도의 업스케일이 가장 자연스럽고 효과적입니다.
- 프레임 보간 기능은 역동적인 액션 장면이나 느린 움직임을 강조하고 싶을 때 매우 유용합니다.
- 최적의 설정값은 영상마다 다르며, 동일한 설정이라도 원본 영상의 색감, 밝기, 피사체의 형태, 움직임의 속도에 따라 결과가 크게 달라질 수 있습니다. 따라서 처음 업스케일 툴을 사용할 때는 5~10초 정도의 짧은 구간을 대상으로 여러 설정값을 실험해 보고, 각 결과물을 비교하여 해당 영상에 가장 적합한 조합을 선택하는 것을 권장합니다. 특히 어두운 장면, 빠른 움직임, 복잡한 텍스처가 있는 구간은 반드시 별도로 테스트해 보는 것이 좋습니다.
- 완성도 높은 결과를 얻기 위해 여러 차례의 시행착오를 거치는 것은 정상적인 작업 과정입니다. 각 영상의 특성을 파악하고 최적의 설정값을 찾는 과정 자체가 향후 작업에 필요한 경험과 노하우가 됩니다.
- 최종 결과물의 일부 구간을 미리보기로 반드시 확인하여 적절한 설정을 찾는 것을 추천합니다.

AI 영상 × 미드저니 · 런웨이 · 소라 · 클링 · 하이루오

PART 7

AI 영상으로 콘텐츠 만들기

생성형 AI 기술을 활용하면 다양한 형식의 영상 콘텐츠를 손쉽게 제작할 수 있습니다. 특히 런웨이 Gen-4와 같은 최신 AI 모델은 텍스트만으로도 높은 품질의 짧은 영상을 생성하며, 이를 활용해 숏폼, 뮤직비디오, 유튜브 영상 등 여러 종류의 콘텐츠를 제작할 수 있습니다. 이번 파트에서는 영상 제작 입문자를 위해 세 가지 대표 콘텐츠 유형을 소개합니다. 각 유형의 주요 특징과 시청자의 관심을 끄는 포인트, 연출 기획과 영상 흐름 설계 방법, 런웨이 Gen-4를 활용한 제작 프로세스까지 개괄적으로 살펴보겠습니다.

CHAPTER 1

숏폼 콘텐츠 제작하기

스마트폰이 현대인의 일상을 완전히 바꿔놓은 지금, 콘텐츠 소비 방식 또한 빠르게 변화하고 있습니다. 그 중에서도 숏폼 콘텐츠는 15초에서 1분 이내라는 짧은 길이로 강렬한 메시지와 즉각적인 감정적 반응을 이끌어내며 새로운 영상 문법으로 자리 잡고 있습니다. 이번 챕터에서는 숏폼 콘텐츠의 기본 개념과 주요 특징을 살펴보고, 시청자의 시선을 사로잡는 기획과 설계 방법부터 AI 툴을 활용한 숏폼 콘텐츠 제작 노하우까지 알아봅시다.

01 숏폼 콘텐츠의 개념과 특징

▲ 짧지만 강한 임팩트를 전달하는 숏폼 콘텐츠

숏폼 콘텐츠는 15초에서 1분 내외의 매우 짧은 영상으로, 틱톡(TikTok)이나 인스타그램 릴스(Reels), 유튜브 쇼츠(Shorts)와 같은 모바일 플랫폼에서 주로 소비됩니다. 숏폼 콘텐츠는 <mark>빠른 소비 속도에 맞춰 몰입감을 극대화하고</mark>, <mark>최신 트렌드와 유행을 신속하게 반영</mark>하여 대중과 소통하는 강력한 도구로 떠올랐습니다. 개인 크리에이터는 물론, 기업 마케팅에서도 필수적인 전략으로 자리매김하고 있죠. 숏폼 콘텐츠의 매력은 짧은 시간 안에 재미와 공감을 전달하고, 짧지만 강렬한 감정을 불러일으켜 '좋아요'나 '공유' 등 즉각적인 사용자 반응을 이끌어 내는 데 있습니다. 숏폼 콘텐츠의 주요 특징은 다음과 같습니다.

* 영상의 길이가 매우 짧기 때문에 핵심 메시지를 빠르게 전달하고, 강한 임팩트와 재미를 제공합니다.
* 스마트폰만으로도 쉽게 제작할 수 있을 만큼 진입 장벽이 낮고, 장소나 시간의 제약 없이 시청할 수 있어 접근성이 뛰어납니다.
* 한 눈에 들어오는 세로형 화면을 통해 몰입감을 높입니다.
* 짧은 시간 안에 흥미를 느끼고 공유하기 적합합니다.

↗ 매력적인 숏폼 콘텐츠를 제작하기 위한 고려 사항

시청자의 이목을 집중시키는 숏폼 콘텐츠는 어떻게 제작해야 할까요? 우선, 숏폼 콘텐츠는 짧은 지속 시간 안에 승부를 봐야 하므로, 초반 몇 초의 강렬한 인상이 관건입니다. 따라서 영상의 시작 부분에 흥미로운 상황을 제시하거나 강렬한 시각적 효과 또는 궁금증을 유발하는 질문 자막 등을 배치하여 시청자의 시선을 빠르게 사로잡는 것이 좋습니다. 또, 숏폼 콘텐츠는 유행에 매우 민감합니다. 인기 있는 밈(meme)이나 유행하는 음악을 활용하면 알고리즘 노출 빈도가 높아지고, 시청자가 친숙함을 느껴 영상을 끝까지 시청하게 될 가능성이 높아집니다.

▲ 인터넷 밈을 활용한 숏폼 콘텐츠의 예시

▲ 자막을 활용한 정보성 숏폼 콘텐츠의 예시

숏폼 콘텐츠 기획하고 흐름 설계하기

숏폼 영상은 짧은 시간 안에 이야기나 메시지를 전달해야 하므로, 불필요한 장면을 배제하고 핵심 장면만을 압축적으로 구성해야 합니다. 숏폼 콘텐츠를 기획하고 설계할 때 도움이 되는 몇 가지 실무 팁을 소개합니다.

* 한두 개의 샷으로 강렬한 임팩트를 줍니다. 짧은 순간에 시선을 사로잡는 독특하거나 매력적인 시각적 요소를 활용하여 즉각적인 호기심을 유발합니다.

* 복잡한 트랜지션 효과보다는 간단한 컷 점프나 빠른 전환 효과로 리듬감을 살리고 여러 장면을 콤팩트하게 이어 붙여 전개합니다. 짧고 빠른 장면 전환은 시청자의 몰입도를 높이며, 영상의 역동성을 강화합니다.

* 트렌디한 음악과 사운드 효과로 영상에 리듬감을 줍니다. 시각적 요소를 돋보이게 하는 음악이나 인기 있는 사운드 효과를 사용하면 영상의 전체적인 완성도와 매력을 끌어올릴 수 있습니다.

* 명확한 스토리라인이나 제품의 핵심 가치를 초반에 제시합니다. 시청자가 영상 초반의 몇 초 안에 콘텐츠의 주제나 메시지를 빠르게 이해할 수 있도록 구성하면, 영상에 대한 몰입도와 집중력을 끝까지 유지할 수 있습니다.

* 영상 끝 부분에 콜투액션(CTA, Call to Action)을 배치하여 시청자의 행동을 유도합니다. '지금 구매하기', '더 알아보기'와 같은 명확한 메시지를 통해 시청자의 행동을 효과적으로 이끌어 냅니다.

* 필요에 따라 앞서 151쪽에서 살펴보았던 몽타주 기법을 활용하여 여러 관련 이미지를 빠르게 교차 편집하면, 감정의 고조나 극적인 효과를 한층 더 극대화할 수 있습니다.

* 숏폼 콘텐츠를 잘 만들고 싶다면 먼저 '누가 볼 것인가'를 명확하게 설정해야 합니다. 관심사가 분명한 소규모 집단을 타깃으로 정해두면 알고리즘이 해당 영상을 더 잘 추천해 줍니다.

* 영상이 시작되자마자 곧바로 시선을 붙잡을 장치를 마련하세요. 눈에 띄는 행동이나 인상적인 표정만으로도 초반부의 시청자 이탈을 크게 줄일 수 있습니다.

* 영상의 가로세로 비율은 9:16 세로형을 기본으로 제작하되, 같은 영상을 가로형 버전으로도 변환해 두면 플랫폼별 반응을 비교해 볼 수 있습니다.

* 소리를 끄고 보는 상황에도 읽을 수 있도록, 자막은 화면 하단 중앙에 적당한 크기로 넣어 주세요.

* 숏폼 콘텐츠는 업로드 후 24시간이 핵심입니다. 이때 댓글에 대댓글을 다는 식으로 상호 작용을 이어 가면 영상을 끝까지 시청하는 비율과 팔로우 전환율이 함께 오릅니다. 특정 요일에 업로드하면 반응이 좋다는 이야기도 있지만, 각 채널마다 최적의 타이밍이 다릅니다. '팔로워 활동 시간' 데이터를 분석해 내 채널에 맞는 황금 시간을 찾는 것이 더 확실합니다.

* 저작권과 시청자의 피로도를 체크하세요. 영상에 사용할 음원은 플랫폼에서 제공하는 상업용 라이브러리나 로열티 프리 트랙을 사용하면 차단 위험을 피할 수 있습니다. 또, 자극적인 콘텐츠를 올렸다면 설명란이나 고정 댓글에 콘텐츠에 대한 설명과 출처를 간략히 밝혀 신뢰를 높이는 것이 좋습니다.

↗ 제품 홍보용 숏폼 콘텐츠 설계하기

실제로 숏폼 콘텐츠를 설계해 볼까요? 우선 제품 홍보용 숏폼 콘텐츠를 만들어 보겠습니다. 다음과 같은 3단 구성으로 설계하면 ==짧은 시간 안에 제품의 매력을 효과적으로 전달하고, 시청자의 기억에 제품의 이미지를 각인==시켜 실제 구매로 이어질 가능성을 높일 수 있습니다.

* **주의 끌기(초반)**: 아름다운 꽃이 피어있는 매력적인 자연 풍경을 클로즈업하여 시청자의 시선을 집중시킵니다.

* **제품 제시하기(중반)**: 자연에서 얻은 재료로 만든 제품을 자연스럽고 고급스럽게 연출하여 제품의 가치를 직관적으로 전달합니다.

* **콜투액션 제시하기(후반)**: 편안한 야외 공간에 제품을 감성적으로 배치하고, 사용 욕구를 자극하는 이미지와 함께 명확한 메시지를 제시하여 구매로 이어지게 유도합니다.

▲ 제품 홍보용 숏폼 콘텐츠의 3단 구성

🖐 인물 리액션 숏폼 콘텐츠 설계하기

인물 리액션 숏폼 콘텐츠의 핵심은 <mark>짧은 시간 안에 뚜렷한 감정 변화와 그 원인을 명확히 전달하는</mark> 것입니다. 이번 예시에서는 인물의 클로즈업 샷으로 리액션을 강조한 뒤, 리액션을 유발하는 대상을 즉각적으로 보여주고, 다시 인물의 반응을 확인시키는 3단 구성으로 설계했습니다.

* **빠르고 명확한 표정 변화 보여주기(초반)**: 시청자의 흥미를 끌 수 있도록 인물의 과장된 표정이나 흥미로운 반응을 클로즈업으로 보여줍니다. 이때 표정이나 몸짓이 뚜렷하고 즉각적일수록 몰입도가 높아집니다.

* **리액션의 원인을 명확히 제시하기(중반)**: 리액션의 원인이 되는 인물이나 장면을 직접적으로 보여줍니다. 이를 통해 시청자는 첫 장면에서 보여준 인물의 리액션에 쉽게 공감하게 되며, 콘텐츠의 흥미도 함께 높아집니다.

* **마무리 리액션으로 여운 남기기(후반)**: 다시 인물을 등장시켜 반응의 변화나 감정의 여운을 강조하며 리액션을 마무리합니다. 특히 처음과 달라진 표정이나 더욱 강해진 반응을 보여주면 강한 인상을 남길 수 있습니다.

▲ 인물 리액션 숏폼 콘텐츠의 3단 구성

이처럼 제품 홍보용 숏폼 콘텐츠와 인물 리액션 숏폼 콘텐츠는 목표와 연출 방식에서 분명한 차이를 보입니다. 제품 홍보용 콘텐츠가 제품의 장점이나 효과를 강조하여 명확한 정보를 전달하고 설득을 목표로 한다면, 인물 리액션 콘텐츠는 인물의 생생한 감정 표현을 통해 시청자의 공감과 감정적 몰입을 유도하는 데 중점을 둡니다.

두 콘텐츠의 목표와 연출 방식은 서로 다르더라도, 핵심은 짧은 시간 안에 명확한 이야기를 전달하도록 편집하고, 빠른 템포를 유지하여 시청자의 몰입을 이끌어내는 데 있습니다. 이를 통해 시청자가 지루함 없이 끝까지 콘텐츠를 따라가도록 유도할 수 있습니다.

03 AI 툴로 숏폼 콘텐츠 만들기

Part 5에서 살펴보았던 런웨이의 주요 기능들을 활용하여 매력적인 숏폼 콘텐츠를 만들어 봅시다.

↗ 영상 클립 생성하고 이어 붙이기

런웨이와 같은 영상 생성 AI 툴을 활용하면 숏폼에 들어갈 영상 소스를 빠르게 만들 수 있습니다. AI로 생성한 영상 클립은 보통 3~5초 정도로, 짧고 임팩트 있게 구성되어 있습니다. 이러한 개별 클립을 단독으로 활용하기보다는, 여러 개의 클립을 빠른 컷 전환으로 이어 붙여 하나의 숏폼 콘텐츠로 제작하는 것이 효과적입니다. 영상 편집 소프트웨어에서 클립을 이어 붙일 때는 컷 점프나 빠른 전환 기법을 활용하여 리듬감을 살리는 것이 좋습니다. 또한, 클립 간의 분위기나 컬러 톤을 일관되게 유지하고, 적절한 배경 음악이나 효과음을 추가하여 영상 전체의 완성도를 높일 수 있습니다.

↗ Act-One으로 숏폼 버추얼 인플루언서 도전하기

런웨이의 Act-One 기능을 활용하면 숏폼 콘텐츠 제작에 다양성을 더할 수 있습니다. 앞서 176쪽에서 소개한 바와 같이, Act-One은 사용자가 직접 촬영한 영상 속 움직임을 AI 캐릭터나 이미지에 그대로 적용하는 기능입니다. 이 기능을 활용하면 손쉽게 숏폼 버추얼 인플루언서에 도전할 수 있습니다.

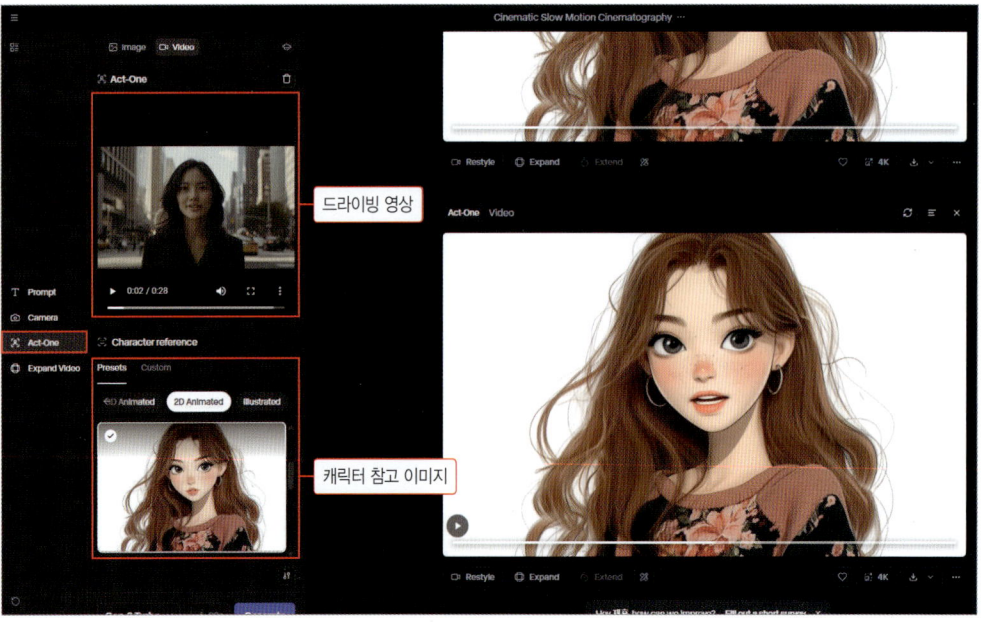

▲ 원본 영상과 Act-One을 적용한 캐릭터 영상

내가 촬영한 원본 영상인 드라이빙 영상(Driving video)을 업로드하고, 원하는 캐릭터 이미지나 만화 속 인물을 참고 이미지로 지정합니다. 이후 영상을 생성하면 AI가 드라이빙 영상 속 나의 표정과 동작을 해당 캐릭터에 적용하여, 마치 그 캐릭터가 나의 연기를 따라 하는 듯한 결과물을 생성합니다.

Expand Video로 자연스러운 세로형 영상 만들기

런웨이의 Expand Video 기능은 영상의 가로세로 비율을 재구성할 때 유용하게 사용할 수 있습니다. 예를 들어, 기존의 가로형 영상을 숏폼 콘텐츠로 활용하고 싶다면, 세로 비율로의 변환이 필요합니다. 이때 Expand Video를 활용하면 원본 영상의 가장자리 영역을 확장하여 자연스럽게 세로형 영상으로 변환할 수 있습니다. 단순한 크롭 방식과 달리, 잘려 나가는 정보 없이 화면 양옆 또는 위아래에 새로운 장면을 생성해 채워주기 때문에 영상의 완성도를 유지하면서도 비율을 변환할 수 있는 것이죠.

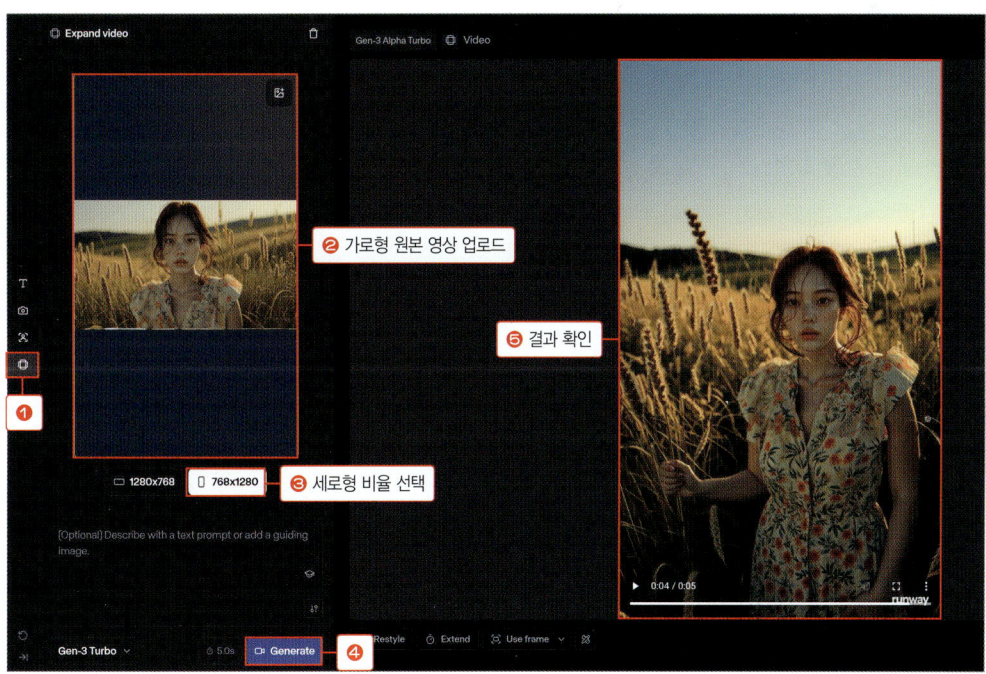

▲ 원본 영상과 Expand Video로 비율을 변경한 영상

TIP ● 이렇게 생성된 숏폼 영상은 필요에 따라 불필요한 부분을 트리밍하고, 자막이나 배경 음악을 추가하는 등 간단한 후편집을 거쳐 바로 SNS에 활용할 수 있는 콘텐츠로 완성됩니다.

CHAPTER 2
뮤직비디오 제작하기

뮤직비디오는 음악의 감성과 메시지를 시각적으로 생생하게 전달하는 매력적인 콘텐츠입니다. 단순히 노래의 배경 영상에 그치지 않고, 곡이 가진 감정을 극대화하고 아티스트의 세계관을 시각적으로 구현함으로써 음악 감상 경험을 더욱 깊고 풍부하게 만들죠. 최근에는 AI 기술의 발전으로 기존보다 훨씬 창의적이고 독특한 연출이 가능해지면서, 음악과 영상이 결합된 새로운 형태의 시각 예술로 주목받고 있습니다. 이번 챕터에서는 뮤직비디오의 기본 개념과 특징을 이해하고, 곡 분석부터 주요 장면 설정, 카메라 움직임 및 전환 효과 설계까지 단계별로 살펴보겠습니다.

뮤직비디오의 개념과 특징

뮤직비디오는 음악 트랙에 어울리는 영상을 제작하여, ==곡의 분위기와 메시지를 시각적으로 표현==하는 콘텐츠입니다. 보통 한 곡당 3~4분 분량으로 제작되며, 음악의 리듬과 감정선에 맞춰 영상이 전개되는 것이 특징입니다. 노래의 가사나 분위기에 따라 스토리텔링이 들어가기도 하고, 추상적인 이미지들을 나열하여 감각적인 연출을 하기도 합니다. 또, 잘 구성된 뮤직비디오는 그 자체로 하나의 단편 영화처럼 느껴지기도 하고, 때로는 음악의 감정을 색채와 움직임으로 옮긴 시각적 연주로 다가오기도 합니다.

▲ 스토리텔링이 들어간 뮤직비디오의 예시

▲ 추상적인 이미지로 구성된 뮤직비디오의 예시

이처럼 잘 만든 뮤직비디오는 곡에 대한 이해를 높이고, 음악이 가진 매력을 극대화하는 역할을 합니다. 아티스트에게는 자신의 브랜드 이미지와 음악적 세계관을 보여줄 수 있는 중요한 무대이며, 시청자에게는 노래를 더 깊이 몰입하게 해 주는 창구 역할을 합니다.

02 뮤직비디오 기획하고 흐름 설계하기

뮤직비디오의 가장 큰 매력은 음악과 영상의 조화에서 나옵니다. 청각적 예술인 음악이 시각적 요소와 결합될 때, 감정이나 에너지의 전달력이 한층 강화됩니다. 예를 들어, 신나는 댄스 음악에 맞춰 화려한 군무와 색색의 조명이 펼쳐지면 듣는 이의 흥이 자연스럽게 고조되고, 서정적인 발라드에 어울리는 잔잔한 이야기 중심의 영상은 곡의 애수를 더욱 짙게 전달합니다. 시청자는 음악을 들으며 느낀 감정을 영상을 통해 시각적으로도 경험하길 원하며, 음악과 영상이 유기적으로 어우러질 때 강한 몰입감을 느끼게 됩니다.

▲ 신나는 댄스 음악의 분위기를 담아낸 뮤직비디오의 예시

▲ 서정적인 발라드의 잔잔한 분위기를 담아낸 뮤직비디오의 예시

또한, 뮤직비디오는 아티스트의 개성을 보여주는 역할을 하기도 합니다. 팬들은 뮤직비디오를 통해 아티스트의 새로운 매력이나 숨겨진 상징과 메시지를 발견하며 더 깊은 애정을 형성하게 됩니다. 영화 같은 미장센, 독특한 스타일의 아트워크, 최신 CG 및 특수 효과 등의 시각적 볼거리도 중요한 소구 포인트로 작용합니다. 최근에는 생성형 AI 기술로 만든 환상적인 이미지와 현실에서는 촬영하기 어려운 초현실적 장면들까지 등장하면서 시청자들의 호기심과 관심을 더욱 끌어올리고 있습니다.

▲ AI를 활용하여 독특하고 환상적인 장면을 만들어낸 뮤직비디오의 예시

↗ 곡 분석하기

그럼 본격적으로 뮤직비디오를 기획하고 설계해 볼까요? 뮤직비디오를 기획할 때는 가장 먼저 곡을 분석해야 합니다. 가사의 내용, 분위기, 박자와 템포 변화 등을 종합적으로 고려하여, 해당 곡을 가장 효과적으로 표현할 수 있는 영상 콘셉트를 결정합니다. 예를 들어, 가사가 서정적이고 느린 발라드라면 한 편의 짧은 영화 같은 서사가 어울리고, 가사가 거의 없는 일렉트로닉 음악이라면 추상적인 색채와 형상이 춤추는 영상이 어울릴 수 있습니다.

↗ 주요 장면 설정하기

콘셉트가 정해지면 스토리보드를 그리거나 주요 장면의 아이디어를 나열합니다. 이때 곡의 흐름에 따라 장면 역시 기승전결 구조로 구성하거나 절정 부분에 하이라이트를 두는 식으로 설계합니다. 대부분의 뮤직비디오는 음악의 구조인 인트로-벌스-코러스-브리지-아웃트로에 따라 컷 분량을 조절합니다.

▲ 뮤직비디오 제작을 위한 스토리보드

예를 들어, 코러스(후렴구)에는 가장 임팩트 있는 영상이나 퍼포먼스를 배치하고, 벌스(절)에서는 이야기를 전개하거나 분위기를 쌓아가는 장면을 넣습니다. 샷 구성 측면에서, 아티스트가 등장할 경우 퍼포먼스 샷(노래 부르거나 춤추는 장면)과 내러티브 샷(스토리를 담은 장면)을 적절히 섞어 배치합니다.

↗ 카메라의 움직임과 전환 효과 설정하기

카메라 구도와 움직임 또한 음악에 맞춰 설계됩니다. 박자가 빠를수록 짧은 컷과 역동적인 카메라 워크를 활용하고, 박자가 느린 구간에서는 롱테이크나 슬로 모션으로 여운을 줍니다. 전환 효과 역시 비트에 맞춰 플래시 컷, 디졸브, 글리치 효과 등을 사용하면 영상과 음악의 일체감을 높일 수 있습니다.

TIP ● 뮤직비디오의 전체적인 흐름은 음악을 시각적으로 해석한 리듬을 따라갑니다. 제작자는 마치 음악을 영상으로 한 번 더 연주하듯이, 높은 싱크로율을 구현하는 데 집중하며 작업합니다.

03 AI 툴로 뮤직비디오 만들기

AI 기반 영상 생성 기술은 뮤직비디오 제작에도 혁신적인 변화를 가져오고 있습니다. 과거에는 높은 예산과 전문 인력이 있어야만 구현할 수 있었던 화려한 영상미를, 이제는 창의적인 아이디어와 프롬프트만으로도 어느 정도 실현할 수 있게 되었습니다.

↗ 곡의 분위기를 반영한 기본 클립 만들기

텍스트 및 이미지 프롬프트를 구성할 때는 기획 단계에서 정한 콘셉트와 곡의 분위기를 잘 반영하는 것이 중요합니다. 예를 들어, 일렉트로닉 댄스곡에 맞는 SF 미래 도시 배경의 뮤직비디오를 만든다면, 아래와 같이 장면을 묘사하는 프롬프트를 작성할 수 있습니다. 이때 중요한 것은 프롬프트에 음악적 키워드(비트에 맞춰, 리드미컬하게 움직이는)와 시각적 스타일 키워드(네온글로우, 사이버펑크, 역동적인 카메라)를 함께 넣어, 생성되는 영상이 음악과 조화를 이루도록 유도하는 것입니다.

> a scene from a music video, **neon-lit futuristic** city at night, holographic figures **dancing in sync with electronic music beats**, **fast camera movement** through skyscrapers, cinematic lighting, **cyberpunk style**, glowing reflections, wide-angle shot, **rhythmic motion**, vibrant colors
>
> 뮤직비디오의 한 장면, 밤의 **네온 불빛이 빛나는** 미래 도시, **일렉트로닉 음악 비트에 맞춰** 홀로그램 형상들이 춤추는 모습, 마천루 사이를 **빠르게 이동하는 카메라 움직임**, 영화적인 조명, **사이버펑크 스타일**, 빛나는 반사광, 광각 샷, **리듬감 있는 움직임**, 생생한 색감

▲ 음악적 키워드와 시각적 스타일 키워드를 함께 넣어 생성한 뮤직비디오 샷 클립

↗ Act-One 기능으로 캐릭터가 노래하는 장면 만들기

아티스트가 뮤직비디오에 직접 등장하기 어려운 경우, 런웨이 Act-One 기능으로 보완할 수 있습니다. 가수가 표정 연기를 하거나 노래 부르는 영상을 촬영하여 드라이빙 영상으로 사용하고, AI가 생성한 스타일리시한 아바타 이미지를 Act-One에 적용하면, 가상의 캐릭터가 실제 가수의 표정과 입 모양을 따라 하며 노래하는 장면을 생성할 수 있습니다. 모션 캡처 없이도 캐릭터 퍼포먼스를 구현할 수 있는 획기적인 방법이죠.

▲ 가수의 연기를 AI 캐릭터에 적용한 예시

↗ Expand Video 기능으로 플랫폼에 맞는 영상 만들기

완성된 뮤직비디오를 다양한 플랫폼에 맞게 변환할 때는 런웨이의 Expand Video 기능을 활용할 수 있습니다. 예를 들어, 유튜브용 가로 영상으로 제작한 뮤직비디오를 틱톡 프로모션용 세로 영상으로 재가공할 때, Expand Video 기능을 활용하면 AI가 화면의 좌우를 자동으로 확장해 세로 버전 영상을 생성합니다. 별도의 추가 촬영 없이도 다양한 형태로 손쉽게 변환할 수 있는 것이죠.

TIP ● 생성한 영상 클립들은 영상 편집 툴에서 음악과 정확히 싱크를 맞춘 뒤 순서대로 이어 붙입니다. 여기에 필요에 따라 자막이나 특수 효과를 더하면 하나의 완성된 뮤직비디오가 탄생합니다. 이처럼 런웨이와 같은 생성형 AI 기술은 시각적 상상력을 바로 영상으로 구현해 주기 때문에, 제작자는 음악의 분위기와 메시지를 다양한 방식으로 실험하며 영상화할 수 있습니다. 결과적으로는 보다 창의적인 뮤직비디오를 상대적으로 낮은 비용으로 제작할 수 있게 됩니다.

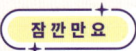

런웨이로 곡 길이에 맞는 긴 영상을 제작할 수 있나요?

런웨이의 Gen-4는 이전 세대에 비해 영상 간 장면의 일관성이 향상되어, 음악의 흐름에 맞춘 일련의 장면들을 보다 안정적으로 생성할 수 있습니다. 곡의 각 부분에 필요한 클립을 미리 생성해 두고, 이를 편집을 통해 연결하는 방식으로 진행하면 더욱 효율적입니다. 예를 들어, 1절에 사용할 차분한 도시 풍경 클립, 후렴에 사용할 역동적으로 춤을 추는 추상 형상의 클립, 브리지에 사용할 감정적인 클로즈업 장면을 각각 생성한 뒤, 편집 단계에서 음악의 흐름에 맞춰 순차적으로 배열하는 것이죠.

CHAPTER 3

유튜브 콘텐츠 제작하기

유튜브는 세계 최대의 영상 플랫폼으로, 개인 크리에이터부터 기업에 이르기까지 누구나 자신만의 이야기를 다양한 형식으로 전달할 수 있는 공간입니다. 정보 전달형 영상으로 지식과 정보를 나누거나, 브이로그로 일상의 소소한 순간과 진솔한 감정을 공유하거나, 실험적인 콘셉트 영상으로 창의력과 예술성을 표현할 수도 있습니다. 이번 챕터에서는 유튜브 콘텐츠 제작을 위한 기본 개념과 콘텐츠 유형별 특징을 살펴보고, 효과적인 영상 기획과 설계 방법을 소개합니다.

01 유튜브 콘텐츠의 개념과 특징

유튜브에는 매우 다양한 유형의 영상 콘텐츠가 존재합니다. 몇 가지 대표 유형을 살펴볼까요?

- **정보 전달형 콘텐츠**: 특정 주제에 대한 지식이나 정보를 시각적으로 풀어내는 콘텐츠로, 튜토리얼이나 리뷰, 다큐멘터리 스타일의 콘텐츠가 여기에 해당됩니다.
- **브이로그(Vlog)**: 개인의 일상이나 특별한 체험을 기록하여 공유하는 콘텐츠로, 1인칭 시점의 촬영과 솔직한 내레이션이 특징입니다.
- **콘셉트 영상**: 실험적이거나 예술적인 아이디어를 담은 콘텐츠로, 하나의 주제를 창의적으로 표현한 짧은 필름이나 시각 실험물이 여기에 해당됩니다.

유튜브 콘텐츠는 형식이 자유로운 만큼, 특징이나 AI 기술의 접목 방식도 다양합니다. 대부분 가로형 비율로 제작되며, 길이는 짧게는 5분 내외에서 길게는 10분 이상까지 내용에 따라 천차만별입니다. 영상의 유형에 따라 시청자가 얻고자 하는 가치가 재미, 정보, 감동 등으로 뚜렷하게 나뉘기 때문에, 콘텐츠 성격에 맞게 연출 방향을 정하는 것이 매우 중요합니다.

↗ 매력적인 유튜브 콘텐츠를 위한 고려 사항

정보 전달형 콘텐츠의 시청자는 ==명확한 정보와 유익함==을 기대합니다. 따라서 ==내용의 전문성과 정확성==이 생명이며, 시각적으로는 ==이해를 돕는 인포그래픽이나 예시 화면==을 적절히 활용하는 것이 중요합니다. 시청자의 흥미를 유지하기 위해 적절한 비유나 예제 영상을 활용하는 것도 좋은데, 이때 AI로 생성한 삽화나 짧은 시연 영상을 사용하면 차별화된 비주얼로 눈길을 끌 수 있습니다.

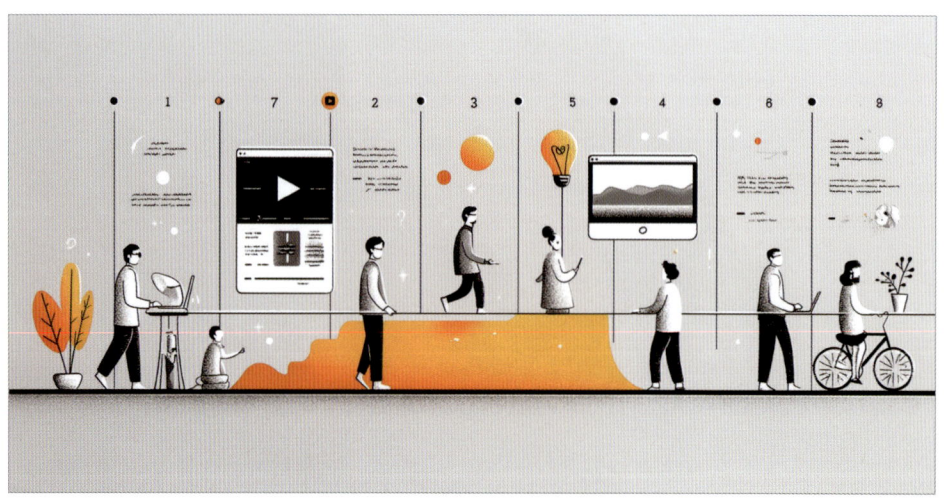

▲ 인포그래픽을 통해 시청자들의 이해를 돕는 정보 전달형 콘텐츠

다만, 생성형 AI는 아직 완성도 높은 그래픽 요소들, 특히 벡터 이미지를 한 번에 생성하지 못합니다. 따라서, 인포그래픽을 제작할 때는 AI로 초안을 만들고 이후 실제로 사용될 구체적인 요소들은 기존의 전통적인 디자인 방식으로 제작하거나 수정해야 합니다. 특히 숫자, 차트, 데이터 등 정보의 정확성이 중요한 시각 요소는 반드시 결과물을 검증하는 절차를 거쳐 오류를 방지해야 합니다.

브이로그는 진정성과 공감대 형성이 핵심 포인트입니다. 시청자는 영상 속 주인공의 감정과 경험에 몰입하기를 원하며, 과도하게 연출된 장면보다는 자연스러운 일상의 모습에서 친근함을 느낍니다. 따라서 브이로그 영상에는 다소 투박하더라도 실제 촬영한 듯한 장면이나 실제 현장의 음향을 활용해 현실감을 주는 것이 좋습니다. 이러한 특성 때문에 브이로그 콘텐츠에서는 AI 영상의 사용이 오히려 독이 될 수 있으므로 주의해야 합니다.

▲ 자연스럽고 친근한 매력이 있는 브이로그 콘텐츠

콘셉트 영상의 시청자는 신선한 아이디어와 예술적 표현을 기대합니다. 다소 난해하더라도 참신한 비주얼과 철학적인 메시지, 강렬한 연출이 담겨 있다면 시청자에게 강한 인상을 남길 수 있습니다. 이러한 특성 덕분에 AI 영상을 가장 적극적으로 활용할 수 있는 콘텐츠 유형이기도 합니다.

▲ 강렬한 예술적 표현을 담은 콘셉트 영상

유튜브 콘텐츠 기획하고 흐름 설계하기

↗ 정보 전달형 콘텐츠

정보 전달형 콘텐츠는 일반적으로 주제를 소개하고, 본론에서 핵심 내용을 전개한 뒤, 요약과 결론 제시로 마무리하는 3단 구조로 구성합니다. 시청자의 관심을 유도하기 위해 도입부에서는 질문이나 문제 제기를 활용하고, 본론에서는 설명과 함께 관련 자료 화면이나 시각 자료를 적절히 배치합니다. 예를 들어 'AI 영상 만들기 팁 다섯 가지'라는 정보 전달형 콘텐츠를 만든다면, 도입부에서 "어떻게 하면 AI로 더 나은 영상을 만들 수 있을까요?"라는 질문을 던지고, 이후 다섯 가지 핵심 팁을 순차적으로 설명하고, 각 항목에 대응하는 예시 화면을 함께 제시하는 방식으로 흐름을 설계하면 좋습니다.

↗ 브이로그

브이로그는 시간의 흐름이나 사건의 순서에 따라 편집합니다. 아침부터 점심, 저녁까지 하루 일상을 순차적으로 보여주거나, 여행의 출발부터 도착까지 여정을 따라가는 형태가 일반적입니다. 이 과정에서 중간중간 솔직한 독백 내레이션이나 자막을 통해 나만의 생각을 전달하면 시청자와의 소통 효과를 높일 수 있습니다. 또한, 컷이 길어지면 영상이 지루해질 수 있으므로, 중요하지 않은 장면은 타임랩스 효과나 컷 편집을 활용해 적절히 속도를 조절하고 템포를 유지하는 것이 좋습니다.

↗ 콘셉트 영상

콘셉트 영상은 정해진 형식은 없지만, 하나의 주제를 극적으로 전달하기 위해 시각적 흐름을 고민해야 합니다. 예를 들어, '시간의 흐름'을 주제로 한다면, 어린아이부터 노년까지 인물이 바뀌며 세월이 흐르는 몽타주를 만들거나, 시계추나 해의 움직임처럼 시간을 상징하는 이미지를 반복적으로 보여주는 연출을 구상할 수 있습니다. 콘셉트 영상에서는 연출 의도가 곧 영상의 흐름을 결정하므로, 전달하고자 하는 느낌이나 메시지에 적합하게 장면의 순서와 배치를 설계하는 것이 가장 중요합니다.

03 AI 툴로 유튜브 콘텐츠 만들기

유튜브 콘텐츠를 제작할 때 런웨이와 같은 AI 영상 생성 툴을 활용하면 기획 단계에서 구상한 장면들을 빠르게 시각화할 수 있어서 매우 유용합니다. 이미지나 텍스트 프롬프트만 잘 구성하면 원하는 장면을 쉽게 얻을 수 있으므로, 콘텐츠 제작자는 기술적 제약에서 벗어나 창의적인 연출에 집중할 수 있습니다. 물론 최종 마무리 단계에서는 편집을 통해 영상의 흐름과 완성도를 높여야 하지만, AI 영상 생성 툴은 혁신적인 아이디어와 시각적 소재를 제공해 주는 든든한 지원군이 됩니다.

정보 전달형 콘텐츠: 삽화나 B-roll 영상 만들기

AI를 활용하면 정보 전달형 콘텐츠에 필요한 삽화나 B-roll 영상을 만들 수 있습니다. 예를 들어, 기술 발전사를 설명하는 영상을 제작한다고 가정해 봅시다. 옛날 컴퓨터를 사용하는 장면처럼 실제로 촬영하거나 자료를 찾기 어려운 영상이 필요할 때, 미드저니나 런웨이로 관련 이미지 혹은 영상 클립을 만들 수 있습니다. 또, 가상 현실(VR)처럼 추상적인 개념을 설명할 때는 관련 개념을 은유적으로 보여주는 짧은 애니메이션 클립을 생성해 활용하면 효과적입니다. 이렇게 AI 툴을 활용하면 콘텐츠가 전체적으로 풍성해지고, 정보를 더욱 효과적으로 전달할 수 있습니다.

정보 전달형 콘텐츠의 특성상 프롬프트를 작성할 때는 전달하려는 내용을 시각적으로 명확히 묘사해야 하고, 교육적인 느낌을 살리고 싶다면 텍스트 프롬프트에 [flat design], [infographic style], [clear labeling]과 같이 깔끔한 그래픽 스타일의 키워드를 추가하면 좋습니다.

▲ AI로 생성한 1980년대 컴퓨터 사용 장면

TIP ● B-roll 영상이란 주요 장면(A-roll) 외에 별도로 촬영된 보조 영상으로, 주로 설명을 보완하거나 분위기 전환, 시청자의 이해를 돕는 용도로 사용됩니다.

↗ 브이로그: 제한적으로 AI 활용하기

브이로그 콘텐츠는 진정성이 중요하기 때문에 AI 활용에 신중해야 하지만, 한편으로는 색다른 방향으로 활용할 수도 있습니다. 전체적인 영상은 직접 촬영한 장면 위주로 구성하되, 일부 장면을 AI로 보충하는 것이죠. 예를 들어, 여행 브이로그에서 당시 촬영하지 못했던 멋진 풍경을 회상하며 보여주고 싶을 때, 해당 장소를 기반으로 한 유사한 분위기의 장면을 생성해 삽입할 수 있습니다. 또, 일상 브이로그 중간에 '만약 내가 우주에 간다면...'과 같은 상상이나 희망 사항을 표현하고자 할 때, AI로 생성한 짧은 판타지 영상을 삽입하여 재미를 더할 수 있습니다.

브이로그에 사용할 장면을 만들 때는 프롬프트에 1인칭 시점이나 카메라 연출 관련 키워드를 넣어 현실감을 더하는 것이 좋습니다. 예를 들어, [고프로로 촬영한 듯한 흔들리는 시점의 영상]과 같은 키워드를 추가하면 실제 브이로그 화면과 자연스럽게 어우러지는 결과물을 얻을 수 있습니다.

> **First-person POV shot, as if captured with a GoPro, slightly shaky but clear image**, exploring a bustling street market filled with colorful stalls and lively crowds, bright daylight, natural colors, authentic vlog aesthetic --no motionblur --chaos 5 --ar 2:1 --exp 20 --raw --stylize 500 --v 7
>
> 고프로로 촬영한 듯한 1인칭 시점, 약간 흔들리지만 선명한 이미지, 다채로운 노점과 활기찬 군중으로 가득한 붐비는 거리 시장을 탐험하는 모습, 밝은 자연광, 자연스러운 색감, 실제 브이로그의 미학

▲ AI로 생성한 고프로 스타일의 현실감 있는 여행 브이로그 장면

TIP ● 런웨이의 Act-One, Act-Two 기능을 활용하여 나의 모습을 버추얼 캐릭터로 대체할 수도 있습니다. 이렇게 하면 실제 얼굴을 공개하지 않아도 시청자들과 친근하게 소통할 수 있죠.

↗ 콘셉트 영상: 화려하고 예술적인 장면 만들기

콘셉트 영상 제작에서는 AI의 활용도가 특히 높습니다. 처음부터 끝까지 AI가 생성한 영상들로 구성하여 하나의 예술 작품처럼 만들 수도 있기 때문입니다. 이때 핵심은 전달하려는 주제나 감정을 명확하게 시각화할 수 있도록 프롬프트를 정교하게 작성하는 데 있습니다. 예를 들어, '인간과 기술의 융합'이라는 콘셉트를 영상으로 표현하고 싶다면, 텍스트 프롬프트에 [인간의 실루엣과 회로 패턴이 겹쳐진 장면, 기계 부품으로 형상화된 심장이 뛰고 있다, 어두운 배경에 사이버펑크 네온 조명] 등 구체적인 이미지를 묘사하는 문장을 작성합니다. 여기에 [초현실적, 예술 영화 스타일, 몽환적 분위기] 같은 키워드를 덧붙이면, AI가 더욱 독특하고 예술적인 느낌을 구현해 줍니다.

런웨이 Gen-4는 이러한 복잡한 프롬프트도 상당 부분 해석하여, 짧지만 임팩트 있는 콘셉트 영상을 생성합니다. 다만 콘셉트 영상은 여러 추상적인 장면들의 조합으로 구성되는 경우가 많기 때문에, 필요한 경우 각 장면을 따로 생성한 후 편집을 통해 연결합니다. 이 과정에서 Expand Video 기능을 활용하면 하나의 결과물을 다양한 비율로 변환하여 변주를 주거나, 예상치 못한 추가 디테일을 더할 수도 있습니다.

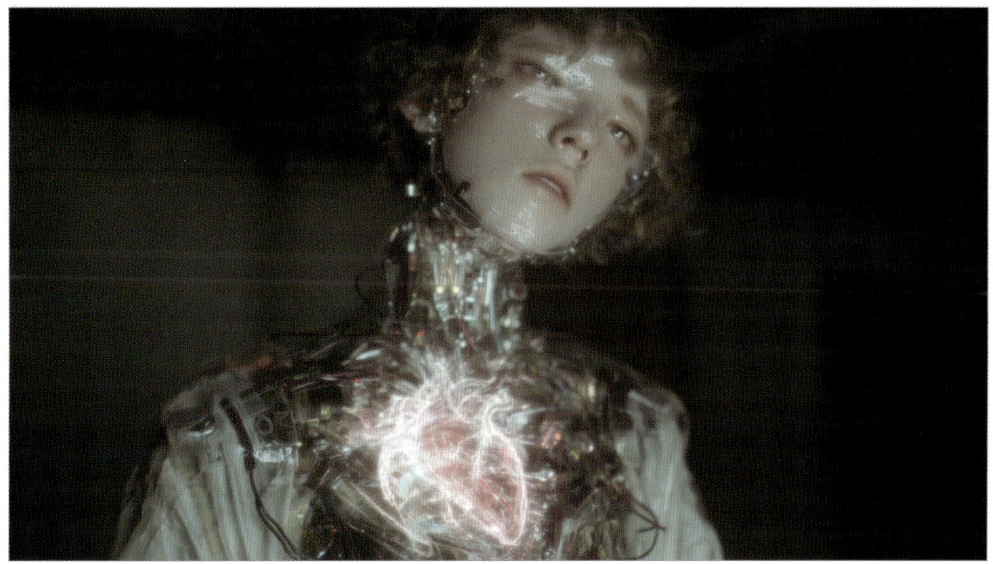

▲ AI로 생성한 '인간과 기술의 융합' 콘셉트 장면

TIP ● AI가 생성한 영상 클립들을 배치한 다음, 전체 흐름에 맞춰 음악이나 효과음을 입혀 영상의 완성도를 높입니다. 콘셉트 영상에서는 소리까지도 메시지의 일부가 될 수 있으므로, AI로 생성한 사운드나 배경 음악을 사용하여 영상의 분위기를 강화하기도 합니다.

AI 영상 × 미드저니·런웨이·소라·클링·하이루오

PART 8

AI와 전통적 제작 방식의 결합

영상 제작의 세계는 끊임없이 변화하고 발전해 왔습니다. 전통적인 촬영과 편집 방식에서부터 디지털 시각 효과, 생성형 AI 기술 활용에 이르기까지 각 시대의 기술적 발전은 제작자들에게 새로운 창작의 가능성을 열어주었습니다. 그중에서도 AI 기술과 전통적 영상 제작 방식을 결합하는 방법은 지금까지 상상으로만 가능했던 장면들을 현실감 있게 구현할 수 있게 해 줍니다.

이제는 전문 스튜디오나 복잡한 특수 효과 장비 없이도 누구나 간편하게 창의적인 콘텐츠를 제작할 수 있는 시대입니다. 실사 촬영 영상에 AI가 만들어낸 가상의 존재나 배경을 자연스럽게 합성하는 작업은 영상 표현의 경계를 확장하는 흥미로운 시도입니다. 이번 파트에서는 AI 기술과 전통적 영상 제작 방식을 효과적으로 결합하여 실제와 환상의 경계를 허무는 시각적 효과를 구현하는 워크플로우를 살펴봅니다.

CHAPTER 1

AI 영상과 실사 영상 합성하기

생성형 AI가 만들어 낸 영상과 실제 촬영한 영상을 자연스럽게 결합시키면, 상상과 현실이 경계를 넘나들며 공존하는 매력적인 시각 콘텐츠를 만들 수 있습니다. 하지만, 두 영상을 단순히 합성한다고 해서 자연스러운 결과물이 나오는 것은 아닙니다. 합성을 고려한 촬영 기법과 AI 영상의 생성 원리를 명확히 이해하는 것이 중요하죠. 이번 챕터에서는 AI 영상을 실사 영상과 결합할 때의 기본적인 워크플로우와 촬영 노하우부터, 프롬프트 작성법과 편집 프로그램을 활용한 합성 기법까지 차근차근 살펴봅니다.

01 AI 영상과 실사 영상 합성의 워크플로우

AI 영상과 실사 영상을 합성하는 기본적인 워크플로우를 단계별로 살펴봅시다. 예를 들어, 배경이 되는 실제 거리를 몇 초간 촬영한 다음, 그 장면에 공룡이나 환영이 나타나는 효과를 AI로 만들어 합성하는 것이죠.

실사 영상 준비하기

우선, AI로 생성한 영상과 잘 어우러지는 실사 영상을 준비해 봅시다. 합성에 사용되는 영상이기 때문에 배경은 단순하게, 움직임은 최소화하는 것이 중요합니다. 영상 촬영 단계에서 아래 유의 사항을 지키면 이후 합성이 훨씬 수월해집니다.

- **카메라 설정 고정하기**: 합성에 사용할 영상을 촬영할 때는 카메라의 자동 기능을 가능한 한 해제하고 수동으로 설정합니다. 특히 자동 초점(AF)과 자동 화이트 밸런스(AWB) 기능을 끄면 영상의 색감과 초점이 전체 장면에서 일관되게 유지되어 AI 영상과 실사 영상을 자연스럽게 연결하는 데 도움이 됩니다.

- **안정된 촬영**: 카메라를 삼각대 등에 고정하여 흔들림 없이 안정된 영상을 촬영해야 합니다. 영상이 급격히 흔들리거나 움직이면 AI로 생성한 효과를 합성하기 어려우므로, 정지 샷이나 천천히 팬(Pan)하는 샷처럼 비교적 움직임이 적은 장면을 촬영하는 것이 좋습니다.

위와 같이 설정한 다음, 기본 소스가 될 실사 영상을 촬영합니다. 안정된 영상을 확보했다면 다음 단계로 넘어갑니다.

효과 위치에서 스틸 프레임 추출하기

이제 본격적으로 실사 영상과 AI 영상을 합성해 봅시다. AI 합성은 효과를 넣고자 하는 하나의 장면, '스틸 프레임'에서 시작합니다. 스틸 프레임은 움직이는 영상에서 정지된 특정 장면을 이미지 형태로 추출한 것으로, AI가 생성할 영상의 시작점 또는 기준점이 됩니다. 이를 기반으로 AI가 이후 장면을 만들어 내기 때문에 합성될 AI 효과의 정확한 위치와 구도를 결정하는 데 매우 중요한 역할을 하죠. 촬영한 실사 영상에서 AI 시각 효과를 넣고 싶은 지점을 찾아, 영상 편집 프로그램이나 미디어 플레이어를 이용하여 스틸 프레임을 추출하는 것부터 시작해 봅시다.

앞서 예시로 들었던 빈 거리 영상에서 스틸 프레임을 추출한다고 가정해 보겠습니다. 빈 거리 영상의 중앙에 공룡이 등장하는 효과를 넣고 싶다면, 공룡이 출현할 시점에 맞추어 프레임을 선택하고 PNG 혹은 JPG 이미지로 추출합니다. 이 이미지는 추후 런웨이에 입력하여, 새로 생성될 AI 영상의 기본 장면으로 활용됩니다. 이때, ==효과가 들어갈 위치가 명확히 보이고 주변 배경이 깔끔하게 드러난 프레임을 선택==하는 것이 중요합니다. 배경과 조명 등이 뚜렷하게 보이는 프레임을 사용해야 AI가 배경과 추가할 요소 간의 관계를 더 잘 해석하고 자연스러운 결과물을 만들어 낼 수 있기 때문입니다.

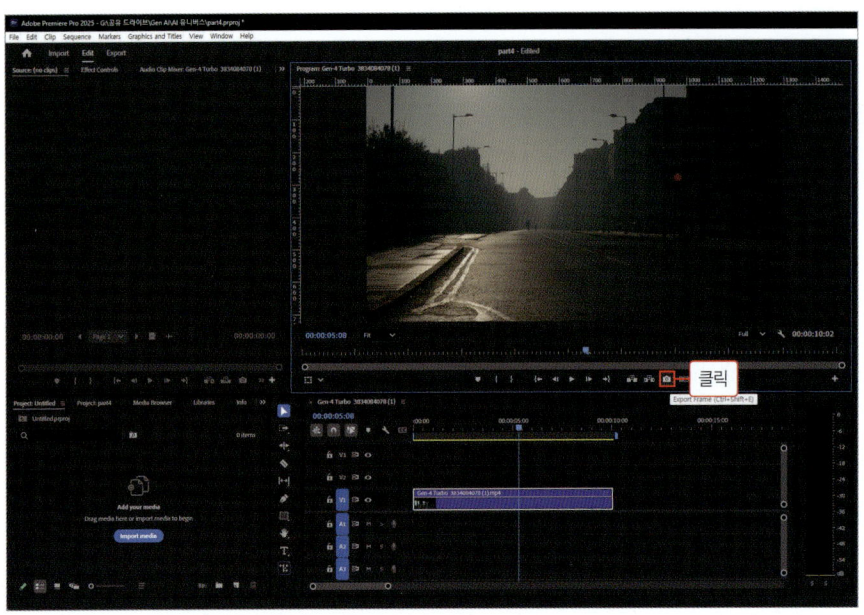

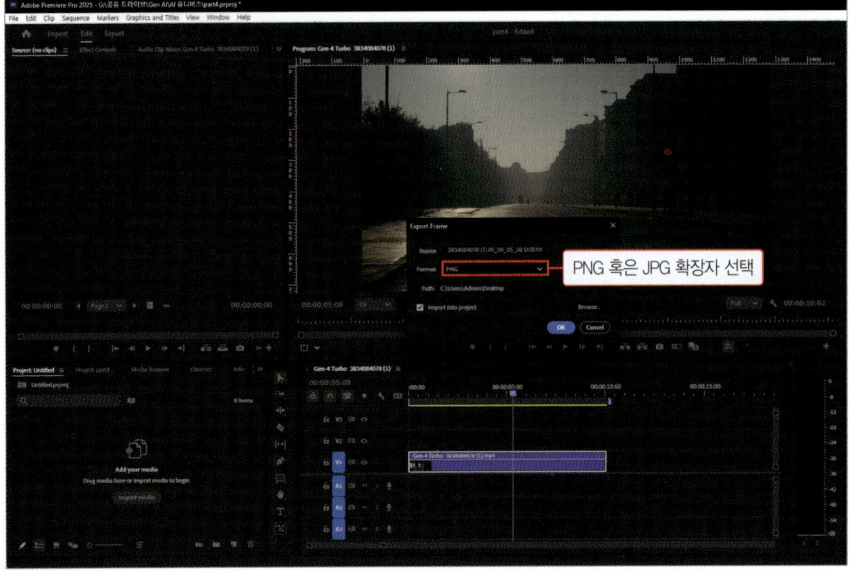

▲ 어도비 프리미어 프로에서 스틸 프레임 추출하기

스틸 프레임에 효과 요소 추가하기

이제 미드저니와 같은 이미지 생성 AI 툴을 활용하여 스틸 프레임 이미지에 효과 요소를 추가해 봅시다. 참고 이미지로 스틸 프레임 이미지를 입력하고, 이미지에 추가하고자 하는 요소를 텍스트 프롬프트로 설명하면 됩니다. 계속 강조하고 있지만, 프롬프트 작성의 핵심은 이미지에 이미 존재하는 요소를 묘사하는 것이 아니라, 새롭게 추가하고자 하는 동작이나 효과를 구체적으로 설명하는 것입니다. 아래 팁을 참고하여 프롬프트를 작성해 볼까요?

* **장면의 움직임 중심으로 설명하기**: 스틸 이미지에 대한 과도한 설명은 생략해도 좋습니다. 대신, 추가하려는 효과의 움직임이나 변화에 집중하여 설명하는 것이 중요합니다. 예를 들어, 스틸 이미지에 공룡이 걸어오는 효과를 주고 싶다면, '다가오는 공룡'이라는 새로운 요소의 동작에 중점을 두어 설명해야 합니다.

* **긍정형 문장 사용하기**: 부정형 표현은 AI가 제대로 이해하지 못할 수 있으므로, '~하지 않는다'와 같은 부정형 묘사는 피하세요. 예를 들어, [하늘에 구름이 없다]는 표현 대신 [맑고 푸른 하늘]과 같이 원하는 상태를 긍정형으로 서술하는 것이 효과적입니다.

> A giant dinosaur slowly walks in from the distance.
> 거대한 공룡이 멀리서부터 천천히 걸어온다.

🖐 런웨이의 Image to Video로 AI 영상 생성하기

효과 요소를 추가한 스틸 프레임 이미지에 움직임을 더하여 AI 영상을 생성해 봅시다. 이 단계에서는 런웨이의 Gen-4 Turbo 모델, Image to Video 기능을 사용하겠습니다.

1 런웨이(app.runwayml.com)에 접속하여 [Generate Video]를 클릭한 다음, [Gen-4 Turbo] 모델을 선택합니다. 스틸 프레임 이미지를 업로드합니다.

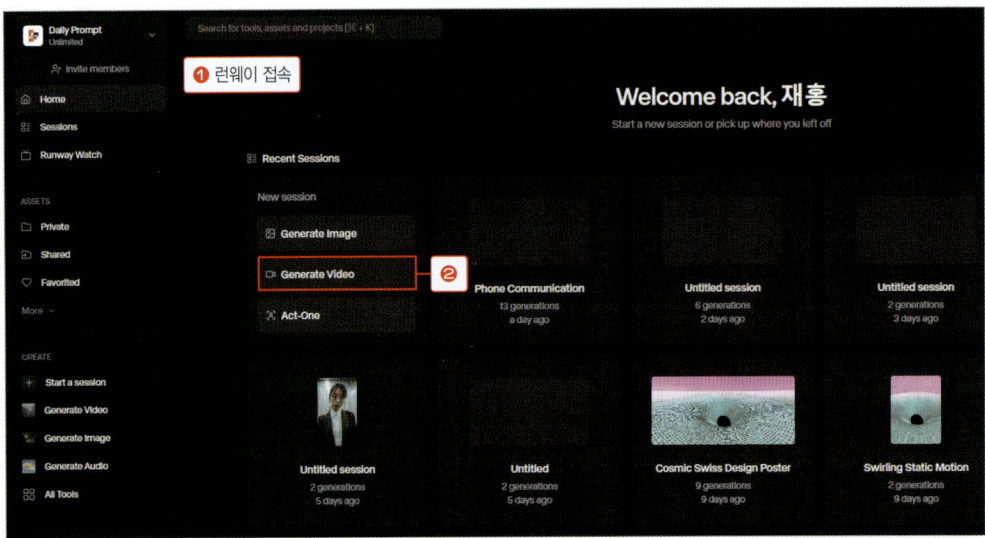

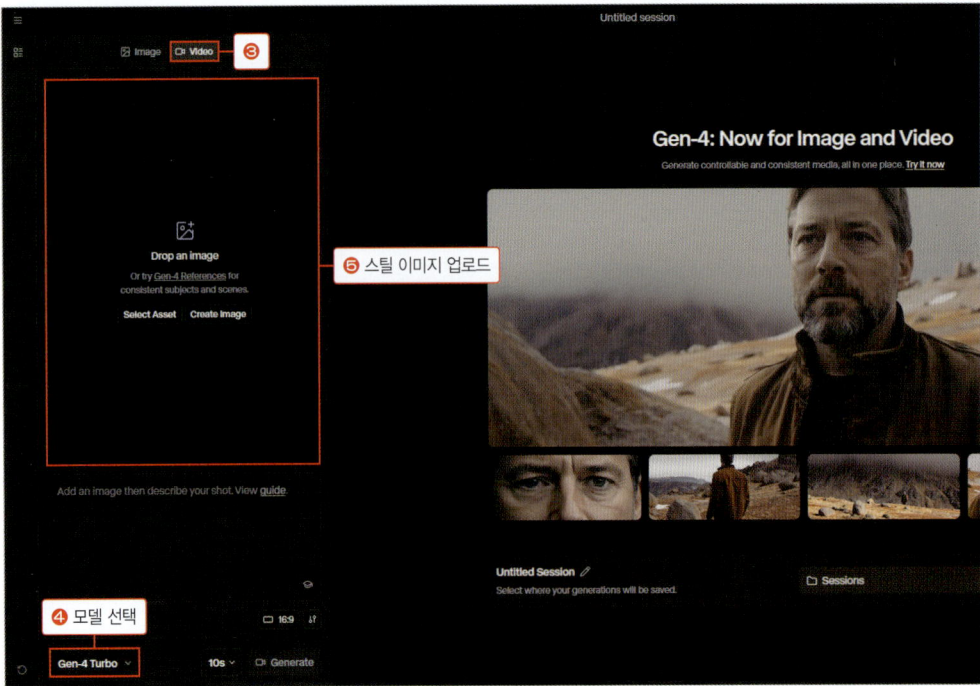

2 스틸 프레임 이미지가 첨부되었습니다. 이미지가 정해진 비율에 맞지 않을 경우, 적당한 가로 세로 비율을 선택하고 박스를 드래그하여 영역을 설정한 다음 [Crop]을 클릭합니다.

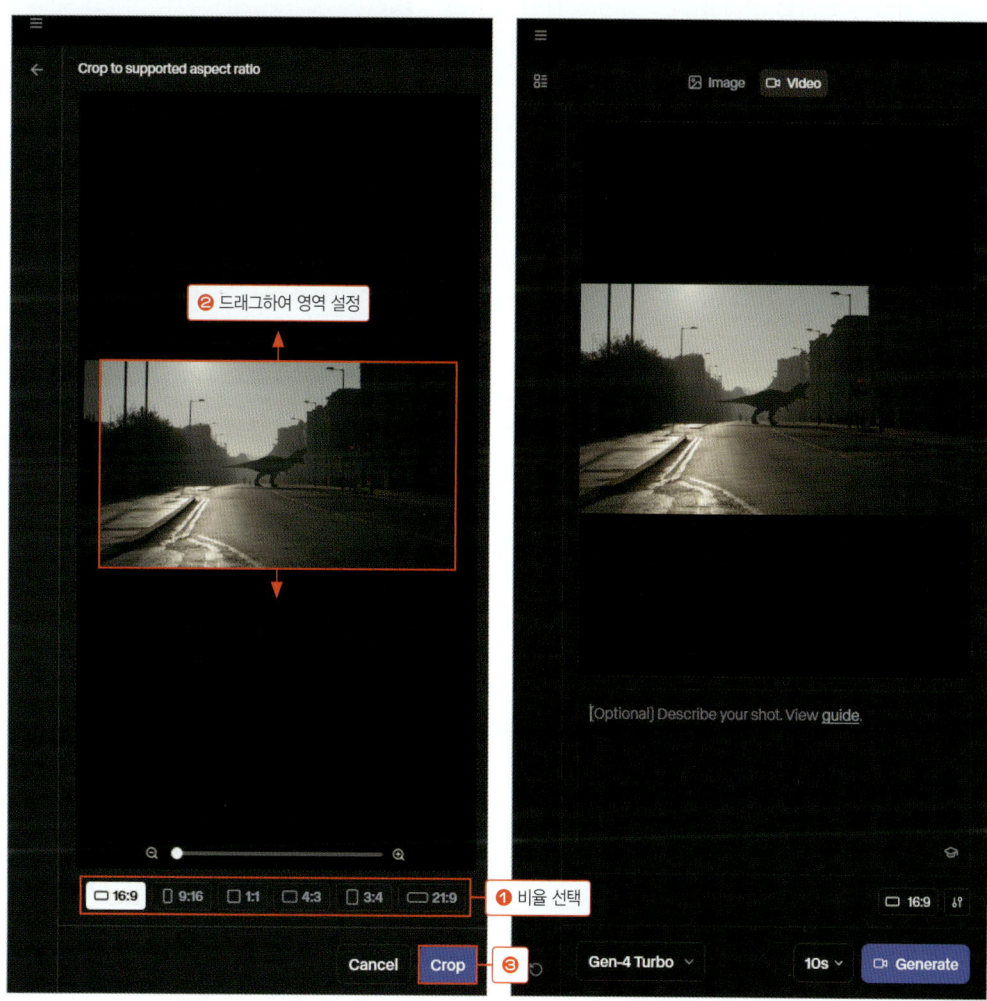

3 앞서 스틸 프레임에 효과 요소를 추가할 때 사용했던 텍스트 프롬프트를 한 번 더 입력하고, 필요에 따라 생성할 영상의 길이를 설정합니다. 설정을 모두 마쳤다면 [Generate]를 클릭하여 영상을 생성합니다.

TIP ● 영상의 길이는 5초와 10초 중 하나를 선택할 수 있으며, 길이에 따라 차감되는 크레딧이 달라집니다.

4 잠시 기다리면 거리의 중앙에 공룡이 천천히 걸어오는 영상이 생성됩니다.

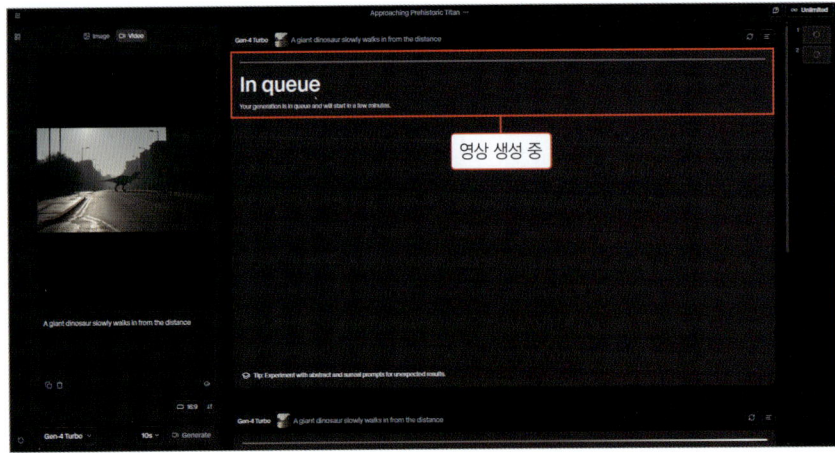

TIP ● 첫 시도에 완벽한 결과물이 나오지 않을 수도 있으므로, 만족스러운 장면을 얻을 때까지 프롬프트를 조금씩 수정하며 여러 번 생성해 보는 것이 좋습니다. 예를 들어, 공룡의 속도나 크기가 마음에 들지 않을 경우 프롬프트에 이를 조정하여 다시 생성하면 더 나은 결과를 얻을 수 있습니다.

↗ 실사 영상과 AI 영상 합성하기

이제 원본 실사 영상과 새로 생성한 AI 영상 클립을 합성하여 하나의 영상으로 만들어 봅시다. 이 단계는 주로 영상 편집 프로그램에서 이루어지며, 크게 두 가지 방법으로 진행할 수 있습니다.

첫 번째 방법은 ==원본 실사 영상의 특정 지점에 AI로 생성한 영상을 그대로 이어 붙이는 방식==입니다. 앞서 살펴본 방식대로 원본 영상에서 스틸 프레임을 추출하여 이를 기반으로 AI 영상을 만들었다면, 이 방법을 활용하여 매우 쉽고 자연스럽게 두 영상을 결합할 수 있습니다. 원본 영상에서 추출한 장면을 기반으로 AI 영상 클립을 생성했기 때문에 위화감 없이 매우 부드럽고 자연스럽게 전환되는 것이 특징입니다.

▲ 원본 영상에 AI 영상을 이어 붙여서 완성한 결과물

두 번째 방법은 오버레이 합성(레이어 편집)입니다. 실사 영상 위에 AI 영상을 겹쳐 놓고 필요한 부분만 보여주는 방식으로, 앞서 살펴본 첫 번째 방법보다 더 정교한 합성이라고 할 수 있습니다. 예를 들어, 실사 영상의 배경을 유지한 상태로 AI 영상 속 공룡만 합성하고 싶다면, 편집 프로그램에서 AI 영상 레이어의 공룡 부분만 보이도록 마스크(Mask)를 적용하면 됩니다.

▲ 원본 영상에 AI 영상의 일부 레이어만 보이도록 합성한 결과물

TIP ● 레이어 편집을 하려면 영상 편집 소프트웨어의 마스킹 도구나 크로마키 기능을 활용해야 합니다. 초보자의 경우 마스크를 정밀하게 따는 작업이 어려울 수 있으므로, 처음에는 비교적 간단한 첫 번째 방법을 시도하고, 추후 오버레이 합성에 도전하는 것을 추천합니다.

합성 작업은 어도비 프리미어 프로, 다빈치 리졸브와 같은 전문 영상 편집 프로그램부터 캡컷(CapCut)과 같은 간편 영상 편집 툴까지 무엇이든 사용해도 됩니다. 중요한 것은 ==타임라인 상에서 원본 영상과 AI 영상의 위치와 길이를 잘 맞추는 것==입니다. 필요하다면 영상 편집 프로그램에서 색상이나 밝기를 살짝 조절하여, 두 영상이 한 장면처럼 잘 어우러지도록 하는 것도 좋습니다. 예를 들어, AI로 생성한 영상의 색감이 원본보다 약간 옅다면 대비를 높이거나 채도를 조정하여 자연스럽게 맞춰 주면 됩니다.

최종 확인 및 재생하기

마지막으로 완성된 영상을 처음부터 끝까지 재생하며 자연스럽게 이어지는지 확인합니다. 특히 AI 효과가 삽입된 부분에서 화면의 연결이 어색하지 않은지, 그리고 AI 효과가 원본 영상의 흐름과 맥락에 잘 맞는지 검토합니다. 만약 합성 지점의 색감 차이가 눈에 띈다면, 앞서 언급한 대로 약간의 색 보정을 더 하거나, 전환 부분의 페이드 효과 길이를 늘려 부드럽게 합니다. 또, AI 효과의 속도가 너무 빠르거나 느리다면 런웨이에서 프롬프트를 수정하여 영상을 다시 생성하거나, 영상 편집 프로그램에서 속도를 조절합니다. 모든 것이 만족스럽다면 편집한 영상을 최종 파일로 렌더링하거나 내보내기(Export) 합니다.

자, 워크플로우를 쭉 살펴보았는데 어떠셨나요? 특별한 장비나 고급 편집 기술이 없어도, 런웨이와 간단한 편집만으로 손쉽게 실사 영상에 AI 시각 효과를 합성할 수 있습니다. 처음에는 작은 효과부터 시도해 보고 점차 다양한 방향으로 도전해 보세요. 이 워크플로우를 숙달하면, 여러분의 영상에 한계 없는 창의적 상상을 더할 수 있을 것입니다.

크로마키용 AI 배경 영상 생성하기

영상에 사용할 가상 세트나 배경이 필요한 경우, 미드저니와 런웨이를 접목하여 창의적인 배경을 손쉽게 제작하고 활용할 수 있습니다. 미드저니에서 원하는 배경 이미지를 생성하고, 런웨이 Gen-4의 Image to Video 기능을 통해 배경 이미지를 영상화하는 것이죠.

예를 들어, 미드저니에서 황혼의 해변 풍경이나 미래 도시의 거리와 같은 배경 이미지를 생성한 다음, 이 이미지를 런웨이에 업로드해 수 초 길이의 움직이는 배경 영상으로 제작합니다. 이렇게 사전 제작된 AI 배경 영상은 마치 스톡 영상처럼 활용되며, 배우나 객체를 실제로 촬영한 후 후반 합성 과정에서 배경으로 사용할 수 있습니다. 이 활용법은 로케이션 촬영이 어렵거나 현실에서 구현하기 힘든 상상 속 배경이 필요한 경우에 유용하며, 비용과 제작 시간을 효과적으로 절감할 수 있습니다.

▲ AI로 생성한 아름다운 자연 배경

또한, 따로 크로마키 촬영을 하지 않아도 런웨이의 Remove Background 기능을 활용하면 배우나 객체를 손쉽게 배경에서 분리할 수 있습니다. 별도의 그린 스크린 없이 일반적인 장소에서 촬영한 영상을 런웨이에 업로드한 후, 몇 번의 클릭만으로 인물이나 객체를 깔끔하게 추출할 수 있는 것이죠. 이렇게 추출된 영상을 미리 제작한 AI 배경 영상과 합성하면, 배우가 마치 가상의 공간에서 연기하는 듯한 영상을 얻을 수 있습니다.

런웨이의 Remove Background 기능을 효과적으로 활용하고 싶다면 배경이 단순하고 피사체와 잘 구분된 영상을 사용해 주세요. 배경이 복잡하거나 빠른 움직임이 있는 영상에서는 배경과 피사체의 경계가 명확하지 않을 수 있으므로, 간단한 배경 앞에서 안정적으로 촬영된 영상을 사용하는 것이 좋습니다. 물론 이 또한 전통적인 방법만큼 완벽하지는 않기 때문에, 영상의 완성도가 중요한 프로젝트에서는 전통적인 크로마키 촬영이나 로토스코핑 기법을 병행하고, AI 배경 영상과 런웨이의 배경 제거 기능은 보조적으로 활용하는 것을 권장합니다.

▲ 런웨이의 Green Screen 기능으로 만들어 낸 결과물

CHAPTER

2

고급 영상 제작 분야에서 AI 활용하기

이번 챕터에서는 AI가 고급 영상 제작 분야에서 어떻게 활용되고 있는지를 살펴봅니다. 아직 초보적인 단계이지만, 모션 그래픽과 3D 모델링 분야에서도 AI는 시각 요소 생성과 반복 작업 자동화를 통해 제작자에게 새로운 가능성과 효율을 제공하기 시작했습니다. 각 분야에서 AI가 어떤 방식으로 접목되고 있는지, 전통적인 툴과의 결합을 통해 어떤 시너지를 내고 있는지 사례 중심으로 소개합니다.

01 모션 그래픽 분야의 AI 활용 사례

모션 그래픽 분야에서도 AI를 활용하여 시각 요소를 생성하고 이를 전통 툴과 결합하는 사례가 늘고 있습니다. 런웨이 자체에는 자막 애니메이션이나 템플릿과 같은 모션 그래픽 전용 기능이 없지만, AI로 생성된 비주얼을 어도비 애프터 이펙트, 캡컷(CapCut) 등의 영상 편집 프로그램에 가져와 활용할 수 있습니다. AI 이미지 및 영상 생성을 통해 추상적인 배경 영상이나 애니메이션 소스를 만든 다음, 이를 애프터 이펙트로 가져와 배경으로 사용하고, 그 위에 텍스트나 그래픽을 얹는 방식이 일반적입니다.

▲ AI로 생성한 배경 영상의 텍스트와 로고에 모션을 더한 인트로 영상

예를 들어 사이버펑크 느낌의 인트로 영상을 만들고 싶다면, 런웨이에서 [네온 사인이 가득한 미래 도시 거리] 같은 프롬프트로 짧은 배경 영상을 생성한 다음, 그 영상을 애프터 이펙트로 가져와 제목이나 로고에 모션을 줄 수 있습니다. 이렇게 하면 AI가 제공하는 독특한 미장센을 손쉽게 얻으면서도, 최종 편집은 익숙한 프로그램에서 진행할 수 있어 효율적입니다.

이처럼 AI는 모션 그래픽 제작에서 소스 소재를 생성하거나 반복 작업을 줄이는 역할을 합니다. 창의적인 레이아웃 구성과 타이포그래피 애니메이션은 여전히 전통적인 툴과 디자이너의 몫으로 남아 있죠.

3D 모델링 분야의 AI 활용 사례

영상 합성에 사용되는 3D 오브젝트도 이제는 AI를 통해 생성하는 추세입니다. 물론 아직까지는 초보적인 활용 단계이며 런웨이 자체적으로 3D 모델 생성 기능을 제공하지는 않지만, 외부의 툴이 이 역할을 맡고 있습니다. 대표적인 툴로는 Meshy, CSM, Tripo3d 등이 있으며, 이들 모두 2D 입력을 3D 모델로 자동 변환해 주는 AI 기반 서비스입니다. 여기서 생성된 3D 모델을 표준 3D 파일 형식으로 출력하면, 이후 편집이나 렌더링 등의 후속 작업에 활용할 수 있습니다.

예를 들어, Meshy에 한 장 또는 여러 장의 레퍼런스 이미지를 업로드하면 해당 물체의 3D 모델을 생성하며, 결과물은 OBJ, FBX 등의 표준 형식으로 다운로드할 수 있어 거의 모든 3D 소프트웨어에서 바로 활용할 수 있습니다. 다만 지원되는 객체 유형이 미리 학습된 카테고리로 한정되어 있어 매우 창의적인 임의의 형태보다는 정해진 범주의 현실적인 3D 자산을 신속히 생성하는 용도로 적합합니다.

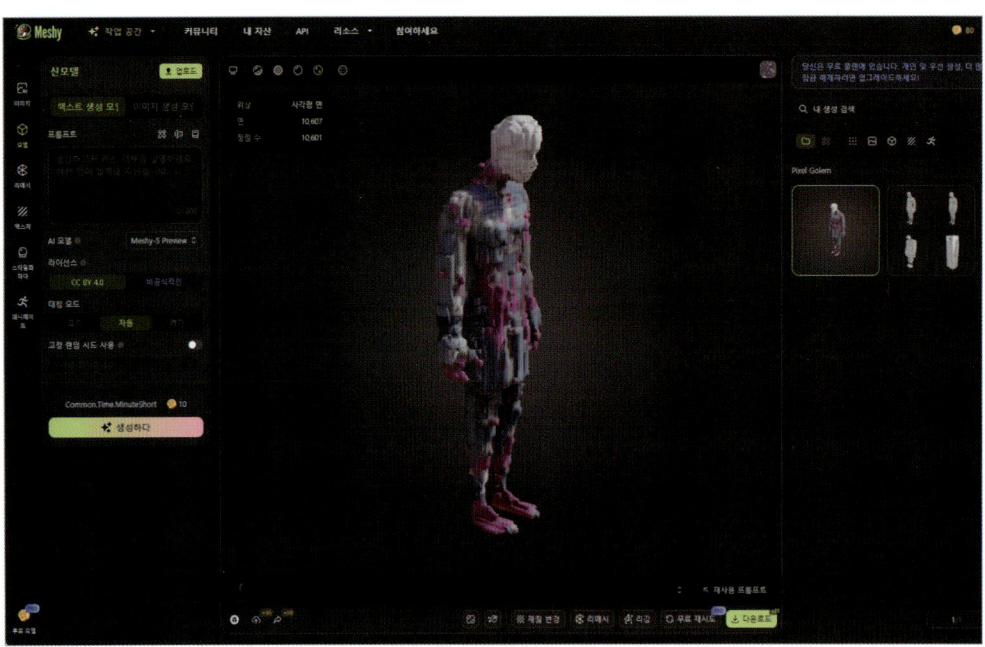

▲ Meshy로 생성한 3D 인물 모델

3D 생성 AI 툴의 실무 활용도는 점차 높아지고 있습니다. Meshy 같은 서비스는 다양한 업계에서 프로토타이핑 용도로 사용되고 있으며, 개발사들은 이를 통해 간단한 소품이나 배경 객체를 빠르게 생성해 작업 시간을 단축하고 있습니다. 다만, AI 툴만으로 완전한 고정밀 3D 모델을 얻는 것은 아직 한계가 있어서, 중요한 3D 자산은 AI로 초안을 만든 다음, 3D 아티스트가 세부 디테일을 조정하는 식의 워크플로우로 활용되고 있습니다.

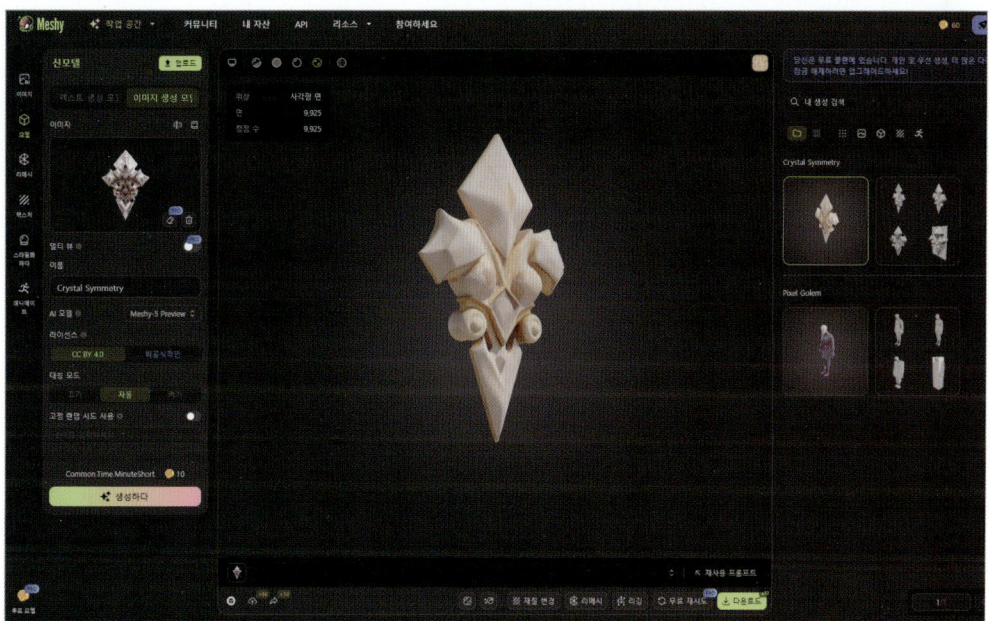

▲ Meshy로 생성한 3D 쥬얼리 모델

▲ Meshy로 생성한 3D 총기 모델

그럼에도 불구하고 3D 생성 AI 툴은 '빠른 콘텐츠 제작'을 슬로건으로 내세울 정도로 발전하고 있으며, 특히 재질과 애니메이션까지 포함 가능한 표준 포맷으로 결과물을 출력해 주는 덕분에 실무에의 통합이 가속화되고 있습니다.

TIP ● 텍스트나 2D 이미지 한 장 만으로 3D 모델을 생성할 수 있는 시대가 되었다니, 놀랍지 않나요? 현재는 시제품 단계나 보조적 제작에 주로 사용되고 있지만, 꾸준한 퀄리티 개선과 함께 실사 제작까지도 점차 활용 범위를 넓혀가고 있습니다.

■

AI 영상 × 미드저니·런웨이·수라·클링·하이루오

PART 9

AI 영상과 윤리적 문제

생성형 AI 기술이 영상 제작 환경을 혁신적으로 변화시키면서, 이제 한 장의 이미지나 간단한 프롬프트만으로도 사실적인 합성 영상이나 새로운 시각 콘텐츠를 단숨에 만들어낼 수 있게 되었습니다. 그러나 이러한 편의성과 창조적 가능성의 확장과 함께, 윤리적·사회적 문제도 더욱 복잡해지고 있습니다. 딥페이크로 인한 허위 정보 확산과 명예 훼손, 진위 판별의 어려움, 개인 정보 침해, 무책임한 콘텐츠 양산, 그리고 제도와 사회적 인식의 지체로 인한 혼란이 등이 대표적입니다.

이번 파트에서는 AI 영상 시대에 발생할 수 있는 다양한 윤리적 문제를 살펴보고, 사례와 배경을 분석하여 실질적인 대응 방안을 모색합니다. 기술은 중립적이지만, 그 활용 방식과 결과는 결코 중립적이지 않습니다. 이를 이해하고 대비하는 것은 기술 종사자나 정책 입안자만의 몫이 아니라, 앞으로 AI 영상을 제작하고 소비할 모든 사람의 과제입니다.

CHAPTER 1

AI 시대의 빛과 그림자

AI 기술은 영상 제작을 혁신하는 동시에, 딥페이크와 신원 도용, AI 피싱과 같은 새로운 위협도 함께 가지고 왔습니다. SNS에 올린 한 장의 사진조차도 악용될 수 있는 시대가 되었습니다. 생성형 AI 기술은 얼굴 사진과 음성을 정교하게 합성할 수 있어, 허위 정보 유포, 명예 훼손, 금융 사기 등의 피해가 빠르게 확산되고 있습니다. 이번 챕터에서는 딥페이크와 관련된 긍정적·부정적 사례를 분석하고, 개인 정보 보호의 중요성과 AI 기술이 초래하는 윤리적 문제를 살펴봅니다. 또, AI 시대의 디지털 리터러시와 책임감 있는 기술 활용 방안의 중요성에 대해 함께 생각해 봅시다.

딥페이크와 AI 영상

딥페이크(Deepfake)는 생성형 AI 기술의 대표적인 응용 사례이자 논란이 많은 분야 중 하나입니다. 단순한 이미지 합성을 넘어, 실제 인물의 얼굴과 목소리를 다른 영상에 자연스럽게 덧씌워 '존재하지 않는 상황'을 사실처럼 연출할 수 있기 때문입니다.

↗ 딥페이크 기술 이해하기

딥페이크 영상은 주로 딥러닝의 생성 모델을 사용합니다. 초기에는 얼굴의 특징을 분석한 뒤 다른 얼굴과 합성하는 방식이 많았으며, 이후 GAN(Generative Adversarial Networks)과 최근 확산(Diffusion) 모델 등 더 다양한 기술로 발전했습니다. GAN은 '생성자(Generator)'와 '판별자(Discriminator)'라는 두 개의 신경망이 서로 경쟁하며 진짜와 구별하기 어려운 가짜 이미지를 만들어내는 방식입니다.

생성자는 처음에는 다소 어색한 이미지를 만들어내지만, 판별자가 가짜 이미지를 구별해내면 이를 바탕으로 더 정교한 이미지를 만들도록 계속 학습합니다. 이 과정이 반복되면서 실제 영상과 거의 구분하기 힘든 합성 영상이 만들어집니다. 이러한 방식으로 얼굴 합성을 하면 실제 인물이 하지 않은 말을 하거나 전혀 일어나지 않은 상황을 실제처럼 연출할 수 있습니다.

↗ 딥페이크의 긍정적 활용 사례

일부 예술가나 교육자는 역사적 인물을 재현하여 학생들이 과거 인물과 대화하듯 학습할 수 있도록 돕는 등 교육적·창의적 목적으로 딥페이크를 활용하고 있습니다. 엔터테인먼트 분야에서도 특정 배우의 스케줄 문제를 해결하거나 고인의 모습을 재현하는 등 제한적인 방식으로 딥페이크 기술을 활용하는 활용하는 시도가 있습니다.

↗ 딥페이크의 부정적 활용 사례

반면 정치인의 연설 영상을 조작하여 허위 메시지를 퍼뜨리거나, 유명인의 얼굴을 무단으로 음란물에 합성하여 명예를 훼손하는 범죄 사례도 늘어나고 있습니다. 이러한 영상은 SNS나 메신저 앱을 통해 빠르게 확산되어 피해자는 사실을 해명하기도 전에 심각한 사회적 낙인과 정신적 피해를 입을 수 있습니다.

딥페이크의 규제 현황

딥페이크 기술의 악용을 방지하거나 최소화하기 위해 기술 기업들은 딥페이크 감지 알고리즘 개발에 매진하고 있습니다. 또한, 워터마크나 검증용 메타데이터를 영상에 삽입하여 영상의 합성 여부를 확인할 수 있는 제도도 논의되고 있습니다. 법적·정책적으로는 불법 합성물에 대한 처벌 강화, 초상권 보호 범위 확대, 불법 합성물 유포 플랫폼 제재 등의 대응이 필요하며, 국제적인 공조와 표준화 작업도 검토되고 있습니다.

이처럼 딥페이크는 창의적 활용의 가능성을 품고 있지만, 그 악용 사례가 훨씬 더 큰 문제로 부각되고 있습니다. 따라서, 초심자라도 이 기술이 가져올 윤리적 문제를 인식해야 하며, 단순한 호기심을 넘어 책임감 있는 태도로 접근하는 자세가 요구됩니다.

02 개인 정보와 AI 영상

SNS에 일상 사진을 올리는 것만으로도 나의 얼굴 데이터가 디지털 범죄자의 '소재'로 악용될 수 있는 시대입니다. AI는 특정 인물의 모습, 음성, 제스처 등 개인 식별 정보를 손쉽게 추출하고 합성할 수 있어, 신원 도용과 피싱 범죄의 위험이 점점 커지고 있습니다.

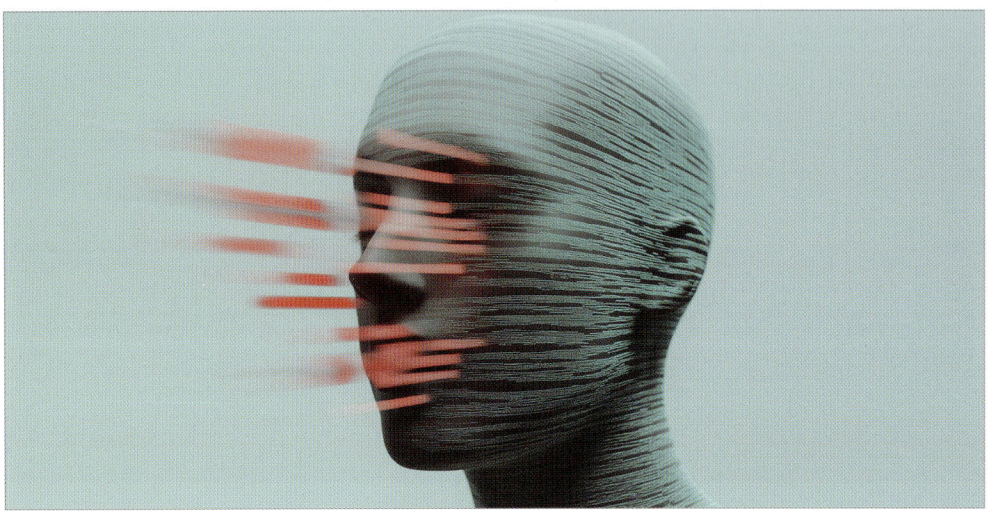

▲ 내 얼굴과 개인 정보, 어디까지 안전할까?

몇 가지 실제 사례를 살펴볼까요? 최근 SNS에서 프로필 사진과 이름을 수집한 후, 해당 인물인 척 메시지를 보내 돈을 요구하는 사기가 보고되고 있습니다. 또한, 보이스 클로닝(Voice Cloning) 기술을 활용해 직장 상사의 목소리를 합성하여 직원을 속이거나, 지인의 목소리를 정교하게 재현하여 긴급 상황을 연출한 뒤 금전을 요구하는 AI 피싱형 범죄 수법도 등장했습니다. 그렇다면 AI 시대에 개인 정보를 제대로 보호하려면 어떻게 해야 할까요?

* 개인 정보는 최소한으로 공개하고, 위치 정보나 가족 사진 등 민감한 데이터는 되도록 인터넷 상에 올리지 않아야 합니다.
* SNS의 사생활 보호 설정을 강화하고, 공개 범위도 조절합니다.
* 이미 업로드한 콘텐츠를 수정하거나 삭제하는 등 적극적으로 관리합니다.
* 낯선 사람에게 연락이 왔을 때는 상대가 실제 아는 사람인지 확인 전화나 메시지를 통해 검증하는 습관을 기릅니다.

일부 국가에서는 개인 정보 보호법 강화, 얼굴 인식 데이터 수집에 대한 엄격한 규제, GDPR(유럽 일반개인정보보호법) 등의 국제적 기준을 도입하고 있습니다. 기술적으로는 안면 인식 데이터의 암호화, 해시 처리, 사전 동의 기반 데이터 수집 원칙 등이 제안되고 있습니다.

딥페이크 관련 Q&A

Q 딥페이크 영상의 진위 여부는 어떻게 판단할 수 있나요?

A 딥페이크 영상이 정교해지면서 "이 영상이 진짜인가?"라는 질문에 답하기가 점점 더 어려워지고 있습니다. 초기에는 어색한 눈 깜박임, 부자연스러운 피부 질감, 글리치 같은 시각적 오류 등으로 딥페이크 영상을 구별할 수 있었습니다. 그러나 최근에는 기술 발전으로 이러한 단점들이 빠르게 보완되었으며, 이제는 인간의 육안만으로 식별이 어려운 수준에 도달했습니다.

Q 육안으로 식별하기 어렵다면, 딥페이크 감지 기술을 개발하면 어떨까요?

A 딥페이크 감지 및 영상 분석 기술이 개발되고 있지만, 이는 딥페이크 합성 기술과 끝없는 추격전을 벌이고 있습니다. 합성 기술이 발전하면 감지 기술도 개선되고, 감지 기술이 정교해지면 다시 합성 기술이 이를 우회하는 식으로 끝없는 경쟁이 이어지고 있는 것이죠. 또한, 현재의 감지 기술은 종종 오작동을 일으켜, 진짜 영상을 가짜로 판단하거나 가짜 영상을 진짜라고 믿는 오류로 이어지기도 합니다.

Q 그럼 앞으로는 이 문제를 어떻게 해결해야 하죠?

A 기술만으로 문제를 해결하기 어렵다면, 이용자의 인식 전환이 필수입니다. 언론사나 교육 기관은 '이 영상이 합성되었을 가능성이 있다'는 점을 널리 알리고, 시청자가 영상의 출처를 재확인하는 습관을 기르도록 권장해야 합니다.

SNS 플랫폼도 딥페이크가 의심되는 영상에 경고 표시를 추가하거나, 사용자에게 추가 검증 단계를 요구하는 등의 조치를 통해 경각심을 높여야 합니다.

또, 국가와 단체 단위의 미디어 리터러시 교육도 강화할 필요가 있습니다. 학생들에게는 영상을 소비할 때 비판적 사고를 장려하고, 성인을 대상으로 허위 정보 판별 가이드라인을 제공해야 합니다. 또한, 대중 매체를 통해 '눈에 보이는 영상조차 가짜일 수 있다'는 경고를 꾸준히 전달할 필요가 있습니다.

CHAPTER 2

AI 영상 시대의 사회적 책임과 미래

AI 영상 기술은 창작의 새로운 가능성을 열었지만, 동시에 딥페이크 악용, 허위 정보 확산, 개인 정보 침해, 법적 공백 등의 윤리적 문제를 불러오고 있습니다. 마지막 챕터에서는 AI 영상 제작의 사회적 영향과 방향성, 그리고 법적·윤리적 도전에 대해 살펴봅니다. AI 시대의 창작자와 기술 개발자, 정책 입안자, 그리고 일반 이용자들은 어떤 기준과 원칙을 세워야 할까요? 기술과 윤리가 균형을 이루는 방향으로 AI 영상 시대를 이끌어 나가기 위한 방안을 함께 고민해 봅시다.

01 AI 영상 제작의 사회적 책임

📌 무책임한 콘텐츠 양산의 함정: 자업자득의 위험

AI를 활용한 영상 제작은 속도와 편리성을 극대화하지만, 무책임한 콘텐츠 양산은 생산자와 소비자 모두에게 해롭습니다. 허위 정보, 혐오 발언, 선정적 콘텐츠를 대량 생산하면 일시적으로 관심을 끌 수 있으나, 장기적으로는 브랜드 가치나 제작자의 명성, 나아가 영상 생태계 전체의 신뢰를 훼손하게 됩니다. 신뢰 추락으로 인한 피해는 결국 생산자 스스로에게 돌아옵니다. 시청자는 점점 해당 제작자의 영상에 대한 신뢰를 잃고, 저질 콘텐츠를 만들었던 제작자는 협업 기회나 광고 수익 감소 등 직접적 피해를 입습니다. 질 낮은 콘텐츠로 지속 가능한 수익 모델을 유지하기는 어렵습니다.

📌 신뢰와 가치를 높이는 긍정적 활용 방안

반대로 생성형 AI를 긍정적으로 활용하면 교육, 공익 캠페인, 사회적 약자 지원 등 유익한 목적에 더 빠르고 효율적으로 영상 콘텐츠를 제공할 수 있습니다. 예를 들어, 의료 정보나 긴급 재난 경보 영상을 단시간에 생성해 신속히 배포하거나, 환경 보호 메시지를 쉽게 확산할 수 있습니다. 이는 결과적으로 시청자의 신뢰를 얻고, 브랜드나 기관의 사회적 가치를 높이게 됩니다.

02 생성형 AI의 미래

↗ 게이미피케이션된 콘텐츠의 출현

향후 AI 영상 기술은 단순한 영상 콘텐츠 생성을 넘어, 사용자와 상호 작용하며 영상을 함께 만들어 가는 인터랙티브 시대를 열 것입니다. 예를 들어, 시청자가 스토리를 결정하고 인물의 행보를 선택하는 게이미피케이션(Gamification)된 영상 콘텐츠가 등장할 수 있습니다. 이는 전통적인 영상 소비 형태를 혁신하며, 시청자가 보다 능동적으로 영상을 경험하고 즐기도록 유도할 것입니다.

게이미피케이션된 영상 콘텐츠는 게임 요소를 결합한 인터랙티브 영상으로, 시청자의 선택에 따라 스토리와 장면이 변화하는 '시나리오 분기(Branch)' 구조로 이루어져 있습니다. 이를 통해 다양한 결말이 만들어질 수 있으며, 사용자가 직접 전개를 결정하는 참여형 콘텐츠가 구현됩니다. 또한, 이 과정에서 생성형 AI를 활용하여 시청자의 선택에 따라 즉시 새로운 장면을 합성하여 더욱 개인화된 맞춤형 영상 경험을 제공할 수도 있습니다.

↗ 기술 발전 속도 vs 제도적 지체

문제는 이렇게 빠른 기술 발전을 제도나 정치권, 사회적 합의가 따라가지 못한다는 점입니다. 법적 공백, 규제 미비, 이해관계자 간의 갈등은 더욱 복잡한 윤리적 문제를 야기할 것입니다. 새로운 형태의 콘텐츠가 도입되면 저작권과 초상권 등 권리 문제, 사생활 침해, 책임 소재 등 수많은 문제가 다시 불거질 것입니다.

▲ 미래의 창작자는 어떠한 모습일까?

기술은 언제나 제도·사회 인식보다 빠르게 앞서 나가며, 이는 대개 혼란을 동반합니다. AI를 활용한 영상 제작 기술이 점점 정교해지고 대중화될수록, 딥페이크 악용, 진위 판별의 어려움, 개인 정보 침해, 무책임한 콘텐츠 양산, 제도적 지체로 인한 갈등 등 복잡한 문제들이 도처에서 발생할 것입니다. 이러한 혼란 속에서 먼저 이 영역을 이해하고 대비하는 사람들의 역할이 중요합니다. 미디어 업계 종사자, 기술 개발자, 교육자, 정책 입안자, 그리고 일반 대중까지 모두가 함께 고민하고 논의하며 책임 있는 태도를 취해야 합니다. 기술에 대한 충분한 지식과 비판적 시각, 윤리적 기준을 확립하는 노력이 뒷받침될 때, 우리는 AI 영상 시대를 단순한 혼란기가 아닌 새로운 기회와 진보의 시대로 전환할 수 있을 것입니다.

또한, 창작자가 기계에만 의존한다면 그 창작자는 언젠가 더 똑똑해진 기계에 의해 대체될 것입니다. 그렇다면 우리 인간이 기계보다 나은 점, 앞으로도 인간만이 할 수 있고 기계는 끝내 도달하지 못할 영역은 과연 무엇일까요? 지금 이 질문에 대해 고민하지 않는다면 인간은 결국 기계에 종속된 존재로 전락하고 말 것입니다.

에필로그

이 책을 통해 여러분은 저와 함께 AI를 활용하는 창작의 새로운 지평을 열었습니다. AI는 단순한 도구를 넘어, 창작 과정에 큰 변화를 일으키고 있습니다. 글, 이미지, 영상, 음악 등 다방면에 AI 기술이 활용되며 창작의 경험은 폭넓게 확장되었고, 미드저니, 런웨이, 소라 같은 생성형 AI 덕분에 누구나 전문 기술 없이도 상상 속 아이디어를 빠르고 손쉽게 현실로 구현하는 시대를 맞이했습니다.

이 과정에서 우리는 AI가 인간의 상상력을 대체하는 것이 아니라, 오히려 그 가능성을 더욱 키워준다는 점을 확인했습니다. AI는 인간이 미처 생각지 못한 색감과 구도, 멜로디를 순식간에 수백 가지씩 제안하며 창작의 수고를 덜어주지만, 그중 어떤 것을 선택하고 어떤 이야기를 담아낼지 결정하며 작품에 깊이를 더하는 일은 여전히 인간의 몫입니다. 과거 값비싼 장비와 인력이 있어야만 가능했던 창작의 문턱이 디지털 기술의 등장으로 낮아졌듯, AI는 창작 환경에 또 한 번의 거대한 변화를 불러오고 있습니다.

물론 AI의 발전에 긍정적인 면만 있는 것은 아닙니다. 딥페이크 범죄, 무분별한 개인 정보 수집, 가짜 뉴스 생산, 저작권과 초상권 분쟁 같은 문제들이 새로운 과제로 떠올랐습니다. 이러한 부작용을 막고 안정적인 창작 생태계를 만들기 위해 창작자는 자신의 창작물이 타인의 권리를 침해하지 않도록 살펴야 하며, 사용자는 눈앞의 정보가 진짜인지 끊임없이 질문하며 비판적으로 수용하는 자세를 가져야 할 것입니다. AI가 던진 윤리적 과제는 급변하는 세상 속에서 인간의 가치를 지키기 위한 우리 사회의 성숙한 고민과 노력을 요구합니다.

그럼에도 AI와 함께할 창작의 미래는 무한한 가능성을 품고 있습니다. 기술은 계속 발전하며 새로운 창작 방식과 표현의 길을 열어줄 것입니다. 지금까지가 AI를 통해 텍스트와 이미지, 그리고 영상과 음악을 만드는 수준이었다면, 앞으로는 AI가 실시간으로 게임 세계를 구축하고 증강 현실(AR)과 결합해 우리의 일상에 가상의 경험을 덧씌울 수도 있습니다. 더 나아가 뉴럴 링크처럼 인간의 두뇌와 디지털을 직접 연결하는 BCI 기술이 현실화된다면, 영화 "매트릭스"에서처럼 만들어진 대체 현실을 실제의 경험으로 느끼게 될지도 모릅니다.

이처럼 놀라운 기술의 발전 속에서 우리가 기억해야 할 것은, 기술에 종속되거나 끌려가는 것이 아니라 기술과 함께 성장해야 한다는 점입니다. 인간의 따뜻한 공감 능력과 날카로운 통찰력, 그리고 창의력이 기술 발전의 방향을 이끌 때, 예술과 창작의 세계는 더욱 풍요롭고 다채롭게 피어날 것입니다. 인간과 AI의 협력은 예술 분야를 넘어 교육, 과학, 산업 등 사회 전반으로 퍼져나가 긍정적인 효과를 낳을 잠재력이 충분합니다. 이 모든 가능성을 현실로 만드는 힘은 결국 기술을 사용하는 우리의 선택과 의지에 달려 있습니다.

AI가 펼쳐낼 새로운 창작의 시대는
이제 여러분의 손에서 그 모습이 그려질 것입니다.

찾아보기

A~Z

AI	17
3D 모델링	344
Act-One @런웨이	176
AI Virtual Try-On @클링	230
Blend @소라	214
B-roll 영상	325
Camera Control @런웨이	194
Elements @클링	225
Expand Video @런웨이	181
Extend Video @클링	228
Lip Sync @런웨이	191
Lip Sync @클링	228
Loop @소라	212
Motion Brush @클링	227
Re-cut @소라	210
Remix @소라	208
Restyle Video @런웨이	185
Start/End Frame @클링	226

ㄱ~ㅂ

구도	105
대화형 생성 모드 @미드저니	280
드래프트 모드 @미드저니	277
디렉터 모드 @하이루오	239
딥페이크	349
런웨이(Runway)	165
레퍼런스 파라미터	73
리듬과 페이스	156
모션 그래픽	343
몽타주	151
뮤직비디오	315
미드저니 Video V1	291
미드저니(Midjourney)	38, 263
배경 음악	298

ㅅ~ㅇ

색채 이론	117
샷	95
소라(Sora)	203
숏폼 콘텐츠	307
스토리텔링	159
영상 비율	274
영상 합성	331
유튜브 콘텐츠	322
음성 입력 기능 @미드저니	280
인핸스 기능 @미드저니	277

ㅈ~ㅎ

조명	111
챗GPT	251
카메라 움직임 태그 @하이루오	241
카메라의 움직임	100
캐릭터 레퍼런스 @하이루오	243
컷 편집	133
크로마키	340
클링(Kling)	219
토파즈 AI Video	301
트랜지션 효과	143
파라미터	65
프롬프트	33, 61
하이루오(Hailuo)	233